高等院校应用型人才培养"十四五"规划旅游管理类系列教材

休闲管理概论

主　编 ◎ 何顺林　王　飞

Xiuxian Guanli Gailun

中国·武汉

内容简介

本书立足"全民休闲"时代背景,广泛借鉴和吸收了国内外休闲研究的有关成果,用较为简洁的方式系统阐明了休闲管理知识体系。编者从休闲基础知识入手,从需求和供给两端介绍了休闲领域有关理论和实践情况,并以休闲活动策划与管理作为落脚点,力图为读者朋友提供一条学以致用、理论联系实际的学习路径。全书理论分析简洁、内容涵盖丰富,整合了旅游、文化、体育、会展、商业等领域研究成果,吸收借鉴了哲学、社会学、经济学、管理学、行为学、人类学、文化学、旅游学等学科的思维方法和分析工具,向读者展示了休闲历史、休闲观念、休闲伦理、休闲产业、休闲策划、休闲管理等休闲时代下的休闲需求和供给常态、特征与趋势,全方位梳理了我国古今民众的休闲图谱,呈现了新时代休闲产业发展的伟大成就,提供了休闲行业与企业经营管理的一般方法和理论,适宜于各类对休闲感兴趣的读者阅读和学习。

图书在版编目(CIP)数据

休闲管理概论/何顺林,王飞主编. — 武汉:华中科技大学出版社,2024.1
ISBN 978-7-5772-0528-1

Ⅰ.①休… Ⅱ.①何… ②王… Ⅲ.①休闲娱乐-商业管理 Ⅳ.①F719.5

中国国家版本馆CIP数据核字(2024)第051117号

休闲管理概论   何顺林   王飞   主编
Xiuxian Guanli Gailun

策划编辑:胡弘扬
责任编辑:贺翠翠
封面设计:原色设计
责任校对:刘 竣
责任监印:周治超
出版发行:华中科技大学出版社(中国·武汉)   电话:(027)81321913
           武汉市东湖新技术开发区华工科技园   邮编:430223
录   排:孙雅丽
印   刷:武汉市籍缘印刷厂
开   本:787mm×1092mm   1/16
印   张:18.25
字   数:424千字
版   次:2024年1月第1版第1次印刷
定   价:49.80元

本书若有印装质量问题,请向出版社营销中心调换
全国免费服务热线:400-6679-118   竭诚为您服务
版权所有   侵权必究

出版说明
Introduction

党的十九届五中全会确立了到2035年建成文化强国的远景目标,明确提出发展文化事业和文化产业。"十四五"期间,我国将继续推进文旅融合、实施创新发展,不断推动文化和旅游发展迈上新台阶。国家于2019年和2021年先后颁布的《关于深化本科教育教学改革全面提高人才培养质量的意见》《国家职业教育改革实施方案》《本科层次职业教育专业设置管理办法(试行)》,强调进一步推动高等教育应用型人才培养模式改革,对接产业需求,服务经济社会发展。

基于此,建设高水平的旅游管理类专业应用型人才培养教材,将助力旅游高等教育结构优化,促进旅游类应用型人才的能力培养与素质提升,进而为中国旅游业在"十四五"期间深化文旅融合、持续迈向高质量发展提供有力支撑。

华中科技大学出版社一向以服务高校教学、科研为己任,重视高品质专业教材出版,"十三五"期间,在教育部高等学校旅游管理类专业教学指导委员会和全国高校旅游应用型本科院校联盟的大力支持和指导下,在全国范围内特邀中组部国家"万人计划"教学名师、近百所应用型院校旅游管理专业学科带头人、一线骨干"双师双能型"教师,以及旅游行业界精英等担任顾问和编者,组织编纂出版"高等院校应用型人才培养'十三五'规划旅游管理类系列教材"。该系列教材自出版发行以来,被全国近百所开设旅游管理类专业的院校选用,并多次再版。

为积极响应"十四五"期间我国文旅行业发展及旅游高等教育发展的新趋势,"高等院校应用型人才培养'十四五'规划旅游管理类系列教材"项目应运而生。本项目依据文旅行业最新发展和学术研究最新进展,立足旅游管理应用型人才培养特征进行整体规划,将高水平的"十三五"规划教材修订、丰富、再版,同时开发出一批教学紧缺、业界急需的教材。本项目在以下三个方面做出了创新:

一是紧扣旅游学科特色,创新教材编写理念。本套教材基于旅游高等教育发展新形势,结合新版旅游管理专业人才培养方案,遵循应用型人才培养的内在逻辑,在编写团队、编写内容与编写体例上充分彰显旅游管理应用型专业的学科优势,全面提升旅游管理专业学生的实践能力与创新能力。

二是遵循理实并重原则,构建多元化知识结构。在产教融合思想的指导下,坚持以案例为引领,同步案例与知识链接贯穿全书,增设学习目标、实训项目、本章小结、关键概念、案例解析、实训操练和相关链接等个性化模块。

三是依托资源服务平台,打造新形态立体教材。华中科技大学出版社紧抓"互联网+"时代教育需求,自主研发并上线的华中出版资源服务平台,可为本套系教材作立体化教学配套服务,既为教师教学提供便捷,提供教学计划书、教学课件、习题库、案例库、参考答案、教学视频等系列配套教学资源,又为教学管理提供便捷,构建课程开发、习题管理、学生评论、班级管理等于一体的教学生态链,真正打造了线上线下、课堂课外的新形态立体化互动教材。

本项目编委会力求通过出版一套兼具理论与实践、传承与创新、基础与前沿的精品教材,为我国加快实现旅游高等教育内涵式发展、建成世界旅游强国贡献一份力量,并诚挚邀请更多致力于中国旅游高等教育的专家学者加入我们!

华中科技大学出版社

前言

随着经济发展，人类社会财富不断增多，民众文化素养不断提升，社会发展的经济休闲化、文化休闲化、生活娱乐化等特征日益显著。休闲成为当今社会民众生活的必要构成部分，我们进入了"全民休闲时代"，但同时，许多人对休闲的理解仍存在误区。一些人认为休闲是玩物丧志，不会对人类社会的发展起到积极作用；还有一些人则将休闲简单地等同于"玩"。现实中，很多人不会休闲，他们要么缺乏休闲知识，要么缺少休闲技能，还有一些人则缺少休闲公德，对休闲中的法律和公序良俗缺乏基本的认知。因此，从需求端来看，当今社会亟须开展全民休闲教育。

在全民休闲日益旺盛的需求刺激下，我国休闲产业得到了日新月异的快速发展。同时，党中央和各级地方政府为了丰富民众的精神生活，也出台了一系列政策，促进休闲产业的健康升级。但实践中，我们发现休闲产业中存在盲目发展、项目雷同、品质不高、服务低劣等不良现象，很多地方的休闲供给侧难以真正满足休闲需求端的需求。这说明，休闲供给侧也亟须展开休闲教育，使各供给主体及其从业者掌握休闲产业的规律、熟悉休闲领域的管理和运营技巧，真正具备休闲供给的能力。

鉴于此，我们呼吁高校中的有关专业应当将休闲教育作为一门通识课程来开设。从某种程度来讲，我们培养的学生除了要掌握专业知识技能，也应当拥有享受人生和发展自我的能力。

事实上，很多高校的旅游类专业、文化类专业、经管类专业及其他有关专业都已经开设了"休闲概论""休闲管理"等类似课程。这些课程整合了旅游、文化、体育、商业等领域的有关知识，吸收借鉴了哲学、社会学、经济学、管理学、行为学、人类学、文化学、旅游学等多学科的思维方法和分析工具，系统介绍了休闲领域的有关基础理论与基本技能，为读者树立科学的休闲理念、正确理解休闲价值、掌握休闲产业发展的科学规律提供了有益帮助，为学生在今后人生中开展休闲生活进行了指引，也为学生今后进入休闲产业就业、创业，从事有关管理与服务工作打下了坚实基础。

本书在广泛借鉴和吸收国内外有关休闲研究成果的基础上，结合本人的教学和行业实践经验，力图向读者朋友以简洁的方式介绍系统明晰的休闲管理知识体系。本书尽量避免

艰深的理论知识探讨,而是尽可能将复杂的知识简单化,并通过多样化的内容安排来增强读者的阅读兴趣。本书有以下特点:

1. 思政为上,立德树人

本书融入多元化的思政元素,落实立德树人的根本任务。一是培养读者健康的休闲观念,本书对于积极的休闲活动,强调其对经济、民生和个体的正面效应,而对于一些消极负面、不健康的休闲,分析其弊端,使得健康的休闲观念与美德内化于心、外化于行;二是让读者掌握休闲产业的发展新动态,养成用创新意识思考的习惯,鼓励相关从业人员以积极的姿态为社会提供更好的服务于人民的休闲产品;三是深入挖掘休闲所蕴含的深厚的文化属性,传承和弘扬中华优秀传统文化,增强文化自信;四是列举我国在休闲相关领域所取得的成就,展现我国发展新成就,激发读者的爱国之情。本书将知识传授、能力培养和价值塑造融为一体,潜移默化地影响读者的价值观与行为。

2. 理实结合,实用性强

本书架构了知识体系与实践体系,广泛借鉴和吸收了国内外有关休闲研究的最新成果,较为全面、系统地阐述了休闲研究的基本理论和内容,并对基本教学环节进行设计,设置了"课程导入""学习目标""核心概念""本章小结""课后习题""本章实训"等模块,穿插了"思考""动动手"等诸多教学和实践环节,体现对学生能力训练的要求,具有较强的实践性与实用价值。

3. 紧扣行业,与时俱进

本书结合休闲行业发展最新动态,在相关知识点部分插入"时代数据""新闻链接"等最新的学习素材,拓展学生的阅读面;同时,还设置了"课内拓展",结合相关案例帮助学生对主体知识进行理解,做到与时俱进,内容彰显时代性、动态性。

在知识体系方面,本书共有四个知识板块:休闲基础知识、休闲需求端、休闲供给端、休闲策划与管理。其中,休闲基础知识包括了第一章导论、第二章休闲基础理论;休闲需求端包括了第三章民众休闲概述、第四章民众休闲管理;休闲供给端包括了第五章休闲产业概述、第六章主要休闲产业;休闲策划与管理包括了第七章休闲活动策划与管理、第八章常见的休闲活动策划。通过上述知识的介绍和解析,向读者系统展示了休闲管理较简易的学习框架和知识体系。

本书在编撰过程中,广泛借阅了休闲学、经济学、管理学、文化学、行为学等相关学科中的基础理论知识与研究成果,在此向这些理论和知识的贡献者表示感谢。同时,本书的编撰得到了重庆工商大学派斯学院管理学院师生的帮助,向管理学院尤其是旅游管理专业的师生表示深深的谢意。

尽管我们在工作中十分认真,力求不出现错误,但书中难免存在不足之处,恳请各位专家、同行和读者批评指正。

编者

2023 年 8 月

目 录
Contents

1 第一章 导论
　　第一节 人类的休闲史 2
　　第二节 休闲时代 17

30 第二章 休闲基础理论
　　第一节 休闲与休闲活动 31
　　第二节 休闲理论 40

55 第三章 民众休闲概述
　　第一节 民众休闲的价值 56
　　第二节 民众休闲的方式 59

75 第四章 民众休闲管理
　　第一节 民众休闲障碍 78
　　第二节 民众休闲伦理 81
　　第三节 民众休闲教育 92

99 第五章 休闲产业概述
　　第一节 休闲产业的界定 101
　　第二节 我国休闲产业发展概况 113

127 第六章 主要休闲产业
　　第一节 旅游产业 129
　　第二节 文化产业 151
　　第三节 休闲体育业 170
　　第四节 休闲农业 189
　　第五节 会展产业 199
　　第六节 休闲工商业 210

220 第七章 休闲活动策划与管理
　　第一节 休闲活动的界定 221
　　第二节 休闲活动的策划 226
　　第三节 休闲活动的管理 237

250 第八章 常见的休闲活动策划

  第一节 文化休闲活动策划   252
  第二节 节事庆典活动策划   258
  第三节 体育赛事活动策划   268

280 参考文献

第一章

导论

西塞山前白鹭飞,桃花流水鳜鱼肥。青箬笠,绿蓑衣,斜风细雨不须归。
钓台渔父褐为裘,两两三三舴艋舟。能纵棹,惯乘流,长江白浪不曾忧。
霅溪湾里钓鱼翁,舴艋为家西复东。江上雪,浦边风,笑著荷衣不叹穷。
松江蟹舍主人欢,菰饭莼羹亦共餐。枫叶落,荻花干,醉宿渔舟不觉寒。
青草湖中月正圆,巴陵渔父棹歌连。钓车子,橛头船,乐在风波不用仙。

——唐·张志和《渔父歌五首》

前赤壁赋①

壬戌之秋,七月既望,苏子与客泛舟游于赤壁之下。清风徐来,水波不兴。举酒属客,诵《明月》之诗,歌"窈窕"之章。少焉,月出于东山之上,徘徊于斗、牛之间。白露横江,水光接天。纵一苇之所如,凌万顷之茫然。浩浩乎如冯虚御风,而不知其所止;飘飘乎如遗世独立,羽化而登仙。

于是饮酒乐甚,扣舷而歌之。歌曰:"桂棹兮兰桨,击空明兮溯流光。渺渺兮予怀,望美人兮天一方。"客有吹洞箫者,倚歌而和之。其声呜呜然,如怨如慕,如泣如诉,余音袅袅,不绝如缕,舞幽壑之潜蛟,泣孤舟之嫠妇。

苏子愀然,正襟危坐而问客曰:"何为其然也?"客曰:"'月明星稀,乌鹊南飞',此非曹孟德之诗乎?西望夏口,东望武昌,山川相缪,郁乎苍苍,此非孟德之困于周郎者乎?方其破荆州,下江陵,顺流而东也,舳舻千里,旌旗蔽空,酾酒临江,横槊赋诗,固一世之雄也,而今安在哉?况吾与子渔樵于江渚之上,侣鱼虾而友麋鹿,驾一叶之扁舟,举匏樽以相属。寄蜉蝣于天地,渺沧海之一粟,哀吾生之须臾,羡长江之无穷。挟飞仙以遨游,抱明月而长终。知不可乎骤得,托遗响于悲风。"

---

①徐薇.古文观止鉴赏辞典[M].(清)吴楚材,(清)吴调侯,编选.武汉:崇文书局,2021.

苏子曰:"客亦知夫水与月乎?逝者如斯,而未尝往也;盈虚者如彼,而卒莫消长也。盖将自其变者而观之,则天地曾不能以一瞬;自其不变者而观之,则物与我皆无尽也。而又何羡乎?且夫天地之间,物各有主,苟非吾之所有,虽一毫而莫取。惟江上之清风,与山间之明月,耳得之而为声,目遇之而成色,取之无禁,用之不竭。是造物者之无尽藏也,而吾与子之所共适。"

客喜而笑,洗盏更酌。肴核既尽,杯盘狼藉。相与枕藉乎舟中,不知东方之既白。

——北宋·苏轼

▶ **思考**

1. 文中苏子与客泛舟游赤壁,反映了我国宋代文人墨客怎样的休闲情趣?
2. 文中苏子与客的对话,反映了我国古人极高的人生哲学思考成就,你认为这种成就的取得与他们参与休闲活动有没有关系?
3. 你能否找到类似的反映我国古代人民参与休闲活动的文章?请与大家分享。

学习目标

1. 了解人类的休闲历史。
2. 熟悉历史上人类主要的休闲方法和休闲活动。
3. 理解休闲时代的含义。
4. 了解休闲时代的特征。
5. 理解我国已进入全面休闲时代的时代特征。

核心概念

休闲时代　休闲的主客观条件　休闲需求　休闲供给

第一节　人类的休闲史

人类何时开始休闲,或许已经很难考证到具体的年月,但多数人或许都认可人类社会从一开始就伴随着各种休闲活动,甚至有人提出了休闲早于人类的说法。这种观点是有道理的,因为休闲并非人类的专利,生物界存在着广泛的休闲活动。飞鸟翱翔于苍穹,野兽飞奔于原野,鱼儿嬉戏于碧波,自然界到处都能看到休闲的影子。在对休闲展开全面的介绍之前,我们首先要对人类的休闲活动历史进行简单的梳理,并借此证明我们探讨休闲的价值,也为后文进一步介绍休闲的有关知识与理论提供背景性支撑。

一、西方社会的休闲史

（一）原始人的休闲

原始人的休闲行为源于生物的本能，他们在解决了吃喝拉撒等基本生理需要之后，自然而然就开始了休闲活动。也有一些人认为，原始人的劳作与休闲并没有严格的界限，他们喜欢把日常事务处理得跟玩耍一样。① 人类学家斯普顿和考恩斯在他们的研究中提出，毛利人② 任何层面的经济社会都伴随着消遣娱乐的成分，"他们不管是捕鱼、捉鸟、耕田，还是盖房子、造独木舟，都能找到可以被认为是娱乐性的活动痕迹"。而艾伦和约翰逊在对秘鲁印第安人进行研究后认为，在原始文化中，不仅人们从事经济活动的时候已经具有了消遣娱乐的性质，而且在某些社会里，专门被用于休闲的时间也不少于我们现代社会，有时候甚至更多。

尽管一些学者们的成果证明了原始人参与休闲活动的高度繁荣状态，但多数学者仍然认为，原始人的休闲行为并非出自刻意，他们仅仅把休闲当作与采集、渔猎等劳作活动一样的生活常态，他们并不存在有意识的休闲行为，也几乎没有有选择性的休闲活动，并没有形成休闲的意识或概念。

（二）古希腊、罗马时期的休闲

古希腊属于奴隶制社会，社会主要物质生产的义务都落到了奴隶身上，当时的休闲只限于特权阶级。当时的社会上层人士一方面贬低劳动，认为劳动是诸神对不喜欢的人的惩罚，另一方面十分推崇休闲，认为休闲是自由人的人生基础，由此而产生了古希腊的休闲观。亚里士多德是西方第一位对休闲进行系统研究的学者，被誉为休闲研究之父。他把人的一生分成劳作与休闲、战争与和平两个极端，主张人是为了休闲与和平而进行劳作和战争。很显然，他将休闲视为人生的目的，而劳作仅仅是实现这个目的的手段。同时，古希腊人已经将休闲与"学问"进行了联系，他们认为知识是与自由紧密相关的，而自由又总是与休闲相关的；要想让自由人避免沉沦，就需要对他们展开教育。尽管古希腊人的休闲观将"维持自己和环境的协调"视为前提，并追求自认为有价值的生活、自我修炼和学问，但能被他们认为是休闲的活动是极其有限的。亚里士多德认为，只有音乐和冥想才是具有休闲资格的活动；而当时对人的一生产生重要影响的休闲活动也确实主要只包括了政治、哲学、教养活动、学问、美术、趣味活动、宗教文化仪式、竞技大会以及奥林匹克运动会等定期举行的仪式。值得一提的是，古希腊时期盛行借助公共设施的公共休闲，主张政府在为每个人提供休闲机会和设施方面发挥作用。

古罗马时期，随着健全的法律体系的形成，安定的社会环境带来了大量财富积累，一大批享受休闲的有闲阶层和富裕阶层出现。据记载，古罗马人每年享有175天的节假日，这个时间即使放到今天也让人惊叹。与古希腊的学习和创造等休闲活动相比，古罗马更流行消

---

① 李仲广，卢昌崇.基础休闲学[M].北京：社会科学文献出版社，2004.
② 毛利人是新西兰的原住民和少数民族，属于南岛语族—波利尼西亚人。多数考古学和历史学者认为毛利民族是从库克群岛和波利尼西亚地区而来。

费性休闲。他们把休闲当作政治工具加以利用，制订休闲计划，开发休闲设施，出现了大量的澡堂、室外剧场、运动竞技场、公园、游乐园等设施设备，为大众性休闲创造了广泛的条件。这些消费性休闲助长了整个社会的奢靡风气，这也成了导致古罗马衰败的重要原因之一。

（三）中世纪的休闲

中世纪的西方主要由天主教和封建制度共同控制。

在宗教思想影响下，劳动被赋予了新的意义和价值。天主教影响下的人们认为自己的生活是替来世做准备，无所事事被视为灵魂修炼的敌人。因此，劳动是神圣的，休闲是世俗的；几乎所有的修道士每天都要在田地、厨房等工作场所劳动4~6个小时。但无论如何，中世纪的人们仍然是有闲暇时间的。在打发这些闲暇时间时，受亚里士多德休闲哲学的影响，中世纪的人们将祈求拯救的冥想作为休闲的最高境界。除此之外，休闲活动基本围绕着天主教的宗教秩序而展开，当时主要的休闲形式有宗教仪式、周日活动、在教会广场及村落的公共广场等地举行的仪式等。

在中世纪的封建制度中，封建领主和骑士集团为统治阶级，从事农业的广大农奴则为被统治阶级。由于统治阶级脱离了日常劳动，他们成为典型的有闲阶层，能开展诸多不同于普通人的休闲活动。骑马竞技、剑术、枪术、跑步、投石等类似于今天体育运动的休闲活动成为有闲阶层日常的休闲活动。随着时间的推移，基督教信仰也逐渐影响到了骑士阶层，他们开始用重视名誉和内心修炼的骑士精神武装自己。此外，伴随着城市的出现和行会的诞生，独立商人和手工业者的财富逐渐积累起来，他们有了享受生活的欲望和能力，一些新的世俗的休闲特征也随之出现，比如与关心来世相比，他们更追求眼前的安乐生活。

（四）文艺复兴和宗教改革时期的休闲

文艺复兴时期被称为"玩乐的黄金时代"。此时，学问和艺术等领域的人文主义新思潮不断涌现，大学的诞生和知识的广泛传播打破了中世纪的宗教束缚，冲动、激情、感性和热情洋溢成为当时人们的主要特质；独立性的人格逐渐培养起来，传统道德规范不再被严格遵守，新的休闲形式和活动成为人们的广泛追求。同时，在商业、贸易、金融等领域，人们积累起大量财富，这也使他们有足够的财力直接参与到狩猎、宴会、舞会、歌剧、戏曲、艺术等新的休闲活动中去，并以手中的财富去促进艺术、文学和娱乐部门的发展，一大批剧场、歌剧院等艺术类休闲设施被建立起来，这也给人们提供了更多贴近艺术的休闲场所。总之，文艺复兴时期的理性主义和实用主义使人们对休闲有了全新的认识和评价，这对新的休闲文化的发展起到了较大的积极作用。

但是，文艺复兴时期也并未完全摆脱中世纪末期宗教改革带来的影响。宗教改革将不劳动和休闲看作罪恶，把劳动当作人类生活神圣的活动。由于宗教改革在西方世界的广泛影响，将休闲看作罪恶的休闲伦理也一直持续影响着西方社会直到20世纪。

（五）近现代休闲

工业革命给世界带来了深刻影响。机器化大生产极大地提高了生产力，也严重改变了传统生产关系和人们的工作性质，资本主义制度逐渐确立起来，以大工厂主、工矿主、牧场主等为首的资产阶级和广大工人阶级的对立日益明显。资产阶级生活富裕,有足够的闲暇和财力支撑自己安逸闲适的生活;而工人阶级则被禁锢在每日繁重而机械的劳动中,既无钱也无闲,前人们日常的休闲活动对他们而言已触不可及,几乎完全失去了参与休闲的可能。随着矛盾的激化,工人运动高涨起来,他们通过斗争为自己赢得了一些利益,如标准工作日制度的产生。资产阶级中的一些有识之士也开始认识到工人参与休闲能使他们恢复体力、调整心态以便重新投入工作中去,有助于工人生产能力的恢复。由此可见,近代工人阶级的休闲与资产阶级的休闲仍有着本质区别,工人的休闲仍然是为了劳动,劳动几乎成了西方近代普通人的日常生活形态。

进入现代社会,社会快速进步,人们的生活方式发生了翻天覆地的变化,内心的不安和矛盾也日益凸显。而随着经济发展方式的转变与近现代管理理论的成熟,工人阶级的收入逐渐提升,劳动时间缩短,相关权益得到了更多保障。在追求内心世界的需要和外在闲暇保障的有利条件下,人们广泛参与到读书会、唱诗班、体育活动、成人教育等业余活动中去,大众休闲由此诞生。同时,电影、收音机、电视和机动车等新事物的出现,给人们带来了新的娱乐方式,也给人们在更大范围内的休闲提供了可能。此时的休闲已不再是特权阶层的专属,社会各阶层之间的休闲差异也逐渐模糊,真正意义上的大众休闲时代到来了。人们不但有了更多的休闲时间和休闲方式,也对休闲有了更新的认识。休闲产业化开始形成,休闲经济成为推动社会经济发展的重要动力。

二、我国休闲史

我国是一个拥有数千年悠久历史的国家,拥有光辉灿烂的古代文明和波澜壮阔的近现代文明。在数千年绵延的历史长河中,古代的先民们在创造了高度发达的璀璨文化的同时,也产生了丰富多彩的休闲活动和独特而深邃的休闲文化;先辈们的休闲探索与尝试既与我们今天的社会生活紧密相关,也对世界其他民族的休闲实践产生了深远影响。

(一)先秦时期的休闲探索

中国古代社会经历了完整的原始社会、奴隶社会、封建社会的发展阶段,先秦时期主要包含了原始社会、奴隶社会及封建社会的初期阶段。

1. 原始社会的休闲活动与休闲思想的起源

在漫长的原始社会中,我国的先民们的生产力水平极其低下,主要靠采集、渔猎、原始农业和手工业等方式推动文明不断进步。人们对大自然的认知能力还极其有限,总体上对事物的认知缺乏科学的理解,往往带有较强的神话或宗教色彩。

我国先民与世界很多地方的原始部落一样,在狩猎成功或在庄稼丰收的时候都会举行宗教仪式,如祈祷、献祭、狩猎、舞蹈表演以及巫术表演等,并将之视为劳动成功的关键因素之一。这些活动成为最早原始人的游戏雏形的主要来源。同时,由于原始人对大自然的恐惧和敬畏而产生的崇拜,使最早的巫术和原始宗教出现。原始人为了得到自然界中神秘物的庇护,以献祭和巫术以及舞蹈表演来取悦崇拜物,这就是原始舞蹈,它是一种精神和身体娱乐的混合物,它不仅娱神,也娱己。这些也同样成为后来游戏的主要来源。由于原始部落

是由不同的氏族组成,每个部落都有自己的图腾作为信仰或崇拜物,为了能在部落中取得优势地位,他们之间还常常举行模仿战争的竞技娱乐活动。①这些游戏、娱乐活动尽管在最初的时候或许并不是为了休闲,但随着社会的进步逐渐有了娱神、娱人的意思,我国休闲思想的最初源头即源于此时。

2. 奴隶社会的休闲实践与休闲思想的萌芽

我国的奴隶社会主要是夏商时期和西周,东周时期的春秋战国已开始逐步进入封建社会。奴隶社会已属于阶级社会,奴隶主成为统治阶级和特权阶层,他们开始主动寻求休闲娱乐的享受活动。在奴隶主阶层的诸多享受活动中,原始筵宴是较有代表性的一种。那时的人们在举行朝会、游猎、出兵、班师以及民间往来等活动时均要举行宴会,已形成了十分复杂的筵宴程序和礼仪。根据史籍《礼仪》的记载,各种宴会都要举行各式各样的礼仪,如乡饮酒礼、士冠礼、士昏礼、士相见礼等。筵宴已经成为与国家政事和社会生活紧密相关的重要组成部分,也是当时人们主要的休闲娱乐方式之一。除了筵宴,歌舞表演如礼舞、武舞和民间舞等也是比较流行的休闲娱乐方式。

在休闲思想方面,人们已开始自觉思考休闲对人民生活和国家政治的积极意义。如《小雅·节南山之什·十月之交》中写道"民莫不逸,我独不敢休",认为统治者应该关注民生和大众的休闲娱乐;《大雅·生民之什·民劳》中写道"民亦劳止,汔可小康。惠此中国,以绥四方",直白阐述了休闲、小康和国家安定兴盛的重要性。②当时的一些士大夫也认为休闲是治国安邦的重要谋略和准则,并将这些意见进谏给天子,希望天子能重视国民的休闲活动。

但是,从整体上来看,此时基于享乐的休闲活动的参与者主要是奴隶主及其附庸阶层;广大奴隶与平民缺乏享受休闲活动的闲暇时间和财力,他们的"休闲"仅仅局限于辛苦劳作间的休息或休养,目的也是恢复体力并重新投入新的劳作中去。

到了奴隶社会后期,尤其是春秋战国时期,人们的休闲方式已非常丰富。例如,《诗经》中记载的田猎、游观、踏青、聚会、歌舞、射箭、游泳、垂钓和投壶等,还有天子和诸侯的巡游(如周穆王的巡游)、诸子游学和策士游说(如孔孟游学、张仪苏秦游说等)、名士游娱(如俞伯牙和钟子期等)、商人贸易游走(如范蠡、白圭等)等多种形式。此时人们的休闲活动已非常繁盛。

课内拓展

《诗经》中的先秦休闲活动

(二)秦汉时期的休闲活动

秦汉时期是我国封建社会的巩固时期,国家统一、经济繁荣、社会安定,这些都为人们的休闲活动创造了条件。先秦时期的各种休闲活动在此时得到了很大发展,而一些新的休闲活动形式也蓬勃发展起来。

在人们丰富多彩的休闲活动中,最典型的就属帝王巡游;而帝王巡游中,秦始皇、汉武帝又属于典型的代表。秦始皇一生五次全国大巡游,西出鸡头山,北跨燕山,东游琅琊,南至云

---

① 卢长怀.中国古代休闲思想研究[D].大连:东北财经大学,2011.
② 诗经[M].武振玉,注.长春:吉林文史出版社,2007.

梦泽,虽有较强的政治目的,但游乐、休闲的目的也不容忽视。汉武帝的巡游远比秦始皇次数更多、走得更远,无论是方士们所传黄帝常游的五大名山——华山、首山、太室、泰山、东莱,还是汉代通称的五岳——泰山、太室、天柱、华山、常山,全都留下了汉武帝的足迹。帝王们除了全国巡游,广建离宫别苑游玩也是其常见的手段。秦始皇所建的阿房宫,汉武帝所建的上林苑,均奢华无比,属于帝王享受的极致建筑。

而对于普通民众,休闲方式也进一步丰富。根据学者们的研究,此时期人们的休闲活动主要有游戏、乐舞百戏、节日休闲、旅游等诸多类型。[①]

1. 游戏

秦汉时期的游戏项目众多,主要的有博弈、投壶等。博弈在汉代的普及程度达到了历史上高峰,是宫廷、官家和民间喜闻乐见的游戏项目之一。在春秋时期原本是天子诸侯宴会中的投壶项目,在秦汉时期的礼制内涵已逐步消退,娱乐性增强,参与人群扩大,并呈现出多样化的游戏方式。除了成人娱乐项目,儿童游戏项目在此时也大幅度增多,鸠车、竹车等成为当时儿童重要的游戏玩具,"鸠车之乐""鸠车之戏"在当时已非常普遍;博弈在儿童中也比较流行,史书记载了汉景帝刘启在少年时与吴王刘濞的儿子下棋时起了争执,失手误杀刘濞的儿子,而这后来成为七国之乱的理由之一;此外,汉代儿童还经常模仿成人活动,如史书记载汉代酷吏张汤幼时审讯盗鼠,完全模仿了当时官府衙门中的审讯场景。

2. 乐舞百戏

乐府是秦汉时期官方乐舞的重要机构,汉武帝扩建乐府使汉代俗乐开始大量进入宫廷,不仅促进了民间俗乐的进一步发展,也促进了汉代的尚乐审美观念,形成了以俗为美、以雅为美、雅俗一体的尚乐审美格局。[②]祭祀仍然是当时歌舞的重要组成部分,"傩戏""傩舞"是当时常见的歌舞形式,且从秦汉时期开始已逐步向世俗化方向演变;而原本是一种驱凶辟邪的仪式"祓禊"在汉代已经由单纯的礼俗活动延展为一种群众性的文化活动,具有娱乐和交际功能。[③]此外,中原地区与域外以及少数民族的交往也使此时的乐舞呈现出各地交融的特征,楚文化、岭南文化、西域娱乐内容都被融入了秦汉乐舞中,外来乐器如琵琶、笛、胡笳、胡箜篌在汉代乐器家族中占据着重要的位置。

3. 节日休闲

秦汉时期的节日休闲总体上的特征是很多节日活动日趋世俗化和娱乐化,节日中融入了一大批世俗娱乐活动。秦汉时期民众的岁时信仰中世俗性质增强,时令祭礼转向节日祭祀,岁时禁忌逐渐演变为民俗节庆。上巳节习俗在秦汉时期已经充分娱乐化,寒食节的节日地位上升、节期逐渐统一、娱乐活动大大增多。宴饮不仅是王公贵族在节日中的重要活动,也是普通社会民众节日活动的重要内容。汉代不论是王公贵族,还是社会民众,在节日庆典、招待客人和亲朋好友相聚举行的宴饮中,都要有听音乐、观歌舞、行酒令等助乐活动,营

---

① 宁江英.近四十年秦汉时期休闲生活研究述评[J].中国史研究动态,2015(03):28-34.
② 季伟,沈利兵.汉武帝扩建乐府对两汉乐舞的影响[J].南都学坛,2012,32(03):16-18.
③ 潘晨婧.汉赋色彩审美的平民化特质[J].江西社会科学,2012,32(09):227-230.

造欢乐融洽的饮宴气氛,使宾客心情快乐,促进饮食,增进宾主情谊,裨益身心健康。[1]

4.旅游

如果按照学术意义上严格的"旅游"含义,"旅游"活动在近代才开始产生。我们这里介绍的"旅游",事实上是古人外出游玩的情况,相当于学术意义上古代"旅行"的概念。

秦汉时期的人们对休闲旅游已经有了较为深刻的认识。儒家早期的山水比德观念,进一步发展为以游修德、以游察政的思想;道家则蕴含以游怡情、以游养性的休闲观。在儒、道两种思想的共同作用下,时代又赋予了秦汉时期人们独有的以游拓志的壮游观。这些观念对后世至今休闲旅游的形式和内涵都产生了深远影响。[2]

就旅游活动的主体而言,秦汉时期旅游主体是由最高统治者、王公贵族、富商大贾、知识分子、外交使节及下层劳动人民等组成的,其中,最高统治者、王公贵族、富商大贾是最主要的组成部分。[3]最高统治者的旅游活动都与政治、军事、祭祀、求仙问药有关,是名副其实的功利旅游。下层劳动人民如世代耕耘的农民、常年劳作的工匠,他们没有时间、精力和财力开展大规模的旅游活动,只能进行小范围、短距离的旅游活动,如参加各种灯会、庙会等近郊游乐活动,或在春节、元宵节、寒食节等参与春游活动。

(三)魏晋南北朝时期的休闲发展

魏晋南北朝近400年历史在多数时候被认为是我国历史上黑暗混乱的时代之一,但这个动乱的年代也同样被认为是我国历史上较有特色的时代之一。此时,不论是南方汉族政权还是北方少数民族政权,都经历了一次民族大迁徙、大汇聚、大融合的过程;[4]社会生产力得到了进一步发展,儒、释、道在激烈的斗争中进一步融合,形成了继春秋、战国之后的第二次"百家争鸣"的局面;在思想和文化领域,玄学清谈盛行,审美意识高涨,隐逸之风流行,人的情志风神自信洒脱,超然物外。在这样独特的政治、经济和文化环境中,魏晋南北朝时期的休闲活动也呈现出了自己独有的特征。

1.有闲阶层的休闲活动

魏晋南北朝时期的有闲阶层的休闲活动主要有谈游、评游、咏游、啸游、优游、纵游、壮游等。谈游是贵族子弟三五成群,或访寺庙,或游山林,一边旅游一边清谈。评游是一种边旅游边对旅游对象做直接评论和议论的游玩形式。咏游是贵族边游边咏,触景生情,曹操的《观沧海》即是其咏游的成果。啸游是边游边长啸,宣泄情绪,如竹林七贤等人在山阳县的喝酒、纵歌、肆意酣畅。优游是优哉游哉地漫游,是魏晋时期最能显现贵族们玄远镇定风度的一种形式,如晋代名士谢安的优游活动。纵游即纵情旅游。壮游指的是胸怀壮志的游历,词源来自唐代杜甫的《壮游》一诗,唐玄奘的西游取经可算是壮游的典型代表,但其形式自古即有,司马迁写《史记》之前进行的游览活动就可算是壮游。在魏晋南北朝时期,释迦僧侣东来

---

[1] 冯振奇.汉代宴饮助乐习俗[J].南都学坛,2009,29(06):24-25.
[2] 张嵩.试析秦汉时期的休闲旅游观念[J].湖北理工学院学报(人文社会科学版),2013,30(04):22-24,59.
[3] 陈新岗.秦汉旅游主体的构成[J].齐鲁学刊,2002(04):40-44.
[4] 张莉.《魏书》研究[M].北京:华文出版社,2009.

西往,为了追求和宣扬佛法佛理,长途跋涉,在中土及天竺之间,为当时文化交流做出了很大贡献,是当时壮游的典型代表。

在名人贤士的旅游休闲之外,魏晋南北朝时期士族妇女的郊游之风也非常盛行,《世说新语·贤媛》就有多处记载当时妇女游山玩水、吹拉弹唱、饮酒谈笑的场面。她们或游观于佛寺,或歌吟于殿堂,或观渔于泽畔,或信步于阡陌。有闲阶层的游乐活动将旅游的娱乐性、享受性提到了一个新的高度。①

除了上述旅游活动之外,魏晋南北朝时期的贵族名士还有弹琴、作曲、欣赏歌舞、田猎等自娱活动及樗蒲、弹棋、藏钩、戏射、投壶等竞技活动。竹林七贤中的嵇康是抚琴高手,其弹奏的《广陵散》后被金庸先生援引作为《笑傲江湖曲》源头;而阮籍则据传下棋成癖,三国时期的豪杰曹操和孙策都是棋盘高手。

2. 普通百姓的休闲活动

魏晋南北朝时局动荡,普通民众生活困苦,他们一方面借用佛教、道教等宗教中的精神来寻求慰藉,另一方面也急需日常生活中的休闲活动来抚平创伤。但是,普通百姓的休闲活动不能像有闲阶层那样恣意旷达和无拘无束,普通百姓的活动受到了农本专制的约束,主要休闲活动都在节日中进行。②如正月十五花灯猜谜,九月初九邀友登高,三月、九月入名山采芝草,等等。正因如此,节日文化在此时有了较大的发展。上巳节改为三月初三,成为春游的重要节日。元宵节在西汉时期就已出现,而点花灯的习俗则开始于东汉明帝时期,发展到魏晋时期,增加了猜灯谜和闹花灯环节。重阳节是我国重要的传统节日之一,登高饮酒、遍插茱萸的习俗形成于此时。除夕来源于先秦时期的"逐除",而"除夕"一词的出现则是在西晋时期,守岁的习俗也形成于此时。在各种节庆活动中,除遵循各种节庆中形成的习俗外,普通民众还常常进行祭祖、拜神、祈福和结伴出游等活动,享受难得的休闲时光。

(四) 隋唐宋时期的休闲大爆发

隋唐宋时期是我国封建社会发展的一个高峰,社会经济快速发展,人们物质生活十分丰富,出现了大量的有闲阶层。在这样的背景下,隋唐宋时期的休闲活动和休闲思想都取得了长足发展。隋唐时期的茶文化、投壶、双陆、围棋和弹棋、饮酒、斗鸡、面戏、戏绳、马球、樗蒲等诸多休闲方式在满足人们的心理需求、调节人与人之间的关系、维持社会稳定和促进社会的和谐发展等方面都起到了非常重要的作用。③而宋代蹴鞠、勾栏、瓦舍、象棋、瓷器以及茶具欣赏等日常休闲活动的兴起,使当时人们的休闲活动上了一个新台阶。

1. 隋唐休闲活动

隋唐是我国封建社会的顶峰时期,政治统一、经济发展、文化开放、民众富裕,人们的闲暇时间大大增多,这为隋唐民众休闲活动的大爆发创造了有利条件。人们除承袭前代的休闲活动外,还兴起了一大批独有的休闲形式。

---

① 张群.魏晋南北朝时期旅游休闲活动分析[J].湖南省社会主义学院学报,2006(03):29-30.
② 李恒山.魏晋南北朝休闲旅游考略[D].郑州:郑州大学,2013.
③ 卢长怀.唐宋休闲活动的主要方式及其影响[J].辽宁师范大学学报(社会科学版),2012,35(06):868-872.

1）隋唐茶文化

饮茶成为隋唐民众的一大风尚，逐渐由过去单一的"饮茶"变成寄托闲情的"品赏"雅举，成为人们陶冶情操的一项时尚活动。唐代茶学家陆羽著述了世界上第一部茶学专著《茶经》，对茶叶生长规律、茶叶采摘和制作、茶器的制作、茶具的选择、饮茶的方法等进行了系统论述，陆羽被誉为"茶仙""茶圣"。在《茶经》问世以后，茶文化兴盛起来。品茶成为人们寻亲结友、建立良好人际关系的重要手段，也成为提高人们文化修养、陶冶情操的重要途径。

2）隋唐游戏

隋唐游戏主要有投壶、双陆、围棋、弹棋等。这些活动多数在前代已经产生，但在这时得到了进一步发展。投壶活动自古有之，在隋唐士大夫们的宴饮活动中仍然颇受欢迎，这一活动十分讲究礼节，因而成为士人们展现教养和技术的重要手段。双陆、围棋和弹棋都属于棋类游戏。双陆在汉魏时期已经流行，到了隋唐则最为盛行；围棋到隋唐已有千年历史，其形制已与今日十分类似，但规则则稍有不同；弹棋主要流行于上层社会，属于一项昂贵的休闲活动，其棋盘需用玉石琢磨。

3）隋唐体育运动

隋唐时期，体育运动盛行，上至帝王，下至普通民众，对蹴鞠、马球、竞渡、拔河、斗牛、斗鸡、斗鸭等都十分热衷。蹴鞠是一种起源于春秋战国时期齐国故都临淄的运动，唐宋时期最为繁荣，经常出现"球终日不坠"，"球不离足，足不离球，华庭观赏，万人瞻仰"的情景。① 马球始于汉代，兴盛于唐宋元三代，它不仅是帝王和贵族阶层健身强体的体育运动，也在对外文化交流中起着重要的作用。史书记载，唐王朝与突厥、渤海、高丽、日本等国都进行过马球竞技的活动。竞渡一般与端午龙舟赛有关，这种活动通常在江南水乡一带举行。而拔河、斗牛、斗鸡、斗鸭等活动，通常在广场或空阔的地带举行，由于参与观众太多，常有场面失控的情况发生。

4）隋唐百戏

百戏是对各种表演艺术的总称，"百戏"一词最早出现在汉代，包括扛鼎、寻橦、吞刀、吐火等各种杂技幻术。隋唐时期，百戏兴盛，面戏、拗腰伎、冲狭戏、绳技等表演形式最为常见。面戏和拗腰伎类似于今天的柔术，主要展现表演者身体的柔韧功夫；冲狭戏十分惊险刺激，表演者需要赤身从卷成桶状并被插上锋利的矛的席子中钻过去；绳技类似于今天的走钢丝，表演者在两根木柱连接的绳子上进行各种表演。这些表演每次均能吸引众多观众观看。此外，傀儡戏在隋唐也比较流行，主要有机关传动的"机关傀儡"和由人操作的杖头木偶、悬丝傀儡、水傀儡、提线木偶以及布袋木偶等形式。

5）隋唐女性休闲

隋唐社会风气开放，女性也积极参与到各类休闲活动中。由于马球运动过于激烈，风险较大，因此一些偏向安全和保守的人们更喜欢风险相对较小的驴鞠和步打球。而众多喜欢运动的女性就成了这些活动的爱好者。所谓驴鞠，就是骑着驴打马球；而如果打球的时候不

---

① 见 https://baike.so.com/doc/1279203-1352628.html。

骑马也不骑驴,那么就是步打球。当然,这些运动虽然流行于女子,但其实男女都比较喜爱。

6) 隋唐其他休闲活动

隋唐时期的民众承继了前人的很多休闲方式。在上层人们热衷于投壶、围棋等雅好时,劳动人民则更喜欢玩樗蒲。这种盛行于汉代的活动,类似于今天的掷色子,游戏规则简单,使用的器具也不复杂,吆五喝六,玩耍时甚是热闹。而春游、踏青、吟诗、听曲、赏花、插花等丰富多彩的休闲活动,以及各种节庆期间的结伴出游、登高望远,均是当时人们休闲生活的日常。

2. 两宋休闲活动

宋代虽然未能完成国家的完全统一,但是商品经济和手工业快速发展,城市规模迅速扩大,人们生活水平提高,闲暇时间增多,大量城市居民的休闲需求更加旺盛。

1) 宋代茶文化的发展

宋代饮茶之风依旧盛行,茶文化得到了很大发展。宋代茶文化的兴盛主要有以下几个标志:宋代贡茶,宋代茶著,宋代茶艺,宋代茶坊。[1]贡茶是中国古代专门进贡皇室供帝王将相享用的茶叶,宋代贡茶十分有名,北苑贡茶盛极一时,多至4000余色,年贡47100多斤。[2]宋代关于茶的著述颇丰,如蔡襄的《茶录》、宋子安的《东溪试茶录》、源出于沈括《梦溪笔谈》的《本朝茶法》、宋徽宗赵佶的《大观茶论》等,多达数十种。宋代茶艺主要可分为点茶、斗茶、茶百戏等,已经形成了十分成熟的宋代品茗艺术。宋代茶馆十分繁荣,不仅有专门的茶楼、茶坊、茶肆,夜市与大街上茶担、浮铺、流动煮卖的情况也非常多。而同时,宋代的陶瓷技艺和茶具制作水平已达到非常高的水平,陶瓷茶具极具收藏价值和观赏价值,茶具欣赏也成为人们日常休闲活动的主要内容之一。

2) 宋代演艺活动的发展

瓦舍是城市商业性游艺区,也叫瓦子、瓦市。瓦舍里设置的演出场所称勾栏,在宋元时期专指集市瓦舍里设置的演出棚。虽然难以考证其起源,但其发展至宋代已经成为艺人演员们汇聚表演的场所,极大丰富了城市居民的休闲娱乐生活。这种大约衰败于明代中期的演出样式,在宋代极为兴盛。史书记载南宋临安的瓦舍数量有24座,每天数十座瓦舍里的上百个勾栏中的观众可达2万~5万人,一年观众可累计达到700万~2000万人次。[3]这也证明了当时人们休闲生活的丰富。除了瓦舍里的表演外,闹市、街头、广场也经常是艺人们重要的演出场所。艺人们的表演方式多样。马端临《文献通考》记载"宋朝杂乐百戏,有踏球、蹴球、踏跷、藏挟、杂旋、弄枪、鋺瓶、踯剑、踏索、寻橦、筋斗、拗腰、透剑门、飞弹丸、女伎百戏之类"。[4]

3) 宋代的体育与游戏

马球、蹴鞠、投壶等传统体育休闲活动在宋代仍旧十分受人欢迎,《水浒传》中记载的高

---

[1] 宋昭.宋代茶文化与宋话本中的"茶"[J].广州广播电视大学学报,2019,19(02):64-69,110.

[2] 余悦,周春兰.中国宋代茶文化的繁荣与特色[J].农业考古,2007(02):22-26.

[3] 见https://baike.so.com/doc/5727861-5940599.html。

[4] 马端临.文献通考(全二册)[M].杭州:浙江古籍出版社,2000.

俅就是一位蹴鞠高手。荡秋千、放纸鸢等活动在宋代十分流行;而围棋、象棋等活动则属于智力型高雅活动,颇受士大夫阶层的喜欢。宋人喜爱游山玩水,欧阳修的《醉翁亭记》、范仲淹的《岳阳楼记》、王安石的《游褒禅山记》等作品中均对当时士大夫阶层的游玩行为进行了记载;而普通百姓的游乐活动更多见诸各类小说和杂记中,节庆游、民俗游、夜市游、集市游、踏青游等等活动十分兴盛。

（五）明清时期的休闲活动

明清时期是中国封建社会逐渐走向衰亡,社会发生激烈变化的时期。在这个阶段,商品经济发展迅猛,资本主义萌芽出现,城镇和贸易更加繁荣起来,人们的休闲生活也更加多姿多彩。马球、蹴鞠、棋弈、养生、休闲旅游等活动十分兴盛,筵宴、节庆、武术、餐饮、手工等均达到了新的高度。

明清时期休闲活动的高度繁荣可从都城北京略见一斑。当时,北京的休闲活动类型众多,主要有:郊游活动,帝王的冬狩秋狝活动,行宫、园林与别墅休闲,动物园观赏动物,庙会等宗教娱乐活动,士大夫聚会唱咏,文艺欣赏,节日休闲,茶馆与酒楼宴饮,古玩收藏与交易,民间游艺竞技。[①]北京的休闲活动之所以能有如此繁盛的表现,与它广泛分布的休闲活动场所密切相关。当时的休闲活动场所可以分为八大类型:皇家狩猎地、行宫、园林、风景游赏地,游览型寺庙,私家园林,庙会与市场,戏园与会馆,重要民间节日期间的公共休闲地,其他类型的休闲活动地(如酒楼、茶馆、滑冰地、动物园等)。

1. 品目繁多的文化休闲活动

明清时期的文化休闲活动丰富,包括棋类、牌类、马球、蹴鞠、观灯、闹元宵、赏花、划龙舟等,品目众多。明代棋类非常流行,十分普及,人们下棋的技艺十分高超,到明代中期形成了永嘉、新安、京师三大派棋风;棋类的代表围棋到清代达到了极盛时期,但随后逐渐衰微。[②]牌类主要有抹骨牌、打纸牌(叶子戏)等形式,这些大约起源于唐宋时期的牌类游艺活动在明清时期得到了很大发展,《金瓶梅》《红楼梦》《镜花缘》等文学作品中有大量这类活动的描写;而麻将在清代社会的影响逐渐增强,成为全国最普及、最大众化的休闲娱乐活动。明代的马球运动不仅在宫廷中极受欢迎,民间老百姓也十分偏爱。女子是明清休闲活动的重要参与者,她们不仅广泛参与击鼓传花、投壶、闺阁学射、棋弈、斗草、打络子等文雅性活动,也参与蹴鞠等体力消耗很大的体育运动。此外,清代休闲活动呈现出明显的民族特点,清廷每年秋季的木兰围猎活动中,由教跳、诈马、相扑、什榜组成的"塞宴四事"是围猎宿营时的必备节目,而前三个项目均是缘起于少数民族的运动。

2. 休闲旅游与养生活动

明清时期的休闲旅游与养生活动盛行。康熙、乾隆的数下江南可见当时帝王与贵族们巡游活动的繁盛;野游、野浴、登高、垂钓、射猎等活动是当时文人墨客们喜闻乐见的休闲形式。休闲旅游在节日中的表现尤为突出,每逢佳节,人们身着盛装,结伴而行,或游山玩水,或游览名胜,或登高望远,或游湖荡水,享受生活的惬意。明清的养生旅游十分流行,温泉养

[①] 吴承忠,韩光辉.明清北京休闲文化发展的分期及其影响因素[J].江汉学术,2013,32(03):56-62.
[②] 马友平.论明清小说中的休闲文化[J].四川戏剧,2006(05):115-117.

生、气功养生、饮食养生等是极为常见的养生活动形式。

3. 明清武术

武术是明清时期人们休闲活动的重要组成部分。明代建立后,废除了元代禁止民间习武的禁令,武术取得了突飞猛进的发展;明代中期以后的武举制度更是极大推动了武术的进步。除了保家卫国的需要,普通人更重视武术在强身健体、娱乐身心方面的积极意义。

清代历代统治者都禁武,民间武术以"社""馆"等形式秘密传授武艺,形成了太极拳、八卦拳、形意拳、八极拳、劈挂拳等著名拳种。到了清代晚期,随着火器在战争中的广泛使用,武术在军事活动中的价值逐渐削弱,转而向娱乐健身、修身养性方面发展。明清时期,有不少民间拳师在节假日走上街头,进行武术表演和卖艺活动,成为民众观看的一种表演形式。

4. 餐饮与戏园休闲

餐饮不仅能解决人们的生理需求,也是重要的休闲形式。明清时期我国的餐饮得到了长足发展。明代末期的中国饮食分为京式、苏式和广式,基本形成了三大菜系。其中,京式偏咸,苏式、广式偏甜。到了清代末期,形成了京(鲁)、苏(淮扬)、广(粤)、川四大菜系;而发展到民国时期,则形成了川、粤、苏、闽、浙、湘、徽、鲁八大菜系。明清时期的各大城市中餐馆遍布,市民成为餐饮业中很大的一个消费市场。到了清代,北京和南方大城市的餐饮发展极为迅速,民间小吃成为人们日常休闲生活中的重要组成部分。

茶馆和茶楼在明清时期进一步发展。明清时期的茶馆不仅数量众多,而且很多规模庞大,茶具讲究、服务周到,是人们消磨时光和社交的理想场所。清代时期,茶馆中不仅提供茶饮,还提供评书、弹唱等表演活动,极大吸引了人们的兴趣。泡茶馆这种慢生活形式一直延续到现在,成为很多都市当今的休闲形式。除了茶馆外,戏园在明清时期也得到了极大的发展,不仅能向民众提供戏曲等表演艺术,也提供餐饮、休闲等诸多极具吸引力的活动,成为广大市民的理想休闲地。

5. 休闲活动与民间手工艺的发展

随着休闲活动的繁荣,民间手工艺品行业也迅速发展起来。《清嘉录》是记录吴地岁时习俗的重要书籍,书中所描述的242项民间休闲活动中,使用的民间手工艺品仅正面直接阐述的就有30多项,有玩具、鸟笼、蟋蟀盆、风筝(纸鸢)、烟花爆竹、草编藤编、铜器、制扇、笺纸(古简)、木偶、民族乐器、香烛、荷包挂件、绢花、彩蛋、剪纸、灯彩、彩旗、纸扎、年画、装裱、泥塑、木雕、漆器(盘、盒)、玉器、陶瓷、红木小件(小摆设)、花线、刺绣、丝绸、绣花鞋帽、剧装戏具等。[1]这些手工艺品与民间休闲活动紧密相关,很多手工艺品就是专门为了这些休闲活动而生产的。手工艺品行业的发展,也印证了当时休闲活动的兴盛。

(六)近现代休闲活动

从1840年鸦片战争开始,古老的中国从辉煌灿烂的古代史迈入了激烈动荡的近现代历史。在之后的100多年时间中,中国从晚清时期的半封建半殖民地社会,历经千万种困难曲折才终于迎来了民族独立,走进改革开放的新时代。在这100多年中,尽管中华民族饱经磨

---

[1] 卢长怀.中国古代休闲思想研究[D].大连:东北财经大学,2011.

难,政治、社会、经济、技术等领域发生着各种各样的剧烈变化,但休闲作为人类的一种基本需求,不可能完全消失。随着我国社会发展的起起伏伏,人们的休闲方式也呈现出许多与时代紧密相关的特征。黄梅按照时间的顺序,将这个时期我国民众的休闲方式划分为了五个阶段[①]。本书参照她的划分方式,将这个时段划分为四个时期,如表1-1所示。

表1-1 我国近现代(21世纪前)各阶段休闲热点

时期	主要休闲热点
晚清时期(1840—1911年)	酒馆、茶馆、烟馆、戏园、体育、旅游
民国时期(1911—1949年)	戏曲及曲艺、逛游艺场、游商业街、看电影、集邮、茶馆聚会、逛公园、打麻将
改革开放前(1949—1978年)	体育运动、跳交谊舞、集邮、看电影、看戏剧、逛公园、看样板戏
改革开放以来(1978—1999年)	卡拉OK、迪斯科和蹦迪、健身、看电视、听音乐、追星、收藏、旅游、探险

1. 晚清休闲活动

鸦片战争以后,西方列强的军事、经济、文化入侵一方面打破了中国传统生活方式,将人民生活推向深重的灾难;另一方面也将西方国家工业革命后的现代文明带入我国,客观上对我国的近现代化进程起到了一定作用。

开口通商以后,随着通商城市商贸发展,人口聚集,大范围、社会化的工商贸易等活动兴起,市民的休闲方式开始发生改变,休闲娱乐行业日渐兴旺,公共休闲活动日趋增多。[②]上海租界地区休闲娱乐商家遍布街头,数量众多。1874年《申报》的一篇报道记录了当时的场景:"酒楼不下百区,烟馆几及千处,茶室则到处皆是,酒肆则何地能无,戏园、戏楼亦十余所。"[③]随着清政府一些鼓励和刺激工商业发展措施的出台,很多大城市的休闲娱乐产业得到了进一步的发展。据记载,清末民初成都街头的茶馆多达四五百家。[④]

晚清时期,随着煤油灯、煤气灯、玻璃灯罩及电灯从西方的陆续传入,人们参与休闲活动的时间变长,夜间休闲活动丰富起来。上海娱乐业通常会营业到晚上12点以后。西方休假制度也逐渐影响着国人,除了传统的春节、端午、中秋等节假日外,西方礼拜日的习惯也传入我国,并被试图改革图强的晚清政府作为制度推广开来。人们休假时间的增多,也为更多休闲活动提供了可能。

但是,被帝国主义全方面侵略下的国人休闲所追求的淫靡享乐和表面上的奢豪华丽并不是当时人们正常的精神世界,很多人在看不到民族未来的迷茫世界中只能转而追求肉体上的欢愉,而这种糜烂的欢愉又引起了无数国人在体魄和意志上的堕落。

2. 民国休闲活动

民国38年时间是中国近代极为跌宕起伏的年代,政治运动、内外战争、各类事件频发且

---

① 黄梅.中国近代休闲方式解读[J].社会,2000(09):4-6.
② 李长莉.清末民初城市的"公共休闲"与"公共时间"[J].史学月刊,2007(11):82-89.
③ 论上海繁华[N].申报,1874-02-14.
④ 王笛.街头文化:成都公共空间、下层民众与地方政治(1870—1930)[M].北京:中国人民大学出版社,2006.

规模浩大,中华民族经历着前所未有的民族灾难和历史剧痛。但同时,这也是人们爱国热情高涨的年代,是人们追求新生活、向往新时代的年代。在这个时代,中西文化碰撞,民主和科学成为时代主流,国学大兴、大师辈出。在休闲领域,呈现出大都市的新时尚和小地方旧习俗并存的局面;新思想影响下的新女性休闲成为一个重要特点;休闲教育成为民国教育的一个重要方面。

对于民国的知识分子和有闲阶层而言,休闲成为他们人生中非常重要的内容,休闲被认为是与人生乃至社会文明进步都有着莫大关系的重要事件。随着留学归国人数的增多,西方社会中的西装、咖啡、西餐、电影、国际舞蹈、洋房、西式交通等生活方式逐渐进入人们的日常生活,聚会交流、谈话成为很多人推崇的休闲方式。梁思成与林徽因夫妇就经常在家举行西方沙龙式的聚会。在休闲场所和设施方面,引进了西方社会的夜校、半日学校、演讲会、博物馆、美术馆、公园、剧场、动植物园、游乐场、图书馆、各种展览会等场所,成为人们重要的休闲空间。

对于普通大众来讲,传统休闲方式仍然流行。烟馆得到了治理,但是赌博、妓院仍然兴盛,茶馆、餐馆、戏园依旧大有市场。剧院、电影院等新事物迅速崛起;梅兰芳、胡蝶、阮玲玉等一大批明星成为国人的偶像。集邮成为人们喜爱的休闲方式,逛街、购物成为都市居民的日常。皇家园林、私家园林和田园公园等逐步开放,源于西方的现代公园也建设起来,为市民提供了更多的休闲去处。

值得一提的是,民国女性解放有了很大发展,都市女性率先挣脱传统观念的束缚与禁锢,走出家门,参与以运动、社交、娱乐、消费、游学为主题的各种休闲活动。[1]在运动主题方面的休闲活动中,游泳、骑马、打网球最为时尚;在以社会为主题的休闲方式中,宴会、茶会、舞会等日益流行;在以娱乐为主题的休闲方式中,游艺、看戏、欣赏曲艺表演、看电影广受欢迎,追星日益成为时尚,一些电影明星的言行成为大众女性的趣味取向;逛街、购物成为日常;游园、旅行乃至出国考察也成为很多女性的重要生活方式。

3. 改革开放前的休闲活动

中华人民共和国成立是中国近现代史上最为伟大的事件,一改过去近百年中国的屈辱历史,中国人重新走上了独立自主的发展道路。国人勇敢拼搏、努力进取,积极响应国家号召,用着冲天的干劲建设着自己美好的家园。改革开放前,人们总体上对休闲并无多少个人方面的追求,时刻记挂的是国家和民族的需要。同时,由于物质的贫乏,人民生活水平不高,也缺乏广泛参与休闲活动的社会经济基础。

中华人民共和国成立初期,对旧社会的不良风气进行了大整顿,"黄、赌、毒"被彻底取缔,旧式戏园、茶馆、游乐场被仔细清理。人们忙着重建家园,物质生活缺乏,人们的精力基本放在如何快速重建家园上,几乎不会主动想到休闲。小孩子们的休闲娱乐活动也很简单,主要是打弹弓、爬树掏鸟、放风筝、跳皮筋、过家家等。农村居民消磨闲暇的方式极其简单,主要靠走亲戚、串门、聊天、睡大觉、散步、下棋、打纸牌或打麻将等方式自娱自乐。[2]但同时,

---

[1] 陈静.民国都市女性休闲方式及特点分析[J].洛阳师范学院学报,2011,30(03):8-12.
[2] 申广斯.论建国以来农村居民休闲方式变迁及启示[J].学术论坛,2010,33(05):89-93.

一些国家号召的活动则有很大的影响力,广播操、广场庆典、田间地头的对歌竞赛随处可见,能为国争光的乒乓球运动、游泳运动等更是十分流行。看露天电影成为人们少有的奢侈享受,《上甘岭》《小兵张嘎》《江姐》《闪闪的红星》等电影广受群众欢迎。看样板戏是当时中国老百姓休闲娱乐生活中的重头戏,《红灯记》《沙家浜》《红色娘子军》等经典剧目时至今日仍为很多人喜欢。

在这个阶段,人们对休闲的看法也比较传统和片面,认为休闲就是吃喝玩乐,容易让人游手好闲、懈怠懒惰。人们在生活方面艰苦朴素、勤俭节约;在工作上夜以继日、不知疲倦。即使在少有的闲暇时间中,很多人也在自觉学习科学文化知识,为奉献社会而不断武装自己。雷锋、焦裕禄、王进喜、陈景润等均是这个时代中艰苦奋斗、奋发图强的榜样。

4. 改革开放后的休闲活动

随着十一届三中全会的召开,中国迈开了改革开放的新步伐。短短几十年中,我国社会生产力获得了极大发展,社会财富急剧增多,国家综合实力迅速提升。社会基础设施和休闲设施被大量建设起来,国家层面上推行公共假日和周末休息制度,给物质生活不断丰富的人们创造了很多休闲条件。全社会的休闲观念开始转变,人们开始认识到休闲的价值。休闲文化流行起来,休闲方式不断更新,日益多元化、个性化的休闲内容不断涌现,五彩缤纷的休闲时代真正到来了。

20世纪80年代,电视机进入普通百姓家是人们休闲方式改变的一个时代标记。我国港台地区以及新加坡等地的电视剧热播,金庸武侠剧和琼瑶爱情剧成为一个时代的印记。央视春节联欢晚会大受欢迎,《西游记》《红楼梦》《渴望》《封神榜》等一大批电视剧热播,万人空巷,《新白娘子传奇》等电视剧广受好评。录音机、VCD、组合音响、相机、电脑等进入普通家庭,流行歌曲风靡全国,港台、内地歌坛争相斗艳。街上到处能看到戴着耳机听随身听或MP3的年轻人。录像厅、游戏室、歌舞厅、溜冰场、网吧、西式餐厅和酒吧等新的娱乐休闲场所如雨后春笋般成长起来,成为人们流连忘返的娱乐去处。

新中国旅游活动的普及化也是在改革开放以后。观光旅游、休闲度假的人群越来越多,一大批历史文化名城和国家级风景名胜区建立起来,国际知名酒店集团争相涌入中国市场,本土酒店业也发展了起来。20世纪80年代末90年代初,深圳"锦绣中华""中国民俗文化村""世界之窗"等主题公园的开业开启了主题公园火遍大江南北的时代。交通业发展迅猛,铁路、公路里程增长迅速,速度越来越快,舒适度不断提升,为人们的远距离出行提供了便利。国家休假制度改革,周末闲暇时间的增多、"黄金周"的推出更是进一步激发了民众外出旅游的热情。而在城市内部,城市休闲设施增多,城市广场、动物园、博物馆、科技馆、图书馆、休闲公园等成为人们日常休闲娱乐的理想场所,而居民小区内的健身场所也日趋完善。很多城市的环城市休憩带开建,农家乐等城市周边休闲形式日益火爆。

改革开放后,民众的休闲意识觉醒,休闲观念发生了深刻变化。休闲不再被视为好吃懒做的行为,而是被当作人们日常需要的重要组成部分;休闲不再被当作工作的补充,需要为工作服务,而被视为人们正常生活的一种方式,是人们应当获得的一项基本权利和自我发展的重要手段。在这种观念的影响下,民众的休闲行为和休闲活动异彩纷呈,花样繁多,这也为我国休闲产业的崛起和繁荣创造了极好的市场条件。

进入21世纪,中国经济发展迅速,社会建设取得举世瞩目的成就。互联网、无线通信和无线支付、高铁、汽车等成为今天这个时代的典型元素,旅游、养生、网络、运动成为当今人们休闲的典型形态。2013年,我国颁布《国民旅游休闲纲要(2013—2020年)》,这是国家层面的首个旅游休闲纲要,标志着我国全民休闲的时代已经到来,国民的旅游休闲生活、中国休闲文化已经进入到了一个全新的时代。

▶ 思考

1.对比中外休闲发展史,你认为有何异同?

2.你认为我国休闲史的演变有何规律,按照这种规律,我国民众当下及今后的休闲活动可能会呈现出哪些趋势?

▶ 动动手

1.请查阅有关资料,从我国传统休闲活动中找出一个代表性活动,对之做详细介绍。

2.回顾自己曾经参加过的休闲活动,找出一个自认为有地方特色、民族特色的休闲活动,向大家做展示。

第二节 休闲时代

毋庸置疑,当前我们已经进入了休闲时代。在这个美好的时代中,休闲已不再是某些特权阶层的奢侈享受,而成为普通大众的生活所需;人们尽情享受着休闲带来的欢娱和激情,休闲让人们的生活五彩缤纷。那么,什么是休闲时代?为什么说我们已经进入了休闲时代?休闲时代有哪些特征?我们在享受着休闲时代时,也同样需要对这个时代的休闲有一些基本的认识。

一、休闲时代的含义

纵观国内外关于休闲时代的界定,至今尚没有统一的为大家都认可的表述。楼嘉军、徐爱萍认为,休闲时代是指一个国家或地区人均GDP进入3000~5000美元阶段以后,在居民生活方式、城市功能和产业结构等方面相继形成休闲化特点的一个发展时期。[1] 按照这一界定,休闲时代首先必须有一个门槛条件,而人均GDP就是这个门槛条件中较为重要和显著的一个。同时,休闲时代必然有一些显著的时代特征,这些特征既区别于以往的非休闲时代,也随着时间的推移而表现出较强的动态性特征。

---

[1] 楼嘉军,徐爱萍.试论休闲时代发展阶段及特点[J].旅游科学,2009,23(01):61-66.

中华人民共和国2022年国民经济和社会发展统计公报（部分）①

2023年2月28日，国家统计局发布了《2022年国民经济和社会发展统计公报》，初步统计，全年国内生产总值1210207亿元，比上年增长3.0%。其中，第一产业增加值88345亿元，比上年增长4.1%；第二产业增加值483164亿元，增长3.8%；第三产业增加值638698亿元，增长2.3%。第一产业增加值占国内生产总值比重为7.3%，第二产业增加值比重为39.9%，第三产业增加值比重为52.8%。

全年人均国内生产总值85698元，比上年增长3.0%。全年全国居民人均可支配收入36883元，比上年增长5.0%，扣除价格因素，实际增长2.9%。全年全国居民人均消费支出24538元，比上年增长1.8%，扣除价格因素，实际下降0.2%。

农业方面，全年粮食种植面积11833万公顷，比上年增加70万公顷；工业方面，全年全部工业增加值401644亿元，总体比上年增长3.4%；服务业方面，全年规模以上服务业企业营业收入比上年增长2.7%，利润总额增长8.5%。

新产业新业态新模式较快成长。全年规模以上服务业中，战略性新兴服务业企业营业收入比上年增长4.8%。全年高技术产业投资比上年增长18.9%。全年电子商务交易额438299亿元，按可比口径计算，比上年增长3.5%。全年网上零售额137853亿元，按可比口径计算，比上年增长4.0%。

▶ 动动手

1. 请查阅有关资料，展示1949年以来我国GDP和人均GDP变化情况。
2. 观察这些数据，如果按照人均GDP3000美元的标准，我国何时进入休闲时代？

本书认为，休闲时代是人类社会发展到一定阶段的必然产物，是普通民众能达到基本休闲条件、将休闲视为基本需求的时代；在这个时代中，普通民众的休闲需求能得到有效满足。这个界定包括如下几层含义。

（一）人类进入休闲时代是历史发展必然

休闲时代是历史发展的必然，是21世纪人类社会的一个鲜明时代特征。不论是世界上哪个民族，也不论是哪个区域，只要具备了休闲的有关条件，当地的社会就能步入休闲时代。

（二）休闲时代的休闲活动具有普及性

判断一个时代是否属于休闲时代，不是看这个社会中是否存在休闲群体，也不是看这个社会中是否存在休闲活动，而主要是看普通民众是否能主动参与休闲。这是休闲时代与古代社会中只有少数有闲阶层能参与休闲活动的本质区别。

---

① 国家统计局，http://www.stats.gov.cn/sj/zxfb/202302/t20230228_1919011.html。

（三）休闲时代是有门槛的

休闲时代是有门槛的，这个门槛不仅仅是看人均GDP是否达到了3000美元，更重要的是看普通民众是否具备了休闲条件。这里的休闲条件至少有两个：一是休闲的客观条件，二是休闲的主观条件。客观条件是指影响民众休闲的外部因素，至少包括了休闲时间和休闲能力；休闲的主观条件则是指民众的休闲需要与休闲动机。

1. 休闲的客观条件

不论是个人，还是整个群体，人们参与休闲必须得有足够的客观条件。在众多休闲客观条件中，休闲时间是必备要素之一。休闲时间主要是指闲暇时间和部分生活必须占用的时间。一般认为，人生的时间可分为工作时间、生活必须占用的时间和闲暇时间。工作时间包括人们学习、从事本职工作和兼职工作的时间，是大多数人必须花费的人生时间。生活必须占用的时间包括吃喝拉撒等基本生理需要的时间，维持亲情友情爱情等基本精神需要的时间，处理日常生活事务如洗衣、拖地等家庭劳动的时间等，这些时间占用了很多人很大一部分的人生时间。除了上述时间之外，人们可以自由使用和支配的时间，才能称为闲暇时间。工作时间是不能用于休闲的，闲暇时间均可以用于休闲；而对于生活必须占用的时间，有一部分可以用于休闲，一部分不能用于休闲。可以用于休闲的主要是吃喝拉撒等基本生理需要的时间和维持亲情友情爱情等精神需要的时间，因为这些事既可以自己一个人做，只为单纯地满足生理需要和精神需要，也可以与他人一起，将休闲的内容融入进去。比如与亲友一起聚餐享受美食，既满足了生理需要，又维系了亲情友情，同时也参与了休闲活动。而处理日常生活事务如家务等时间不能用于休闲。

▶ **动动手**

1. 请查阅有关资料，了解我国居民闲暇时间的变化历程。
2. 观察我国居民闲暇时间和居民休闲方式之间的变化关系，你发现了哪些规律？

休闲能力是民众参与休闲活动的又一个重要因素。休闲能力包括了人们的支付能力、知识和技能结构以及社会对休闲的整体看法等多个方面。支付能力是主要的方面，也是以往很多研究者们一直强调的方面。将人均GDP作为一个衡量指标，正是从这个方面来进行考量的。人们只有具备了足够的支付能力，才能应对休闲活动中的各种花费。而仅仅有钱并不意味着人们就具备了休闲能力，比如，人们对高尔夫球一无所知，他们根本就不会参与这项休闲活动；人们不知道如何使用互联网，他们就不可能用刷抖音、视频聊天的方式来进行休闲活动；人们对旅游如果知之甚少，他们也很难采取旅游的方式来打发闲暇时光。所以，具备足够的休闲知识和休闲技能，是人们开展休闲活动的又一个必要条件。而社会对休闲行为与休闲活动的看法，也会影响人们参与休闲活动的可能及参与方式。比如，如果大家都认为休闲是游手好闲、应该鄙夷和唾弃的行为，那很多人就不会主动参与休闲活动，他们的"休闲能力"也就丧失了；如果大家认为坐着休息是不错的休闲方式，而上网玩网游就是堕落的行为，人们可能就会对网游这种休闲方式心存芥蒂，进而减少网游这种休闲行为，而这也会限制他们进一步强化网游的休闲能力。

2. 休闲的主观条件

休闲的主观条件主要是休闲动机,而休闲动机又源于休闲需要。按照马斯洛的需要层次理论,休闲需要应属于社交需要以上的较高层次需要;根据奥尔德弗的ERG理论,休闲需要应属于关系需要和成长需要。这是因为,人们只有在满足了生理需要和安全需要等生存性需要后,才能谈得上休闲。如果一个人处于饥饿状态、不安状态,他是没有办法开展休闲活动的,也不可能有休闲的情绪,故而也不能产生休闲的需要。而休闲需要中,往往包含着非常丰富的人际交往、社会地位展示、自我实现等中高层次的需要,体现着人们对个人成长和美好生活的向往。动机是指激发和维持个体活动,使活动朝向一定目标的心理倾向或内部动力。人们的休闲需要产生后,会产生紧张感,会试图用某种方法去消除这种紧张感;如果他们找到了消除紧张感的路径,并拟将活动指向某个具体对象,那么他们的休闲动机也就产生了。具备了休闲动机,人们就可能开展休闲活动和实施休闲行为。

需要说明的是,一个人要开展休闲活动和实施休闲行为,必须同时具备主客观条件。这些条件中缺少了任何一个因素,都可能导致休闲行为无法真正进行。

(四)休闲时代的供给方条件

休闲需求的存在是休闲时代的必然要求,但仅有休闲需求的时代并不能称作休闲时代。休闲时代还必须有充足的休闲供给条件,能有效满足普及化的休闲需求。这种供给条件应从质和量两个方面来分析。

首先,从量上讲,一个时代应有足够数量的休闲时间、休闲场所、休闲设施等满足大众休闲的各种条件。休闲时间在前文已被纳入需求条件分析,但从本质上讲,只有一个社会的生产力发展到足够水平,民众才可能获得更多的闲暇时间,其休闲时间才能够得到保障。而休闲场所和休闲设施的具备也与社会经济发展水平紧密相关。因为一个社会总是将其有限的资源优先用于满足民众和社会发展中的基本需要,然后才可能用于较高层次的休闲需要。

其次,如果供给方仅仅数量众多,但质量不能得到保障,民众的休闲需要也不能得到很好的满足。这种质量可从休闲供给的结构、水平等方面来衡量。休闲供给的结构是指休闲供给中各部分在总体中所占比重的分布情况,主要考查供给是否与休闲需求相匹配。比如,社会中存在大量的旅游休闲需要而只有少量的餐饮美食需要,但供给方却有大量的餐饮美食供应而只有较少的旅游休闲供应,那么必然会导致社会中的休闲需要不能得到很好的满足。休闲供给的水平是指休闲供给中有关供给内容能否让休闲主体满意。比如,社会中存在大量康养方面的休闲需求,人们渴盼清新的空气质量,但供给方却不能有效提供达标的空气质量;又比如民众希望在休闲中跑步健身,但城市却不能提供高质量的步道;等等。这些情况的存在都不能使民众的休闲需要得到很好的满足。

时代数据

2022年重庆生态环境状况公报中的有关休闲供给数据[①]

1. 大气环境

2022年,空气质量优良天数为332天,其中优130天、良202天,超标33天(其中$PM_{2.5}$超标16天,O_3超标17天),无重度及以上污染天数。

2. 园林绿化

全市建成区绿地面积约71974.4公顷,绿化覆盖面积约78008.3公顷,城区公园绿地面积约30561.2公顷。全市建成区绿化覆盖率42.53%、绿地率39.24%、人均公园面积16.33平方米。中心城区建成区绿地面积约34061.6公顷,绿化覆盖面积约36847.7公顷,城区公园绿地面积约14671.9公顷。城市建成区绿化覆盖率43.03%、绿地率39.77%。人均公园面积16.04平方米。

3. 森林与草地

全市林地面积7026万亩,森林面积6800万亩,森林覆盖率55.04%,活立木蓄积2.6亿立方米。全市草地面积35万亩。

4. 自然生态保护

全市现有自然保护区58个,面积80.4万公顷,占全市面积的9.8%。其中,国家级自然保护区7个,市级自然保护区18个区,县级自然保护区33个。

全市现有风景名胜区36处,面积45.3万公顷。其中,国家级风景名胜区7处,面积21.5万公顷;市级风景名胜区29处,面积23.8万公顷。

全市现有世界自然遗产地3处。其中,中国南方喀斯特世界自然遗产(武隆片区)面积0.6万公顷、缓冲区3.2万公顷,中国南方喀斯特世界遗产(金佛山片区)面积0.674万公顷、缓冲面积1.068万公顷,湖北神农架世界自然遗产(五里坡片区)面积0.578万公顷、缓冲区面积0.438万公顷。

全市有市级以上森林公园83个,面积18.56万公顷。其中,国家级森林公园26个,面积13.63万公顷;市级森林公园57个,面积4.93万公顷。全市有市级以上生态公园2个,面积1762.24公顷。其中,国家级生态公园1个,面积1629.7公顷;市级生态公园1个,面积132.54公顷。全市有地质公园10个,面积115524公顷。其中,国家级地质公园9个,面积108789公顷;市级地质公园1个,面积6735公顷。

全市湿地公园26个,面积2.6万公顷。其中,国家级湿地公园22个,市级湿地公园4个。

▶ 动动手

1. 请查阅有关资料,了解你所在的地区休闲场地、休闲设施当前的供给情况。

2. 请分析这些休闲供给能否与当地的民众休闲需要相匹配。

[①] 重庆市生态环境局《2022年重庆市生态环境状况公报》,https://sthjj.cq.gov.cn/hjzl_249/hjzkgb/202306/t20230601_12019662.html。

二、休闲时代的特征[①]

(一)休闲生活常态化

从生活方式角度看,休闲已成为居民生活的一种常态。这里的常态,是指居民进行休闲娱乐活动已经成为与工作、睡觉和从事家务等必要的社会活动同等重要的第四生活状态。从时间层面讲,居民已获得比较充足的日常休闲时间。在通常情况下,居民每天可自由使用的休闲时间总量能够达到5小时左右。至于在周末和节假日期间,休闲时间则更为可观。从行为层面讲,居民休闲行为方式已从传统的休息形式向现代的休闲方式转变,呈现出常态化、多元化和自主化的特点。在旅游方式上,逐渐由观光旅游向度假旅游转变。从观念层面讲,居民的休闲观念初步确立,突破了单纯的娱乐满足,更多地表现为对自我发展和自我价值的追求,这种现代化的休闲观念形成了越来越广泛的社会共识。

(二)休闲消费脱物化

休闲消费脱物化或消费精神化是休闲时代的一个重要特征。一般认为,在一个国家或地区,人均GDP处于3000～5000美元是发生这种转变的临界区间。这里的"消费脱物化"主要是指随着人均收入的提高,食品消费在人们的全部消费中的比重会下降。这种消费结构变化带来的一个重要特征是人们对传统的以物质产品为主导的消费需求开始下降,而对以精神产品为主导的非物质产品的消费需求迅速攀升。

(三)城市功能休闲化

从西方发达国家发展实践看,进入休闲时代,城市功能必然会发生相应的变化。

第一,经济功能休闲化。一方面,城市经济结构出现转型,由传统的制造业经济结构向服务型经济结构转变,从而使经济中的休闲因素呈现不断扩大化的趋势。另一方面,以文化、旅游、体育、娱乐和教育等为主要内容的休闲服务产业蓬勃发展,在物质生产和精神生产两个层面逐步形成了比较完整的休闲产业体系。因此,城市经济结构的转型和休闲服务产业的发展,既为城市休闲经济打开了广阔的发展空间,也使休闲经济成为促进城市经济发展的重要动力。

第二,公共服务功能凸显休闲内涵。首先,从接待服务功能看,随着本地居民休闲消费能力的提高和休闲消费欲望的增强,原来单一性的旅游接待服务功能逐渐被综合性休闲接待服务功能取代,满足本地居民休闲需求逐渐上升至主导地位。其次,从城市休闲活动区空间布局看,传统旅游区逐渐向城市商业中心转移,使得居民娱乐活动和游客观光活动在城市区域空间上出现重叠的发展态势,进而形成了旅游区与休闲区一体化的空间布局特点。最后,从休闲设施构成看,各种城市公共休闲服务设施在规模上面临新一轮兴建、改建或扩建的发展阶段。一是休闲设施在功能上由单体性走向综合性;二是在设施等级上向高档次和现代性递进,进而形成如美国林肯艺术表演中心、澳大利亚悉尼歌剧院等具有标志性影响力的休闲娱乐设施。

[①] 楼嘉军,徐爱萍.试论休闲时代发展阶段及特点[J].旅游科学,2009,23(01):61-66.

第三,城市休闲环境追求人与自然和谐相处的可持续发展意境。根据《雅典宪章》的规定,森林、河道等自然资源是构成城市休闲功能的基本内容之一。跨入休闲时代,城市不仅要进一步强化自然资源固有的休闲功能,而且要完成自然休闲资源从单纯的使用到可持续利用的转变,更加注重城市休闲环境的人本主义内涵以及人与自然和谐共处的理念,并将其渗透到城市生态休闲环境建设之中。

（四）生活泛娱乐化

生活泛娱乐化是休闲时代的一个重要特征,也是20世纪晚期以来极为引人注目的发展潮流。一是指社会生活中的"政治、宗教、新闻、体育、教育和商业都心甘情愿地成为娱乐的附庸",由此,进入了"娱乐至死"的年代。二是指娱乐因素越来越多和越来越广地渗透到诸如购物、餐饮及其他各种日常活动中去,购物和餐饮活动已成为娱乐的一种体验方式。三是指休闲和工作向着互相融合的方向发展。"工作越来越像休闲,而休闲则越来越像工作"。四是指随着现代交通条件的改善,城市群内部同城化现象日益凸显,对城市居民而言城市之间的短途旅游和休闲的界限愈加模糊。特别需要引起关注的是,在新技术、新条件、新理念的背景下生成的当代生活娱乐化样式,不仅迅速改变着青年人的日常娱乐生活方式,而且也在颠覆全体社会成员传统的生活和娱乐活动方式。

（五）休闲方式虚拟化和极限化

首先,休闲方式虚拟化是指休闲娱乐方式由传统的具象化转向网络的虚拟化。当今时代,借助计算机网络构筑了一个无穷大的休闲娱乐活动空间,在这个完全以高科技手段虚拟构成的"第四度空间"里,人们获得了比以往现实社会更大和更多的娱乐快慰,使人类世界沿袭了数千年的具象化的休闲娱乐活动理念和活动方式发生了革命性的变化。休闲方式虚拟化不仅是一种时尚,而且呈现出极为宽广的发展前景。其次,休闲方式极限化是指人们在休闲活动中越来越倾向于尝试体验极限活动带来的生理和心理上惊险刺激的感受。无论是空中延迟跳伞、悬崖自由跳水、野外生存,还是攀岩、深海探险,无不让人在惊心动魄之余,体会到来自"后工业化"时代崇尚极限休闲活动新观念的强烈撞击,从而诠释现代人对"玩"所做出的一种理性的探索和对自然世界回归的趋势。

时代数据

CNNIC:2023年《第51次中国互联网络发展状况统计报告》[①]

报告显示,截至2022年12月,我国网民规模达10.67亿,较2021年12月增长3549万,互联网普及率达75.6%。

报告显示,2022年我国网民总体规模持续增长。一是网民用网环境持续改

---

① 中国互联网络信息中心,2023-03-02,https://cnnic.cn/n4/2023/0302/c199-10755.html。

善,物联网终端增长推动"万物互联"。在网络基础资源方面,较2021年12月增长6.8%;在信息通信业方面,我国5G基站总数达231万个,较2021年12月提高7个百分点;在物联网发展方面,我国移动网络的终端连接总数已达35.28亿户,万物互联基础不断夯实。二是工业互联网体系构建逐步完善,"5G+工业互联网"发展步入快车道,全国"5G+工业互联网"项目超过4000个。三是传统领域应用线上化进程加快,推动农村数字化服务发展。线上办公市场快速发展,吸引更多网民使用;互联网医疗规范化水平持续提升,成为2022年用户规模增长最快的应用;互联网成为实现乡村振兴重要抓手,推动农村数字化服务发展。

截至2022年12月,短视频用户规模首次突破十亿,用户使用率高达94.8%。2018—2022年,短视频用户规模从6.48亿增长至10.12亿,年新增用户均在6000万以上,其中2019年、2020年,受疫情、技术、平台发展策略等多重因素的影响,年新增用户均在1亿以上。同时,用户使用率从78.2%增长至94.8%,增长了16.6个百分点,与第一大互联网应用(即时通信)使用率间的差距由17.4个百分点缩小至2.4个百分点。

2022年,我国线下场景加快拓展,促进相关线上业务进一步发展,形成线下线上互促共融的良好态势。其中,在线旅行预订、线上健身等领域持续发展,为广大网民创造更加丰富多彩的数字生活。截至2022年12月,我国在线旅行预订用户规模达4.23亿,占网民整体的39.6%;线上健身用户规模达3.80亿,占网民整体的35.6%。

▶ 动动手

1.请查阅《第51次中国互联网络发展状况统计报告》或更新的报告,了解我国网民都在网上干什么。

2.请查阅《第51次中国互联网络发展状况统计报告》或更新的报告,了解我国网民的行为中有多少行为与休闲有关。请查阅有关资料,分析我国网民的互联网休闲特征。

三、我国休闲时代的特征

尽管可能没有人能确切地说出我国是何时进入休闲时代的,但我国当前已全面进入休闲时代已是公认的事实。

(一)国家层面的休闲推动和各地休闲发展

为了更好地迎接休闲时代的到来,无论是国家还是地方、无论是政府还是民众都做了大量努力。而能在全方位、高站位上对我国休闲时代起到全面推动和促进作用的,自然离不开我国各级政府的主导与部署。改革开放以来,从20世纪80年代开始,我国政府即非常重视旅游业的发展和国民休闲需求的满足。经过四十余年的发展,我国在各方面的建设中都取得了举世瞩目的成就,民众休闲也早已跨越了多个台阶。

在2009年国务院发布的《关于加快发展旅游业的意见》基础上,2013年国务院办公厅颁发《国民旅游休闲纲要(2013—2020年)》,进一步推进了中国国民旅游休闲体系的建设进程。该文件以"为满足人民群众日益增长的旅游休闲需求,促进旅游休闲产业健康发展,推进具有中国特色的国民旅游休闲体系建设"为目标,坚持以人为本、服务民生、安全第一、绿色消费,大力推广健康、文明、环保的旅游休闲理念,提出了保障国民旅游休闲时间、改善国民旅游休闲环境、推进国民旅游休闲基础设施建设、加强国民旅游休闲产品开发与活动组织、完善国民旅游休闲公共服务、提升国民旅游休闲服务质量等具体措施,极大促进了我国社会休闲化的进程。

2016年,中共中央、国务院印发《"健康中国2030"规划纲要》,其中明确指出要"积极发展健身休闲运动产业"。同年,国务院办公厅印发《国务院办公厅关于加快发展健身休闲产业的指导意见》,从8个方面、29个小项,全面规划了我国健身休闲产业发展的路线,提出到2025年,要基本形成布局合理、功能完善、门类齐全的健身休闲产业发展格局,我国健身休闲产业总规模达到3万亿元。

在政府的大力推动下,我国民众休闲需求得到了极大释放,休闲产业与休闲经济快速发展。2016年以来,多地积极实施多项举措,助推休闲时代快速进步。京津冀携手打造京东休闲旅游区,黑龙江多措并举打造休闲养老产业,河北在城乡统筹中大力发展休闲旅游,云南多地瞄准了健身休闲产业,上海大力发展休闲水族产业,内蒙古打造休闲体育带,陕西升级改造防洪设施为休闲公园,江西积极打造田园综合体和休闲农业园区,湖北改造贫困村为休闲民宿旅游村,湖北、吉林、安徽和广西等省(市、区)大力发展休闲农业;此外,青岛举办了"2019世界休闲体育大会",北京2021年举办了"北京·平谷世界休闲大会",银川2021年举办了第五届"中阿旅行商大会(中阿休闲旅游论坛)"。一大批中国美丽休闲乡村、全国休闲农业重点县、国家级旅游休闲街区被认定,各层次的美丽乡村休闲旅游线路被推荐……

(二)《中国休闲发展年度报告(2022—2023)》中的我国休闲世界

中国旅游研究院(文化和旅游部数据中心)发布了《中国休闲发展年度报告(2022—2023)》(以下简称《报告》)。《报告》依托中国旅游研究院自主网络平台对北京、上海、广州、成都、西安、长沙、沈阳、武汉、南京、杭州等10个城市进行问卷调查,运用清洗后的数据从休闲时间、休闲空间及休闲活动等维度对国民休闲行为特征与趋势进行系统研究,下边对该《报告》中所展示的我国休闲特征进行简要介绍。

1. 休闲时间总体情况与变化趋势

1)休闲已成为人们日常生活的刚性需求

2022年城乡居民每日休闲时间为3.89~5.66小时。城镇居民周末、节假日每天的休闲时间分别为4.80小时和4.61小时,分别占一天时间的20.00%和19.21%;工作日的休闲时间只有3.89小时,占一天时间的16.21%。农村居民每日休闲时间为4.14小时,高于城镇居民工作日休闲时间,但低于周末和节假日休闲时间。随着国民生活品质的不断提高,城乡居民用于休闲的时间开始超过照看老人/孩子、陪孩子学习、家务劳动、看病就医等无偿劳动所花费的时间,休闲成为继生理活动、工作(有偿劳动或学习)之后的首要选择。

2)城乡居民休闲时间较疫情前大幅提升,周末休闲日趋常态化

2022年城镇居民工作日、周末、节假日休闲时间较疫情前的2019年均出现不同程度的增长:周末增幅最大,成为城镇居民休闲重要时段,节假日次之,日均休闲时间分别增加1.36小时、0.85小时。农村居民平均每天休闲时间从2019年的3.14小时上升至4.14小时,涨幅达31.85%。

2. 休闲活动偏好情况与变化趋势

1)消费购物仍以绝对优势成为国民休闲基础选项

调查表明,随着闲暇时间增多,城镇居民消费购物占比波动下降,文化休闲比重波动上升。节假日选择消费购物的城镇居民占比为59.49%,分别比工作日、周末低4.13个和6.27个百分点;而节假日选择文化休闲的城镇居民占比为22.86%,分别比工作日、周末高出4.08个和6.76个百分点。对于农村居民,消费购物在其日常生活中的基础性作用更为明显,占比高达71.19%。

2)文化休闲在城镇居民日常生活中的比重日益提升

2022年,城镇居民、农村居民居家休闲比重分别比2019年下降5.26个和12.92个百分点,居民利用闲暇时间外出休闲的意愿更为强烈。此外,文化休闲在城镇居民日常生活中的比重日益提升。城镇居民工作日,文化休闲占比由2019年的15.11%增加至2022年的18.78%,节假日这一比重由16.92%提升至22.86%,增加了近6个百分点。体育健身占比较疫情前有所下降,一定程度上反映了国民健康意识、体育健身服务供给等仍存在较大提升空间。

3)城乡居民单项休闲活动选择偏好

从具体休闲活动来看,城乡居民对单项消费购物类休闲活动的偏好存在一定差异性。随着闲暇时间增多,选择实地购物与美容美发的城镇居民减少,而参与游乐游艺、洗浴、按摩、足疗,以及KTV、唱歌等休闲活动的居民有所增多。与城镇居民相比,农村居民在闲暇时间更喜欢喝茶、美发等休闲活动,二者占比达47.87%。

从文化休闲活动内部结构来看,城镇居民与农村居民存在一定的偏好差异。城镇居民最喜欢看电影,尤其是在工作日,该项活动占比达30.85%;随着闲暇时间增多,选择参观博物馆、展览馆、名人故居等文化场所的城镇居民有所增加。农村居民中,选择听戏曲的受访者占比最高,为49.03%,而选择参观文化场馆、观看文艺演出和体育比赛等休闲活动的居民占比明显低于城镇居民。

从具体体育健身休闲活动来看,城镇居民与农村居民存在一定的偏好差异。在各类体育健身休闲活动中,城镇居民最喜欢球类运动,农村居民最喜欢散步遛弯。随着闲暇时间增多,城镇居民对各类体育健身休闲活动的选择呈现出一定的差异性。工作日参与散步遛弯的城镇居民占比高于节假日,分别为15.27%和10.77%;而节假日选择参与球类运动、唱歌跳舞以及武术等传统体育锻炼活动的城镇居民占比明显高于工作日。

3. 休闲空间总体特征及变化趋势

1)距家1~3千米以内区域构成了国民休闲活动的主体空间范围

2022年,有86.19%的城镇居民、91.64%的农村居民选择在距家3千米范围内进行休闲活动。与城镇居民相比,农村居民近地化休闲特征更为明显,选择距家1千米内的受访者占比最高,达48.28%。1~3千米以内区域构成国民休闲活动的主体空间范围。城镇居民、农村居民选择1~3千米进行休闲的受访者占比分别为63.79%、40.14%。在距家3千米以上空间范围内进行休闲的城乡居民占比随距离增加而递减。闲暇时间对城镇居民是否选择远距离休闲的影响不大,如城镇居民工作日、周末、节假日选择7千米以上远距离休闲的受访者占比分别为0.74%、0.68%、0.69%。

2) 城乡居民近程化休闲趋势日益明显

与疫情前的2019年相比,2022年城乡居民休闲活动的近程化趋势日渐明显。城乡居民选择近程休闲的受访者占比大幅增长:城镇居民在距家1~3千米空间范围内进行休闲的占比分别由2019年的32.21%增加至2022年的63.79%;农村居民1千米以内占比增加28.18个百分点。而选择3千米以上区域进行休闲的受访者占比明显降低:城镇居民、农村居民占比分别由2019年的42.27%、40.25%降低为2022年的13.81%、8.36%。

《报告》认为,在政策外力和市场内力的共同作用下,休闲作为国民不断觉醒的一种基本权利,需求日渐浓郁,且呈现出休闲时间较疫情前大幅提升、休闲半径收缩、休闲活动丰富多样等特征。基于对国民休闲行为及其变化趋势的判断,《报告》进一步从优化休闲消费环境、释放休闲消费需求潜能、引导国民休闲观念、提升国民休闲能力,优化休闲产品与服务供给,以及构建制度保障体系等方面提出了推进国民休闲发展、提升国民休闲品质的对策建议。

▶ 动动手

1. 请查阅《中国休闲发展年度报告(2022—2023)》原文或其他更新的相关报告,了解国民的休闲活动都有哪些新特征。

2. 该报告只选取了我国部分城市的情况作为研究样本,其对国民休闲特征的代表性可能不足。请参照报告中的调查项目,分析你自己所在城市的民众休闲特征。

本章小结

多数人都认可人类社会从一开始就伴随着各种休闲活动。原始人的休闲行为源于生物的本能,并没有形成休闲的意识或概念。古希腊、罗马时期的休闲只限于特权阶层。中世纪的人们认为劳动是神圣的,休闲是世俗的,休闲活动只围绕着天主教的宗教秩序而展开。文艺复兴时期,人文主义新思潮不断涌现,新的休闲形式和活动成为人们的广泛追求。工业革命以后,资产阶级的休闲活动丰富起来,工人阶级也经过斗争逐渐具备了休闲条件。进入现代,休闲已不再是特权阶层的专属,社会各阶层之间的休闲差异也逐渐模糊,真正意义上的大众休闲时代到来了。

我国最初的休闲尝试和思想可以追溯到原始社会时期。奴隶社会的统治阶层已开始主动寻求休闲娱乐的享受活动,先秦时期人们的休闲形式有原始筵宴、歌舞表演、田猎、游观、踏青、聚会、歌舞、射箭、游泳、垂钓、投壶、天子和诸侯的巡游、诸子游学和策士游说、名士游

娱、商人贸易游走等。秦汉时期,除帝王巡游外,普通民众的休闲活动主要有游戏、乐舞百戏、节日休闲活动、旅游等诸多类型。魏晋南北朝时期有闲阶层的休闲活动主要有谈游、评游、咏游、啸游、纵游、壮游等。隋唐宋时期,大量有闲阶层出现。唐代茶文化兴盛,投壶、棋类活动、饮酒、斗鸡、面戏、戏绳、马球、樗蒲等诸多休闲方式盛行;宋代勾栏瓦舍大兴,流行蹴鞠、象棋、瓷器以及茶具欣赏等日常休闲活动。明清时期,马球、蹴鞠、棋弈、养生、休闲旅游等活动十分兴盛,楚宴、节庆、武术、餐饮、手工等均达到了新的高度。

近现代休闲随着我国社会发展呈现出很多与时代紧密相关的特征。晚清时期的酒馆、戏曲、茶室、娼妓流行,反映了没落社会中的堕落意志。民国休闲受到了西方社会的影响,新女性休闲、电影事业均发展起来,追星、集邮、逛街、游园等十分流行。新中国成立伊始,人们忙着重建家园,几乎不会主动想到休闲。改革开放以后,随着社会财富的急剧增多和国家综合实力的提升,全社会的休闲观念转变了过来,人们开始认识到休闲的价值;休闲文化流行起来,日益多元化、个性化的休闲内容不断涌现,五彩缤纷的休闲时代真正到来了。

本书认为,休闲时代是人类社会发展到一定阶段的必然产物,是普通民众能达到基本休闲条件、将休闲视为基本需求的时代。楼嘉军、徐爱萍认为休闲时代的特征有休闲生活常态化、休闲消费脱物化、城市功能休闲化、生活泛娱乐化、休闲方式虚拟化和极限化。当下我国已全面进入休闲时代,学习休闲、研究休闲具有重要的时代意义。

课后习题

本章实训

【实训目的】熟悉人类的休闲史,了解休闲时代的特征。

【实训成果】制作报告或PPT等演示文稿、录制视频或教师要求的其他形式。

【实训形式】个人/小组形式(教师可以根据实际教学需要安排)。

【实训内容】从下述内容中选择一个,搜集资料,完成教师要求的成果。

1.从西方或我国历史上选取一个时期,调查和搜集资料,全面展示该时期人们的休闲行为和休闲思想。

2.查阅资料,分析我国当前全面进入休闲时代的特征。

3.选择你所在的城市或城市的某个区域,观察和了解当地民众的休闲活动和休闲行为,描述休闲特征、分析休闲中存在的问题,并站在某一角度(如政府视角、休闲企业视角等)提出应对策略。

【实训步骤】本次实训可按照如下步骤或任课教师要求的其他步骤展开。

1.教师对学生下达实训任务,分配角色,落实责任到人。

2.学生领取任务后,独立或在本小组负责人的统领下准备本次实训所需资料和成果。具体搜集资料和完成最终成果的手段,可以是查阅资料、组内讨论、向老师或其他知情者请教等形式,由学生自行决定和选择。

3.教师安排专门的实训时间,由学生对实训成果予以展示和呈现。展示和呈现的形式与具体要求,教师根据实际需要确定。

4.教师对各个小组的实训成果予以点评,依据相应标准公平评分并予以记录,作为学生本门课程平时成绩的重要依据。

【实训要求】本次实训应遵循以下基本要求。

1.除教师特别要求外,所有学生均应参加本次实训活动。

2.学生在完成作业时首先应明确选题,并紧密围绕所选题目完成作业,不得偏题;若学生有其他选题,应先获得教师的同意,经批准方可按照新选题完成实训。

3.若实训成果由小组完成,所有组员必须在本组负责人的统领下共同完成作业,不应推卸工作,推卸或拒绝承担相应工作的同学本次实训不合格。实训成果中应标明各位成员的分工及对最终成果所做贡献的比例,贡献比例之和应为100%。

4.若依据教师事前公布的标准,实训成果不合格的小组,将重新开展本次实训,否则该小组所有成员本次实训的分数为零。

5.学生实训成果及展示和呈现形式必须符合课程思政要求,教师应对实训环节的课程思政进行总体把关,学生个人(独立完成实训时)或小组负责人(分组完成实训时)应对自己实训成果中的课程思政负责。

6.应遵循学校和教师的其他要求。

第二章

休闲基础理论

> 余尝寓居惠州嘉祐寺,纵步松风亭下,足力疲乏,思欲就亭止息。望亭宇尚在木末,意谓是如何得到?良久,忽曰:"此间有甚么歇不得处?"由是如挂钩之鱼,忽得解脱。若人悟此,虽兵阵相接,鼓声如雷霆,进则死敌,退则死法,当恁么时也不妨熟歇。
>
> ——北宋·苏轼《记游松风亭》

课程导入

醉翁亭记[①]

环滁皆山也。其西南诸峰,林壑尤美。望之蔚然而深秀者,琅琊也。山行六七里,渐闻水声潺潺,而泻出于两峰之间者,酿泉也。峰回路转,有亭翼然临于泉上者,醉翁亭也。作亭者谁?山之僧智仙也。名之者谁?太守自谓也。太守与客来饮于此,饮少辄醉,而年又最高,故自号曰"醉翁"也。醉翁之意不在酒,在乎山水之间也。山水之乐,得之心而寓之酒也。

若夫日出而林霏开,云归而岩穴暝,晦明变化者,山间之朝暮也。野芳发而幽香,佳木秀而繁阴,风霜高洁,水落而石出者,山间之四时也。朝而往,暮而归,四时之景不同,而乐亦无穷也。

至于负者歌于途,行者休于树,前者呼,后者应,伛偻提携,往来而不绝者,滁人游也。临溪而渔,溪深而鱼肥;酿泉为酒,泉香而酒洌;山肴野蔌,杂然而前陈者,太守宴也。宴酣之乐,非丝非竹,射者中,弈者胜,觥筹交错,起坐而喧哗者,众宾欢也。苍颜白发,颓乎其间者,太守醉也。

已而夕阳在山,人影散乱,太守归而宾客从也。树林阴翳,鸣声上下,游人去而禽鸟乐也。然而禽鸟知山林之乐,而不知人之乐;人知从太守游而乐,而不知太守之乐其乐也。醉能同其乐,醒能述以文者,太守也。太守谓谁?庐陵欧阳修也。

——北宋·欧阳修

---

①徐薇.古文观止鉴赏辞典[M].(清)吴楚材,(清)吴调侯,编选.武汉:崇文书局,2021.

> **思考**
> 1. 文中记录了欧阳修及其宾客的哪些休闲活动？这些活动反映了休闲的哪些特征？
> 2. 文中记录了"滁人游"的普通民众休闲活动。请搜集记载宋代我国普通民众参与休闲活动的文章或故事，与大家分享。

学习目标

1. 理解休闲的概念。
2. 了解休闲活动的特点和类型。
3. 了解各个休闲理论的内容，熟悉其在休闲领域的应用。

核心概念

休闲　休闲活动　休闲理论

第一节　休闲与休闲活动

尽管人类的休闲行为和休闲活动自古有之，但对休闲行为的研究则是在人类社会发展到了一定阶段后才展开的。无论是古时候的休闲研究者亚里士多德，还是当今社会的诸多休闲研究学者，都曾经提出过自己对休闲和休闲活动的有关理解；但时至今日，对于什么是休闲，人们仍然有不同的看法。本节对这些内容进行介绍，试图让读者对休闲和休闲活动有更多、更清晰的认知。

一、休闲

李丽梅认为，当前人们对休闲的定义有三种基本方向：一是从时间的角度研究休闲；二是从活动的角度研究休闲；三是将休闲视为一种心理状态。[1]

从时间角度来研究休闲的，主要有凡勃伦、帕克等人。凡勃伦将休闲界定为"非生产性的时间消费，此乃由于感到生产工作的无价值，与证明在金钱方面足以供应闲散生活的能力"，并由此认为休闲只有有闲阶层才能拥有。帕克认为，休闲是维持生存与工作义务所需时间之外的残余。还有一些研究将人生的时间分为生存必需时间和剩余时间，而休闲则与剩余时间中那些自由时间紧密相关。这与我们在第一章中的有关论述基本一致。

---

[1] 李丽梅.休闲社会学[M].上海：上海交通大学出版社，2016.

从活动角度来研究休闲的，主要有杜马斯蒂耶、凯普兰等人。杜马斯蒂耶将人们从事的活动分为四种类型，即有报酬性质的工作、家庭义务、社会精神上的义务、关于自我表达和自我实现的活动，其中只有第四种才算是休闲。凯普兰则认为，休闲活动必须具备以下四个特点，缺一不可：一是与具有经济功能的工作不同；二是使非自愿的社会角色义务职责减至最低；三是心理上感觉自由；四是具有玩乐的特性。

将休闲视为一种心理状态的人较多。长期以来人们都将休闲视为一种自由的心灵或灵魂状态，认为它体现了人们的自我修养。德拉济兹认为休闲是一种体验自由的心态，是人们的一种存在状态。派柏认为休闲是一种精神、心灵的态度，是一种较高层次的状态。纽林格认为，无论从哪个角度定义休闲，人们都必须考虑休闲对于人们的意义何在，这种意义并不是关于活动在何时开展，也不是关于活动以何种形式开展，而是关于休闲活动的实施者本身的感受。由此，在定义休闲时应该更多考虑休闲主体的心理感受。

此外，还有休闲的"体验观"和休闲的"存在观"之说。[①]前者将休闲视为一种体验，如美国女休闲学者卡尔·安德森认为"应把休闲视为在一定时间内以一定活动为背景而产生的一种体验"，这也是从心理视角来对休闲进行的界定；后者认为休闲是人类存在的一种状态，与我们在工作、生活当中的其他状态一样。

从上述各观点中可以看出，在界定"休闲"这一术语时，一般应当充分考虑如下几个方面：一是时间条件；二是形态特征；三是性质界定。为此，本书将休闲界定如下：休闲是人们在自由时间中，基于内心真实需要、出于非义务性目的而开展的享受性活动，是人们人生中必有的存在状态。这个定义有以下几层含义。

第一，休闲必须是在自由时间中开展的活动。如前文学者们的研究，人生时间可以分为维持生存所需的时间和剩余时间，而剩余时间中又有一大部分时间要用于社会交往、个人发展等不能自主安排的活动，剩余时间中扣除这些部分的才属于自由时间。

第二，休闲必须是基于内心真实需要而开展的活动。如果是人们出于非自愿、非内心真实需要而开展的活动，就不能称为休闲。比如，一个人心里想着去钓鱼，但是碍于情面不得不陪伴自己的上司去逛街，那么他这种活动就具有非自愿性，不是基于自己内心的真实需要而开展的活动，应属于社会交往或其他方面的活动，但不属于休闲。

第三，休闲必须出于非义务性目的。工作、做家务、陪伴老人和小孩、安慰朋友等都属于义务性活动，人们在从事这些活动时不能被视为休闲。但是，人们可能在这些义务性活动中修正"义务性"程度甚至方向，将这些活动变为休闲活动。比如，一个人单纯为了陪伴子女而开展的放风筝活动可能让他自己并不觉得开心，但是他如果能改变心态，将与小孩子放风筝视为一种愉快的经历而不仅仅是"陪伴义务"的苦恼，那么他的这种活动中的"义务性"成分就减少了很多，甚至会发生质的改变，使这种活动成为真正的休闲行为。

第四，休闲是一种享受性活动。这种享受性活动不是以它给人带来的是愉快的感觉还是不愉快的感觉为衡量标志，而是以这种活动的过程或结果是否为活动的主体所追求为标

[①] 罗林，刘春来.从休闲的定义和兴起的时代背景论体育的休闲参与价值[J].体育与科学，2004(03)：35-38.

准。比如,在钓鱼的过程中可能遭受风吹日晒,也可能因为一条鱼都没有钓上来而心烦意乱,但钓鱼这个过程本身就是活动的主体所主动追求的,所以仍可被视为休闲。

第五,休闲是每个人人生中的必然存在状态之一。如同人们会吃喝拉撒一样,休闲是每个人都会经历的人生存在状态之一。区别仅在于有些人处于休闲状态的时间多一些,有些人少一些;有些人以这样的方式休闲,有些人以那样的方式休闲。

▶ 思考

1.你认为在对"休闲"进行界定时,应当考虑哪些因素?

2.如果让你给"休闲"一词进行定义,你将如何表述?请写下来与大家分享,并说明你这样定义的理由。

二、休闲活动

从本质上讲,休闲是人们的一种存在状态。但从表现形式来看,人们的休闲行为总是表现为某种活动。一个人躺着闭目养神是在休闲,闭目养神就是其开展休闲行为的活动表现;一个人钓鱼是在休闲,钓鱼这种活动就是其休闲的表现形式。因此,我们可以认为休闲活动就是休闲的表现形式,是休闲行为付诸实践的载体。

(一)休闲活动的特点

结合休闲的定义,我们可以探知休闲活动具有如下一些特征。

1. 非义务性

由于休闲具有非义务性的特点,因此人们从事的休闲活动也具有这一特征。如果人们是出于某种义务性要求而去从事某种活动,这种活动通常不是休闲活动。人们的休闲活动通常不直接与生存、工作、扮演特定义务性社会角色所从事的活动相关,而是基于休闲需要,在自由时间中开展的、完全可由自己决定开展形式的活动。这是休闲活动最本质的特征。

2. 多样性

人们的休闲活动多种多样,既可以是动态性的攀岩、蹦极,也可以是静态性的闲坐养神;既可以是群体式的踢足球、拔河,也可以是个体式的听曲品茶;既可以是体能式的奔跑、相扑,也可以是智能式的对弈、猜谜。人们的休闲活动可能纯粹依靠自身就可以实现,如在夏夜里仰望星空;也可能需要借助于设施设备,如在海水中疾泳冲浪。总之,人们参与休闲活动的形式非常多样。

3. 文化性

休闲活动体现出强烈的文化性特征。美国人的休闲活动方式可能与英国人有差异,但同为美国人、受美国文化影响的 A 和 B 两个人可能会选择相似的休闲活动。事实上,东方社会中人们的休闲活动更体现出受到中华文化、佛教文化的影响;而西方社会中人们的休闲活动则更体现出西方文化、基督教文化的特征。比如,浴佛节是很多佛教国家重要的节日活动,在这个活动中休闲的人们表现出很强的佛教文化特征;而圣诞节是基督教国家都热衷的节庆,节日中的西方人在休闲中表现出强烈的基督教文化特色。

4. 地域性

地域性特征其实是由文化性特征所决定的。因为不同的地域通常有不同的文化,而这些文化又决定了人们休闲活动的不同形式。因此,当北方的草原民族热衷于在策马奔腾中享受人生时,江南水乡的民众则选择了在鱼戏莲叶间沉浸欢娱。随着时间的推移,一些地区形成了具有本地特色的地方代表性大型活动,如广西的南宁国际民歌艺术节、甘肃的天水伏羲文化节、安徽的淮南豆腐文化节等,都极具地域特征。这些活动不仅是当地会展经济和文化活动的盛事,也为民众休闲提供了绝佳方式。

5. 发展性

发展性是指人们的休闲活动在种类与品质上都是不断变化发展的,而非一成不变。这种发展性表现在两个方面。一是从个人的角度来讲,同一个人在不同的阶段其休闲活动呈现出不同的特征。如一个小朋友在三岁时可能喜欢吃糖和玩玩具,而到了五岁则喜欢看动画片;当他上小学时,他的休闲活动可能变为了与小伙伴一起玩游戏。二是从社会的角度来讲,随着社会的进步和时代的发展,人们的休闲活动也呈现出不同的特征。如第一章所述,不论是西方的还是我国的休闲史,都体现出了随时代而进步的特征。需要说明的是,不论是从个人的角度,还是从整个社会的角度来讲,休闲活动的这种发展性都不是直线上升的,而是在某些时间也可能下降。比如,在社会动荡的时候,人们的休闲活动的种类可能会减少,休闲活动的品质也会下降。但是从总体趋势上来看,人们的休闲活动呈现出向上、向好发展的特征。

6. 大众性

作为休闲时代的休闲活动,其还具有大众性的特征。这是指休闲时代的休闲活动不再是少数有闲阶层的"贵族活动",而是绝大多数人都可以参与的平民化活动。这一方面是因为随着时代的进步,普通民众的闲暇时间和休闲费用都已具备,他们能参与之前只能由少数人垄断的休闲活动;另一方面也因为休闲活动所凭借的设施设备已日趋普及化,多数人都能有机会参与到这些休闲活动中来。如一些以前皇室或贵族专享的园林向大众开放,一些之前只能由贵族参与的活动逐渐在普通民众中传开并流行,等等。

课内拓展

大众休闲活动的五次浪潮

▶ 思考

1. 从《大众休闲活动的五次浪潮》一文中,你看出了休闲活动的哪些特征?
2. 请查阅有关资料,搜集对大众休闲活动产生广泛而深入影响的各种新观念、新潮流和新技术,与大家分享,并说明这些新观念、新潮流、新技术给大众休闲带来了哪些新影响。

(二)休闲活动的类型

研究者们对休闲活动的分类有多种划分方式。依据划分的不同标准,可以将休闲活动分为不同的类型。

1. 按照休闲活动的性质和特征分

李仲广、卢昌崇在《基础休闲学》一书中,将休闲活动划分为以下七种类型。[①]

1) 创造活动

这类休闲活动中通常伴随着发明创造活动,但并不以发明创造为主要目的,而是通过这些创造性活动来打发时间、寻求愉悦性满足,如发明、做手工、作曲、养宠物、绘画、写文章发表等。

2) 收集活动

收集活动是指通过收集各类自己喜欢的事物来获得休闲满足的行为,如集邮、收集钱币、收藏古董等。

3) 教育活动

教育类休闲活动中通常伴有较多的求知、学习目的,既可能是获得知识性增长,也可能是获得经验性增长,如动物研究、天文活动、书籍研究、外出旅游等。

4) 竞争性运动和游戏

这类休闲活动有一定竞技性特征,通常以"输赢"作为活动结果,如体育竞赛、猜字谜、下象棋等。

5) 非竞争性运动和游戏

这类休闲活动就是单纯地游玩,不以"输赢"作为评判结果,如骑自行车溜达、参与露营活动、划船、唱歌、徒步旅行等。

6) 观赏活动

这类休闲活动以"赏析"为特征,通过参与这些活动能获得美的享受和精神方面的提升,如观看电影电视剧、听音乐会、欣赏美景、品鉴艺术品等。

7) 社会团体活动

这类休闲活动以参与团队活动的形式出现,具有社交功能,强调团队合作共同实现休闲满足,如集体露营、参加唱咏组织、学生联谊、青年会活动、管弦乐队演出等。

2. 从价值学和伦理学的角度分类

从价值学和伦理学角度,可以将休闲活动分为堕落型休闲活动、消遣型休闲活动、积极型休闲活动、发展型休闲活动等类型。

1) 堕落型休闲活动

这类休闲活动追求虚无的刺激,对人的成长和发展通常起到阻碍的作用。如吸毒、沉迷于电子游戏等,可能导致玩物丧志。参与这类活动的人们通常缺乏生活的目标,或拥有不正的"三观",或交友不慎被裹挟,或参与正常休闲活动的通道被阻隔。需要说明的是,社会发展的病态可能导致民众在休闲活动中集体堕落,如晚清时期人们沉迷于抽大烟、民国时期人们流连于妓院赌馆。在正常的社会发展中,休闲个体也可能因为各种原因而参与堕落型休闲活动。因此,个体必须树立正确的世界观、价值观和人生观,培养积极正面的兴趣和爱好,在堕落型活动方面防微杜渐,才能确保自己远离这些活动。

---

① 李仲广,卢昌崇.基础休闲学[M].北京:社会科学文献出版社,2004.

"史上最严防沉迷新规"未成年人只能在这几天玩网游！①

2021年8月30日，国家新闻出版署下发的《关于进一步严格管理切实防止未成年人沉迷网络游戏的通知》将未成年人保护力度推上了全新的高度，该通知也被称为"史上最严防沉迷新规"。

通知要求：所有网络游戏企业仅可在周五、周六、周日和法定节假日每日20时至21时向未成年人提供1小时服务，其他时间均不得以任何形式向未成年人提供网络游戏服务；不得以任何形式向未实名注册和登录的用户提供游戏服务；各级出版管理部门要加强对防止未成年人沉迷网络游戏有关措施落实情况的监督检查，对未严格落实的网络游戏企业，依法依规严肃处理。

2023年"史上最严防沉迷新规"施行的第二个暑假，腾讯等国内游戏厂商集体发布"关于暑期未成年人游戏限玩的通知"，结合相关要求与实际放假安排，提出了"限玩日历"，长达两个月的暑假，未成年人只能玩26个小时游戏。此外，部分平台还开启了人脸识别策略，当游戏账户出现多地、多设备频繁登录即触发人脸识别验证。

面对网络游戏，如何帮助孩子提升自控能力，把握假期娱乐、学习、生活之间的平衡？不少专家提出，未成年人防沉迷工作的根本在于家庭，建立和谐平等的代际关系，让孩子有一个温暖的港湾，才是保护未成年人的核心。要积极引导家庭、学校等社会各方面共管共治，依法履行未成年人监护责任，为未成年人健康成长营造良好环境。

▶ **动动手**

1. 请查阅有关资料，谈谈网瘾对青少年成长的危害。
2. 如果你的身边有沉迷网瘾或其他经常性参与堕落型休闲活动的同学或亲友，你将如何对其进行帮助？

2）消遣型休闲活动

这类休闲活动追求娱乐消遣，在活动中能放松身心，获得休闲满足。所谓消遣，是指用自己认为会让自己感到愉快的事情来消磨时光。因此，消遣型休闲活动通常与休闲主体的兴趣爱好相关，也与个体的性格、气质等心理特质相关。一个喜欢养花的退休老者可能就以修花理草来打发时光，而偏向于安静的学者则可能在午后的阳光中随手翻阅一些书册。随着知识的增长或经济等外在条件的改变，人们消遣的方式也可能发生改变。比如，一个拥有丰富地理和旅游知识的年轻人很可能偏爱旅游，当他的经济收入增多以后，他很可能选择到

---

① 央广网，2023-07-17，http://china.cnr.cn/gdgg/20230717/t20230717_526331815.shtml。

自己梦寐以求的远方去实现梦想。

3) 积极型休闲活动

这类休闲活动对自己和对他人都有积极意义。这些积极意义可能表现为让休闲活动的主体从劳累中恢复身心,从休闲中获得认可和成就感,与他人建立起和谐愉快的社交关系,在休闲中顺便做一些对社会有益的事情,等等。比如,连续加班几周的人通过外出旅游放松身心、消除疲劳;与朋友一起郊游,在游乐中加深了友情,让休闲者深刻感受到生活中的美好;以跳广场舞的方式参与休闲活动,优美的舞姿本身就是城市靓丽的风景,同时也向人们宣示着社会和时代的美好。总之,凡是能让休闲主体、他人或社会收获积极意义的休闲活动,都属于积极型休闲活动。

4) 发展型休闲活动

这类休闲活动能为休闲主体的个体发展带来积极意义,甚至有一些休闲活动本身就是为了个人发展。这类休闲活动的目的较为明确。比如,休闲主体通过参加读书会的方式开展休闲活动,而主体参与的目的主要是结识更多朋友。又比如,休闲主体通过爬山的方式开展休闲活动,而爬山的目的是强身健体。通常,某种休闲活动是属于积极型休闲活动还是属于发展型休闲活动并不能直接通过活动的外在表现来判断,而需要通过主体自身参与休闲活动的动机来判断。比如,同样是旅游活动,如果一个人仅仅是为了放松身心而外出旅游,它就属于积极型休闲活动;而如果是为了利用目的地的温泉来治疗自身的疾病,则属于发展型休闲活动。

3. 按照休闲活动的状态划分

按照休闲活动的状态,可将休闲活动分为静态休闲活动和动态休闲活动。静态休闲活动是指闲坐、阅读、看电视、打麻将等不需要休闲主体做出太多动态性行为的活动。这类休闲活动主要以缓解身体疲劳、修身养性等为主要目的,既反映了人们的休闲观念倾向于内敛,也可能是户外休闲条件不足所导致。动态休闲活动是指跑步、登山、打球、旅游等需要休闲主体做出较多动态性行为的活动。这类休闲活动中的多数都非常有利于身心健康,既能强健体魄,又能锻炼意志,有利于个体各方面的成长。随着人们休闲观念的转变和社会休闲条件的丰富性提升,越来越多的人参与到动态休闲活动中来。

4. 按照休闲活动的场所划分

按照休闲活动的场所,休闲活动又可从很多个维度进行划分。比如可分为室内休闲活动和室外休闲活动,前者如看电视、品饮、打麻将、打桌球、看演出等活动,这些活动需要借助室内条件展开;后者如散步、篮球、兜风、登山、旅游等活动,这些活动需要借助户外条件开展。也可以分为自然场所休闲活动和人工场所休闲活动,前者如人们到江边钓鱼、到森林里吸氧等在纯粹自然环境中开展的休闲活动;后者如人们到体育场馆健身、到电影院看电影等在人工建造的场所中开展休闲活动。当然,休闲活动也可以划分为其他类型。

5. 按照休闲活动的功能划分

按照休闲活动的功能,可以将休闲活动分为身心恢复型休闲活动和身心发展型休闲活

动,^①如图 2-1 所示。

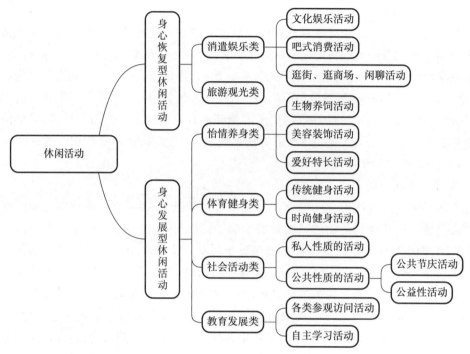

图 2-1 按功能划分的休闲活动类型

1) 身心恢复型休闲活动

身心恢复型休闲活动是指为了放松、消除疲劳、恢复体力或调节心情而进行的休闲活动。其又可以分为消遣娱乐和旅游观光两类。

(1) 消遣娱乐类。

这是指休闲主体在家或附近的活动中心、娱乐场所参加的各种休闲活动。其通常包括以下三类:一是如唱歌、跳舞、观影、听广播、上网、玩电子游戏等文化娱乐活动;二是除网吧以外的酒吧、书吧、陶吧、水吧等吧式消费活动;三是除生活必须购物之外的逛街、逛商场以及熟人见面必要招呼之外的各种闲聊活动。

(2) 旅游观光类。

这是指人们利用闲暇时间,出于一定旅游动机而离开居家所在地开展的观光、游览、度假、体验等泛旅游活动。旅游观光可以分为很多类型,这在本书后边的有关章节中将继续介绍。随着时间的推移,"旅游"一词已经涉及了越来越多的领域,人们开展旅游观光休闲活动的范围也越来越广。

2) 身心发展型休闲活动

身心发展型休闲活动是在身心恢复的基础上,能提升休闲主体某方面的能力,满足其自我发展需要的那些休闲活动。这类活动又可分为怡情养身、体育健身、社会活动、教育发展等不同类型。

---

① 张媛.休闲概论[M].上海:上海交通大学出版社,2012.

(1)怡情养身类。

这类活动主要以陶冶情操、修身养性为目的,能让休闲主体拥有一个高品质的生活。这些活动常以休闲主体的兴趣爱好为出发点,既可能是在现有基础上开展的进一步发展型创造,也可能是向新的领域发起的新拓展。活动的范围非常广泛,涵盖如书法、绘画、篆刻、摄影、烹调、插花、茶艺、制陶、手工、写作等多个领域。这些活动大致可以归纳为以下几类:一是生物养饲活动,如种草养花、喂养和训练小动物等;二是美容装饰活动,如个人美容装扮、生活起居环境营造等;三是爱好特长活动,如收藏、写作、摄影、琴棋书画等。

(2)体育健身类。

这主要是以强身健体、提高个人身体素质为目的的各类体育健身活动。其可以分为传统健身活动和时尚健身活动两类,前者如跑步、做操、游泳、溜冰、跳绳、打乒乓球、拔河等活动,既可以是个体单独实现的活动,如跑步,也可能需要与他人共同实现,如打篮球;后者如蹦极、攀岩、跳伞、潜水等活动,这些活动多需要有特殊技能和特殊装备才可以开展。近些年来,时尚型的体育健身类休闲活动增长迅猛。

(3)社会活动类。

这类活动有很强的社会交往动机,但是又不同于纯粹的社交活动。其既可能是私人性质的交往活动,也可能是公共性质的活动。前者如与亲朋聚会、生日派对、乔迁贺礼、婚礼寿诞等,这些活动虽然有一定程度的礼节性交往成分,但往往有很多的休闲娱乐成分在内,并且这些活动往往本身也包含了歌舞、棋牌、麻将等休闲性活动。后者又可以分为两类,一类是公共节庆活动,如端午龙舟、重阳登高等传统节日活动,五一、国庆等现代节庆活动,啤酒节、牡丹节等现代公共节庆活动,企业庆典、"双11"等企业行业活动等;另一类是公益性活动,如帮贫扶困、参与各类志愿者活动,向社会贡献公民个人的社会责任,满足自我实现需要。

(4)教育发展类。

这类活动虽然有较强的教育价值,能使参与者获得较多的知识、技能和素质提升,但它与纯功利性的学习不同,这类活动往往是快乐学习、非功利性培训,在诸多形式的休闲活动中受到潜移默化的影响,个体所获得的各方面提升只是参与休闲活动的附属物。这类活动又可以分为两个类型:一是各类参观访问活动,如从博物馆、科技馆、民俗馆、纪念馆、名人故里、烈士陵园等场所中获得知识以及爱国情怀等方面的提升;二是上图书馆阅读和修习,或参加各类培训班,在兴趣中收获更多知识和技能的活动。

时代数据

数字阅读撑起全民阅读"半边天"[①]

随着大数据、云计算、人工智能和区块链等新技术的广泛应用,"一屏万卷"的数字阅读时代已经到来。

[①] 新华网,2023-04-27,http://www.news.cn/tech/20230427/2b5983d507b74e73bf2ff354afb8855c/c.html。

近日在杭州举办的第二届全民阅读大会上,中国音像与数字出版协会发布的《2022年度中国数字阅读报告》显示,2022年我国数字阅读市场总体营收规模为463.52亿元,同比增长11.5%,数字阅读用户规模达5.30亿,较上年增加2400万。产业规模稳步增长、价值引领态势向好、业态模式持续创新、阅读需求快速释放、海外布局逐年推进……数字阅读,更加注重提质增效。

据统计,2022年,我国数字阅读用户中,男性用户占比为55.87%,女性用户占比为44.13%;19岁至45岁人群为数字阅读用户主力,占比为67.15%,活跃度和参与度都保持较高水平;60岁以上人群占比相较上年增长超过一倍,成为亮点;在校学生占比最高,达53.41%。

在电子书阅读中,教育文化、科学技术和生活百科类作品取代人物传记、教材教辅和经济管理,位居前列。报告还发现,历史军事类题材首次进入60岁以上年龄人群阅读偏好前五位,在46岁至60岁阅读人群中也上升至第二位。

业内人士展望,新技术将持续赋能产业变革,为数字阅读领域提供更为广阔的发展空间。数字阅读要不断丰富产品类型,持续探索服务模式,也要高度重视新一代信息技术的应用,确保科技赋能和科技向善。

第二节 休闲理论

休闲理论是对人们休闲行为进行研究后的理论总结,反映了人们休闲行为的一般特征和规律,可以用来解释人们的休闲行为,可以对人们休闲行为的今后发展进行预测。了解休闲理论,有助于掌握休闲的本质和休闲活动的规律。①本节对这些理论进行简介。

一、符号互动论

(一)符号互动论简介

符号互动论源于1890年威廉·詹姆斯的《心理学原理》一书,但是有关理论萌芽更早,18世纪的苏格兰哲学家们即提出,要建立关于人类的科学,必须重视人与人之间的相互联系这一基本事实,要把注意力集中于人与人之间的沟通、同情、模仿及风俗等之上。②20世纪30年代,美国社会心理学家乔治·米德首次系统提出了符号互动论思想,布鲁默、库恩等人进一步发展了该思想,并由此形成了符号互动论的两大学派——以布鲁默为代表的芝加哥学派和以库恩为代表的衣阿华学派。

1. 符号互动论的基本假定

符号互动论有以下三个基本假定:

---

① 杨梅,牟红.休闲活动策划与服务[M].北京:北京大学出版社,2013.
② 邵兰.符号互动理论与旅游形象的确立[D].苏州:苏州大学,2004.

(1) 人对事物所采取的行动是以这些事物对人的意义为基础的;

(2) 这些事物的意义来源于个体与其同伴的互动,而不存在于这些事物本身之中;

(3) 当个体在应对他所遇到的事物时,他通过自己的解释去运用和修改这些意义。

2. 符号互动论的主要观点①

符号互动论提出了以下六个主要观点。

(1) 心灵、自我和社会不是分离的结构,而是人际符号互动的过程。心灵、自我和社会的形成和发展,都以符号使用为先决条件。如果人不具备使用符号的能力,那么心灵、自我和社会就处于一片混乱之中,或者说失去了存在的根据。

(2) 语言是心灵和自我形成的主要机制。人与动物的区别就在于人能使用语言这种符号系统。人际符号互动主要通过自然语言进行。人通过语言认识自我、他人和社会。

(3) 心灵是社会过程的内化,事实上内化的过程就是人的"自我互动"过程,人通过人际互动学到了有意义的符号,然后用这种符号来进行内向互动并发展自我。社会的内化过程,伴随着个体的外化过程。

(4) 行为是个体在行动过程中自己"设计"的,并不是对外界刺激的机械反应。个体在符号互动中逐渐学会在社会允许的限度内行动,但在这个限度内,个体可以按照自己的目的处世行事。

(5) 个体的行为受其自身对情境的定义的影响。人对情境的定义,表现为他不停地解释所见所闻,赋予各种意义于各种事件和物体中,这个解释过程,或者说定义过程,也是一种符号互动。

(6) 在个体面对面的互动中,有待于协商的中心对象是身份和身份的意义。即个人自己和他人的"人设"并不存在于人自身之中,而是存在于互动之中。比如首次与人见面时,由于尚未得知对方的身份,因此也不能确定自己应当如何对待对方;但在互动中得知对方的确切身份时,也就知道了自己应当如何与对方相处。

(二) 符号互动论在休闲领域中的应用

符号互动论有助于对社会越轨、精神疾病、集体行为、儿童社会化、死亡和挣扎、老年、疾病与痛苦和艺术社会学等诸多领域的社会问题进行解释。近些年来该理论也被用于研究休闲领域。罗斯曼认为,符号互动论能够解释与预测策划者如何设计、发展及运作休闲活动来促进个体休闲体验。休闲活动的每个参与者都有不同的体验,而这些体验来源于他们对策划者所设计的符号的理解并进一步影响着他们在活动参与中的表现;如果策划者能够理解符号是如何在互动中对参与者产生影响的,将更有助于他们按照活动的目标去设计恰当的符号并有效控制活动中的互动过程。

从该理论出发,人们在休闲行为和活动中能相互影响,这些影响决定了人们休闲质量的高低,并对他们今后进一步的休闲行为方向和程度产生作用。而在人们产生相互影响时,符号是他们相互作用的工具。

---

① 见 https://wiki.mbalib.com/wiki/%E7%AC%A6%E5%8F%B7%E4%BA%92%E5%8A%A8%E8%AE%BA。

1. 符号及其构成

符号是指在一定程度上具有象征意义的事物,它是人们在相互交往中依托的沟通凭借。没有这些符号,人们就不能实现正常交流。比如,微笑是表示友好的象征,它表示向对方示好的含义。但是,符号既是一种社会现象,又同时具有个体性。比如,同样是对人示好,有些人用微笑表示,而有些人则点头示意,还有一些人面无表情。

符号有以下几个构成部分。

1) 语言、文字和图画

这三种互动符号在比较广泛的历史时期和地域范围内均有存在。一般情况下,它们的形式是固定的,所代表的象征意义也比较固定,能为多数人所认同。在休闲情境中,共同参与休闲活动的人们能通过这些符号实现高效互动。比如,经常打麻将的人们会有一些只有自己同伴才能听得懂的暗语,篮球场上的运动者们也经常有一些"行话"。这些符号传递的有效性决定着他们是否能在活动中实现顺畅沟通,进而决定着休闲活动是愉快的经历还是郁闷的感受,也决定着他们在今后的休闲生活中是否继续以同样的形式参与这样的活动。

2) 手势、姿态和表情

这类符号主要属于第一类符号的配合符号,通常与第一类符号同时使用,表达补充性含义。比如,一个人口头说着"好的",同时点头表示同意。如果产生互动作用的个体之间所使用的第一类符号并不一致,比如大家使用着不同的语言,那么这类符号所代表和象征的意义可能并不确切。比如,我们尽管完全看清了一个外国人的手势和姿态,可是由于听不懂他的话,仍然不明白他到底要干什么。而在第一类符号能有效使用时,手势、姿态和表情这类符号则通常能起到有效的补充性作用。这类符号的影响时间和地域范围都比第一类符号小。

3) 习俗行为

习俗是社会发展中长期形成的习惯、风尚或礼节。习俗会对人们的休闲活动起到推动或制约的作用。比如,元宵节很多人都会外出观灯或猜灯谜,这就是习俗推动的作用;寒食节只吃冷食,遵守此习俗的人们通常在这个节日不会随便用火。在不同习俗的影响下,人们的休闲方式会有所不同;习俗本身就是一种强烈的文化符号。但一个地区的习俗并非一成不变,随着时间的推移,很多习俗都发生了较大的变化。

4) 文化信息

这是指文学、艺术、教育、科学等人类在社会历史发展过程中创造的物质财富和精神财富的总和,通常更指精神财富。不同的地区通常有不同的文化特色,这些文化信息通常会作为人们互动交往的重要符号。比如,与美国人交流时要尊重他们的大大咧咧,与英国人交流时应习惯他们的绅士作风。在现代休闲活动中,一些起源于特定文化的休闲活动具备了这些文化的强烈特征,比如绅士运动高尔夫球起源于苏格兰,极限挑战运动冲浪则起源于澳大利亚或夏威夷群岛。

5) 事件

这是指发生在社会经济发展过程中的那些不平常的大事。这些事件可能是非人为事件,如地震、火山喷发等自然事件;也可能是人为事件,如战争、运动会等人们发自自身的主观事件。比如,2008年的北京奥运会和2022年的北京冬奥会,都对我国民众参与体育休闲运动产生了极为深刻的影响,可视为我国民众休闲品质迈上更高台阶的标志性事件。

6) 传媒

这是指促使互动双方产生或加快互动的事物,可分为平面传媒和立体传媒。互动一方通过传媒向另一方传播利己信息,并使之接受。

休闲活动中的人们通过上述符号展开交流和沟通,进而识别参与休闲活动的机会,预估休闲活动的方式变化,并在活动中不断修正自己的行为,从而使休闲行为继续维持或发生改变。比如,日新月异的科技和时尚向人们传达着强烈的时代变化的信号,而人们也在彼此互动中交流和沟通着这些信号,使他们不断放弃原有的过时休闲活动或休闲行为,转而尝试更新的休闲方式。作为休闲供给方,应当创立符合时代发展需要和民众休闲需要的各种符号,并将之准确地传达到消费者手中,才可能获得更多的消费者群体,赢得更高的市场占有率。

2. 符号互动模式

仅有符号并不会对主体的行为产生影响,互动双方只有通过对各种符号的合理运用,才会产生相关的行为。符号互动模式主要有以下三种:自我互动、他我互动和群体互动。

1) 自我互动

这是"主我"和"客我"之间的互动,属于个体内在的自我互动。所谓"主我",是指个人最主观的想法,起源于个体原始需要,不受外在任何因素的影响,表现为"我想怎样";而"客我",则是指个体考虑到社会舆论、道德伦理等诸多因素的约束,对自我行为的一种约束和规范,表现为"我应该怎样"。在休闲活动中,"主我"通过对符号信息的摄入来决定自己的行为,对"客我"妥协或置之不理。比如,某麻将爱好者虽然十分喜欢打麻将,但是在得知沉迷于麻将的后果后,强迫自己减少打麻将的时间,实现了"主我"对"客我"的妥协。

2) 他我互动

这是指个体与个体之外的"他"进行互动,"他"既可以是单个人,也可以是一个群体。他我之间通过语言、文字、表情、姿态等符号的运用,来实现彼此沟通。沟通中谁占有绝对优势,互动的结果就朝着有利于谁的方向发展。但通常的情况是,沟通各方都不占有绝对优势,因而大家都不能有效说服对方,进而在具体行为中表现出各行其是。这时候就需要对符号进行有效利用。比如,楼下的广场舞十分扰民,严重干扰了家有学子的居民生活,而如果让他们放弃跳广场舞,又似乎剥夺了他们的休闲权利。此时,就需要开动脑筋,发挥聪明才智,借助符号去高效沟通,才能使各方获得共赢。

3) 群体互动

群体互动就是群体之间的互动。在群体互动中,除了一方拥有绝对权威而另一方必须服从外,群体压力、群体趋同等心理因素也影响着群体互动的最终结果。当群体成员的个体思想或行为与群体不一致时,可能会对他与群体之间的关系造成影响;为了维持与群体的关系,个体通常会感受到来自群体的无形压力,进而会放弃或修正自己的个体思想和行为,保持与群体的一致性。比如,尽管张三并不非常喜欢钓鱼,但是由于朋友们都选择了周末去钓鱼,因此他也只好同意一起去。

在休闲领域,休闲者在符号互动过程中的自我互动、他我互动产生了个体休闲形象,群体互动产生了群体休闲形象。比如,不同年龄段、不同性别、不同阶层的人们在休闲中表现出不同的特点,而在这些群体的内部又呈现出相似的休闲特征。因此,一个小学生可能会去从事大多数小学生都会开展的休闲活动,但也可能因为他认为自己与别人不同而做出与同伴们不一样的决定。随着时间的推移,人们互动的符号和自身素质等方面都可能会发展变化,这又会导致人们休闲方式也发生改变。

二、手段-目的论

手段-目的论最早由心理学家米尔顿·罗克奇提出,主要阐述了个人价值如何影响个人行为。20世纪70年代,汤姆·雷诺兹和丘克·吉恩格勒把它运用到营销学上来研究消费者的行为,认为消费者之所以会购买产品,是因为他想通过消费产品来获得期望的结果,从而实现个人价值。后来该理论又被亚伯拉罕·匹赞姆在《旅游消费者行为研究》一书中予以沿用。当前,该理论广泛运用于旅游目的地选择行为、旅游动机、旅游者价值追寻等众多主题的研究中。同样地,该理论也可以用于研究人们的休闲行为。

(一)手段-目的论简介

手段-目的论认为,顾客在购买产品和服务时,其出发点是实现一定的价值,为了实现这一价值需要取得一定的利益,为了取得这一利益需要购买一定的产品和服务的属性。三者之间的关系如图2-2所示。

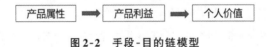

图2-2 手段-目的链模型

1.产品属性

这里的产品是广义的产品,包括消费者消费的一切事物,既可能是有形产品,也可能是无形服务。其属性既包括原材料、产品外观、产品颜色、产品质量等有形属性,也包括服务、品牌等无形属性。

2.产品利益

产品利益是消费者消费产品以后所获得的收获,是消费的结果和利益,包括功能利益、体验利益、财务利益、心理利益等。比如,消费者购买一台电视机,其功能利益体现为可以在家收看电视节目,体验利益体现为画质高、好操控,财务利益体现为有了电视机后节省了收集信息的其他支出,心理利益是感觉使用该电视机极为方便省事。

3.个人价值

三个要素中,个人价值最为抽象,它是指消费者试图达成重要消费目标的心理表现,可能包括归属感、爱、自尊、成就感、社会认同、享受、安全、快乐等诸多内容。不同的消费者追求的个人价值不同,因此他们所追求的产品利益也就不同,他们在购买产品时所看重的产品属性也就有所差别。

(二)手段-目的论在休闲领域中的应用

手段-目的论认为,消费者购买行为的出发点是实现某些个人价值,产品属性是达成此目的的手段方法,产品利益则是产品属性和个人价值的桥梁,即消费者通过产品属性获得某种产品利益,由此达成所追求的价值。

同样地,对于休闲者而言,他们每个人都有自己追求的个人价值;为了达成这个价值,他们会比较看重休闲活动的利益;不同休闲活动所能实现的休闲利益不同。因此,休闲者会根据休闲活动的属性对自己所参与的休闲活动进行选择。比如,如果一个人为了追求快乐和刺激的个人价值,希望能从休闲活动中获得人生成就感,他可能会选择蹦极、冲浪等剧烈性运动开展休闲活动,因为参与这些活动能让他获得相关体验,收获相关心理利益,并达成自己的个人价值。而一个人如果为了追求个人成就和社会认同,他很可能选择义工、手工等休闲方式,因为这些方式会让他从中收获心理利益,进而达成个人价值。

当然,这个理论对于休闲供给方来讲意义更加重要。供给方要想经营效果理想,必须对需求方的需要进行研究。而研究的入手点就是休闲者所追求的利益是什么,进而考虑他们可能希望从休闲活动的参与中获得何种利益,再分析供给方应该提供哪些属性的休闲活动项目,才能更好地满足休闲者的需要。

三、系统论

(一)系统论简介

1. 系统与系统论

"系统"一词来源于古希腊语,是由部分构成整体的意思,可以将之视为由若干要素以一定结构形式联结而成的具有某种功能的有机整体。系统论是研究系统的一般模式、结构和规律的学问,它研究各种系统的共同特征,用数学方法定量地描述其功能,寻求并确立适用于一切系统的原理、原则和数学模型,是具有逻辑和数学性质的一门科学。①

系统思想源远流长,但是真正将之作为一门科学的开始,是贝塔朗菲在提出一般系统论之后。系统论认为,开放性、自组织性、复杂性、整体性、关联性、等级结构性、动态平衡性、时序性等,是所有系统的共同基本特征。贝塔朗菲强调,任何系统都是一个有机的整体,它不是各个部分的机械组合或简单相加,而是能实现"整体大于局部之和";系统中的各个要素彼此关联,构成了一个不可分割的整体。如果将要素从系统中单独拿出,它将失去其自身的作用,而整体的功能也将受到损害。比如,如果将一台计算机中的CPU取出,该CPU将不再能发挥其作用,而计算机系统也彻底损坏;而如果取出的仅是一些不太重要的要素,比如鼠标或一些软件,那么计算机系统虽然仍可使用,但其部分功能会受损。

2. 系统论的原理

系统论共有八大原理:系统的整体性原理、层次性原理、开放性原理、目的性原理、突变性原理、稳定性原理、自组织原理、相似性原理。②所谓整体性原理,是指系统是由若干要素

---

① 见 https://baike.so.com/doc/5411018-5649113.html。
② 见 http://www.360doc.com/content/18/0303/15/29378684_733947713.shtml。

组成的具有一定新功能的有机整体;层次性原理是指系统组织在地位与作用、结构与功能上体现出的等级秩序性,以及由此形成的系统等级,比如宇宙、银河系、太阳系、地月系、生态系统等各个层级之间所表现出来的层级性特征;开放性原理是指系统具有不断地与外界环境进行物质、能量、信息交换的性质和功能,这是系统稳定存在的条件,也是其能不断发展的基础;目的性原理是指系统是有明确目的的,虽然在与环境的交互作用中会受到环境的影响,但是其发展方向始终朝着预先确定的目标前进;突变性原理是指系统可能从一种状态进入另一状态的突变过程,这是系统质变的基本形式;稳定性原理指的是在外界作用下,开放系统具有一定的自我稳定能力,能够在一定范围内自我调节,从而保持和恢复原来的有序状态,保持和恢复原有的结构和功能;自组织原理是指开放系统在系统内外两方面因素影响下,内部要素的某些偏离系统稳定状态的涨落可能得以放大,从而在系统中产生更大范围的、更强烈的长程相关,自发组织起来,使系统从无序到有序,从低级有序到高级有序;相似性原理指的是系统具有同构和同态的性质,体现在系统的结构和功能,存在方式和演化过程具有共同性,这是一种有差异的共性,是系统统一性的一种表现。

(二)系统论在休闲领域中的应用

用系统论的思想来指导和研究休闲,可从休闲需求与休闲供给两个方面来谈。

1. 从休闲需求角度看

从休闲需求角度来看,无论是宏观层面还是微观层面,休闲主体的需求均呈现出系统性特征。从宏观层面来讲,整个社会中的休闲需求受到休闲观念、休闲动机、休闲文化等多方面因素的影响,而这些因素之间本身也相互影响,同时每个因素的内部又受到一系列要素的影响,体现出系统的整体性、层次性等特征;休闲需求系统中的任何一个要素发生改变,都有可能使休闲系统呈现出新的特征,但它无论如何变化,总是朝着人们追求休闲的最终目的在发展,这体现出了系统的开放性、突变性、目的性、稳定性等特征。从微观层面来讲,个体的休闲活动和休闲行为也体现出系统的特征,比如,人们在休闲活动的选择上,可能选择静态休闲或动态休闲,而这两种休闲方式下又可以有很多进一步的选择,这体现了系统的层次性特点;随着时间的推移,个体的休闲行为可能会跟着发生改变,这首先是其休闲需求系统中的要素发生了改变(比如随着年龄增长,参加剧烈运动的时间减少),进而导致整个休闲需求系统发生质变(彻底不参加剧烈运动了,变为垂钓、散步等方式休闲)。

2. 从休闲供给角度看

从休闲供给的角度来看,休闲产业和休闲管理体现出系统性特征,并需要借助系统论对其进行更好的指导。休闲产业是一个涉及多部门、多地区的复杂产业,是由供需系统、媒介系统、支持系统等多个子系统构成的大系统。其中,供需系统又由供给系统、需求系统组成,媒介系统包括了连接供需双方的所有平台和条件,支持系统可进一步细分为硬件支持系统、软件支持系统等子系统,如图2-3所示。

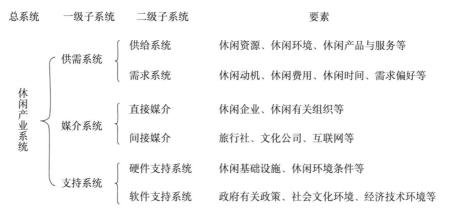

图 2-3 休闲产业系统构成

从休闲管理来看,系统论至少可用于以下几个方面的休闲管理:一是休闲项目通常涉及项目规划与审批管理、项目实施与建设、项目运行与监督等多个环节,这些环节相互联系、相互依赖,缺一不可,这与系统论的整体性、目的性、层次性等特征密切相关,可用系统论的思想来指导各个环节的统一协同;二是休闲管理是一个递进向前式的管理过程,但它又始终有自己清晰的目标,这与系统论的目的性、开放性、自组织性等特征十分契合,可用系统论的思想来推动休闲管理不断迈上新台阶;三是休闲管理受到政策法规、经济社会、技术自然等诸多因素影响,这与系统论的整体性、层次性、开放性等特性类似,我们不仅可以使用系统论来预测休闲的未来趋势,更可以使用它的思想来对休闲领域中的问题进行诊断,并不断推动它向更加健康的方向发展。

四、畅爽理论

(一) 畅爽理论简介

畅爽(flow)理论最早由奇克森特米哈依于1975年提出。畅爽被定义为"人们完全沉浸在某事情或活动中,且完全忽略周围环境的一种状态;人们非常享受这种体验,以至于要花费巨大的代价也在所不惜"。

该理论在国外主要用于研究心理学、休闲学、社会学等领域的问题,研究的主要内容涉及:在人机互动和虚拟环境的背景下,特别是在网站浏览、网上购物和网络游戏方面研究人们所产生的畅爽体验,这是研究最多的方面;在休闲运动中,畅爽体验有利于提高运动过程中的表现;在营销领域,研究者发现畅爽体验能提升消费者的满意度,进而提高其忠诚度。国内对于这个理论的研究不多,陈丽娟(2006)用这个理论研究了网上购物意向,曹洪珍(2006)、李宁(2007)等则将该理论用于旅游领域。由此可见,畅爽理论所强调的主要是一种体验,而休闲无疑正是人们的一种体验,因此,将畅爽理论用于休闲领域完全可行。

(二) 畅爽模型[①]

根据畅爽理论,人们在休闲活动中获得的快乐体验取决于他们面临的挑战性质和应对

---

① 曹洪珍.旅游体验中研究快乐形成的新方法——畅爽理论[J].北方经贸,2006(11):13-14.

挑战的技能水平。如果挑战水平高于技能水平,活动参与者就会产生挫败焦虑的感觉,这会大大降低他的参与积极性;如果技能水平高于挑战水平,活动参与者则会感觉无聊,因为他不能从中感觉到太多成就感;只有当活动参与者的个人技能水平与活动的挑战水平相当时,他才能处于畅爽状态。畅爽模型如图2-4所示。

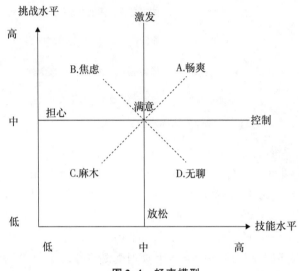

图2-4 畅爽模型

在图2-4中,分别将活动的挑战水平和参与者的技能水平按照高、中、低分为了三个层次。就活动的挑战水平而言,挑战水平越高,越能对活动参与者起到激发作用;挑战水平越低,活动参与者越可能感觉到放松。就活动参与者的技能水平而言,技能水平越高,活动参与者越能得心应手,越能有效控制活动;技能水平越低,活动参与者越难掌控活动,他越可能感到担心和焦虑。

1. 当挑战水平与技能水平一致时

如前所述,人们在休闲活动中获得畅爽体验的前提是活动的挑战水平与活动参与者的技能水平一致。但是,并非所有一致都能获得畅爽。如图2-4所示,如果活动的挑战水平和参与者的技能水平都很低,他可能并不觉得能从活动中获得多么有趣的感受,反而只能获得图中C点的感受;随着挑战水平和技能水平不断提升,他会越来越感觉到满意,最后达到图中的A点位置,获得畅爽感受。在休闲生活中,如果在闲暇无聊时去邀请一个压根就不会喝酒的人来品酒,他尽管出于礼貌可能不会拒绝,但他自己多半会觉得这个事情并不能给他带来多少愉快感觉;如果去邀请一个美食家来点评饕餮大宴,那情况就会完全不同。

2. 当挑战水平与技能水平不一致时

当活动的挑战水平与参与者的技能水平不一致时,活动参与者就容易出现体验心理上的失衡,当活动的挑战水平高于活动参与者的技能水平时,他会倍感压力,从而产生焦虑的感觉,两者相差越大,这种焦虑感越强烈;当活动的挑战水平低于活动参与者的技能水平时,他会感觉无聊,两者相差越大,这种无聊感会越强。在休闲活动中,如果要让一位女士负重

20斤跑10千米,她大概率会表示拒绝,因为这个活动可能让她感觉到非一般的压力;如果让一位小学生做10以内的加减法游戏,他大概率也会拒绝,因为这个活动对于他来说太简单了,根本激发不起他参与的兴趣。

当然,需要说明的一点是,影响人们畅爽体验的因素还有很多,如活动参与者的性格、受教育程度等主观因素,以及文化环境、地理因素等外部环境因素。

(三)畅爽理论在休闲领域中的应用

对于休闲需求方而言,要想获得高水平的休闲质量,应当追求在休闲体验中的畅爽感觉。但是,这种畅爽感觉需要确保活动的挑战水平与自身技能水平一致,且是属于高水平层面的一致性。在选择休闲活动之前,人们可以通过预估自己的技能水平与活动的挑战水平的一致性程度,来估计自己能否从活动中获得畅爽体验,进而做出符合自身情况的休闲决策。而同时,要想在休闲活动中获得畅爽体验,人们除了需要选择高挑战水平的休闲活动,更需要不断提升自己的技能水平。

对于休闲供给方而言,可以用畅爽理论来指导自己应当如何做,才能让消费者(休闲活动的参与者)获得畅爽体验,进而提高他们的满意度,获得休闲产品的更多销售,实现企业盈利。如果不考虑其他影响因素,只从畅爽理论的角度来谈,企业应当提供高挑战水平的休闲产品,但也同时要考虑消费者的技能水平,并考虑如何在提供高挑战水平的休闲产品时也同时提升消费者的技能水平。当然,企业还可以通过调查消费者的畅爽情况,来分析自己经营中的不足和未来经营方向。

五、其他理论

关于休闲的理论还有很多,这里主要介绍马斯洛的需要层次理论、补偿理论、古典理论、后遗休闲理论、熟悉理论、社群理论等理论。

(一)马斯洛的需要层次理论

1. 马斯洛需要层次理论简介

马斯洛是人本主义心理学的创始人之一。他在《人类动机理论》和《动机与人格》等著作中,提出并完善了需要层次理论。最开始,他将人类的需要分为5个层次,分别是生理需要、安全需要、社会需要、尊重需要和自我实现需要,后来又在这5个层次的需要中加入了认知需要、审美需要两个内容,如图2-5所示。

在图2-5中,认知需要和审美需要并不是独立于五个层次中的任何两个层次之间,而是可能在每个层次的需要中都有体现。比如,在生理需要层次,一个人在饥饿状态下会对食物产生需要,他既需要认识各种食物的属性,也会对食物的色香味等进行审美;在安全需要层次,一个人既需要对汽车的安全知识和性能进行认知和了解,也会对汽车的安全是否会影响美观表示介意。

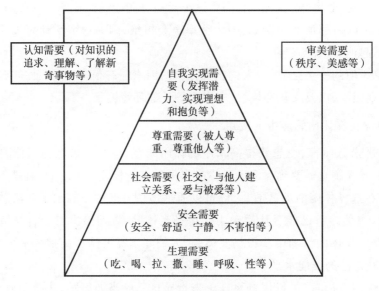

图 2-5 马斯洛的需要层次理论示意

2. 马斯洛需要层次理论在休闲领域中的应用

人们一般认为,按照马斯洛的需要层次理论,休闲需要属于人类的高层次需要。因为前文已经交代过,休闲是需要条件的,只有这些基础条件都达到了,人们才可能产生休闲需要,进而产生休闲行为。因此,按照这种观点,一个社会中人们的休闲情况如何,大多数人是否会产生休闲需要,取决于这个社会的社会经济发展水平。只有人们的低层次需要都得到了满足,他们才可能产生休闲需要这样的高层次需要。因此,一个社会中人们的休闲状况能反映一个社会的发展程度。

同时也需要认识到,多数情况下人们的休闲活动中也伴随着中低层次的需要。比如,人们以享受美食的方式休闲,固然可视为休闲活动,但这个过程也能让休闲主体解决生理需要的问题。

对于休闲供给者来讲,马斯洛的需要层次理论也具有重要的指导意义。供给者应当关注休闲需要群体在需要中处于何种层次,然后有针对性地生产和提供相关休闲项目,在满足市场需要的同时,也让自己的产品能获得更大的经济效益。

(二) 补偿理论

汉语中的补偿意为弥补缺陷、抵消损失,而补偿心理广泛存在于人类社会中。补偿理论最初源于物理学,而当今则被广泛应用于社会学、心理学、医学、生物学、经济学等诸多领域。

在休闲领域中,补偿理论是经常被人们提及的休闲行为理论之一,它强调休闲是为了弥补人们在工作上的损耗和在生活中的辛劳。恩格斯曾举例,劳工酗酒、吸毒或用暴力示威,是为补偿白天工作所承受的心理压力而进行的发泄。在现代人的生活中,有很多这样的补偿性休闲活动。比如,连续加班一周后,人们会通过加大休闲强度来补偿自己的加班损失。凯泽和斯坦纳在自己的休闲研究中,提出了所谓的"花园效应",即家中没有花园的人比家中有花园的人更容易外出休闲,这种休闲是为了补偿其家中没有花园的缺憾。

民众休闲活动中的休闲补偿具有如下特点:一是补偿要求休闲活动能实现彻底的放松;二是放松的方式既可能是体力活动,也可能是非体力活动,比如,长期在电脑前工作的人可能会通过做点体力活的方式来放松自己,而长期从事体力劳动的人会通过在电脑前玩游戏的方式来放松自己;三是不同人群由于收入及职业方面的差异,可能会选择不同的休闲形式来进行放松;四是无论休闲主体采取了何种休闲形式,他都要求远离节奏较快的工作方式。

(三)古典理论

休闲的古典理论源于亚里士多德的休闲理论,认为休闲是人类所有活动的目的,其他活动都是为了休闲而开展。

亚里士多德认为,休闲对于人的幸福生存有着本质性的意义,他认为休闲才是一切事物环绕的中心,工作是为了休闲,休闲高于劳动,是劳动所要达到的目标;休闲可以让人们获得更强烈的幸福感。亚里士多德认为,不仅个人人生的终极目标是休闲,集体也应当以此为目的,"个人和城邦都应具备闲暇的品质"。

▶ 思考

1. 你如何评价亚里士多德的休闲观?

2. 如果你是企业的管理者,你觉得让你的员工有更多的闲暇以便于他们享受更多的休闲更好,还是让你的员工处于忙碌状态以实现更多的盈利更好?

3. 你认为企业的管理者应该如何处理员工休闲与企业盈利的关系?

(四)后遗休闲理论

后遗休闲理论认为,工作中的一切会像后遗症一样,被人们带到其闲暇时间中来,进而决定和影响着他们在休闲活动中的选择和表现。这种影响可能表现在以下两个方面。

一是人们工作中的积极情绪和消极情绪影响着他们在休闲活动中的表现。比如,一个在工作中获得了积极情绪的人在休闲活动中也可能更加积极,而在工作中只获得了消极情绪的人在休闲活动中也可能表现得比较消极。因此,在工作中诸事顺利的人在休闲中可能会对新的休闲方式非常感兴趣,对生活表现出热爱,更加愿意与人交流,充满自信和阳光;而在工作中诸事不顺的人则可能在休闲中态度消极,对新事物兴趣不浓,可能在休闲中怨天尤人,表现懒散。

二是人们在工作中的感受会影响到他们在休闲中是否会从事与工作相关的活动。如果一个人的工作让他愉快,他在休闲活动中可能会选择与工作相似的活动;而如果他的工作让他感觉不好,他在休闲活动中可能会选择逃离与工作相关的活动。因此,如果驾驶让某个司机感觉快乐,他在休闲中仍然可能选择驾车去兜风;如果餐饮生产让某个大厨感觉不愉快,他在闲暇中可能连厨房都不愿意进。

当然,需要说明的是,不仅工作中的一切会像后遗症那样影响人们的休闲活动,休闲中的遭遇和体会也会像后遗症一样对人们的工作产生影响。

▶ 动动手

1.请举例说明一下日常生活中遇到的休闲"后遗症"现象并分析原因。

2.请分组讨论,人们在休闲中的遭遇会如何影响他们在工作中的表现。

(五)熟悉理论

熟悉理论认为,人们的休闲方式与休闲活动与他们所熟悉的东西紧密相关,因此,个人习惯和生活惯例会对人们的休闲方式产生重要影响。这种影响表现在以下几个方面。首先,人们出于安全的原因,会选择自己熟悉的方式展开休闲活动,而对不熟悉的领域抱有谨慎的态度。比如,一些人经常开展自己熟悉的骑行、跑步等休闲活动,而对高尔夫、骑马等自己不熟悉的领域不太热衷,因为不熟悉的领域可能藏有风险,如让自己出丑难堪或者受伤。其次,人们出于惯性的原因,会选择自己经常从事的活动开展休闲,对自己不经常开展的活动则采用观望的态度。比如,某个人每天都以打乒乓球的方式开展休闲活动,现在要邀请他去打麻将,他可能不太乐意,因为那可能意味着自己要去和不熟悉的伙伴开展活动,要去考虑另外一个活动中的规则,这让他觉得比较麻烦,违背了休闲的初衷。最后,人们出于遵守规则和文化的原因,会选择公众都熟悉的方式开展休闲活动,而不会选择大众不熟悉的方式。比如,一个社会中大家都流行打麻将,那么打麻将这个公众都熟悉的事物会成为很多人的休闲方式,而攀岩、蹦极等公众不熟悉的休闲方式则不会大流行。

(六)社群理论

社群理论认为,人们的休闲行为会受到组织和团体的影响,社交圈、关系网会对人们的休闲活动产生重要影响。这种影响表现在以下几个方面。首先,人们的社会关系影响着他们的休闲方式选择,如果自己经常打交道的圈子中大家都喜欢读书、绘画,那么自己即使在最开始并不喜欢读书和绘画,也可能受到圈子的影响而逐渐加入到他们的休闲活动中去。其次,人们倾向于和自己熟悉的人一起开展休闲活动,而这些熟悉的人通常是自己社会交往圈子中的人。最后,社群中的人们相互影响和启发,会促成一些新的休闲方式出现。比如,一群跳广场舞的人中,某一个个体最近学会了一种新的舞蹈,并在群体中推荐,这种新舞蹈可能很快就会在这个群体中流行起来。

▶ 动动手

1.请与同学们分享日常生活中能证明熟悉理论和社群理论的例子。

2.请分组讨论,人们的习惯、社群会影响他们的休闲方式,那么他们的休闲活动会对其习惯和社群产生影响吗?

本章小结

休闲是人们在自由时间中,基于内心真实需要,出于非义务性目的而开展的享受性活动,是人们人生中必有的存在状态。休闲活动是休闲的表现形式,是休闲行为付诸实践的载体。休闲活动通常具备如下几个方面的特征:非义务性、多样性、文化性、地域性、发展性、大众性等。可以按照休闲活动的性质和特征、基于价值学和伦理学、按照休闲活动的场所及功能等对休闲活动进行分类。

常见的休闲理论有符号互动论、手段-目的论、系统论、畅爽理论、马斯洛的需要层次理论、补偿理论、古典理论、后遗休闲理论、熟悉理论、社群理论等。

根据符号互动论,人们在休闲行为和活动中能相互影响,这些影响决定了人们休闲质量的高低,并对他们今后进一步的休闲行为方向和程度产生作用;符号互动模式主要有自我互动、他我互动和群体互动等模式。手段-目的论主要阐述了个人价值如何影响个人行为;该理论认为,消费者通过产品属性获得某种结果利益,由此达成其所追求的价值。系统论是研究系统的一般模式,它强调"整体大于局部之和",认为系统中的各个要素彼此关联,构成了一个不可分割的整体;系统论共有八大原理。根据畅爽理论,人们在休闲活动中获得的快乐体验取决于他们面临的挑战性质和应对挑战的技能水平;只有当活动参与者的个人技能水平与活动的挑战水平相当时,他才有可能处于畅爽状态。

按照马斯洛的需要层次理论,休闲需要属于人类的高层次需要。在休闲领域中,补偿理论强调休闲是为了弥补人们在工作上的损耗和在生活中的辛劳。休闲的古典理论认为休闲是人类所有活动的目的,其他活动都是为了休闲而开展。后遗休闲理论认为,工作中的一切会像后遗症一样,被人们带到其闲暇时间中来,进而决定和影响着他们在休闲活动中的选择和表现。熟悉理论认为,人们的休闲方式与休闲活动与他们所熟悉的东西紧密相关。社群理论认为,人们的休闲行为会受到组织和团体的影响,社交圈、关系网会对人们的休闲活动产生重要影响。

课后习题

本章实训

【实训目的】熟悉休闲活动的类型,熟悉各种理论在休闲领域中的应用。

【实训成果】制作报告或PPT等演示文稿、录制视频或教师要求的其他形式。

【实训形式】个人/小组形式(教师可以根据实际教学需要安排)。

【实训内容】从下述内容中选择一个,搜集资料,完成教师要求的成果。

1.请观察你所在的城市民众或学校中身边同学的休闲活动方式,总结和归纳他们休闲活动的类型,并说明哪些是积极休闲活动、哪些是消极休闲活动,分析这些活动对他们的生活以及对整个社会所产生的影响。

2.观察一种或几种休闲活动形式,用本课程中所学的休闲理论对其进行分析。既要分

析这些活动中何处体现了这些理论的思想,也要分析这些活动中存在哪些与这些理论不符的情况,分析其不符的原因。

【实训步骤】本次实训可按照如下步骤或任课教师要求的其他步骤展开。

1.教师对学生下达实训任务,分配角色,落实责任到人。

2.学生领取任务后,独立或在本小组负责人的统领下准备本次实训所需资料和成果。具体搜集资料和完成最终成果的手段,可以是查阅资料、组内讨论、向老师或其他知情者请教等形式,由学生自行决定和选择。

3.教师安排专门的实训时间,由学生对实训成果予以展示和呈现。展示和呈现的形式与具体要求,教师根据实际需要确定。

4.教师应对各个小组的实训成果予以点评,依据相应标准公平评分并予以记录,作为学生本门课程平时成绩的重要依据。

【实训要求】本次实训应遵循以下基本要求。

1.除教师特别要求外,所有学生均应参加本次实训活动。

2.学生在完成作业时首先应明确选题,并紧密围绕所选题目完成作业,不得偏题;若学生有其他选题,应先获得教师的同意,经批准方可按照新选题完成实训。

3.若实训成果由小组完成,所有组员必须在本组负责人的统领下共同完成作业,不应推卸工作,推卸或拒绝承担相应工作的同学本次实训不合格。实训成果中应标明各位成员的分工及对最终成果所做贡献的比例,贡献比例之和应为100%。

4.若依据教师事前公布的标准,实训成果不合格的小组,将重新开展本次实训,否则该小组所有成员本次实训的分数为零。

5.学生实训成果及展示和呈现形式必须符合课程思政要求,教师应对实训环节的课程思政进行总体把关,学生个人(独立完成实训时)或小组负责人(分组完成实训时)应对自己实训成果中的课程思政负责。

6.应遵循学校和教师的其他要求。

第三章

民众休闲概述

东风夜放花千树,更吹落、星如雨。宝马雕车香满路。凤箫声动,玉壶光转,一夜鱼龙舞。蛾儿雪柳黄金缕,笑语盈盈暗香去。众里寻他千百度,蓦然回首,那人却在,灯火阑珊处。

——宋·辛弃疾《青玉案·元夕》

课程导入

游东山记①

洪武乙亥,余客武昌。武昌蒋隐溪先生,始吾庐陵人,年已八十馀,好道家书。其子立恭,兼治儒术,能诗。皆意度阔略。然深自晦匿,不妄交游,独与余相得也。

是岁三月朔,余三人者,携童子四五人,载酒肴出游。隐溪乘小肩舆,余与立恭徒步。天未明,东行,过洪山寺二里许,折北,穿小径可十里,度松林,涉涧。涧水澄彻,深处可浮小舟。傍有盘石,容坐十数人。松柏竹树之阴,森布蒙密。时风日和畅,草木之葩烂然,香气拂拂袭衣,禽鸟之声不一类。遂扫石而坐。

坐久,闻鸡犬声。余招立恭起,东行数十步,过小冈,田畴平衍弥望,有茅屋十数家,遂造焉。一叟可七十馀岁,素发如雪,被两肩,容色腴泽,类饮酒者。手一卷,坐庭中,盖齐丘《化书》。延余两人坐。一媪捧茗碗饮客。牖下有书数帙,立恭探得《列子》,余得《白虎通》,皆欲取而难于言。叟识其意,曰:"老夫无用也。"各怀之而出。

还坐石上,指顾童子摘芋叶为盘,载肉。立恭举匏壶注酒,传觞数行。立恭赋七言近体诗一章,余和之。酒半,有骑而过者,余故人武昌左护卫李千户也。骇而笑,不下马,径驰去。须臾,具盛馔,及一道士偕来。道士岳州人刘氏,遂共酌。道士出《太乙真人图》求诗。余赋五言古体一章,书之。立恭不作,但酌酒饮道士不已。道士不能胜,降跽谢过。众皆大笑。李出琵琶弹数曲。立恭折竹,窃

①明文选[M].赵伯陶,选注.北京:人民文学出版社,2020.

而吹之,作洞箫声。隐溪歌费无隐《苏武慢》。道士起舞蹁跹,两童子拍手跳跃随其后。已而,道士复揖立恭曰:"奈何不与道士诗?"立恭援笔书数绝句,语益奇。遂复酌,余与立恭饮,少皆醉。

起,缘涧观鱼。大者三四寸,小者如指。余糁饼饵投之,翕然聚,已而往来相忘也。立恭戏以小石掷之,辄尽散不复。因共慨叹海鸥之事,各赋七言绝诗一首。道士出茶一饼,众析而嚼之。余半饼,遣童子遗予两人。

已而夕阳距西峰仅丈许,隐溪呼余还,曰:"乐其无已乎?"遂与李及道士别。李以卒从二骑送立恭及余。时恐晚不能入城,度涧折北而西,取捷径,望草埠门以归。中道,隐溪指道旁冈麓顾余曰:"是吾所营乐丘处也。"又指道旁桃花语余曰:"明年看花时索我于此。"

既归,立恭曰:"是游宜有记。"属未暇也。

是冬,隐溪卒,余哭之。明年寒食,与立恭豫约诣墓下。及期余病,不果行。未几,余归庐陵,过立恭宿别,始命笔追记之。未毕,立恭取读,恸哭;余亦泣下,遂罢。然念蒋氏父子交好之厚,且在武昌山水之游屡矣,而乐无加乎此,故勉而终记之。手录一通,遗立恭。呜呼!人生聚散靡常,异时或相望千里之外,一展读此文,存没离合之感其能已于中耶?

既游之明年,八月戊子记。

——明·杨士奇

▶ 思考

1.文中记载了明代文人的哪些乐事?请依照文中描写的顺序,一一指出。
2.明代文人雅士的休闲活动,给我们当今休闲活动提供了哪些参考价值?

1.理解民众休闲的价值。
2.了解民众休闲的各种方式。

核心概念

休闲价值　娱乐　游戏　旅游　体育　文化和社交活动

第一节　民众休闲的价值

前文的知识已经告知我们,休闲是人们的基本需求内容之一。对于一个社会而言,少数人能参与休闲活动并不是这个社会的成功,普通民众的大众休闲活动才能体现一个社会的发展成就。当今多数人已改变了对休闲的消极看法,不再认为休闲是好吃懒做的表现,而开始关注到休闲给人的发展和社会的发展带来的极高价值。本节将介绍休闲给个人和社会发展带来的价值。

一、民众休闲的个体价值

民众参与休闲活动能给个体的生活和发展带来益处。这些益处既体现在放松身心、恢复精力等生理利益上,也体现在提升自信、感受美好等心理利益上。

(一)休闲给个体带来的生理利益

参与休闲活动能促进个体生理更加健康。研究表明,对工作和生活的满意程度对人们的病痛状况影响很大,多参与体育运动、游憩休闲类的活动,能促进人体血液循环,消除精神紧张,延缓机体衰退,给个体的生理健康提供更多保障。而疲累的精神状态、不健康的生活方式对人体损害很大。

体育锻炼是一项重要的休闲活动。此处以体育锻炼为例分析休闲活动给个体带来的益处。有研究表明,经常参与体育锻炼的人身体更加健康,体育锻炼对生理健康的影响至少表现在以下几个方面。[1]

首先是对运动系统的影响。坚持体育锻炼,对骨骼、肌肉、关节和韧带都会产生良好的影响,经常运动能使肌肉保持正常的张力,并通过肌肉活动给骨组织以刺激,促进骨骼中钙的储存,预防骨质疏松,同时使关节保持较好的灵活性,韧带保持较佳的弹性。锻炼可以增强运动系统的准确性和协调性,保持手脚的灵活,使人可以轻松自如、有条不紊地完成各种复杂的动作。

其次是对心血管系统的影响。体育锻炼可影响血管的形态结构,并改变血管在器官内的分布状况。适当的运动是心脏健康的必由之路,有规律地运动锻炼,可以减慢静息时和锻炼时的心率,这就大大减少了心脏的工作负荷,加强了心脏功能,保持了冠状动脉血流畅通,可以更好地供给心肌所需要的营养,使心脏病的危险率降低。

再次是对呼吸系统的影响。体育锻炼能提高呼吸系统的机能,主要表现在体育锻炼可使呼吸肌发达、最大通气量与肺活量增大。此外,长期坚持锻炼可使人的缺氧耐受力增强,对氧的吸收利用率增高,使机体调节呼吸节奏的能力增强。

最后是对人体中枢神经系统的影响。体育锻炼可以改善和提高中枢神经系统的工作能力,使中枢神经及其主导的部分大脑皮质兴奋增强。研究指出,经常参加体育锻炼,能明显提高脑神经细胞的工作能力。反之,如缺乏必要的体育活动,大脑皮层的调节能力将相应下降,造成平衡失调,甚至引起某些疾病。

(二)休闲给个体带来的心理利益

休闲也能促进心理健康。绝大多数的休闲活动都是个体依据其兴趣爱好,在不受约束

---

[1] 胡明文.浅谈体育锻炼的益处[J].拳击与格斗,2019(22):4.

和外界影响下自愿选择参加的,所以在休闲活动中人们能获得更多心理满足,也更加容易获得成就感,更能自我肯定,释放压力,感受尊严,发展健全人格。

仍以体育锻炼为例来说明休闲给个体带来的心理利益。这些利益表现在以下几个方面。[①]

首先,体育锻炼有助于个体调节情绪。体育锻炼能改善情绪,心情郁闷时去运动一下能有效宣泄不好的心情,尤其在遭受挫折后运动能让不好的情绪转移。

其次,体育锻炼有利于形成和谐的人际关系。体育锻炼能在很大程度上提高人们互帮互助的精神。体育锻炼还能培养合作与竞争意识,合作与竞争是现代社会对人才的要求。

再次,体育锻炼有助于预防和治疗各种心理疾病。美国的一项调查显示,在1750名心理医生中,80%的人认为体育锻炼是治疗抑郁症的有效手段之一,60%的人认为应将体育锻炼作为一种治疗方法来消除焦虑症。在大学生中,会有不少人由于学习或其他方面的挫折而引起焦虑症或抑郁症,通过体育锻炼有助于减缓或消除这些心理疾病。

课内拓展

休闲与健康促进

最后,体育锻炼有助于形成良好的意志品质。意志品质指一个人的果断性、坚韧性、自制力以及勇敢顽强和主动独立等精神,意志品质是在克服困难的过程中表现出来的,也是在克服困难的过程中培养起来的。在体育锻炼中要不断克服客观困难(如气候条件的变化、动作的难度或意外的障碍等)和主观困难(如胆怯和畏惧心理、疲劳和运动损伤等),锻炼者越能努力克服主、客观方面的困难,就越能培养良好的意志品质。从锻炼中培养起来的坚强的意志品质还能够迁移到日常的学习、生活和工作中去。

二、民众休闲的社会价值

民众休闲不仅有利于个体成长,也有利于社会发展和进步。具体来讲,这些价值可从以下几个方面进行认知。

(一)促进家庭稳定

很多人的休闲活动都是与家人和朋友一起进行的,这给家人亲友之间的交流提供了很好的机会,有助于拉近亲友距离,建立起和谐理解的家庭氛围,让人们感受亲情友情爱情的珍贵和美好,使家庭更加稳定,从而使社会稳定性因素增多。

(二)促进社会稳定

休闲活动能增进人们彼此的接触和了解,让人们无形中提高社会意识,增进彼此了解,消除各种误会和偏见。健康和积极的休闲活动能减少人们无所事事的可能,降低无聊所导致的惹是生非概率,减少犯罪和各种道德危机,增进全社会人们之间的相互友爱。人们从休闲活动中更容易习得生活规则,形成健康的价值判断和社会规范,这也是寓教于乐的教化方式,能减少个体社会化的教育成本。

---

① 胡明文.浅谈体育锻炼的益处[J].拳击与格斗,2019(22):4.

（三）促进经济繁荣

随着时代的发展，越来越多的人愿意为休闲付费。如第一章中所言，当前的社会已经进入全民休闲时代。在这个时代，庞大的休闲需求急需庞大的休闲供给力量，人们的休闲需求已成为现代社会经济体系中的重要市场力量，能带动和刺激经济健康发展，促进经济繁荣。

同时，休闲活动能带来各产业中从业个体的身心健康，提高他们的工作效率，这也有助于一个社会中经济的繁荣发展。

（四）促进文化进步

休闲活动本身就是文化的反映，但同时也反作用于文化。比如，西方文化融入我国后，我国民众逐渐习惯了西方人的一些休闲方式，这些方式开始在我国各地流行起来；而随着中西休闲活动的交融，中西文化在融合中也逐渐演化出一些新内容，推动我们的文化快速迈上新台阶。

（五）促进环境保护

休闲活动需要更好的自然环境，为了满足民众日益增长的休闲需要，很多地方都在不断整治环境，推动环境保护工作取得更多新成就。在休闲活动中，人们能对自然环境有更多认识，这也能提高他们的环境保护意识和能力。

当然，需要说明的是，休闲活动也是双刃剑，健康和积极的休闲活动能达成上述价值，而不健康、消极的休闲活动可能在上述价值上大打折扣甚至产生负面影响。因此，这就需要对民众休闲进行引导和管理，需要实施和开展休闲教育。

▶ 动动手

1.请查阅有关资料，了解我国当前与休闲有关的各项政策，谈一谈你从这些政策中收获了什么。

2.请查阅资料，了解我国当前的休闲教育状况，谈一谈全民休闲教育的重要性。

第二节　民众休闲的方式

无论是对个体还是对社会，民众休闲都有极高的价值。要实现这样的价值，必须要有高质量的休闲方式。如本书前文所述，民众可以开展的休闲方式多种多样。本节对当今社会中几种主要的休闲方式进行简要介绍。

一、娱乐

英文中的"recreation"一词的含义是"创造新的"或"变成新的"，是"恢复和再生产"的意思。这一单词在翻译为汉语时，我国香港地区翻译为"康乐"，我国台湾地区翻译为"游憩"，我国大陆地区则主要翻译为"娱乐"，但"康乐"和"游憩"在大陆地区的使用也非常广泛。

（一）娱乐的定义

"娱乐"一词并非舶来品，在我国文化中很早就有"娱乐"一词的记载。如《史记·廉颇蔺相如列传》中记载道："赵王窃闻秦王善为秦声，请奏盆缻秦王，以相娱乐。"《北史·齐本纪中·文宣帝》中记载："或聚棘为马，纽草为索，逼遣乘骑，牵引来去，流血洒地，以为娱乐。"

在这些记载中，"娱乐"一词既可以作为动词，也可以作为名词。比如蔺相如让秦王敲击瓦盆，以这样的方式来相互娱乐，就是属于动词；而《北史》中的记载则属于名词，特指让人愉快的活动。

在对娱乐这一概念的学术界定中，很多学者从不同的角度进行了界定，得出了很多不同的结果，但是目前尚未有一个定义能获得大家一致的认可。这主要是因为：一方面，娱乐本身所涵盖的范围非常广泛，包含的要素繁多，且这些要素之间的关系十分复杂，在界定的时候难以用准确的词句对其进行界定；另一方面，时间在推移，娱乐所涉及的概念也在改变，研究者的研究视角不同也导致了研究的侧重点有差异。表3-1列出了娱乐的有关定义。

表3-1 娱乐的有关定义

定义出处	定义内容
Webster's大词典	recreation是在辛劳过后，使体力及精神得到恢复的行为
Nash（1960）	recreation是一种人们借以满足内心驱动的表现需求的工具或手段
陈水源（1980）	娱乐是消除精神与体力上的疲劳的行为，也是日常生活中的一种休闲活动
蔡佰禄（1990）	娱乐是人们利用自由时间或于休闲状态下所从事的各类活动，是能获得个人满足与愉快的体验
李仲广（2011）	娱乐是个人在闲暇时，从事能消除疲劳并让身心和精神获得满足、愉悦的行为

从上述定义来看，虽然各个界定表述不同，但是都有如下共同特点：首先，除了Nash以外，其他的定义都强调了娱乐是在人们的闲暇时间中开展的活动；其次，多数定义都强调了娱乐具有"恢复"的作用，人们的娱乐是为了在辛劳之后获得身心恢复；最后，所有定义都强调了娱乐是有目的的。

上述定义的优点是突出了娱乐的目的性、内心驱动性等本质性特征，但是也存在一些不足，主要的不足是娱乐虽然有恢复身心的功能，但是娱乐并不只以恢复身心为目的。事实上，多数娱乐活动是源于个体内心的需要，源于追求欢娱的动机，而不是为了缓解身心疲劳，甚至有一些娱乐活动本身会让人的身体更加疲劳。

鉴于此，我们将娱乐定义为：娱乐是人们在内驱力的影响下，出于恢复身心或享受生活的目的而开展的快乐性、欢愉性活动，既可以个体形式进行，也可以集体的形式进行。这个概念包含了以下几层意思：一是娱乐的驱动力来自人们内心的需要；二是娱乐的目的是追求恢复身心或享受生活，或两种目的兼而有之；三是娱乐涉及的活动主要以快乐性和欢愉性为特点；四是娱乐活动既可以个人开展，也可以个人与他人一起进行。

常见的娱乐活动有休养、唱歌、跳舞、观看演出、阅读读物、参与演出、户外活动等。

（二）娱乐的特点

从上文对娱乐的界定，结合人们日常娱乐的表现，可以看出娱乐具有如下特点。

1. 娱乐的自愿性

娱乐一定是个体自愿参与的活动，其目的是获得内心某些需要的满足，而不是为获得外部的某种奖赏，也不是因为受到外部力量的胁迫。因此，尽管娱乐通常都会伴随一些效益，比如获得身心恢复或者获得知识，但多数娱乐活动的功利性不强，不以趋利避害为追求，而以获取内心欢娱为特点。

2. 娱乐的随意性

人们参加的娱乐活动并不像工作、家庭事务等活动那样具有固定的形式，需要在固定的时间和范围内以固定的方式去完成，而是表现出很强的随意性特征。这表现为：人们开展何种娱乐活动比较随意，比如，吃完饭以后是去散步还是去唱歌或者跳舞，是可以随意选择的；人们在开展具体娱乐活动时以何种方式进行比较随意，比如，娱乐中的唱歌不像表演家唱歌那样需要严格遵守规则，人们可以想唱什么歌就唱什么歌，唱跑调了也无所谓，有没有唱完也不重要，等等；人们何时开始和结束活动也比较随意，中途是否会变换活动的形式和规则，等等，都比较随意。

3. 娱乐的享受性

娱乐是享受性活动，追求娱乐体现了人们对美好生活的向往。因此，人们对娱乐活动的要求往往比较高。比如，人们会要求这种活动简单易上手，如果一个活动的规则十分复杂，需要掌握不易习得的技术或知识，那这种活动很可能难以广泛流行；又比如，人们在娱乐活动中所借助的设施设备要求更加舒适和尽可能豪华，有时候甚至会要求它们在外观上更赏心悦目。

4. 娱乐的社会性

尽管每个人的娱乐活动可能会有不同，但是在同一个时代，人们的娱乐方式表现出较大的共性。比如，20世纪90年代很多年轻人都流行唱卡拉OK，21世纪初期流行互联网冲浪，当今社会流行广场舞和健身运动，等等，这都体现了娱乐的社会性。娱乐的社会性还表现在很多娱乐活动是需要社会条件的，只有当社会条件具备了，这些娱乐活动才能真正流行起来。比如，人们娱乐观念的转变、社会基础性条件的建设等。

5. 娱乐的时代性

在娱乐的社会性论述里，已经体现了娱乐的时代性特征。娱乐的时代性主要表现在不同时代人们的娱乐方式存在差异，有典型的时代烙印。这种时代性特征体现了社会的进步，人们娱乐活动的生命周期越短，说明时代进步越快。此外，随着时代的发展，人们对娱乐追求的强度也有所不同，比如，以前人们每个月看一次电影就觉得非常满足了，而现在很多人几乎每天都要刷足够数量的短视频看但还觉得不够过瘾。

二、游戏

"游戏"（play）一词的古希腊词源具有孩子气的含义，说明游戏多少与像孩子那样活动有一些关系。因此,游戏通常不是严肃认真的活动,也与日常生活中的理性活动和义务性活动相区别。

"游戏"这一术语可从广义和狭义两个层面进行界定。广义的游戏可以被视为人类社会中一切有规则的竞争性活动和无规则自由活动的集合。前者如市场竞争行为、体育竞赛行为、法律诉讼行为、语言辩论行为等;后者如自由自在地奔跑或躺着、玩世不恭地与人相处等。从广义的视角看游戏,人类文化中的多数成果似乎都与游戏相关或者本身就是游戏的结果。狭义的游戏则是指在一定规则约束下,旨在追求快乐和趣味的自愿参与的竞争性休闲活动。

(一)游戏的特点

本书主要研究狭义的游戏。从这个角度来谈,游戏应该具备如下特点。

1. 游戏的非个体性

游戏的非个体性是指游戏通常要两个或两个以上的人才能参与,一个人自娱自乐不能算游戏。因此,下象棋、打麻将、"老鹰捉小鸡",都属于游戏,而独思、闭目养神、钓鱼、读书都不属于游戏。但是,随着数字游戏的兴起,很多玩家可以一个人独自开展游戏活动,比如玩家在电脑上、手机上玩游戏,因此游戏的非个体性特征有所削弱。需要说明的是,即使在数字游戏中,多个玩家共同参与某一游戏的情况也十分普遍。

2. 游戏的规则性

游戏是有规则的活动,参与者必须遵守,不能随意而为。这些规则可能是时间方面的限制,比如在多少时间内必须完成多少个动作,或每隔多久才能实施某一个行为,或在时间顺序方面的先后规定;也可能是姿势方面的规定,比如应当以何种姿势实施某种行为,或不能以某种姿势实施某种行为;还可能是空间方面的约定,比如不能超过某个界限,或必须覆盖一定范围;等等。需要说明的是,这些规则既可能是明文规定的,也可能是约定俗成的,还可能是临时性规定。比如趣味运动会中的很多规则是明文规定的,打麻将的规则是约定俗成的,下象棋中的一方让一子则是双方临时约定的。

3. 游戏的自愿性

与娱乐一样,游戏也是自愿参与行为,如果是被强迫参与的则不能称为游戏。一些电影中,反派逼迫正派必须参与某个游戏,否则就将加害正派的亲人,这是生死之赌、被迫应付,可算是广义的游戏,而不能归为狭义的游戏。

4. 游戏源于生活而高于生活

这有三层意思。一是游戏不是凭空出现的,而是有生活之源。比如,投壶源于射箭,中国象棋源于楚汉之争(这只是象棋缘起的说法之一),麻将起源于郑和下西洋途中解决兵士无聊的发明(这只是麻将起源的说法之一),等等。二是游戏不同于生活,它和现实生活虽有相似,但本身摆脱了现实生活中的很多羁绊,只留下了最核心的一些规则。三是所谓的游戏高于生活,是指游戏通常只带给人快乐,而生活则带给人酸甜苦辣,因此,游戏只体现了生活中美好的一面。

5. 游戏结果的不确定性

游戏既然有规则、有竞争性和对抗性,那么游戏就一定会有结果,这种结果通常以输赢、胜负的形式呈现,但这种结果存在较大的不确定性。比如,尽管某个人棋艺高超,但是和他对弈的是长辈,他可能会在对弈中故意输棋以让长辈开心;又比如,某个人玩电子游戏的技能本来不错,但是今天他心情不好,导致在游戏中频频出错。总之,除了游戏参与者本身的技术水平外,游戏的结果往往受到很多因素的影响。

(二)游戏的分类

游戏可从很多角度进行分类,比如:

按照游戏的基本动作,可以分为行走类游戏、跑步类游戏、跳跃类游戏、投掷类游戏、爬行类游戏、攀登类游戏、平衡类游戏、动作维持类游戏等。比如跳绳以跳跃为主,跷跷板为平衡类游戏,"木头人不准说话不准动"为动作维持类游戏。

按照游戏开展的形式,可以分为接力类游戏、追逐类游戏、攻防类游戏、运气类游戏、模仿类游戏、传递抛接类游戏等。比如打篮球、踢足球等均具有接力、追逐、攻防的特点,"躲猫猫""老鹰捉小鸡"等具有追逐、运气方面的特点,掷骰子、石头剪刀布、划拳是运气类游戏,真人CS射击、角色扮演等可视为模仿类游戏,击鼓传花为传递抛接类游戏。

按照游戏的功能,可分为趣味型游戏、竞争型游戏、教育类游戏、益智型游戏、放松型游戏、感官刺激型游戏等。趣味型游戏能让参与者从中获得快乐,有较强的娱乐性,如踩气球游戏等;竞争型游戏有一定对抗性,比如拔河、打水漂比赛等;教育类游戏能使参与者从中收获知识、技能或素质;益智型游戏能有助于智力提升,如当前各类教育机构面向低龄学生开发的各类PAD游戏、PC机游戏和手机游戏等;放松型游戏能让游戏参与者从游戏中获得放松;感官刺激型游戏比如促进小孩体智成长的各类游戏。

> 课内拓展
> 刺激孩子感官的九种经典游戏

按照游戏可以提高的素质,可以分为体能类游戏、智力类游戏。体能类游戏又可以进一步细分为速度类游戏、灵敏性游戏、耐力类游戏、协调类游戏等;智力类游戏又可以进一步细分为感官类游戏、想象思维类游戏、语言能力游戏、记忆力游戏、运算能力游戏等。如掰手腕属于体能类游戏,成语接龙属于智力类游戏。

按照游戏的兴起和流行时间,可以分为传统游戏和数字游戏。其中,数字游戏又包括了互联网游戏、电视游戏、街机游戏等类型。传统游戏通常有悠久的历史,游戏时所凭借的工具也以传统工具为主,如跳皮筋、捉迷藏、过家家、跳山羊、跳房子、丢沙包、"老鹰捉小鸡"等都属于传统游戏。数字游戏是基于数字技术设计、开发出来的游戏,这些游戏需要借助于数字平台才能运行,比如电视机、PC机、PAD、手机等电子工具和互联网工具。数字游戏按照参与方式的不同,又可以进一步细分为单机游戏和网络游戏。网络游戏根据运行的载体不同,可以分为端游、页游、手游和其他主机游戏。数字游戏根据游戏题材不同,可以分为角色扮演游戏(RPG)、动作游戏(ACT)、冒险游戏(AVG)、策略游戏(SLG)、即时战略游戏(RTS)、格斗游戏(FTG)、射击类游戏(STG)、益智类游戏(PZL)、竞速游戏(RCG或RAC)等类型。

三、旅游

"旅游"一词既可以是动词,也可以是名词,在不同的语境下有不同的含义。休闲学科中的"旅游",更多是指"旅游活动",是人们进行休闲活动的一种方式。在旅游学科中,"旅游"一词有很多界定,这里借助经典定义"艾斯特定义"来对其概念进行介绍。艾斯特定义是由瑞士学者汉泽克尔和克拉普夫于1942年提出的,认为旅游是非定居者的旅行和暂时居住而引起的现象和关系的总和;这些人不会长期定居,也不会从事任何赚钱的活动。尽管从严格意义上来讲,这个定义并不能涵盖当今广义旅游的全部范畴,但是仅就休闲领域而言,这个定义较有代表性。

（一）休闲领域内旅游的特征

这里所谓的"旅游的特征",是从休闲角度出发分析的"旅游活动"的特征,而非"旅游产业"的特征。一般认为,休闲领域内的旅游活动主要有以下一些特征。

1. 基于闲暇时间的旅游,更重视内在需要的满足

休闲旅游是人们利用闲暇时间开展的旅游活动,与一般商务旅游、公务旅游、奖励旅游、福利旅游等有着本质的区别。由于休闲旅游是在闲暇时间中开展的,所以与人们的工作、求生等方面的需要关系不大,在旅游目的地、旅游方式的选择上更多受自己的爱好、兴趣左右,而较少受到外力因素的影响。

2. 重游率较高,以近郊、国内游为主

与名胜古迹旅游不同,人们的休闲旅游多以近郊游、国内游等近距离旅游为主,且重游率较高。人们专程前往泰山、三亚乃至国外风景名胜区旅游的情况通常需要进行专门准备和计划,对时间、费用等方面的要求都比较高,去一次后在短时间内通常不会再次前往;而休闲旅游通常是利用每日闲暇、每周闲暇就可以开展,通过自驾、骑乘等方式在距家较近的地方开展活动,重游率较高。当然,这不是说休闲旅游就只能在近距离地区进行。当人们有了较充裕的闲暇时间和旅游预算后,人们前往较远距离的休闲目的地开展休闲活动也是常见现象,但这种现象仍然体现出了较高的重游率特征。

3. 以亲友为主的旅游形式

在休闲旅游活动中,人们非常重视亲友之间的互动,乐于享受由亲情、友情所营造出来的温馨氛围。所以在出游方式上,通常不采取传统的跟团游方式,而是选择家庭、亲友结伴出游,偏向自助、半自助式旅游,由亲友共同商量解决旅途中遇到的问题,在温馨和谐的氛围中享受亲情、深化友情。

4. 对旅游设施和环境的要求较高

由于休闲旅游多具有享受性的特点,人们在外出旅游时对交通、住宿、休闲娱乐等旅游设施的要求较高。在环境方面,人们对目的地的自然环境和服务环境也有较高要求,目的地是否具有怡人的景色、良好的气候条件等都会影响人们的旅游决策,服务质量的高低、服务态度的好坏和当地人们的友好度都可能是人们是否前往当地休闲的重要影响因素。

5.多元化、弹性化消费特征明显

随着新理念、新技术的不断涌现,人们在休闲旅游中也呈现出多元化、弹性化的消费特点。所谓多元化,是指人们在休闲旅游中可以选择的具体休闲项目、休闲方式越来越多元。所谓弹性化,可从两个层面来理解:一是人们是否外出休闲旅游受到多方面因素的影响,弹性较大;二是人们在某次休闲旅游活动中是否会消费某个具体旅游产品,以及每次休闲旅游的消费水平,均呈现出较大的弹性特征。

(二)旅游休闲的分类

人们以旅游开展休闲活动的方式有很多,依据不同的标准,旅游休闲可以分为不同的类型,具体如下。

1.按照人们凭借的旅游资源分类

旅游资源一般可以分为自然旅游资源和人文旅游资源。按照人们在休闲旅游中凭借的旅游资源,可以将旅游休闲分为自然旅游休闲、人文旅游休闲和混合旅游休闲。凭借自然旅游资源的旅游休闲中,人们可以观赏动植物、欣赏山水美景、享受日光浴、开展划船和漂流等动态性活动;凭借人文旅游资源的旅游休闲中,人们可以凭吊古迹、瞻仰烈士、参观科技馆、开展VR体验等活动;凭借混合旅游资源的旅游休闲方式则更多。

2.按照人们休闲的目的分类

人们休闲的目的甚多,根据人们休闲目的和动机的差别,旅游休闲可以分为身心恢复型的旅游休闲、个人发展型的旅游休闲、生活体验型的旅游休闲等类型。身心恢复型的旅游休闲如康养旅游、生态旅游等,人们可以在这些旅游活动中开展温泉浴、日光浴,呼吸森林的新鲜空气、摆脱日常工作的疲惫,恢复体力、缓解压力。个人发展型的旅游休闲如研学旅游、文化旅游等,人们可以在这些旅游活动中学习知识、提升技能,但是它又与专门的培训和发展活动相区别,它没有或只有较小的学习压力,以轻松愉快的方式获得个人的成长。生活体验型的旅游休闲如农业旅游、购物旅游等,人们可以在这些旅游活动中体验自己不曾熟悉的生活领域,或逛街购物、体验美食,感受时代进步、体会生活美好。

3.按照人们休闲的具体形式分类

人们在旅游休闲中可能采取很多具体形式,如回归自然的形式、休养的形式、娱乐的形式、健身的形式、求知求新的形式、购物的形式等。以回归自然的形式开展旅游休闲,人们可能参加森林游憩、乡村风光观光等活动,欣赏山野美景、参与野外活动,享受野趣快乐。以休养的形式开展旅游休闲,人们可能参加日光浴、森林浴,寻求适合养生的目的地开展各类养生活动。以娱乐的形式开展旅游休闲,人们可能采取垂钓、骑马、划船、滑草、滑沙等活动,体验活动快感。采取健身的形式开展旅游休闲,可能采取攀岩、登山、骑行等旅游活动,追求健身带来的快乐。求知求新的形式很多,如参观科技馆、博物馆、航天馆,体验AR/VR产品等,利用休闲的方式来实现求知求新的乐趣。购物通常指向名优特产品,但旅游休闲购物并不一定要采购多少物品,更多以逛街购物的过程为享受。

四、体育运动

(一) 体育运动的概念与类型

1. 体育运动的概念

人类的体育现象由来已久,早在远古渔猎时期,人们即通过奔跑、跳跃、游水等方式锻炼体能,增强自身的采集和渔猎本领。然而对于什么是体育,人们的争论却比较多。《韦氏大词典》中认为,体育是对于人体的锻炼、养护和保健等的教导;特别是在学校或学院里,通过体操、田径等课程进行的教导。《辞海》中的体育就是指体育运动,其概念有狭义和广义之分,狭义的体育是指身体教育,即以强身、医疗保健、娱乐休息为目的的身体活动;广义的体育包括了竞技体育、学校体育、社会体育三个方面,均以身体活动为基本手段,锻炼身体,促进健康,增强体质,并具教学、训练以及提高运动技术和竞赛成绩的作用。《新华字典》中认为,体育是指以身体练习为基本手段,结合日光、空气、水等自然因素和卫生措施,有组织有计划地锻炼身心的一类社会活动;其目的在于增强体质,提高运动技术水平,丰富文化生活和陶冶道德情操;是社会文化教育的组成部分。从诸多界定中可以看出,体育的概念至少应该包括如下几层意思:首先,体育是人类社会特有的身体教育;其次,体育有强身健体、医疗保健、娱乐休息等方面的作用,同时兼具身心健康教育的作用;再次,体育包括的范围比较广泛;最后,体育的概念随着时代的变迁会不断有新的内容加入。

2. 体育运动的类型

对体育运动分类的探讨,当前认可度最高的是"三分法",即将体育分为竞技体育、学校体育和社会体育三种类型,《辞海》《新华字典》乃至《中华人民共和国体育法》中均采取了这种划分方式。此外,还有根据体育运动发生的场所及是否以体育作为职业,将体育运动分为学校体育、社区体育、职业体育;根据体育运动参与者的目的,将体育运动分为健身体育、竞技体育和娱乐体育;按照体育的参与群体和参与深度,将体育运动分为精英体育和大众体育;按照体育运动参与者的年龄,可以分为幼儿体育、青少年体育、中老年体育等;按照体育运动参与者的性别,可以分为男性体育和女性体育;等等。

无论采取何种划分方式,体育运动有诸多类型是大家都广泛认可的;随着时代的进步和人们观念的转变,体育运动中不断有新的类型出现是必然趋势。近些年来,休闲体育的出现和广受欢迎就是其中一个例证。本书主要研究人们以体育运动的方式展开休闲活动,因此需要对"休闲体育"这一术语进行简单介绍。

(二) 休闲体育

第七版《辞海》中认为,休闲体育是体育的重要组成部分,是指在闲暇时间进行的以缓解紧张、放松身心、完善自我、共享生活为目的的娱乐性体育活动。从这个界定来看,休闲体育可属于社会体育,这与很多学者的看法基本一致。

休闲体育是体育运动发展的高级阶段,是人类社会发展到特定阶段的产物。曹原、吕树庭从项目特征、消费特征、身份特征、个性化特征四个角度对休闲体育进行了分析。[①]从项目特征来看,休闲体育不同于传统的篮排足球、跑步、健身操、自行车等项目,而是主要涵盖了当今城市人所喜爱的运动项目,如高尔夫球、保龄球、网球、台球、游泳、攀岩、蹦极、滑板、轮滑旱冰、摩托车、游艇、弓弩、飞艇、汽车、帆船、飞镖、冲浪、越野、滑翔、漂流、野外生存、探险、登山等诸多体现了现代健康理念、娱乐理念和时尚概念的新运动形式。不过本书认为,尽管这些项目是休闲体育的典型项目,但不能仅根据项目来判断某个主体是否在参与休闲体育运动。因为一项运动是否有典型的休闲特点,主要看参与者的参与动机和目的。只要人们是基于休闲动机参与的体育运动项目,即使他参与的项目是传统项目,仍可视为休闲体育活动。从消费特征来看,休闲体育和休闲消费直接相关,在休闲体育中存在着大量的休闲消费活动,而休闲消费又是建立在人们"富裕"起来的基础之上。从我国当前民众生活水平来看,绝大多数人在经济条件上能支持休闲体育活动的参与。从身份特征来看,休闲体育首先出现在富裕阶层,有些富裕阶层通常将参与某些休闲体育项目,如高尔夫、网球、帆船等项目作为其身份地位的象征,以显示自己与普通大众的区别。不过随着时间的推移,很多以前只流行于富裕阶层的休闲体育运动,正在以越来越快的速度在普通大众中扩散,参与休闲体育运动项目的普通大众越来越多。从个性化特征来看,人们在休闲体育中追求的更多是时尚、猎奇、探险、刺激,追求个性化体验,而普通体育中的强身健体目的在休闲体育中往往退居为次要目标。

(三)休闲体育的类型

作为一种休闲方式,人们参与休闲体育的方式多种多样。比如,《辞海》中认为,休闲体育可以分为参与性和观赏性两种类型,前者是指休闲者亲自参与到体育活动中去,比如打网球、划船、马术等;后者是指休闲者作为观众,观赏别人的体育表演,如观看CBA、世界杯等赛事。本书根据人们参与休闲体育的动机,将民众参与休闲体育的运动分为健身类体育运动、放松娱乐类体育运动、户外体验运动、竞赛类体育运动、社交类体育运动等几种方式。

1. 健身类体育运动

这种休闲活动有助于锻炼人的体魄,但又与传统健身锻炼不同。传统健身锻炼有明确的锻炼目的,有较强的功利性目标;而休闲类健身体育运动则以休闲为主要目的,锻炼身体是一件顺便的事。民众喜欢参与这类运动通常是在生活水平达到了一定程度,对生活质量提出了更高的要求,追求更有文化品位的生活方式,进而达到身体健康、身心愉悦的美好生活状态。当前,这类休闲类健身体育运动有很多需要借助一些器械和场地进行,如健身房内的各种运动、瑜伽练习等。

2. 放松娱乐类体育运动

这类体育运动旨在放松娱乐,既有参与性运动,也有观赏性运动。观赏性运动比如通过媒介(如电视、互联网)或亲自到现场观看体育运动比赛,从而感受快乐,达到娱乐放松的目

[①] 曹原,吕树庭.再议群众体育、社会体育与休闲体育——概念间关系的梳理与辨析[J].广州体育学院学报,2021,41(03):6-10,35.

的。参与性运动又可以分为静态性活动和动态性活动。静态性活动是以静态为主或运动量不大的运动形式,比如垂钓、棋牌、气功、太极、吐纳等运动,多属于参与者自娱自乐,不特别重视协作配合,常伴有养生娱乐、陶冶情操的目的;动态性活动通常借鉴竞技类运动项目的形式,但淡化竞技规则、融入娱乐元素,如沙滩排球、三人制篮球等活动,让民众动起来,比较重视多人运动,强调团体娱乐。

另外,近些年电子竞技运动也得到了快速发展,由此带动了电竞行业的大繁荣。电竞运动具有较强的竞技性,对参与者的体力和综合素质要求都较高;职业玩家通常需要经过专门培训和长期训练。普通民众参与电竞运动,可以锻炼和提高参与者的思维能力、反应能力、四肢协调能力和意志力,培养团队精神。越来越多的年轻群体也经常选择电竞运动作为娱乐类休闲体育运动项目。

3. 户外体验运动

户外体验运动以回归大自然为主要特征,但又与探险、挑战类运动项目有所区别。就运动的安全性和保障性而言,户外体验运动有较高的安全性和保障性,有较为成熟的设施设备保障和可靠的组织保障,参与的活动一般也是人们经过多次实验后的成熟活动,参与运动的场地也通常在人们比较熟悉的环境中。比如漂流、帆船、滑翔等运动,都是较为成熟的户外体验运动,这些运动的安全性都相对较高,既能让民众体验到参与其中的快乐和刺激,又能在有足够安全保障的前提下实现身心锻炼。但探险、挑战类运动通常是在不熟悉的场景中、以不太常见的方式开展的对自然界陌生领域的试探,有较高的风险性,对参与者的专业性要求很高。随着社会的进步,越来越多的企业和行业涉足了户外体验运动领域,在供给侧给普通民众参与户外体验运动提供了非常便利的条件。

4. 竞赛类体育运动

一提及竞赛,很容易让人将之与竞技类体育运动项目混淆,但两者并非同一回事。两者的相同点在于:在运动的参与中都可能涉及速度、力量、耐力、技能技巧等方面的比拼,有一定对抗性。两者的区别在于:竞技类体育规则严格,以功利性为主要追求目的;竞赛类休闲体育运动则淡化了竞技规则,以休闲享受为主要追求目的。短跑、举重、篮球、网球、摔跤等属于典型的竞技类体育运动项目,各类体育比赛场上的项目多属于此类;而踢毽子、拔河、打陀螺等比赛则属于典型的竞赛类休闲体育项目。当然,需要说明的是,一些竞技类体育运动项目在弱化比赛规则后,也经常被普通民众用来作为休闲运动享用。

5. 社交类体育运动

当前一些颇具社交功能的休闲体育运动也正在日益流行。这类运动项目的门槛低,多数人都能快速参与其中;有较强的时尚性,能吸引更多群众积极参与;通常具有一定组织性,朋友圈、共同兴趣爱好者更容易一起参与活动,并且活动还具有固定的时间、地点和相关规则;这些运动还具有和谐性的特质,既反映了民众享受美好生活的积极性,也能使民众通过参与这些运动,建立良好的人际关系,在自己周边营造轻松愉快的人际氛围。当前流行于全国各地的广场舞是较有代表性的社交类休闲体育运动形式之一,不仅参与者广泛,而且形式多样,尽管存在扰民等一些不足,但对于广大民众休闲起着不可替代的作用。此外,一些民间足球俱乐部、篮球爱好者等经常相约运动,这些本身属于竞技类体育运动形式的活动,也体现出了很强的社交类休闲体育运动的特征。

五、文化和社交活动

文化和社交活动是基于人的基本需要而产生的精神领域内的活动,自古有之,源远流长,几乎与人类社会的产生而同时产生,并随着社会的进步而不断发展。一个社会中文化和社交活动的繁荣程度是这个社会发展程度的一个重要标志。

(一)文化和社交活动的特点

1. 类型丰富多样

文化几乎体现在一个社会中的方方面面,形式多样、类型繁多。因此,文化和社交活动也呈现出多样性的特点。随着我国社会主义市场经济的日益繁荣,社会发展水平越来越高,人们的物质生活越来越丰富,人们对内心世界的追求也越来越明显,文化和社交活动也越来越繁荣。在参与文化和社交活动时,人们不仅仅局限于前辈人留下来的或当前流行的文化和社交活动形式,也充分利用现代社会发展成就中的新观念、新技术等条件对已有的文化和社交活动进行不断完善,或直接产生了一大批全新的文化和社交活动,丰富了文化和社交活动的类型,提升了这些活动的参与感和获得感。比如,电台、电视、互联网、VR、AR等每一项新技术的出现,都改变着人们参与文化休闲的活动方式;固话、移动通信、互联网社交软件和平台等每一种新方式的出现,也都使人们的社交方式越来越便利化和立体化。

2. 民族和地域特色鲜明

文化和社交活动受到文化和亚文化的影响非常明显,因此也就具有强烈的民族和地域特色。比如,二人转主要流行于辽宁、吉林、黑龙江三省和内蒙古东部三市一盟,是东北地区广大农村和城镇中常见的文化活动形式;而川渝地区则流行坝坝茶、泡茶馆兼听书等文化和社交活动。在蒙古族的传统民族节日那达慕大会上,惊险刺激的摔跤、赛马、射箭、套马等体现了蒙古族民众豁达豪放的性格,各种竞赛活动、祭祀活动和歌舞活动是当地民众十分喜爱的文化和社交活动。而泼水节则主要流行于傣族、布朗族、阿昌族、佤族、德昂族等少数民族,人们在相互泼水祝福时,也举行拜佛、划龙舟、燃孔明灯、游行、文艺汇演等活动,体现了这些民族感悟自然、爱水敬佛、温婉沉静的民族特性。

3. 参与目的的非经济性

尽管民众参与文化和社交活动有自己的目的,比如放松身心、与人交往、满足情感需要和文化需要,甚至是打发无聊时光,但多数情况下,民众参与的休闲性质的文化和社交活动并不具有经济性特点,也就是人们不会因为工作、赚钱的原因而参与这些活动。但这只是从参与者的角度来讲。如果从供给者的角度来讲,文化和社交活动则具有经济性特点。比如,一些企业专门策划和运营文化与社交活动,通过向活动的参与者有偿提供服务来获取经济利益,比如一些经营茶楼、剧院的企业就属于这种情况。也有一些企业通过举办文化和社交活动来促销其主营商品,将这些活动作为营销手段,比如食品企业通过举办端午节活动来销售其粽子产品。

4. 时尚性和传统性兼具

文化和社交活动源于传统,但又总是和时尚潮流的东西相贴近。一是传统文化和社交活动通过融入时尚潮流的元素而表现出新的形式和特征,比如,很多传统曲艺在内容上融合了新时代元素,形成了一大批符合新时代发展需要的新曲艺形式,吸引了很多新的年轻消费群体,延续了这些传统曲艺的生命周期,使其发展再次进入上升期。二是传统文化和社交活动借用现代化手段使其影响范围更广,比如,以前由于音响设备和表演场地的局限,相声演员的表演只会有几十个观众捧场;而在借助现代设备设施后,一场相声表演可能吸引成千上万名观众观看;同时,这些相声演员还可以通过社交平台、网络直播频道传播自己的作品和弘扬相声艺术,在更广范围内影响大众,并形成粉丝圈,给这些观众通过观看相声表演来享受休闲生活提供了便利。

5. 包容性和发展性共存

其实这个特点与上一个特点存在一些交叉,但又和上一个特点不完全相同。所谓包容性,是指每一种文化和社交活动在内容、参与形式、借助的手段和工具等方面表现出对其他诸多领域资源的包容,比如,本地文化和社交活动对外地文化和习惯的借鉴、我国文化和社交活动对外国文化和风俗的吸收。在文化和社交活动中,只要不伤及原则,一些不符合本项活动规则或本地习俗的内容并不会受到公众抵制,如在相声中表演变脸,或一些商家利用西方的情人节来搞促销活动等。所谓发展性,是指文化和社交活动会随着时代的变化而呈现出不断发展的特点,比如元宵节的灯会,以前灯会中的作品多属于传统加工手段制作而成,在作品展示方面也呈现有限;而随着现代光电技术的流行,民众更喜欢在最新技术影响下的新灯会作品和新灯会氛围。

(二)文化和社交活动的类型

文化和社交活动可以有多个分类标准,具体如下:

1. 按照民众从活动中获得娱乐的途径分类

按照民众从活动中获得娱乐的途径,文化和社交活动可分为欣赏类活动和参与类活动。欣赏类活动比如观看电影、音乐剧、曲艺等表演,或品味书画展等活动,这些活动民众既可以一个人前往观看,也可以与亲朋好友一起观看,既能达到欣赏艺术、陶冶情操的作用,也能与人培养感情,为自己营造友善的情感圈。参与类活动如节日中各类活动,比如参与泼水节活动、踏青活动、登高活动,或参与商家的有关文化活动等。

2. 按照活动的组织化程度分类

按照活动的组织化程度,文化和社交活动可分为组织性活动和自发性活动。组织性活动有明确的组织机构或负责单位,有严密的活动程序和完整的活动规则。这类活动通常有非常明确的组织目的,影响范围也较广。比如商家组织的基于商业目的的文化类活动,一些专门的文化类演出,一些社区为年轻人组织的相亲活动等,均属于此类。自发性活动比较随意,形式多样,一般不存在严密的组织形式和活动规则,比如退休人士相约在公园里唱歌,阅读爱好者齐聚参与读书活动等。

3. 按照民众的具体参与方式分类

按照民众的具体参与方式,文化和社交活动可分为文学活动、戏剧活动、曲艺活动、音乐活动、舞蹈活动、美术活动、游艺活动、体育活动等多种类型。文学活动主要是指与文学创作、欣赏、交流等有关的活动,如读书会、文学创作活动等。戏剧活动主要指各类戏剧的演出、欣赏等活动,又可以进一步分为流行较广的京剧、黄梅戏、川剧等剧种,或分为话剧、歌剧、舞剧、音乐剧、木偶戏、皮影戏等表演形式。曲艺是各种"说唱艺术"的总称,种类繁多,如快板、弹词、大鼓、评书、相声、牌子曲等,民众通过观看、参与表演或相互交流来达成休闲的目的。音乐活动主要包括唱歌、演奏两种形式,当今社会越来越多的民众参与到歌曲的创作、演唱(奏)、赏析中,公园、社区都有很多民众表演者。舞蹈活动历史悠久,类型繁多,当今在我国各地非常流行的广场舞既可以视为休闲体育运动和娱乐活动,也是非常重要的文化和社交活动。美术活动包括书法、绘画、雕塑、摄影、篆刻、剪纸、工艺美术等多种形式,随着我国民众精神需要的增多和文化水平的提升,这些活动也越来越多地在各地流行起来。游艺活动主要是棋牌类、游戏类活动;体育活动主要指休闲体育,这些在前文都有论及,这里不再赘述。

新闻链接

"看展式社交"兴起　助推艺术走近大众[①]

城市里的"烟火气"恢复了,艺术展行业得到了逐步复苏,久违的"艺术气息"回来了。随之,年轻人"看展式社交"成为网络热词。

据媒体报道,年轻人热衷看展,并在社交媒体上分享自己的看展体验。有年轻观众告诉记者,"每次去博物馆都能遇到很多知识储备丰富的爱好者和志愿讲解员,大家会添加微信约着下一次一起逛,和志同道合的人一起,开心加倍。现在看展的年轻人越来越多,也算是一项可以多人参加的社交活动,当然也有出于内心的热爱"。

传统的线性的文化经济活动,消费达成就意味着一个经济活动的终结。但"看展式社交",虽然其主体活动多在线下发生,但随之而来的分享、邀约,遵循的却是网络经济文化的特点,更强调自我价值实现、精神体验和交互分享。也正是因为网络文化消费的主动性、分享性等特征,受众在调研、交流和分享文化内容商品的过程中,无意识地参与到了文化内容再生产、再推广和再消费中。而正是此种消费过程与消费链条都很长的活动,构成了网络文化经济的大生态系统。

长链条的文化消费活动也让文化体验变得更加深刻——看展前有攻略,看展后有在社交媒体或者网络社群的分享、推介与总结,一次看展活动,不仅在时间上

[①] 光明网,2022-09-07,https://guancha.gmw.cn/2022/09/07/content_36009560.htm。

有延长,在思想的深度或者说可能达到的思想深度上也远超之前。当然,这也对艺术展览的表现提出了新的更高的要求。有业内人士表示,"在移动互联网时代,人们获取信息的途径更加快速广泛,当艺术品和观众共处同一空间时,怎样创造出线上无法比拟的体验感,是当下最重要的一个命题,也是我们面对的挑战"。

而"看展式社交"在当下的流行,依托于几个重要条件。首先,毋庸置疑是观众文化素质的提高。一个优秀的观众,要去理解或者试图理解艺术家所表达的思想、价值观与情绪,需要调动自身的文化储备、情感储备和理性思维。这样的我们觉得理所应当的行为,历史并不久远。在很长的一个历史时期中,博物馆、艺术馆对普通大众来讲是冷漠的。直到20世纪中后期,世界进入"博物馆繁荣"的时代,博物馆、艺术馆才确立了服务社会的宗旨,普通大众也才能进入其中,由此完成观众与艺术家、与历史、与文化对话。

硬件也很重要。根据"中国这十年"系列主题新闻发布会发布的数据,2021年,全国博物馆举办展览3.6万场,接待观众近8亿人次,其中青少年群体是主要人群。正是平均不到两天就有一家博物馆建成开放,以及平均每25万人拥有一家博物馆的发展目标的实现,才使得大量看展的活动有了物理的空间。目前我国90%以上的博物馆向公众免费开放,基本达成了参观博物馆"零门槛"。

互联网的普及和社交媒体的兴起,也是"看展式社交"大行其道的一个重要原因。网络社会是新的社会形态,也是新的社会模式。这种"新",重新定义着我们今天生活的方方面面,也包括文化活动。

吸纳知识、体验文明,陶冶情操、升华气质,了解社会、思考人生,抑或舒适优雅、充满乐趣,在这些常有的标签之外,去博物馆、艺术馆看展览又被贴上了"志同道合、交流互动"的新标签。而那个著名问题——"我们为什么要去博物馆",在今天看来,似乎又多了一个答案。

▶ 动动手

1.请查阅有关资料,对你所在城市中民众常见的休闲方式予以了解,并形成报告文档与全班同学分享。

2.请查阅资料,了解我国或世界民众中独特、新颖、有趣的休闲方式,并形成报告文档与全班同学分享。

 本章小结

休闲能给个人和社会发展都带来极高的价值。要实现休闲的价值,民众必须要有高质量的休闲方式。这些休闲方式主要有娱乐、游戏、旅游、体育、文化和社交活动等。

娱乐是人们在内驱力的影响下,出于恢复身心或享受生活的目的而开展的快乐性、欢愉性活动。常见的娱乐活动有休养、唱歌、跳舞、观看演出、阅读读物、参与演出、户外活动等。娱乐具有如下特点:自愿性、随意性、享受性、社会性、时代性。

广义的游戏可以被视为人类社会中一切有规则的竞争性活动和无规则自由活动的集合。狭义的游戏则是指在一定规则约束下,旨在追求快乐和趣味的自愿参与的竞争性休闲活动。狭义的游戏具备非个体性、规则性、自愿性、源于生活而高于生活、不确定性等特点。可以按照游戏的基本动作、游戏开展的形式、游戏的功能、游戏可以提高的素质、游戏的兴起和流行时间等标准对游戏进行分类。

休闲领域内的旅游活动,具有如下一些特征:更重视内在需要的满足;重游率较高,以近郊、国内游为主;以亲友为主的旅游形式;对旅游设施和环境的要求较高;多元化、弹性化消费特征明显。按照人们在休闲旅游中凭借的旅游资源,可以将旅游休闲分为自然旅游休闲、人文旅游休闲和混合旅游休闲。根据人们休闲目的和动机的差别,旅游休闲可以分为身心恢复型的旅游休闲、个人发展型的旅游休闲、生活体验型的旅游休闲等类型。按照人们休闲的具体形式,人们在旅游休闲中可能采取回归自然、休养、娱乐、健身、求知求新、购物等多种形式。

休闲体育是指人们在闲暇时间进行的以缓解紧张、放松身心、完善自我、共享生活为目的的娱乐性体育活动,多数学者认为它属于社会体育。根据人们参与休闲体育的动机,民众参与休闲体育的运动可分为健身类体育运动、放松娱乐类体育运动、户外体验运动、竞赛类体育运动、社交类体育运动等几种方式。

文化和社交活动是基于人的基本需要而产生的精神领域内的活动,一个社会中文化和社交活动的繁荣程度是这个社会发展程度的一个重要标志。文化和社交活动具有类型丰富多样、民族和地域特色鲜明、参与目的的非经济性、时尚性和传统性兼具、包容性和发展性共存等特点。按照民众从活动中获得娱乐的途径,文化和社交活动可分为欣赏类活动和参与类活动;按照活动的组织化程度,可分为组织性活动和自发性活动;按照民众的具体参与方式,可分为文学活动、戏剧活动、曲艺活动、音乐活动、舞蹈活动、美术活动、游艺活动、体育活动等多种类型。

课后习题

本章实训

【实训目的】熟悉民众休闲的方式。

【实训成果】制作报告或PPT等演示文稿、录制视频或教师要求的其他形式。

【实训形式】个人/小组形式(教师可以根据实际教学需要安排)。

【实训内容】从下述内容中选择一个,搜集资料,完成教师要求的成果。

1.查阅有关资料,搜集你所在城市的民众休闲方式,分类汇总后,将成果与全班同学分享。

2.查阅资料,以某个案例为例,分析民众休闲的价值。这些价值可以从本书所讲的角度出发研究,也可以有学生自己的观点。

【实训步骤】本次实训可按照如下步骤或任课教师要求的其他步骤展开。

1.教师对学生下达实训任务,分配角色,落实责任到人。

2.学生领取任务后,独立或在本小组负责人的统领下准备本次实训所需资料和成果。具体搜集资料和完成最终成果的手段,可以是查阅资料、组内讨论、向老师或其他知情者请教等形式,由学生自行决定和选择。

3.教师安排专门的实训时间,由学生对实训成果予以展示和呈现。展示和呈现的形式与具体要求,教师根据实际需要确定。

4.教师应对各个小组的实训成果予以点评,依据相应标准公平评分并予以记录,作为学生本门课程平时成绩的重要依据。

【实训要求】本次实训应遵循以下基本要求。

1.除教师特别要求外,所有学生均应参加本次实训活动。

2.学生在完成作业时首先应明确选题,并紧密围绕所选题目完成作业,不得偏题;若学生有其他选题,应先获得教师的同意,经批准方可按照新选题完成实训。

3.若实训成果由小组完成,所有组员必须在本组负责人的统领下共同完成作业,不应推卸工作,推卸或拒绝承担相应工作的同学本次实训不合格。实训成果中应标明各位成员的分工及对最终成果所做的贡献比例,贡献比例之和应为100%。

4.若依据教师事前公布的标准,实训成果不合格的小组,将重新开展本次实训,否则该小组所有成员本次实训的分数为零。

5.学生实训成果及展示和呈现形式必须符合课程思政要求,教师应对实训环节的课程思政进行总体把关,学生个人(独立完成实训时)或小组负责人(分组完成实训时)应对自己实训成果中的课程思政负责。

6.应遵循学校和教师的其他要求。

第四章

民众休闲管理

> 人类最高理想应该是人人能有闲暇,于必须的工作之余还能有闲暇去做人,有闲暇去做人的工作,去享受人的生活。我们应该希望人人都能属于"有闲阶级"。有闲阶级如能普及于全人类,那便不复是罪恶。人在有闲的时候才最像是一个人。手脚相当闲,头脑才能相当地忙起来。我们并不向往六朝人那样萧然若神仙的样子,我们却企盼人人都能有闲暇去发展他的智慧与才能。
>
> ——梁实秋《四宜轩杂记·闲暇》

课程导入

古代的休假制度①

我国休假制度起源于官员休假,最初多与节令、时令日等庆贺活动有关,后逐渐形成独立的休假制度。

一、汉代:上5天休1天,放假回家洗澡

在汉代以前,官员也有休假制度,如秦代的官员将休假称呼为"告归"。只不过自汉代起,官员休假写入法律,有了明确的规范。汉代开创并确立了"五日一休沐"的制度。司马迁在《史记》中写道:"官员每五日洗沐归谒亲。"《汉律》规定吏员五日一休沐,让官员回家休息沐浴,和家人团聚。

汉代时,官员上班是寄宿制,平时大家在官署宿舍同吃同住同工作,只有放假才能回家。古代的达官贵族很重视"沐头浴身",湿的头发不能束冠,也就不能在朝堂"上班"了,所以汉代给了专门的假期来沐浴。该制度经历了两汉、魏晋南北朝和隋代,前后共实行了800多年。汉代官员除了日常的做五休一,每年冬至、夏至也会各放五天假。

二、唐代:冠假、寒衣假……变着法儿放假

到了唐代,因为大多数官员和他们的家人住在一起,因而五天一次的"休沐"

---

① 人民网文娱部微信公众号"文艺星青年"。

变成了十天一次的"旬假",假期一下子缩水到了一个月三天。王勃在《滕王阁序》中写道,"十旬休假,胜友如云",清晰记录了大家趁着"旬假"举行的聚会。

唐代春节可以放假七天,从腊月二十八开始,一直放假到正月初四。虽然有七天假,但家在外地的京官们也无法回家与家人团聚,因为大年初一,大家必须从暖烘烘的被窝儿里爬起来去给皇上拜年。

但是,别急着同情唐代人,唐代的休息日一点儿都不少。除了清明、端午、中秋、重阳这几个节日,儿子行弱冠礼、子女结婚、亲属结婚、五月的田假、九月准备冬衣的寒衣假、重要诞辰(老子寿辰、佛诞放假1天,皇帝寿辰放假3天)等都会放假,一年加起来假期达到八十几天。

除各种法定的假期外,唐代的官员还可以视各种特殊情况临时请假。但请假要有一定的限度。《唐六典》中说,如果有事请假,京官"职事三品以上给三日,五品以上给十日",且在一个月之内,不能请两次事假。若有病请假,假期可以延长,但也要有限度,即连续请假不得超过一百天,否则就解除其职务。

唐代的休假制度比较宽松,婚假、丧假、探亲假等已十分完备,在一定程度上体现了对伦理道德的遵行和对人性的尊重。

寒衣假:农历9月份左右有15天备制寒衣假,也称授衣假。《诗经·豳风·七月》中写道:"七月流火,八月未央,九月授衣。"这时放假是因为天气逐渐变冷,需要提前做一些准备工作,以便更好地迎接冬天的到来。(唐代《学令》)

三、宋代:假期最多的朝代

宋代是中国历史上传统节日最多的朝代,逢节必休,更有"黄金周"。如元旦(正月初一)、寒食节、冬至各7天假,圣节、上元、中元、夏至、腊日各3天假,合计每年假期有120多天。大大小小的假期加起来,相当于一年的三分之一都在休假……需要注意的是,宋代时,老子寿辰、佛诞的假日被取消了,只剩下皇帝的寿辰可以放假。

假期一多,最高兴的当然是"公务员"队伍中的文人。如苏轼借着假期,留下许多千古绝句。《赤壁赋》第一句,就点出了写作时间——"壬戌之秋,七月既望,苏子与客泛舟游于赤壁之下。"七月半是中元节,苏轼趁此假期去泛舟赤壁,好不乐哉!"寄蜉蝣于天地,渺沧海之一粟。哀吾生之须臾,羡长江之无穷。"千古名篇就此流传。

唐宋两代,文学成就斐然。从某种程度而言,两朝相对成熟、宽松的休假制度也给文人创造了有利的客观条件。不过,宋代过于宽松的休假制度也在一定程度上造成了吏政松懈。

四、元代:上朝多好!放假,没有!

元代建立后,或许是因为曾经严酷的生活环境,统治者认为给朝廷工作就是一种放松,不属于劳动的范畴。再加上之前宋代政府冗员太多,造成吏政涣散。元代皇帝怕重蹈覆辙,于是休假几乎没有了,全年也只休息16天而已。

五、明代：皇帝是个工作狂！

明代初期，比元代也好不了多少。据说，朱元璋是一个"工作狂"，所以明代官员每年只有18天假期，分别是元旦（正月初一）5日、冬至3日、元宵节10日。然而，并不是所有的皇帝都像朱元璋那般"沉迷工作"。朱元璋死后，明代的皇帝顺应官员的申请，"被迫"答应增加假期，增加3天月假，加上原来的18天，每年休假有50多天。

六、清代：确立星期天为公休日的休假制度

清代前期基本上沿袭了明代的休假制度，后来朝廷把常规休假和元旦（正月初一）、冬至、元宵三个节日的假日合并到一起。鸦片战争以后，受到西方国家影响，把星期天作为公休日，逐渐确立了星期天为公休日的休假制度，并且一直沿用至今。

通常来说，不管哪个朝代，休假制度都与当时的生产力以及经济社会发展水平有着密切的关系。但劳逸结合、张弛有度，一直是中国人对待学习和工作的态度。

> 思考

1. 你认为休假制度与民众休闲之间是什么关系？休假制度又受哪些因素的影响？
2. 查阅有关资料，了解当前世界各国的休假制度，并与大家分享。

学习目标

1. 掌握休闲障碍的概念，了解其类型。
2. 了解并能分析我国民众休闲的常见障碍。
3. 理解休闲规范的含义，了解休闲失范的表现，熟悉健康休闲的理念与原则。
4. 理解严肃休闲的含义，了解严肃休闲的类型。
5. 了解与民众休闲教育有关的知识。

核心概念

休闲障碍　休闲伦理　休闲教育

第一节 民众休闲障碍

民众能否参与休闲,主要受到休闲动机、闲暇时间、民众支付能力、社会休闲供给等多方面因素的影响,这在第一章中论及"休闲时代"时已经做过论述。这些因素是决定民众休闲的根本因素,但同时对休闲障碍的探讨也必不可少。

一、休闲障碍的概念与类型

(一)休闲障碍的概念

障碍是对我们完成某事形成阻碍的各类因素,休闲障碍是指限制或妨碍民众参加休闲活动的质量、期限、强度、频率以及其他妨碍享受休闲的各类因素。这些障碍既可能影响到民众是否能参与休闲活动,也可能影响到他们在参与休闲活动时的时间选择、方式选择、强度选择等具体形态。

无疑,休闲动机、闲暇时间、支付能力以及休闲供给等多方面因素都可能成为民众休闲障碍中的探讨因素。比如,因为缺乏休闲动机,民众可能不参与休闲活动;因为缺少闲暇时间和支付能力,民众不能参加休闲活动;因为社会中休闲场地和设施不足,民众即使想休闲也找不到去处;等等。但很显然,休闲障碍的探讨不能仅仅局限于此。

(二)休闲障碍的类型

美国学者杰弗瑞·戈比提出,休闲障碍可以分为三种类型,分别是心理障碍、人际交往障碍和结构性障碍。所谓心理障碍,是指影响人们活动趋向的心理和精神性因素,如压力、焦虑、沮丧、宗教信仰、自信等诸多因素,比如一个工作压力很大的人或者心情十分郁闷的人可能压根儿就不愿意去看电影,也没有心情与人去旅游。人际交往障碍是人与人之间的关系所导致的障碍,比如,尽管内心非常希望能前往参加某个聚会,但是由于家里人反对,最后只好放弃前往。结构性障碍是指一些具有普遍意义的障碍,如气候、工作日程安排或可以获得的机会等,比如,由于工作内容太多,没有空闲时间,因此不能参与休闲活动。但事实上,这三类障碍都不能对民众的休闲产生决定性影响,而是产生程度性影响。所以,如果民众的休闲需要十分迫切、休闲动机非常强烈,那他们仍然可能突破障碍,比如,不顾家人的反对去参加聚会,不顾工作繁重先玩了再说。

杰弗瑞·戈比的观点有一定代表性,但仍然可以从其他视角来对休闲的障碍进行划分。下文简单罗列一些常见的划分标准。

1. 按照障碍的来源划分

按照障碍的来源,休闲障碍可以分为来自个人的障碍和来自环境的障碍。来自个人的障碍主要是休闲主体自身的原因所导致的障碍,又可以进一步分为主观性障碍和客观性障碍两种。前者是指心理方面或学识方面的一些障碍,比如休闲动机不足、对休闲的认知存在问题等;后者是指虽然根源于自身但自身在短期内或永远无法改变的那些障碍,比如能支持休闲的技能与财力不足或身体残疾所带来的困扰等。

来自环境的障碍主要是休闲主体自身之外的其他原因导致的障碍,又可以进一步分为制度性障碍、社会性障碍、条件性障碍等。制度性障碍主要是休闲主体所在的社会中存在一些不能支持休闲的制度性问题,比如放假的制度缺陷导致闲暇时间不足、对休闲产业的发展缺乏有力的保障政策等。需要说明的是,制度性障碍既有明显的制度障碍,也有隐性的制度障碍,前者是一眼就看得出来的非常明显的障碍,如休假制度的缺陷;后者是一些不易察觉的因素,如虽然放假制度没有问题,但实际中流行"加班文化",即使在法定休假日,一些民众也不得不加班,不能实现真正的休假进而获得闲暇,一些公司甚至流行形式上的放假,在放假中给员工布置很多任务,导致员工在家里也不得不对工作中的事情加班加点。社会性障碍主要是指来自社会方面的各类因素,比如民众对休闲的看法,如果民众认为打电子游戏代表着沉沦和堕落,那么电子游戏这种休闲方式便难以广泛流行;又比如时尚和潮流因素的影响,当今很多人流行在互联网上交流,却疏于现实中的人际互动,导致他们宁愿生活在网络的虚拟世界中,也不愿意与人在现实生活中共同开展一些休闲活动来赢得真正的亲情友情。条件性障碍主要是指社会给民众休闲提供的保障性支持条件,如是否有足够的休闲场所、有方便的休闲条件等,通常涉及城市公园的建设、交通条件的保障等设施、设备类条件。

2. 按照障碍的表现形式划分

按照障碍的表现形式,休闲障碍可以分为物质性障碍和精神性障碍。物质性障碍主要是指阻碍民众休闲的物质性因素,可能涉及这些物质的缺乏,也可能涉及这些物质与民众需要的不匹配。比如,一些民众很想在海滩上开展休闲活动,但是日常休闲的地方却没有海滩这样的环境;尽管民众也可以通过前往有海滩的地方开展自己想要的休闲活动,但有的时候要实现这种想法需要付出很多代价,比如在一些国内根本就没有海滩的国家中,民众要实现这种愿望还必须出国才行。更常见的物质性障碍是物质虽有,但与民众的休闲需求不匹配,比如一些地方兴建了公园,但民众发现这些公园中的休闲项目并不是自己所需要的,或者不能让民众在休闲活动中达到畅爽状态。

精神性障碍主要是指阻碍民众休闲的精神性因素,既有受休闲民众个人世界观、价值观、审美观影响的一些因素,也有社会中的观念、风俗、习惯、潮流等文化性因素。个人的内心想法和精神需要通常会影响到民众对是否休闲、休闲方式、休闲频率的选择,比如,一些上年纪的老年人以空闲为耻,他们总会不断给自己找点事做,拒绝参与休闲活动。社会文化中的精神性因素也可能导致休闲障碍,一些民众将很多精力用于子女教育、家庭事务中,各种与功利有关的攀比性心理太强,对他们的休闲造成了极大障碍,比如,尽管是星期天,也要将子女送到培训班去学习并且全程陪同,放弃休闲。

3. 按照障碍产生的原因划分

按照障碍产生的原因,休闲障碍可以分为知识性障碍、技能性障碍、人际性障碍、财力性障碍、动机性障碍等。民众缺少知识、技能,会阻碍他们参与一些休闲活动,比如,缺少野外生存知识和技能,就不应当参加越野、潜泳等户外休闲活动。而民众的休闲决策会受到他们周边的人际因素影响,如前文所述,如果家人不同意自己参与某个活动,自己就很可能选择放弃那个活动;或自己的兴趣爱好和周边的朋友都不一致,很可能就在休闲中放弃自己的喜好。财力性障碍主要是指民众是否能担负休闲中的费用,不同休闲方式的费用不同,一些花费较高的休闲活动参与人数也更少。动机性障碍主要是指民众参与休闲的动机,这在上文已经论及,这里不再赘述。

二、当前我国民众休闲的常见障碍

尽管我国已进入大众休闲时代,但由于各方面原因,仍然存在大量阻碍民众广泛、深入参与休闲活动的因素。这些因素在不同地区、不同人群中各不相同,不易一一分析,这里列举一些具有代表性的、公认的障碍因素。

(一)休闲观念

1. 休闲观念左右着民众是否参与休闲活动

随着新时代的到来,多数民众对休闲已有了根本性态度转变。人们认识到了休闲的价值,看到了休闲对于个人成长和社会发展的益处。但是,这种对休闲的积极看法尚不稳固,休闲在多数人那里,还不是一件必需的事情。当生活中休闲和工作冲突、休闲和眼前利益冲突时,很多人会放弃休闲选择工作,选择内卷式成长,导致他们的休闲动力不足。

2. 休闲观念阻碍着民众选择时尚型休闲活动

受传统观念影响,多数民众在选择休闲活动项目时乐于选择传统的、大家都非常熟悉的休闲项目,而对新出现的一些时尚型休闲活动持观望态度。这种观望虽然有一定程度是因为民众尚不熟悉这些活动的参与规则或不具备参与这些活动的能力,但休闲观念中对这些项目的排斥也是一个重要原因。

(二)闲暇时间

尽管我国民众的闲暇时间相比于以前有一些提升,但是相比于快速增长的休闲需要而言,我国民众闲暇时间的增长幅度相对不足。闲暇时间对我国民众休闲的阻碍主要表现在两个方面。

1. 闲暇时间数量不足导致不能畅爽休闲

据统计,在全球2022年主要国家(37个)每天平均工作时长排名中,我国以9.2小时位居第一,意大利与日本并列,丹麦最少,仅有5.4小时。①"996"工作制在我国很多地区和行业中都比较常见。这种高强度的工作大量挤占了我国民众的休闲时间,导致大家能用于休闲的时间不足。

2. 闲暇时间分布不合理导致不能畅爽休闲

我国民众的闲暇时间比较零碎,分布不够集中,因此对于一些需花费较长时间、深度参与的休闲活动,多数人只能望之兴叹。一些小长假虽然时间较长,但全国民众都在同样的时间中放假,民众休闲活动在短时间内忽然井喷,社会休闲供给难以跟上,导致民众的休闲体验不足。

---

① 2022年全球每天平均工作时长:我国9小时第一,意大利与日本并列[EB/OL].(2023-05-09).https://www.163.com/dy/article/I4ACRU9S0553RLII.html.

(三) 休闲能力

休闲能力是民众个体的知识、技能、财力等方面是否能支持其参与休闲活动。很显然，在这个方面，我国民众仍然在多个方面存在一些问题。

首先，民众的休闲知识、技能等方面存在不足，导致他们在休闲活动的参与上能力欠缺。长期以来，我国民众习惯了学习"有用"的知识和技能，因为这些知识和技能能让他们收获财富、地位等光环，而对休闲方面的"旁门左道"的知识和技能学习不足。这就导致了很多人擅长工作、不会玩耍，擅长"正事"、不会休闲的现状。

其次，我国民众用于休闲方面的支出费用也显不足。据统计，2022年全国居民人均消费支出24538元，比上年名义增长1.8%，实际下降0.2%。在消费支出结构方面，居民消费支出占比最高的是食品烟酒，占比30.5%；其次是居住，占比24.0%；然后依次是交通通信（13.0%）、教育文化娱乐（10.1%）、医疗保健（8.6%）、生活用品及服务（5.8%）、衣着（5.6%）、其他用品及服务（2.4%）[1]。从中可以看出，我国民众支出结构中，与休闲有关的教育文化娱乐、医疗保健总占比不到20%，而这些大项中并非全部都用于了休闲消费。如果用恩格尔系数来说明，我国2022年的恩格尔系数为30.5%[2]，远高于韩国2022年的12%，也高于日本2016年的26%，与多数发达国家相比都还存在一些差距。因此，我国民众休闲的支出还有待提升。

(四) 休闲供给

民众要在休闲中实现畅爽体验，应有休闲供给方在数量和质量上给予保障。我国休闲产业在近些年得到了长足发展，但无论是数量上还是质量上均还存在一些问题，导致一些地方的休闲场所不足、休闲项目有限、休闲时间太短、休闲有关的服务不够达标等问题广泛存在。同时，一些地方在环境治理、宜居建设等方面力道不够，也给我国民众参与休闲活动造成了一些障碍。关于休闲产业的有关情况，本书在后边章节中还会详细论述。

▶ 思考

1. 查阅有关资料，界定何为"影子工作"，并分析影子工作是如何影响到人们休闲生活的。

2. 面对影子工作挤占休闲时间，你认为政府及有关管理各方应该做些什么？

第二节 民众休闲伦理

民众休闲管理不仅涉及关注民众是否能休闲，也需要考虑关心民众如何休闲。在前边

课内拓展

技术进步诱发"影子工作"挤占休闲时间

---

[1] 2022年居民收入和消费支出情况[EB/OL].(2023-01-17).http://www.stats.gov.cn/sj/zxfb/202302/t20230203_1901715.html.

[2] 国家统计局：2022年人均可支配收入36883元 恩格尔系数升至30.5%[EB/OL].(2023-02-28).https://finance.sina.com.cn/roll/2023-02-28/doc-imyifqxx4800950.shtml.

章节中已经说明,休闲的方式多种多样,有些休闲有助于休闲主体个体的生活和成长,有些则不利于甚至会危害个体的健康;同时,民众的休闲活动不仅会对自身产生影响,也会对社会产生影响,当一种休闲现象成为社会普遍或广泛的休闲现象时尤其如此。为了对这些问题进行说明,就有必要引进休闲伦理的概念。

一、休闲伦理的概念

在《辞海》中,"伦理"一词被定义为"人们相互关系的行为准则,或指具有一定行为准则的人际关系"。在西文中,这一词汇多与道德、习惯、风俗相关。在我国语言习惯中,人们也通常将伦理与道德挂钩,指人伦道德,代指人与人相处时的各种道德关系准则。如五天伦,即天地君亲师;五人伦,即君臣、父子、兄弟、夫妻、朋友,而"忠、孝、悌、忍、信"则为处理人伦的准则。

休闲伦理是人们在休闲活动中处理人与自身、人与他人、人与自然、人与社会关系的准则。与一般的伦理概念相比,休闲伦理所涉及的范畴更广,它不仅要处理好自身与他人的关系,还需要处理好自身与自身的关系、人与自然的关系、人与社会的关系。这就要求:

首先,在休闲活动中,人首先能寻求自身内心的和谐。如果一个人一边在参加休闲活动,一边又心怀负罪感,那他就不能处理好自身与自身的关系,当然也难以在休闲中获得平衡和发展。比如,一些人明明知道深夜追剧不可取、明天还得上早班,但是实在不能抵挡好剧的诱惑,那他就可能在矛盾的心情中"休闲",当然也就难以达到休闲的本质目的。

其次,在休闲活动中,人应当处理好自身与他人的关系。比如,成人带着小孩子在麻将馆里打一下午麻将,或带着未成年人一起去酒吧等娱乐场所寻求刺激,都属于休闲活动中的不当人际处理行为,对未成年人的成长十分不利;又比如,一些人在休闲中只管自己愉快,不顾他人感受,对别人的生活造成了困扰,当然也很容易引起别人不满和采取对应措施,最终使自己也难以持续获得休闲体验,一些地方的广场舞扰民事件就属于此类。

再次,在休闲活动中,人应当处理好人与自然的关系。自然生态环境是人类赖以生存的宝贵财富,我们在从事任何活动时都必须要将这些活动所产生的生态影响考虑清楚。一些人在休闲活动中践踏草坪、破坏植被、非法围猎野生动物、乱扔垃圾、违法野炊,对自然生态造成极大破坏,这就极大影响了人类的可持续发展。

最后,在休闲活动中,人们应当充分考虑到自己行为的社会影响。人是社会性动物,不仅自身会向他人和社会学习一些行为,自身的行为也会对他人产生影响,可能引起他人的模仿。一些健康的休闲活动能促成社会文化繁荣,给社会发展和进步带来积极影响,如读书活动、文化表演活动等;而一些不健康的休闲活动则可能产生坏的社会影响,形成不良的示范效应,比如飙车党在城市中的飙车行为。

二、休闲规范

(一)休闲规范的含义

尽管民众休闲行为应该是一件"自由自在"的事情,但根据休闲伦理的要求,为了处理好各种关系,人们在休闲行为中很显然不能真的随心所欲,而是必须要遵守一定的规范,这就是休闲规范。所谓休闲规范,是指对人们应当采取什么样的方式进行休闲活动所做的规定,确保人们更多实施积极的休闲行为,较少或不实施消极的休闲行为。

国外一些学者提出了改进、快乐、社会化、显示身份、创造性、娱憩、精神七个判断休闲活动规范性的标准,李仲广又提出了自我实现、体验和有效利用闲暇时间三个标准,一共凑成了十个判断某项休闲活动是否属于规范休闲活动的标准,[①]如表4-1所示。

表4-1 判断休闲活动是否符合休闲规范的十大标准

标准	含义	举例
改进	休闲活动不仅能实现自身内在目的,还能帮助人们在许多方面实现改进(包括个人的改进和社会的改进)	读书,减肥,体育锻炼;做义工等
快乐	人们应从休闲活动中寻求到快乐,而不是无聊和负面情绪	那些不是太简单也不太难的休闲活动,才能实现畅爽
社会化	休闲活动能给参与者提供社会化的机会	能有机会与各种人物进行交流的活动,如聚餐、各种party
发现自我、显示身份	休闲活动应有助于发现自我和展示自我	符合自身风格和爱好的活动,能展示自己长处和优点的活动
创造性	有助于宣泄在工作中被压抑的潜能,实现创造,激发和展示聪明才智	各种DIY活动,书画、文学等创造性活动,器具修理和发明活动
娱憩	帮助人们回归自然状态,消除紧张疲劳,恢复身心	看电视、读小说、散步、游戏等
精神	帮助休闲者获得多方面的精神满足	欣赏艺术,追求真、善、美信念的各种活动
自我实现	能在休闲活动中满足自己的愿望,进行一定程度的自我实现	个人发自内心需要,不受外界干扰下选择的各项活动
体验	能从休闲活动中收获深度体验	竞争性、挑战性、参与性的各类活动,如真人CS、VR体验、农事活动体验等
有效利用闲暇时间	休闲活动不会导致有限时间的浪费	利用闲暇时间读书和提升自我,在休闲中收获知识、技能和提升素质等

(二)休闲失范

休闲失范是指人们在休闲生活中出现的伦理道德及其规范要求缺失、失效或混乱的现象。如果一个人只管自己在休闲中的畅爽,而忽略了其价值取向的正确性,或不顾这些行为给他人、给社会、给自然环境带来了怎样的不良后果,那么他的行为就属于休闲失范行为。

纵观近些年来民众的休闲失范行为,主要有以下一些表现。

1. 任意而为,放纵性休闲

这种休闲行为不是将休闲当作追求美好生活的路径,而是任性妄为,只图一时开心和自

---

① 李仲广.休闲学[M].北京:中国旅游出版社,2011.

我畅爽,想做什么就做什么、想怎么做就怎么做,完全按照自己的主观意图行事,不顾及自己的行为对他人和社会产生什么影响。比如,一些人经常钟情于"吃喝玩乐",每日必呼朋唤友相会、深夜醉酒后在街边大唱大闹,或流连于各种娱乐场所、酒友重于家人……这些人夜间缺乏休息,正常学习和工作中则提不起精神;在他们的休闲状态中,通常粗言秽语、衣衫不整、行为粗鲁,极易在损友的怂恿下寻衅滋事,对工作、家庭、社会所产生的负面影响多大于正面影响。对他们个人而言,长期过这种不健康的生活,也极易使他们身心受损,不仅容易导致腐化、堕落的思想,也容易使身体出现健康问题。

2. 铺张浪费,炫耀性休闲

这种休闲行为主要表现为将休闲当作炫耀自己"成功""高人一等"的手段,认为休闲就是花钱,吃最贵的、穿最好的、戴最奢侈的,以各种奢靡性消费来炫耀自己的所谓"身价"、彰显自己的所谓"品位"。比如,一些人迷恋奢侈品,不顾自己的实际购买能力,通过网贷、逼迫父母或其他非正常手段获取这些物品,只不过是为了在他的圈子里大肆炫耀一番。中国人存在"面子"文化,适度的面子文化并不为过,反而有助于个体积极向上、追求更加美好的生活;但不切实际地超出自己能力去铺张浪费,不仅浪费了大量物力财力,也容易使个人在过度奢靡中迷失自我,还容易推动社会形成奢靡之风。

课内拓展

过度消费正在摧毁年轻人的生活

3. 无法自拔,成瘾性休闲

这种休闲行为是指过度沉迷于某种形式上的休闲方式,在生理或心理上对之形成了特别依赖,无法自拔。比如,一些人沉迷于追星、沉迷于赌博、沉迷于互联网虚拟世界,花费大量时间、精力和财力在这些事情上。与炫耀性休闲不同,这类休闲并不是要与人攀比什么,而仅仅是为了满足自己不可控制的欲望;与放纵性休闲也不同,这类休闲有特别的指向对象,癖好成瘾。这种情况很容易发生在一些自制力不强的成年人中,更容易发生在心智未成熟的青少年中。很显然,如果这种行为不能得到改变,很容易对人造成身心伤害。据报道,我国青少年近视发病率非常高,全国小、初、高、大学生的视力不良率分别为45.71%、74.36%、83.28%和86.36%,课堂上的"小眼镜"越来越多。① 而导致近视的原因中,就有沉迷电子产品这一休闲项目。王彦华等通过研究发现,我国大学生中存在手机网络成瘾的人数比例达到了22.8%,而网瘾又会对大学生的学业、人际关系、身体健康和心理健康都带来极大负面影响。②

4. 迷失自我,颓废性休闲

这种休闲行为是指因为休闲主体存在空虚、寂寞、懦弱等消极心理,找不到生活和奋斗的方向,便放开各种欲望,无限挥霍时光、浪费年华,沉迷于酒色毒品和迷信活动,在非正常的人生道路上越走越远。当前,我国社会中存在一些人缺少人生奋斗目标,流连于麻将馆、各种"吧式"消费,甚至沉迷于一些封建迷

课内拓展

警惕"啃小族"侵犯萌娃合法权益

---

① 刻不容缓,国内青少年近视的现状[EB/OL].(2019-08-20).https://www.sohu.com/a/335026152_120168622.
② 王彦华,姚春霞,王蕾.手机网络普及背景下大学生手机网瘾现状分析及对策研究[J].邯郸学院学报,2020,30(03):108-115.

信活动,虚度光阴、消磨意志,上啃老、下啃小,过着寄生一般的生活。这些行为本身就建立在主体没有明确的生活方向的基础上,而沉迷于这些活动又进一步加剧了他们的迷失,对个人和社会的发展都极其不利。

5. 伦理弱化,失德性休闲

这种休闲行为主要是指人们在休闲行为中缺少伦理约束,表现出较多的失德行为,比如一些人在休闲中践踏草坪、随手乱扔垃圾、随意破坏公物和自然环境,等等。近些年,网上不时曝出一些人为了追求拍照的效果,随意攀摘花枝、摇落花瓣;一些人在野炊后留下大量垃圾,甚至将火种留在草地或林中;一些人为了寻求刺激,故意去农家偷窃瓜果蔬菜;一些人觉得好玩,故意去挑逗或虐待动物……种种行为,表现出来的是人们在休闲行为中的伦理弱化和道德缺失。这些行为不仅会给自然、社会和他人造成各种不良影响,也会给休闲者自身带来一些危害,比如爬树时从树上掉下来、偷窃了刚喷洒农药的瓜果、被挑逗的动物攻击等。

6. 缺失高雅,庸俗性休闲

这种休闲行为主要表现为人们在休闲行为中背离高雅文化、缺乏高尚情趣,以追求低级趣味为主的休闲方式。具体表现为:一是休闲目标低,这些人在休闲中只为追求放松、愉悦和刺激,缺乏自我实现和发展创造的目标,因此,也就缺乏了高级目标引导下的高雅休闲方式;二是休闲观念落后,当前虽然多数人认识到了休闲对于人们的积极作用,但多数人也只认识到了休闲对于恢复身心的作用,而对休闲在个体发展方面的积极意义以及休闲对于社会进步的意义思虑不足,因此他们缺乏寻求高雅休闲的动力;三是休闲内容低俗,这些人在休闲中将大量精力花费在娱乐八卦、花边新闻上,炒作恶俗话题,加上一些不良商家的推波助澜,一些宣扬暴力、色情、享乐主义、拜金主义的"休闲"方式大受追捧,引诱人们破坏社会公序良俗、败坏人们审美修养,对整个社会的文明风尚造成不良影响。

上述失范休闲行为在当前较为普遍,一方面固然是因为这些休闲个体自身存在各种主观因素,另一方面也因为我国社会发展速度太快、民众的休闲需要增长迅猛,而与之配套的休闲教育却大大滞后。因此,加强全民休闲教育十分必要。

(三)健康休闲的理念与原则

1. 健康休闲的理念

向建州提出,现代休闲伦理应当以健康与舒适、愉悦与幸福、低碳与环保、优美与高雅四大理念为支撑来构建自己的精神大厦。[①]

1)健康与舒适

健康与舒适是民众参与休闲活动最基本的要求,也是民众参与休闲活动中追求的最基本内容。这里的健康是整体健康,包括了生理健康、心理健康、社会关系健康三个方面;这里的舒适是指令人惬意,同时也是在健康的大前提下追求的舒适,是真正的、健康的舒适,而不是表面虚无的"舒适"。

在休闲活动中追求健康与舒适,首先要确保自己所参与的休闲活动是有利于身体健康

---

① 向建州.休闲伦理的四大基本理念[J].伦理学研究,2013(04):130-133.

的。这又有几层含义：一是既要在休闲中确保自己健康，也要不给他人的健康造成负面影响，因此，在自己休闲时干扰他人休息就不符合这种要求；二是休闲要适度，不要超过自己的能力去休闲，暴饮暴食、彻夜不眠地狂歌乱舞都不是健康的休闲方式，也很难从这些休闲活动中收获舒适的感觉。

其次，休闲活动要保证心理与精神健康，这是休闲伦理的核心要求。心理与精神健康要满足如下三个要求：一是民众休闲应有正确的休闲思想，在正确的休闲价值观指导下开展活动，在休闲中追求高尚的道德观，遵守社会公德，维护社会和谐稳定；二是要主动参与有益于社会的休闲活动，加强与他人交流，互爱互助，提高道德修养，确保社会关系健康；三是自觉提升文化素养，学习和参与高雅的休闲文化生活，吸收积极乐观的文化元素，了解具有时代气息的新鲜事物，远离黄赌毒和封建迷信等恶劣行为。

最后，社会关系健康也是民众休闲追求的一个主要内容。如果民众是在畸形的社会关系中参与休闲活动，很难确保他们的休闲行为是健康的。比如，与狐朋狗友在一起通常难以参与真正健康的休闲活动，与他们一起所获得的所谓"欢娱"也只是表面上的一时欢娱，紧接着可能就会被他们裹挟着去参与一些自己不太愿意做的事情。社会关系健康要求民众在休闲生活中做到以下几点：一是与良人益友共同开展休闲活动，远离不健康的社会关系；二是在休闲活动中主动与人建立健康和谐的社会关系，回避阴暗、畸形的社会关系；三是以健康的心态和三观看待休闲行为，避免休闲活动的功利化、庸俗化。

2）愉悦与幸福

休闲中的愉悦与幸福要求人们在开展休闲活动时，休闲的方式和内容要让自己和他人感觉愉悦、收获幸福，保证各种活动不会给他人造成不良影响。

愉悦既包括身体方面的愉悦，如身体获得了放松、身体机能获得了恢复等；也包括心理方面的愉悦，如休闲活动带来了情感上的归依、心态上的放松等。因此，如果休闲活动让自己觉得疲累，如一些人整天应付各种酒局，身心俱疲，那么这种活动已不再是休闲活动，休闲者应当早日远离这些活动。当然需要说明的是，并非所有令人"愉悦"的休闲活动都是健康的休闲活动，比如吸食毒品，或许能在短期药效发作时让人飘飘欲仙，但却换来了长期的病痛与折磨，休闲者务必远离这种危险的尝试。

幸福是休闲参与者对自己生活状态的整体评价，它并不取决于某一次休闲活动的结果，而是人们对自己一段时间经历或整体生活所做的总体评价。休闲活动应当是有助于人们幸福感提升的活动，而不是会对这种幸福感有降低影响的活动。所以，如果人们在虚无的"休闲"活动中过度放纵或沉沦，他们很容易在回到现实世界中后深感懊恼和悔恨，当然也就很难谈得上幸福感提升；如果人们在休闲活动中远超自己的能力去超前消费和奢侈消费，那么他们的日常正常生活必受影响，幸福感也难以维持；如果人们在休闲活动中缺少公德和美德，对他人、自然和社会造成了伤害，他们会在事后自责和不安，触及法律的还会受到法律的惩处，当然也就更难谈及幸福感了。

3）低碳与环保

休闲行为不是铺张浪费的行为，而是应当顺应当今低碳与环保的时代发展趋势，在休闲生活中提倡低碳生活、建设生态文明。习近平同志指出："人因自然而生，人与自然是一种共生关系,对自然的伤害最终会伤及人类自身。只有尊重自然规律,才能有效防止在开发利用自然上走弯路";"人不负青山,青山定不负人。绿水青山既是自然财富,又是经济财富"。整个社会的发展要走生态文明的道路,个体的休闲生活也要关注生态文明。

在现实休闲活动中,各种铺张浪费、破坏环境的不文明行为均和低碳与环保的要求相悖。在休闲活动中践行低碳与环保理念,需要做到以下几点。一是适度休闲,不铺张浪费,一些地方的美食节、文化节中存在大量浪费现象,将食物、物资的浪费作为炫耀噱头的行为应当受到谴责。二是原生态休闲,减少对自然环境的负面影响,一些人喜欢在休闲活动中将自己的意志强加于自然环境,改变了原生态环境,造成水污染、空气污染、土壤污染,动植物的生存环境受到威胁,必然对人类的生存环境产生不利影响。三是倡导低碳环保的活动方式,比如,在休闲的出行方式上,以骑行代替驾驶汽车;在休闲饮食中,以绿色蔬果代替大鱼大肉;在休闲项目上,选择那些低噪声、低能耗、无负面影响的环保项目。

4) 优美与高雅

优美与高雅是休闲伦理的必然要求,也是民众参与休闲活动应有的价值追求。所谓优美,是指人们的休闲行为应当展示出符合时代审美观的举止;所谓高雅,是指人们的休闲行为应当与高尚的道德情操相吻合,展示自己不落俗套的生活情趣。

在休闲生活中追求优美与高雅,需要有以下条件。一是休闲主体拥有高尚的生活情趣,而这又与一个人自身的修养紧密相关;近些年很多人在物质生活上取得了长足进步,但在自身修养上尚待进一步努力。二是休闲主体应有相应的技能和水平,一个丝毫不懂书画的人,很难在艺术馆里品鉴书画;一个生活经历尚浅的人,也难以提起对反映生活深度电影的兴趣。三是应有优美与高雅休闲的氛围,人是社会性动物,如果只有休闲主体一个人懂得和愿意参加优美与高雅的休闲活动,而他的亲朋好友都不会参与,那么这种休闲活动必然难以长久。因此,优美与高雅的休闲理念贯彻,需要整个社会文明的大幅度进步。

课内拓展

大观园试才题对额

▶ 动动手

1.请阅读《红楼梦》中有关章回,了解书中贾府有关人物的休闲方式,谈谈你对书中高雅休闲的体会。

2.请查阅有关资料,了解我国古代文人雅士的休闲方式,谈谈这些方式对当今民众休闲的借鉴意义。

2. 健康休闲的原则

根据上文所述,要实现健康休闲,至少应当遵循以下一些原则。

1) 有利于个体身心健康原则

身心健康是休闲参与者首先要遵循的原则,也是个体参与休闲活动的基本目的之一。健康包括两个方面:一是身体健康,二是心理健康。健康还包括两个维度:一是自身健康,二是个人与他人的关系健康。为此,参与休闲的人们必须要做到以下几点。

首先,所参与的休闲项目本身应该符合健康的要求。如果一项活动本身就是有害的,比

如吸毒,那么这项活动肯定不属于健康休闲的范畴,休闲主体必须自觉远离。

其次,注意休闲参与的频率和强度。如果一项活动本身是无害的,并不意味着参与其中的结果也无害,因为这还涉及参与的频率和强度,比如打麻将、玩电子游戏本身都不算十分有害的行为,但如果参与者过度沉迷其中、不能自拔,那所导致的结果仍将有害。

最后,注意休闲的心态。民众应当抱着正确的态度看待和参与休闲活动,不应该在休闲中相互攀比、奢靡浪费。如果总是要在休闲活动中与人一较高下,不仅会导致浪费,也会导致人际关系紧张,久而久之自己的心态也会失衡,最终导致不利于身心健康的结果;总是在休闲活动中奢靡浪费也容易使人生活在虚幻之中,丧失艰苦奋斗的品德,失去正确看待生活挫折的能力。

2)有利于社会文明和和谐原则

尽管休闲者多是基于自身的需要而开展休闲活动,但民众的休闲行为并不完全只是自己的事。个体的休闲行为或多或少会影响到他人,甚至是全社会。所以,在休闲中个体不能只考虑自己畅爽,还必须遵守相应的规则和程序,减少对他人的负面影响,多做一些有益于社会文明和和谐的行为。为此,应当做到如下两点。

首先,应当尽可能减少休闲行为对他人产生的不良影响。这要求休闲主体要具备尊重他人权利的意识,在休闲的方式、时间等选择上充分考虑别人的权益,尽量减少自身行为可能给他人带来的不良后果。比如,听歌本身无可厚非,但是如果不顾隔壁邻居的感受,将自家音响放得特别大声而且选择在夜间,那就大大不妥。当前城市生活中,广场舞扰民的问题一直不同程度地存在于很多社区,引起不少矛盾,造成邻里之间关系紧张,严重影响社会和谐稳定,也不利于文明社会的建设。

其次,休闲行为和活动应有助于社会文明和和谐。民众在休闲中多多少少会用到很多社会公共资源,并且会受到社会习俗、文化等多方面影响;但同时,民众的休闲行为又反过来会影响到这些公共资源,对社会文化的发展方向产生影响。所以,这就要求民众要合理利用公共资源,不得独霸、违规使用设备,不得将这些资源挪用他处。比如,一些民众在公园里边晾衣服、在湖水边洗车等,都明显有失公序良俗。在休闲行为中,要注意自己的行为对社会产生的示范效应,多做一些有良好示范效应的行为,少做一些有不良示范效应的行为。比如,在赏花时采摘花朵、观鱼时非法捕捞,都容易引发他人产生类似仿效行为,不利于社会文明和和谐。

3)有利于生态保护和可持续发展原则

民众休闲必须重视生态环保问题,坚持低碳和绿色休闲。可持续发展是既确保当代人需要又确保下代人需要的发展模式,是每一个休闲者都应当谨记的休闲原则。如果在休闲活动中,人们倾向于多消耗、多污染的休闲方式,那么再过一些年,我们的生态环境将可能被污染、破坏得不再能支持我们的发展。为此,应当做好以下几点。

一是减少和停止主动破坏行为。地球的污染问题很多是由人类主动破坏导致的,其中,工业污染是大头,而民众生活行为所导致的负面影响也不在少数。民众在休闲活动中,应当主动减少对自然界的破坏,凡是不利于生态保护的活动都不要参加,尽可能减少我们的休闲行为给自然界带来的破坏。比如,

课内拓展

外媒曝光旅游景点现状令人堪忧 垃圾污染系主要问题

非法捕捞、非法狩猎行为必须坚决制止,不能在野外用火,不得在休闲中乱扔垃圾。

二是提倡适度消费、原生态消费模式。所谓适度消费,就是要反对过度消费和奢侈消费,避免浪费。据统计,2018年我国粮食浪费总量约为3150万吨,到了2019年我国粮食浪费的总量就达到了3500万吨,仅一年的时间就上涨了350万吨的粮食浪费。[①]3500万吨粮食相当于我国一个产粮大省的全年产量,可以供养一个3.5亿人口国家一年的粮食所需。而目前,全球人口超过3.5亿的只有中国和印度两个国家。一些人习惯在休闲中大手大脚,以浪费为面子,以过度为骄傲,这种不节制的浪费行为实际上大不可取。所谓原生态消费,是指绿色消费、按照自然界本来提供的样式来消费。比如,喝一瓶酒,关键在酒好不好喝,而不是装酒的瓶子好不好看;只要装酒的瓶子不会改变酒的味道,为什么在消费中一定要去追求一个过度包装的酒瓶呢?同样地,在休闲活动中,饮食以健康为宜,不必总要追求海鲜鲍鱼;住宿以宜居健康为宜,不必总要追求五星级酒店;玩乐以绿色生态为宜,不必总要追求过度的新鲜刺激。

▶ 动动手

1.请查阅有关资料,了解人类行为近些年对世界环境变化产生了哪些影响以及产生了多大影响,并说明这将导致怎样的结果。

2.请查阅资料,或观察周边,搜集1~2个民众休闲行为导致的生态环境破坏的例子,分析其原因,并尝试提出解决对策。

三、严肃休闲

一谈及休闲,很多人都将它与随意性紧密联系,认为人们随意的活动方式才能称为休闲,很少将休闲与"严肃"一词进行关联。但罗伯特·A·斯特宾斯及我国的一些研究者们在对某些活动的业余爱好者和义务工作者进行研究后认为,存在着一些严肃休闲群体,他们处于随意休闲和工作两个极端的中间位置,是整个休闲参与者的一个边缘群体。[②]研究者们认为,随着后工业时代的到来,整个社会中的工作机会和工作时间都将大为减少,人们将有越来越多的机会参与休闲生活,不仅休闲成为人们生活的一种常态,人们更可能在休闲中展示才华、发挥潜能、做出成就,取得与工作成果相媲美甚至远超工作成果水平的新成就。

(一)严肃休闲的概念

尽管学者们提出了"严肃休闲"这一术语,并对之进行了一定程度的研究,但由于各种原因,目前尚未对这个术语做出过明确界定。总结学者们的观点,本书认为要对这一术语进行界定,应当从以下几个方面来考虑。

一是严肃休闲产生的背景。尽管自古以来人们就存在严肃休闲这一行为,但古人能参

[①]我国每年浪费的3500万吨粮食,到底是谁在浪费?[EB/OL].(2020-09-29).https://baijiahao.baidu.com/s? id=1679152001157329636.

[②]陈来成.休闲学[M].广州:中山大学出版社,2009.

与严肃休闲的毕竟只是极少数;多数人都能参与严肃休闲应当是在后工业化时代,在这个时代,人们获得了充分的休闲机会,休闲不再是为了工作而开展,休闲成为人们的生活常态。事实上,如果休闲只是为工作做准备,人们也不可能有太强动机要在休闲中展示才华和创造,因为他们更多的才智都被花费在了工作之中。

二是严肃休闲的目的不仅仅是休闲,更是为了实现自我。与传统休闲不同的是,人们参与严肃休闲不仅仅是为了放松身心、恢复机能,更是为了在休闲中展示才华、实现创造、实现自我。在传统社会中,人们有大量时间参与工作,能在工作中实现自我展示、寻求突破;但在后工业时代,很多人不再工作,休闲中的创新就成为他们成就自我的新途径。

三是严肃休闲具有强烈的自发性特点,不是在被人安排下进行的深入钻研。参与严肃休闲的群体会就自己所感兴趣的领域投入非常多的精力并深入钻研,一方面从中寻求乐趣,另一方面也希望有所突破、能有所成就。这种钻研与工作中为了完成任务而进行的钻研是不同的,工作中的任务是被别人安排的,多数情况下不能随己选择,而严肃休闲下的钻研行为是休闲者自己选择的,因此也能更持久,更可能取得真正的成就。

四是严肃休闲行为具有连贯性和持续性,不像一般休闲行为那样随时更改项目。比如,一个书法爱好者因为长期钻研书法,他的休闲生活可能长期被这一爱好所垄断,不再将时间分配给其他更多休闲行为。而在传统的休闲行为中,一个人今天可能在家看电视,明天可能外出与人喝茶聊天,休闲行为和方式会不断发生改变。

五是严肃休闲行为应有一定的基础,是在掌握了特定知识和技能后才能产生的行为。尽管一般休闲行为也需要有一定知识和技能作为基础,比如要想玩扑克牌,首先得掌握扑克牌的规则和玩法;但这些知识和技能均属于一般知识和技能,学习这些知识和技能就是为了"玩"和"娱乐",而不是为了创造。严肃休闲需要掌握特定领域内的知识和技能,而且这些知识和技能多不是为了"玩"和"娱乐",具有明显的创造性特征。比如,训练宠物可能被当作严肃休闲的行为,这种休闲行为必须以掌握特殊知识和技能为基础;又比如,刺绣也可被作为严肃休闲行为,休闲者当然也必须了解刺绣的基本技能。

六是严肃休闲将传统工作中的一些内容也纳入其中。这主要表现在:首先,传统工作中的一些事项被纳入严肃休闲中来开展,比如,研究发动机并提升其性能本来是传统工作中的重要内容,但是在被严肃休闲者当作为休闲项目后,它就变成了一项休闲活动;其次,传统工作中的一些方法会被借用到严肃休闲行为中,比如,做调研、做实验是传统工作中的一些方法,而这些方法也可以被严肃休闲者用来研究自己的项目,如对自己研究的新型发动机进行实验并判断其性能是否得到了提升。

七是严肃休闲并不一定能真的产生创造结果。尽管严肃休闲行为有可能导致一些有益于社会的创造成果,但严肃休闲本身强调的是休闲这个行为和过程,而不是结果。比如,一些爱好写作几十年的人,并不一定能写出惊天动地的优秀作品,而他参与写作这项严肃休闲活动的意义,也不是写出了多少部或者多么优秀的作品,而是他孜孜不倦地参与写作的这个过程;一个热衷于公益活动、乐于助人的人,其真正意义并不是他为他人带来了多少方便,取得了怎样惊人的公益成就,而是他享受了这个帮助他人的过程。

鉴于此,本书给严肃休闲做如下界定:严肃休闲是在人们有充分休闲机会的条件下,基于自我展示、自我实现的目的,在已有的特定知识与技能的支持下,展开的自发性、持续性的休闲行为,这些休闲行为有较大可能会借鉴传统工作中的内容和方法,也可能产生特定的工作成果,但休闲者本身所追求的是这一休闲过程中的精神收获。

▶ **动动手**

1. 如果让你给"严肃休闲"下定义,你将如何界定?请将你的陈述与全班同学分享。
2. 请搜集一些严肃休闲的例子,分析这些休闲行为的特征。

(二)严肃休闲的类型

一般认为,严肃休闲可分为业余活动、兴趣爱好、职业性志愿行为三种。

1. 业余活动

所谓业余活动,是休闲者乐于参与某一专业性较强的活动,但是他们的水平尚不能与专家相媲美。这些活动主要存在于科技、艺术、运动及娱乐等领域,业余活动者出于自身在这些方面的迷恋或拥有一些特长而将之作为自己的休闲项目。比如,游戏中的业余玩家、歌唱领域内的业余歌手、表演领域内的业余演员,等等。

业余活动者自知与专家相比存在一些差距,但希望或相信自己通过努力能达到专家那样的水平;业余活动者自认为自己与普通公众并不相同,相信自己在专业领域内的水平比普通人要高。因此,业余活动者经常在普通大众面前扮演专家的角色,并按照专业水准甚至可能比专家还认真苛刻地向公众提供专业服务。专家多数时候并不能轻易认可业余活动者的专业水平,但又通常需要通过业余活动者才能更好与大众沟通,所以,经常会与这些业余活动者形成金钱或组织上的紧密关系。业余活动者一方面不希望专家推出太过高深的东西,另一方面又不希望专家表现得太不专业。

总之,业余活动者是介于专家和大众之间的一种特殊角色,他们的行为源于自己已经掌握了一些专业领域的知识和技能,并且深爱着这个领域,希望自己能在这个领域内深入钻研,取得接近于专家的成就水平。尽管他们中的多数人并不能真正取得与专家一样的成就,但是这个研究的过程以及经常与专家接触的经历,本身就是对他们参与这类休闲活动的奖励。

2. 兴趣爱好

与业余活动者不同,兴趣爱好者并不以专家水平作为自己的追求,他们仅仅是因为单纯喜欢某一项活动而已。兴趣爱好者也不一定拥有知识与专业方面的基础,他们甚至可能从不将自己与专家相联系。比如唱歌,如果是业余活动者,他们通常拥有一定的演唱功底,并且已经掌握了一定的演唱技艺,希望自己能像职业演唱家那样把歌唱得非常专业动听;但兴趣爱好者就不同,他们尽管也可能喜欢某个歌手的歌曲或某种风格的唱法,但是他们从不关心这些基本的知识与技术,即使他们的唱腔十分难听甚至是刺耳,在唱歌时经常跑调甚至完全不处于演唱的状态,他们还是会继续唱下去,因为他们喜欢"唱"。因此,在社会生活中,经常会发现一些天天打球的人球技实在一般,棋艺水平一般的人却总在与人对弈。

但是,这并不是说兴趣爱好者就是简单随便地在应付这些活动,恰恰相反,多数兴趣爱

好者仍然是严肃休闲者,他们会非常认真地对待自己的兴趣爱好,并会为自己在这些活动中有所成就而洋洋自得。比如,尽管棋艺水平一般(当然他们自己也并不十分在乎自己的水平),但是如果能在对弈中赢了对手,他们仍然会有不小的成就感;如果能打败多数经常与自己对弈的那些人,他们更会有一种"专家"般的自豪感。兴趣爱好者经常因为这些爱好而形成特定的组织,比如"麻友团""足球俱乐部"等,他们在组织开展活动时都会自觉遵守一定的规则,各个成员都会严肃认真地对待组织的事务以及他们所选择的共同爱好。

3. 职业性志愿行为

志愿行为很显然属于严肃行为,它是指在不求回报的情况下,为帮助他人和改善社会,促进社会进步而自愿付出个人时间及精力所做出的服务工作。一些机构或团体会专门组织一些志愿性工作,这些工作并非都属于休闲活动。职业性志愿行为要求参与者将志愿服务作为一项职业那样来看待,这些经常发生的行为不仅要求个体应掌握丰富的知识和技巧,也需要他们有足够的耐心和热心。比如服务弱势群体,不仅需要有足够的服务技能,也需要学会如何与他们沟通。因此,严肃休闲者将自己的所学与所长用于服务社会,他们能从这些活动中感受到自己的价值,并从中体会心路历程变化带来的精神收获。

尽管与前两种严肃休闲类似,一些志愿行为也伴随着一定程度的利己主义;但总体来看,职业性志愿行为主要追求的是利他主义,参与者希望能通过自己的努力来为社会做贡献,进而实现自己的价值和获得内心的满足。这类休闲者通常具有社会发展的大局观,有着比较高尚的人生价值追求,掌握了高超的与人交往的技能,也通常具有较好的个人物质条件。如果一个人在自己生活中的各方面都经常捉襟见肘,那他很难抽出时间和精力来为他人服务。随着社会的发展,民众收入水平的提升,越来越多的人将有条件加入这个行列。

▶ 动动手

1. 如果让你给"严肃休闲"分类,你将怎样划分?说出你的结果并阐述你的理由。
2. 请搜集日常生活中与本书严肃休闲分类有关的案例,与大家分享。

第三节 民众休闲教育

民众休闲教育是指以实现帮助民众树立正确休闲理念、增加休闲技能、正确处理休闲与有关活动关系等目标所开展的教育活动。按照教育受众的不同,民众休闲教育可分为普通民众休闲教育和专业民众休闲教育。前者是指以普通大众为对象的休闲教育,多数情况下教育的目的是让民众学会如何更好地开展休闲活动,教育的是休闲活动的"消费者";后者是指针对专业性人才的教育,目的是让他们掌握休闲的规律和有关理论知识,熟悉休闲产业及相关产业的服务、经营管理知识和技巧,教育的是休闲行业的从业者和休闲活动的"供给者"。本章内容主要介绍普通民众休闲教育。

一、民众休闲教育的必要性

（一）民众休闲教育是大众休闲时代的必然要求

无论中外，自古以来的休闲活动都一定伴随着休闲教育活动。西方亚里士多德的教育、东方孔子及其他春秋先贤们的教育都包含了非常丰富的休闲教育的内容。尽管这些教育主要是针对当时社会中的上层人士开展的，属于小众群体的教育，但这种教育已经说明休闲教育是从事休闲活动的基础。随着大众休闲时代的到来，普通民众休闲不仅成为可能，更成为人们日常生活中的必需内容，那么开展针对普通民众的休闲教育也就成了一项必需开展的工作。

（二）现实休闲中存在的各种问题需要民众休闲教育来解决

从当前的实际情况来看，我国民众在休闲活动的参与中还存在一些问题，只能通过加强教育才能有效解决。这些问题主要有：一是民众休闲观念有待转变，这又表现为仍然有部分民众认为休闲就是懒惰，不能正确认识休闲的积极意义等；二是民众休闲认知仍需要完善，如一些民众将休闲等同于娱乐，认为只有消极休闲活动才算是休闲活动等；三是民众休闲能力亟待提升，这又表现为一些民众所知道的休闲活动项目有限，能有效参与的休闲活动不多，休闲的知识和技能缺乏等。只有加强民众休闲教育，才能改变这些情况。

（三）加强民众休闲教育是提升民众休闲质量的重要路径

休闲在今后及未来人们的生活中占据着非常重要的位置，人们休闲生活的质量在很大程度上决定着他们的整体生活质量。因此，必须重视民众休闲教育，从休闲观念、休闲途径、休闲方法和技能、休闲关系等方面对民众进行系统化教育，教会民众如何在休闲活动中处理好自身与自身、自身与他人、自身与自然和社会的关系，避免在矛盾的心情中参与休闲活动，避免在休闲活动中出现损人利己行为、出现违背人与自然和谐的情况、出现违背公序良俗的情况等，确保人人都能在休闲中收获良多，这有利于整个自然和社会的和谐、可持续发展。

二、民众休闲教育的内容

民众休闲教育的目的是让民众能更好地享受休闲生活，教育的主要内容大致可围绕以下几个方面开展。

（一）休闲观念教育

观念是决定人们行动方向和路径的主要影响因素之一。休闲观念反映着民众对休闲的基本态度和立场，决定着民众如何看待休闲、会不会参与休闲、如何参与休闲等基本问题，是民众休闲教育中最基础、最核心的内容。

民众休闲观念教育可以选择的抓手有很多，可以开展的工作也涉及很多方面；但无论怎么教育，均应该将向民众传递科学、健康、文明、积极的休闲观念作为最核心的教育内容。所谓科学的休闲观念，是指要向民众传递正确的休闲认知，使民众理解休闲对个体和社会发展的作用，领会休闲的价值，既不夸大也不缩小休闲的意义，教育民众对休闲要有一个正确、客

观的判断。所谓健康的休闲观念,是指要向民众传递有利于身心健康的休闲价值观,使民众能判断何为健康休闲、何为不健康休闲,何为积极休闲、何为消极休闲,能处理好自身休闲活动与其他活动之间的关系,不因休闲而耽误其他活动,也不因其他活动而忽略休闲。所谓文明的休闲观念,是指要向民众传递休闲应当文明的观念,不采取落后、迷信、粗鲁和对他人或社会产生干扰的休闲方式,而要在休闲中自觉遵循时代发展规律,追求先进文化,弘扬时代文明,展示新时代民众应有的良好精神面貌。所谓积极的休闲观念,是指要教育民众对合理休闲持有正向态度,树立采取正向休闲方式的意识,自觉防范和抵制负向休闲的诱惑和恶果,真正发挥好休闲的各种正向作用。

（二）休闲途径教育

休闲途径,是指民众通过何种途径休闲,这涉及民众在正确休闲观念指导下如何实施休闲行为的问题。在现实休闲中,一些人喜欢钓鱼,并将之作为主要的休闲活动;一些人喜欢打球,并形成了自己的休闲人际圈。这都反映了人们对休闲途径的选择。

人们会选择什么样的休闲途径,与他们的兴趣、个性等心理因素相关,也与他们的眼界、能力等本身特质有关,还与他们所处的社会环境与具体情境有关。首先,一个人的兴趣、个性等先天性心理特质决定了他们休闲途径选择的大致方向,一个根本就静不下来的人大概不可能经常以钓鱼的方式休闲,一个对电子游戏压根不感兴趣的人也多半不会在游戏上度过休闲时光。其次,一个人的知识、能力等后天习得性特质也会对其休闲途径的选择产生影响,比如,一个从来没有接触过马匹的人不会选择骑马休闲。再次,社会环境和具体情境的作用也不容忽视。比如,在社会环境方面,很多成都人非常喜欢泡茶馆、听评书休闲,而一些民族地区的人喜欢对歌、跳舞休闲;在具体情境方面,一个平时不会打麻将的人可能会在与朋友聚会中凑个局,通常不会钓鱼人也可能因为陪伴上司或长辈而尝试垂钓活动。

对民众选择休闲途径的教育,可从心理教育、知识教育、素质教育等方面展开。让民众拥有健康和积极向上的心理品质,掌握丰富的知识,拥有广阔的视野,具备较高的综合素质。在这样的情况下,民众就会拥有较多的休闲途径选择,不会再停留于少数不良休闲行为中,能有效避免因个人素质不高导致的途径选择有限问题。同时,也要重视对民众开展休闲伦理教育,通过道德约束、伦理指导,为民众休闲途径的选择提供标准性指引。

（三）休闲方法和技能教育

选择了某种休闲途径,并不意味着就能从这种休闲途径中实现畅爽。比如,某人选择了骑行的方式休闲,但他的交通常识和骑车技能实在有限,其具体骑行时几乎没有感受到多少快乐。因此,要实现高质量的休闲,民众还必须要有足够的休闲能力,这就需要强化休闲方法和技能的教育。

由于休闲的途径千差万别,每种途径所需的方法和技能又可能各不相同,因此,民众用于休闲的方法和技能繁多。但在实际教育中,人们往往并不需要针对每一个休闲途径分别学习独立的方法和技能,因为这些方法和技能本身就可互通互用。比如,骑乘自行车和摩托车有共通之处,厨艺中的切菜手法也可能和饲养中的有关手法一致。那么,到底应该向民众传授哪些方法和技能,以及又该传授到何种程度呢?对于这个问题,在条件允许的情况下,当然是多多益善、精益求精为好。所谓"技多不压身",一个人如果掌握了多种熟练的方法和技能,他更有可能在多个途径的休闲活动中实现畅爽。

如何向民众开展休闲方法和技能的教育呢?可通过创造条件引导民众自学、开展系统培训、让民众在实践中学习等多种方式开展。比如,开办图书馆、博物馆或借助互联网平台,让民众有机会能学到自己喜欢的休闲方法和技能;或通过培训班、俱乐部等对有兴趣的民众进行系统性训练,让民众能系统地学到自己想要的东西;对于一些可通过丰富的实践来不断提升技能的活动,比如打乒乓球,可让民众在与人的技艺较量中不断提升自身技能,又在技能的不断提升中实现休闲的畅爽。

(四)休闲关系教育

所谓休闲关系教育,是指教育民众在休闲活动中要能妥善处理各种关系,既实现休闲的个人价值,也实现休闲的社会价值。在休闲活动中需要处理的关系有很多,在一般教育中至少应包括如下三个方面的关系:休闲者自身与自身的关系、休闲者的人际关系、休闲者与自然和社会的关系。

所谓休闲者自身与自身的关系,是指休闲者在休闲活动中会受到个人心理状态、精神状态的影响,因而他们必须要学会突破由自身个体原因带来的各种局限和制约。比如,焦虑、犹豫、信仰、能力或主观偏见等会影响到民众个人的休闲可能性及休闲的具体路径,休闲者需要克服相关障碍才能最终形成高质量休闲。

所谓休闲者的人际关系,是指休闲者应当能克服人际关系对个人休闲所产生的影响和制约。比如,休闲时缺乏合适的人陪伴,与不喜欢的人在一起休闲,与参与休闲的其他人发生冲突和矛盾等,都可能左右着一次休闲活动是否能实现或者影响着这次休闲活动的质量。休闲者应当具备相关能力,处理好相关人际关系,保留有利于高质量休闲活动发生的那些因素,而消除导致不能愉快休闲的那些因素。

所谓休闲者与自然和社会的关系,是指休闲者在休闲活动中应当处理好自身休闲活动与自然和社会的关系,确保自身休闲活动和行为是有利于自然的可持续发展、有利于社会的和谐发展的。比如,在休闲活动中不要破坏环境,不要诽谤他人,不要干预各种原生态的文化,等等。

此外,休闲者还需要处理好一些结构性的关系,比如,由于自身身体状况、交通状况、天气状况、支付能力等方面的局限,休闲者不能参加某个休闲活动或不能在该次休闲活动中如己所愿地进行,这必然会给休闲者带来一些不快,那么此时,休闲者应当具备相应的处理能力,要么能在有关局限下采取灵活的方式实现高质量休闲,要么能消除这些局限带来的不快影响。

三、民众休闲教育的方式

当前,世界上已经有一些国家将休闲教育正式纳入其国民教育体系。比如,以色列是世界上第一个将休闲教育纳入公立学校课程的国家,他们不但把休闲教育作为一门独立的学科,也把休闲教育的概念和理念引入其他学科中。[①]而在美国学校中,休闲教育主要有课程模式和咨询模式两种模式。课程模式是将休闲教育的内容渗透到各门学科的教学之中,或者干脆开设单独的课程;咨询模式是指除了在课程中整合休闲内容之外,学校还为学生和教师提供休闲咨询服务的培训。这些国家做法中的成败可为我们提供一些借鉴。但全世界范围内的休闲教育毕竟尚未真正形成气候,我们要开展成体系的休闲教育也就不可能有可以直接照搬的经验。从我国的实际情况出发,本书认为我国的民众休闲教育可以从如下几个方面展开。

（一）以学校教育为基础

义务教育、基础教育、高等教育、职业教育和成人教育是我国国民教育体系的五个重要方面,学校教育在我国国民教育体系中扮演着极为重要的角色。可以考虑在学校教育的各个阶段中融入休闲教育的内容,比如专门开设独立的休闲教育课程,并将之纳入考核范畴,或将之作为德育、素质教育等的重要内容,从休闲观念、休闲技能等方面着手,全方面提升民众休闲素质。

（二）以行业教育为重心

这里的行业教育主要包括两个部分。一是指以休闲教育为主要业务的培训机构所开展的休闲教育,这类机构像当前流行的书法培训、语言培训机构一样,向民众传授如何休闲的专业性知识。二是指休闲相关行业中有关企业对自己客户所做的有关培训,比如电玩城可能会向新手玩家教授有关技能,营业性游泳池可能也负责新手的游泳培训。这些企业的培训非常有针对性,且有很强的培训动机,他们的休闲教育通常很容易取得很好的效果。

（三）以社会教育为辅助

社会教育是发动各种社会力量进行的休闲教育。这种教育又涉及风俗、传统、流行文化等诸多影响因素,实施教育行为的主体可能是家庭、朋友、社团组织等。这种教育也可以分为两种:一种是有意识的教育,另一种是无意识的潜移默化的影响。前者如家庭成员有意识地向晚辈传授有关休闲知识和技能;后者如社会风气对民众的休闲影响。由于社会教育涵盖的因素众多,存在很多不确定性,其教育的结果也未必是我们所希望的结果,因此整个社会系统能够对休闲教育形成正向或积极的影响就非常重要,而要形成这种有正向影响的社会系统又绝非一朝一夕之事。

（四）强化政府宣传引导

在休闲教育中,政府的作用绝对不容忽视。政府一方面可通过有关政策的制定和执行来为全民休闲提供各种保障,另一方面也可以通过官方媒体宣传、政策宣讲等途径进行全社会范围内的休闲宣传和引导。政府在休闲教育中的作用比较特殊,一方面政府为其他教育主体发挥作用提供政策性、平台性帮助和支持,比如出台有关教育政策,提供相应师资来为学校的休闲教育提供帮助;另一方面政府也会参与到休闲教育中来,比如通过电视台、社区宣传平台等渠道展示休闲公益广告。

---

① 杨闰荣.我国休闲及休闲教育研究综述[J].科技展望,2014(16):235.

▶ 动动手

1. 查阅资料,搜集有关国家休闲教育的做法,谈谈我们可从这些做法中获得何种借鉴。
2. 如果让你谈一谈民众休闲教育如何开展,你将从哪些方面考虑?

 本章小结

休闲障碍是指限制或妨碍民众参加休闲活动的质量、期限、强度、频率以及其他妨碍享受休闲的各类因素。美国学者杰弗瑞·戈比将休闲障碍分为心理障碍、人际交往障碍和结构性障碍三种类型。也可以从其他视角来对休闲的障碍进行划分:按照障碍的来源,可以分为来自个人的障碍和来自环境的障碍;按照障碍的表现形式,可以分为物质性障碍和精神性障碍;按照障碍产生的原因,可以分为知识性障碍、技能性障碍、人际性障碍、财力性障碍、动机性障碍等。当前我国民众休闲的常见障碍有休闲观念、闲暇时间、休闲能力、休闲供给等。

休闲伦理是人们在休闲活动中处理人与自身、人与他人、人与自然、人与社会关系的准则。休闲规范是指对人们应当采取什么样的方式进行休闲活动所做的规定。判断某项休闲活动是否属于规范休闲活动的标准有十项:改进、快乐、社会化、显示身份、创造性、娱憩、精神、自我实现、体验和有效利用闲暇时间。休闲失范是指人们在休闲生活中出现的伦理道德及其规范要求缺失、失效或混乱的现象。近些年来民众的休闲失范行为主要有以下一些表现:任意而为,放纵性休闲;铺张浪费,炫耀性休闲;不可自拔,成瘾性休闲;迷失自我,颓废性休闲;伦理弱化,失德性休闲;缺失高雅,庸俗性休闲。要实现健康休闲,至少应当遵循以下一些原则:有利于个体身心健康、有利于社会文明和和谐、有利于生态保护和可持续发展。

严肃休闲是在人们有充分休闲机会的条件下,基于自我展示、自我实现的目的,在已有的特定知识与技能的支持下,展开的自发性、持续性的休闲行为,这些休闲行为有较大可能会借鉴传统工作中的内容和方法,也可能产生特定的工作成果,但休闲者本身所追求的是这一休闲过程中的精神收获。

民众休闲教育是指以实现帮助民众树立正确休闲理念、增加休闲技能、正确处理休闲与有关活动关系等目标所开展的教育活动。按照教育受众的不同,民众休闲教育可分为普通民众休闲教育和专业民众休闲教育。本章内容主要介绍普通民众休闲教育。民众休闲教育的必要性体现在:民众休闲教育是大众休闲时代的必然要求,现实休闲中存在的各种问题需要民众休闲教育来解决,加强民众休闲教育是提升民众休闲质量的重要路径。民众休闲教育的内容大致可围绕以下几个方面开展:休闲观念、休闲途径、休闲方法与技能、休闲关系。我国的民众休闲教育可以从如下几个方面展开:以学校教育为基础、以行业教育为重心、以社会教育为辅助、强化政府宣传引导。

课后习题

本 章 实 训

【实训目的】熟悉民众休闲管理的有关知识。

【实训成果】制作报告或PPT等演示文稿、录制视频或教师要求的其他形式。

【实训形式】个人/小组形式(教师可以根据实际教学需要安排)。

【实训内容】从下述内容中选择一个,搜集资料,完成教师要求的成果。

1.以你所在的城市为例,采取恰当的方法搜集相关资料,分析当地民众休闲障碍的主要种类及其表现,分析这些障碍产生的原因,并提出有关应对管理方法。

2.结合课程所学,结合实际,分析休闲规范、休闲失范、严肃休闲等相关概念,并分别举例说明。

3.搜集有关资料,分析我国(也可以分析某个地区)当前民众休闲教育的现状、问题及其原因,并提出相关对策。

【实训步骤】本次实训可按照如下步骤或任课教师要求的其他步骤展开。

1.教师对学生下达实训任务,分配角色,落实责任到人。

2.学生领取任务后,独立或在本小组负责人的统领下准备本次实训所需资料和成果。具体搜集资料和完成最终成果的手段,可以是查阅资料、组内讨论、向老师或其他知情者请教等形式,由学生自行决定和选择。

3.教师安排专门的实训时间,由学生对实训成果予以展示和呈现。展示和呈现的形式与具体要求,教师根据实际需要确定。

4.教师应对各个小组的实训成果予以点评,并依据相应标准,公平评分并予以记录,作为学生本门课程平时成绩的重要依据。

【实训要求】本次实训应遵循以下基本要求。

1.除教师特别要求外,所有学生均应参加本次实训活动。

2.学生在完成作业时首先应明确选题,并紧密围绕所选题目完成作业,不得偏题;若学生有其他选题,应先获得教师的同意,经批准方可按照新选题完成实训。

3.若实训成果由小组完成,所有组员必须在本组负责人的统领下共同完成作业,不应推卸工作,推卸或拒绝承担相应工作的同学本次实训不合格。实训成果中应标明各位成员的分工及对最终成果所做的贡献比例,贡献比例之和应为100%。

4.若依据教师事前公布的标准,实训成果不合格的小组,将重作本次实训,否则该小组所有成员本次实训的分数为零。

5.学生实训成果及展示和呈现形式必须符合课程思政要求,教师应对实训环节的课程思政进行总体把关,学生个人(独立完成实训时)或小组负责人(分组完成实训时)应对自己实训成果中的课程思政负责。

6.应遵循学校和教师的其他要求。

第五章

休闲产业概述

近年来,我国国民休闲观念更加科学,休闲理念更加健康,休闲方式更加多元,休闲载体更加丰富。下一步,国家发展改革委将立足职能,进一步加强与文化和旅游部等相关部门的合作,构建系统休闲政策体系,扩大休闲产品有效供给,完善休闲公共服务设施,健全现代休闲产业体系,建设一批富有文化底蕴的世界级旅游景区和度假区,打造一批文化特色鲜明的国家级旅游休闲城市和街区,推动国民休闲高质量发展,促进人民群众高品质生活。

——欧晓理:完善国民休闲政策共享高品质生活

课程导入

如何让"服务美好生活"的产业走得更远——第十六届世界休闲大会观察[①]

休闲产业蓬勃发展的时代已经到来,不同的文化背景和人口结构,正塑造不同的休闲产业发展模式和需求。眼下,疫情给各国休闲产业发展带来挑战,有效提供更丰富多元的休闲产品和服务,关系到生活品质和国民经济发展。

正在北京召开的第十六届世界休闲大会上,与会人士、有关专家聚焦"休闲"。如何让这一"服务美好生活"的产业走得更远?记者展开采访。

一、发展休闲产业有多重要?

国家发展和改革委员会社会发展司司长欧晓理表示,新时期发展国民休闲意义深远。休闲健康的生活方式不仅有利于提升人民生活质量,也有利于提升国民素质,促进人民的全面发展。休闲也是社会繁荣的重要体现,国家文化繁荣必然伴随国民休闲发展,有利于提高社会文明程度。

中国人民大学休闲经济研究中心主任王琪延表示,中国休闲产业规模庞大。第一层是休闲核心产业,包括休闲旅游、休闲运动、休闲娱乐等。第二层是休闲服务业。第三层是休闲产品制造业。每层产业都涉及消费、投资与出口。

他曾估算,把中国休闲产业的第一层和第二层加起来,产业规模占国民经济

[①] 新华社,2021-04-18,http://www.gov.cn/xinwen/2021-04-18/content_5600434.htm。

的20%左右,算上第三层将有更大延伸空间。现在,一些西方发达国家的休闲产业规模占国民经济的75%,中国休闲产业"挖潜"空间巨大。

"随着中国经济社会发展,居民可支配收入增加,人们消费结构逐步升级,生活观念逐步转变,旅游休闲需求日益旺盛。"文化和旅游部部长胡和平说,中国政府高度重视国民休闲发展,"十四五"规划纲要提出,要建设一批富有文化底蕴的世界级旅游景区和度假区,打造一批文化特色鲜明的国家级旅游休闲城市和街区,这些都充分彰显中国政府持续支持旅游休闲的决心。

二、休闲产业发展呈现哪些新趋势?

受疫情影响,世界休闲产业发展遭受重创。疫情之外,全球化遭遇"逆风",中国休闲产业要在"变局中开新局"。

首先,市场需求出现"内向化"。北京·平谷世界休闲大会上发布的《北京休闲发展报告(2020)》指出,受疫情影响,人们更多选择线上休闲产品,更珍惜和家人、朋友相处的时间。即便疫情结束,这些新的休闲特点也可能继续保持下去。

这种"内向化"趋势已经明显体现在旅游业。世界旅游城市联合会常务副秘书长李宝春说,随着疫情保持稳定和疫苗大规模接种,国内旅游业有望先于各国旅游业率先恢复。长距离观光游、中短距离度假游、低频次跨区域旅游,向高频次城市周边休闲转变,高密度的"扎根式"的旅游向低密度的休闲放松转变,"走马观花式"旅游向自然和文化深度体验转变。

其次,休闲产业成为新技术运用重要场景。阿里巴巴合伙人、高德集团总裁刘振飞说,数字技术将提升高品质休闲服务的精细化管理、应急管理水平;提升从信息推荐到休闲消费的全链路供给能力;带动数字休闲新业态的培育,创造新需求。

最后,多位与会人士表示,随着疫苗大规模接种,区域之间、国家之间将有更多客流流动,将在市场监管等方面产生更广泛的合作和沟通,政府、企业、行业组织应发挥各自优势,共同推动休闲产业发展。

世界休闲组织理事会主席乔安妮·施罗德说,愿同北京市深化交流,探索拓展更多合作领域,支持世界休闲组织区域性总部落户北京,共同促进休闲旅游业蓬勃发展。

三、休闲产业如何进一步高质量发展?

从被动粗放发展到主动精细发展,中国休闲产业如何进一步高质量发展,还存在哪些"短板弱项",如何"破题"?

多位专家指出,目前公众对休闲活动的认知不够全面。网络上一些年轻人感叹:有钱,才有闲。对此,故宫博物院原院长单霁翔说:"休闲和钱有关系,但不是绝对的。没有钱,休闲品质就一定下降,我并不认可。"他说,人们应在休闲过程中更注重文化消费,获取精神层面的享受和体验。

此外,休闲产业发展存在产业知名品牌亟待构建、休闲产品有待深入开发、休闲配套设施仍旧不足、休闲产业高素质人才短缺等问题。专家建议,加强休闲认知宣传教育,实施休闲产品IP战略,深度挖掘休闲产品文化内涵,通过提高休闲服务水平、注重高端休闲产业人才培养等方式,促进休闲产业"换挡升级"发展。

欧晓理表示,国家发改委将立足职能,继续与文化和旅游部等相关部门密切合作,不断完善各类休闲空间、设施、产品、服务,使人民享有更加充实、更为丰富、更高质量的休闲生活。

他说,要研究构建系统休闲政策体系。研究制定全面小康背景下的国民休闲纲要,推动落实带薪休假制度,优化学校放假安排,鼓励带薪休假与周休日、法定节假日有机衔接,保障国民的休闲时间,以及扩大休闲产品的有效供给,完善休闲公共服务设施,构建现代休闲产业体系,协同打造国民休闲高地等。

胡和平表示,文化和旅游部将认真落实"十四五"规划纲要,坚持文化引领、创新驱动、品质优先、服务人民的原则,努力推动旅游休闲产业繁荣发展。

▶ 思考

1.按照你既有的知识结构,谈谈你所认为的休闲产业是什么样子的。
2.根据你的观察和经验,你认为休闲产业的发展趋势有哪些?

学习目标

1.理解休闲产业的概念,了解休闲产业的分类。
2.了解我国休闲产业的发展阶段和发展特点。
3.熟悉旅游产业、文化产业、休闲体育业、休闲农业、会展产业、休闲工商业的发展现状。

核心概念

休闲产业

第一节 休闲产业的界定

休闲产业已成为当今世界上大多数国家推动社会经济发展的重要力量。早在20世纪90年代,美国的休闲产业就形成了"三分之一的时间用于休闲娱乐,三分之二的收入用于休闲娱乐,三分之一的土地面积用于休闲娱乐"的产业格局;[1]2002—2008年,以娱乐和信息产

---

[1] 楼嘉军,徐爱萍.试论休闲时代发展阶段及特点[J].旅游科学,2009,23(01):61-66.

业为主的休闲产业在美国国民经济中的比重一直保持在8%左右。①据美国户外产业协会数据资料,2012—2016年美国户外休闲产业经济增长率高达17.6%;在居民消费支出上,美国2011年和2016年的户外休闲消费支出分别为6460亿美元和8870亿美元;在就业方面,2016年休闲有关产业为美国社会提供的就业岗位高达760万个。②由此可以看出,休闲产业的影响力已经渗透到各国社会经济发展的方方面面,是当今世界各地推动社会经济发展的重要力量。那么,到底什么是休闲产业?我们应该如何认识这个产业?本节对这些基本问题进行了解。

一、休闲产业的概念

(一)休闲产业概念界定的困难性

从国内外诸多研究情况来看,人们对休闲产业的界定各有侧重,表述不一,尚未形成真正有影响力、被大众广泛接受和认可的概念界定。由此看来,这个概念的界定比较困难。究其原因,大约有以下几个方面。

1."休闲"定义视角众多

从理论角度来看,"休闲产业"的界定应当基于"休闲"的定义,但如本书第二章中所言,人们对"休闲"的界定角度众多,这就导致了人们对"休闲"的理解各不相同,因而从不同的理解角度出发对"休闲产业"进行界定,也就必然存在差别,难以有统一的认识。

2.休闲产业边界模糊

从现实情况来看,与休闲有关的产业链条非常庞杂,无论是产业内部还是休闲与其他外部产业之间的边界都比较模糊,难以真正明确地划定休闲产业的边界。比如,食品行业、服装行业乍一看似乎与休闲无关,但事实上休闲食品、休闲服装是休闲产业中非常重要的组成部分。从广义的视角看,国民经济中的很多领域似乎都与休闲相关,但如果将所有领域都与休闲产业挂钩,又难以真正凸显休闲产业的本质与内核。

(二)休闲产业界定的前期尝试

尽管界定困难,但中外研究者们仍然对这个术语进行了界定尝试。这些尝试的成果很多,大致可以分为两种类型:一种是理论性或概念性定义,主要分析休闲产业的本质内涵和特征;另一种是技术性或统计性定义,侧重于实际统计工作中的需要,通常会指出哪些行业属于休闲产业。当然,也有一些界定两者兼具。

从国外研究来看,琼斯认为休闲产业是能在市场上提供有关娱乐、体育以及具有空闲时间特征产品和服务的行业。③罗伯特认为休闲产业是那些能够产生或者激发人们的休闲体验的"业务",④这些"业务"通常具备如下两个特征:一是这些业务是人们在闲暇时间中消费

---

① 唐湘辉.美国休闲产业的发展及对中国的启示[J].求索,2010(05):81-82,159.
② 孙辉,梁斌.美国户外休闲产业发展特征、经验及启示[J].体育文化导刊,2019(09):91-97.
③ Stephen G, Jones. The leisure industry in Britain, 1918—1939[J]. The Service Industries Journal, 1985, 5(1):90-106.
④ Roberts K. The business of leisure: Tourism, sport, events and other leisure industries[M]. London: Palgrave, 2016.

的,二是它们不是人们消费的生活必需品。威廉姆斯认为休闲产业是为明确休闲目的而建设的休闲活动载体,并涉及休闲服务载体、休闲活动机会等。① 这些学者的界定都比较模糊,从中可以看出他们在界定时考虑到了休闲需求的满足、休闲特征的符合等,并强调了休闲产业的服务性特征。此外,一些研究机构和组织也给出了自己的定义,如美国维基百科将休闲产业界定为主要提供游憩、娱乐、体育和旅游(REST)相关产品和服务的部门集合。② 英国咨询机构Oliver Wyman发布的的休闲产业报告中将休闲产业定义为向消费者提供休闲服务和产品的部门集合,它能够满足人们对休闲机会、体验和设施的需求,尤其是体育、文化、游憩、娱乐、餐饮、赌博和博彩、住宿等方面的休闲需求。很显然,这两个界定具有较强的技术性定义的特征,从中可以看出休闲产业所囊括的大致行业和领域。

从国内研究来看,我国学者对休闲产业的界定尝试大约起始于21世纪初期。马惠娣可能是国内最早定义休闲产业的学者,她认为休闲产业是指与人的休闲生活、休闲行为、休闲需求(物质的、精神的)密切相关的领域,③ 并指出这个产业包括了以旅游业、娱乐业、服务业和文化产业为龙头形成的经济形态和产业系统,一般包括国家公园、博物馆、体育(运动场馆、运动项目、设备、设施维修)、影视、交通、旅行社、餐饮业、社区服务以及由此连带的产业群。于光远认为休闲产业就是为满足人们休闲的需要而组织起来的产业,④ 并认为在休闲已成为普遍现象的今天,休闲产业的市场很大,又由于人们需要各种各样的休闲方式,所以休闲产业也就一定包罗了多种多样的产业。卿前龙等认为休闲产业是由消费者的休闲消费需求引发的,是国民经济中那些生产休闲物品和休闲服务行业的总称,⑤ 并认为休闲产业可以分为休闲第一产业、休闲第二产业、休闲第三产业。王琪延等认为休闲产业是从事休闲产品(包括服务)生产活动的厂商集合。⑥ 李丽梅认为休闲产业是指投入一定的人员、资本等要素,生产或提供具有休闲特征的产品和服务的企业或单位及其活动的集合和系统。⑦

尽管各位学者的看法不一,但是大家的界定中都考虑到了休闲产业的如下因素:一是休闲产业源于休闲需要,先有人们的休闲需要后有休闲产业供给;二是休闲产业的综合性和边界模糊性,休闲产业是一个产业集群而非某个单独的行业,且难以实际划分出具体的产业边界;三是休闲产业既包括物质生产行业,也包括服务提供行业,既包括物质产品供给领域,更包括精神产品供给领域;四是休闲产业由相关企业和组织构成。

(三)休闲产业的概念界定

借鉴各位前人的研究成果,本书为休闲产业做如下界定:休闲产业是在大众休闲时代下,基于普通大众的休闲需要而产生的有关供应行业的集合体。为了更准确理解这个定义,

---

① Williams C,Buswell J.Service quality in leisure and tourism[M].MA:CABI Pub,2003.
② Leisure industry[EB/OL].https://en.wikipedia.org/wiki/Leisure_industry.
③ 马惠娣.21世纪与休闲经济、休闲产业、休闲文化[J].自然辩证法研究,2001(01):48-52.
④ 于光远.论普遍有闲的社会[J].自然辩证法研究,2002(01):41-43,48.
⑤ 卿前龙,胡跃红.休闲产业:国内研究述评[J].经济学家,2006(04):40-46.
⑥ 王琪延,黄羽翼.关于休闲产业统计分类的思考[J].统计与决策,2015(02):33-36.
⑦ 李丽梅.中国休闲产业发展评价、结构与效率研究[D].上海:华东师范大学,2018.

我们需要对之做出如下解读。

首先,这个定义体现了休闲产业产生的时代特征,即"大众休闲时代",这就意味着,只有当一个社会进入了大众休闲时代,才可能产生休闲产业。诚然,在大众休闲时代没有到来的发展阶段中,社会经济中也存在一些能提供休闲供给的企业和行业,但由于当时的休闲消费者主要为社会中的有钱、有闲群体,因此这些企业和行业可能隶属于奢侈品行业,而不属于休闲产业。

其次,休闲产业是基于大众休闲需要而产生的,这里有两层含义。一是先有普遍的休闲需要,才会产生为了满足这些需要的有关企业,进而形成行业和产业。二是这种产生是自然而然地自发产生,不以人的主观意志为转移;但这不是说政府或有关行业管理组织就没有作用,他们的政策和有关管理规划措施能影响到一个地区休闲产业的发展进程、模式和质量。

最后,休闲产业是一个行业集合体,这又有几层含义。一是它涉及众多行业,而非单一行业;很难说哪些行业属于或不属于休闲产业,但肯定它的涵盖面很广。二是休闲产业必然具有明显的经济学、市场学、管理学特征,其健康发展必须遵循这些学科中的有关规律,必须严格按照供求关系和市场原则开展各项工作。三是行业集合体中的具体行业在业态、生产属性等方面存在差别,比如,与第一产业紧密相关的休闲农业、休闲农庄等休闲产业可能离不开第一产业中的种植、养殖特点,而与第二、三产业紧密相关的休闲商品生产、销售企业则一定具有较强的生产、服务特点,尽管它们在业态、生产方式等方面有所差别,但都属于休闲产业,都是为了满足大众的休闲需要。

▶ 思考

1.如果让你给休闲产业下定义,你将做何表述?

2.能否举出一些例子,说明哪些行业属于休闲产业中的核心行业、哪些行业与休闲产业几乎没有关系?

二、休闲产业的分类

多数学者认为,休闲产业属于第三产业。但从实际情况来看,一些一般情况下属于第一、二产业的行业也与休闲产业密切相关,在某些特定条件下也具备了休闲产业的特征。比如,第一产业中的农业在生产目的变为观光休闲时就变成了休闲产业。事实上,如同对休闲产业的概念界定有多种表述,学者们对休闲产业的分类也有很多不同的意见。下边对这些情况进行大致介绍。

(一)国外休闲产业的分类

国外学者们在对休闲产业进行分类时,大多会提及旅游业、文化业、体育业、娱乐业四大部门,但多数情况下没有进行进一步的细分。比如,肯·罗伯茨认为休闲产业包括旅游、体育、节事、媒体和大众文化、接待业和购物、博彩和艺术等行业领域;[①] 克里斯多弗·埃廷顿等

---

① 肯·罗伯茨.休闲产业[M].李昕,译.重庆:重庆大学出版社,2008.

则认为可以将休闲产业分为旅行和旅游、接待和餐饮服务、休闲产品制造业、娱乐服务、服务承包、零售业以及自然环境中的商业性休闲服务;[①]苏珊·霍纳等认为休闲产业包括了旅游景观、住宿业、旅游目的地、旅游经营业、交通运输业、旅游度假区、旅游零售业、艺术及娱乐业、消遣及运动业、休闲购物业、餐饮业等诸多领域。[②]这些分类大多比较粗略,有利于学习者掌握,但不利于行业的管理和发展需要。相对而言,政府部门和有关组织则多基于实际管理需要出发进行分类。

1. 国际标准产业分类体系(ISIC)

国际标准产业分类体系(International Standard Industrial Classification of All Economic Activities,ISIC)是由联合国统计委员会批准的对经济活动进行分类的最有影响力的参考型分类体系。自1948年初稿诞生后,历经半个多世纪推出了多个版本,在其2008年推出的ISIC4.0版本中,并没有独立的休闲产业类目,与之相关的是艺术、娱乐和文娱活动,下边包含了四个类型,如表5-1所示。

表5-1 ISIC4.0中的艺术、娱乐和文娱活动分类

部门	门类	内容
90 艺术创作和娱乐活动		
91 图书馆、档案馆、博物馆和其他文化活动	910 图书馆、档案馆、博物馆和其他文化活动	9101 图书馆和档案馆活动 9102 博物馆活动以及历史古迹和楼房的运营 9103 动植物园和自然保护区活动
92 赌博和押宝活动		
93 体育、娱乐和文娱活动	931 体育活动	9311 体育设施的运营 9312 体育俱乐部的活动 9319 其他体育活动
	932 其他游乐和文娱活动	9321 游乐公园和主题公园的活动 9329 未另分类的其他游乐和文娱活动

(资料来源:原创力文档,国际标准行业分类(ISIC Rev 4.0),https://max.book118.com/html/2020/1006/6001121240003003.shtm。)

2. 北美产业分类系统(NAICS)

北美产业分类系统(North American Industry Classification System,NAICS)是由北美地区的美国、加拿大、墨西哥等国联合公布的产业分类目录。在这个分类中也没有单独的休闲产业类目,而是采取了和ISIC大致相同的分类方式,独立列出了艺术、娱乐和游憩类目。与ISIC下分四类不同,NAICS只分为了三类:表演艺术、景观体育和相关产业,遗产机构,娱

[①]克里斯多弗·R.埃廷顿,德波若·乔顿,多纳德·G.道格拉夫.休闲与生活满意度[M].杜永明,译.北京:中国经济出版社,2009.

[②]苏珊·霍纳,约翰·斯瓦布鲁克.全球视角下的休闲市场营销[M].罗兹柏,译.重庆:重庆大学出版社,2012.

乐、博彩和游憩业，如表5-2所示。

表5-2 NAICS中艺术、娱乐和游憩类目的细分

部门	门类	内容	下级细分
711 表演艺术、景观体育和相关产业	7111 表演艺术企业	71111 剧场和剧院	711111 剧场企业 711112 音乐剧场和歌剧企业
		71112 舞蹈企业	711120 舞蹈企业
		71113 音乐团体和艺术家	711130 音乐团体和艺术家
		71119 其他表演艺术企业	711190 其他表演艺术企业
	7112 景观体育	71121 景观体育	711213 赛马 711218 其他景观体育
	7113 表演艺术、体育和类似事件	71131 拥有设施的表演艺术、体育和类似事件	711311 有设施的现场剧场和表演艺术 711319 体育场馆
		71132 没有设施的表演艺术、体育和类似事件	711321 无设施的表演艺术 711322 无设施的节庆活动 711329 无设施的体育活动
	7114 艺术家、运动员和其他公众人物的经纪人和管理者	1141 艺术家、运动员和其他公众人物的经纪人和管理者	711410 艺术家、运动员和其他公众人物的经纪人和管理者
	7115 独立的艺术家、作家和表演者	71151 独立的艺术家、作家和表演者	711511 独立的视觉艺术家 711512 独立的演员、喜剧演员和表演者 711513 独立的作家和作者
712 遗产机构	7121 遗产机构	71211 博物馆	712111 非商业性质的艺术博物馆和画廊 712115 历史和科学博物馆 712119 其他博物馆
		71212 历史遗迹和遗址	712120 历史遗迹和遗址
		71213 动物园和植物园	712130 动物园和植物园
		71219 自然公园和其他类似机构	712190 自然公园和其他类似机构
713 娱乐、博彩和游憩业	7131 游乐园和游乐场	71311 游乐园和主题公园	713110 游乐园和主题公园
		71312 游乐场	713120 游乐场
	7132 博彩业	71329 其他博彩业	713291 彩票 713299 其他博彩业
	7139 其他游乐和游憩业	71391 高尔夫球场和乡村俱乐部	713910 高尔夫球场和乡村俱乐部

续表

部门	门类	内容	下级细分
713 娱乐、博彩和游憩业	7139 其他游乐和游憩业	71392 滑冰设施	713920 滑冰设施
		71393 游船码头	713930 游船码头
		71394 健身和休闲体育中心	713940 健身和休闲体育中心
		71395 保龄球馆	713950 保龄球馆
		71399 其他其他游乐和游憩业	713990 其他其他游乐和游憩业

(资料来源:李丽梅.中国休闲产业发展评价、结构与效率研究[D].上海:华东师范大学,2018.)

3.澳大利亚统计局文化与休闲分类标准

2001年,澳大利亚国家统计局制定了文化与休闲分类标准,划分了遗产、艺术、运动和体育休闲、其他文化和休闲四大部门,如表5-3所示。

表5-3 澳大利亚文化与休闲分类

部门	门类	内容
遗产	博物馆、古玩、收藏	艺术博物馆;其他博物馆;古玩和收藏品零售与储藏
	环境遗产	自然公园和保护区;动物园和水族馆;植物园
	图书馆和档案馆	图书馆;档案馆
艺术	文献和印刷媒体	原创文学;报纸出版和印刷;期刊出版;书籍出版;其他出版;文献批发;文献零售
	表演艺术	音乐表演;戏剧;舞蹈;音乐剧和歌剧;其他表演艺术;表演艺术场所
	作曲和出版	作曲;音乐出版;音乐制作公司和销售公司;音像制品零售商
	视觉艺术及作品	视觉艺术及作品原创;商业摄影服务;视觉艺术和工艺品零售
	设计	建筑服务;广告设计和制作;绘图设计;其他设计
	广播、电子媒体和电影	广播服务;电视服务;电影和音像制作;电影和音像分销;动画展示;音像租赁;互动内容设计;电子信息服务
	其他艺术	其他艺术;音乐器材零售;艺术教育;版权处理机构
运动和体育休闲	赛马、赛狗	赛马、赛狗
	体育和运动游憩场所	健身和康体中心、健身房;其他体育和运动游憩场所、场地
	体育和运动游憩服务	体育和运动游憩行政管理机构;体育和运动游憩俱乐部、专业人士及团体;户外游憩向导;体育和运动游憩支持服务
	体育和运动游憩商品生产和销售	体育和运动游憩商品生产;体育和运动游憩商品批发;体育和运动游憩商品零售

续表

部门	门类	内容
其他文化和休闲	博彩	赌场
	游乐园产业	游乐园和主题公园
	接待	酒吧、酒馆、客栈;咖啡馆和餐厅;接待式俱乐部
	户外游憩	房车和宿营地;自然观光旅游
	社区和社会组织	兴趣俱乐部;宗教组织
	其他文化和休闲服务	预订和票务机构;代理和管理服务
	文化和休闲设施建设	节事管理;文化和休闲企业、专业人士和劳工组织;文化和休闲设施建设
	其他文化和休闲商品生产与销售	其他文化和休闲商品生产;其他文化和休闲商品批发;其他文化和休闲商品零售

(资料来源:李丽梅.中国休闲产业发展评价、结构与效率研究[D].上海:华东师范大学,2018.)

▶ **动动手**

1.请查阅有关资料,了解英国、日本、韩国等国的有关产业分类中是如何划分休闲相关产业的,对之做详细介绍,并形成成果向大家汇报。

2.请查阅有关资料,比较世界各国及有关组织对休闲有关产业的分类有何异同,形成成果与全班同学分享。

(二)国内休闲产业的分类

1.国内学者对休闲产业分类的探索

国内学者对休闲产业的分类探索大约可以追溯到21世纪初。下文对一些有代表性的分类略做介绍。

1)王宁的分类[①]

王宁从供给渠道出发将休闲分为自给性休闲、社会供给性休闲和商业供给性休闲。王宁认为,自给性休闲是由休闲者自己提供给自己的休闲活动,如听音乐、阅读、打扑克或打麻将等。但笔者认为,由于这些活动也可能直接或间接由休闲有关产业来提供,比如听音乐可能需要有音乐网站来提供,打麻将可能需要到营业性麻将馆中进行,等等,因此,将听音乐、阅读等活动完全归为自给性活动有些不妥。鉴于此,笔者认为只有那些完全由休闲者自己向自己提供的休闲活动,比如闭目养神,才能算自给性休闲。除此之外,休闲者的休闲活动都主要由休闲有关产业来提供,而休闲有关产业可以分为社会供给性休闲和商业供给性休闲。

社会供给性休闲是由政府公共部门提供的非营利的休闲设施和服务,主要包括博物馆、美术馆、科技馆、公园、图书馆、少年活动中心、老年活动中心、电视台等。这些领域通常是免费向公众开放的,涉及政府和社会有关组织的公共管理部门及其服务部门。一般来讲,一个

[①] 王宁.略论休闲经济[J].中山大学学报(社会科学版),2000(03):13-16.

地方的社会经济发展程度越高,它们的这类供给水平也越高。

商业供给性休闲是指由商业部门提供的、以营利为目的的休闲产品、设施和服务。如歌舞厅、餐馆、茶楼、咖啡屋、电子游戏室、游乐场、游泳池、高尔夫场地、保龄球馆、桌球馆、球赛、电影院、旅游景点和线路、网吧等。这些领域的经营主体有着很强的营利动机,它们靠出售休闲产品或有关服务来营利。

2) 卿前龙的分类[①]

卿前龙结合国民经济三次产业划分法和2002年颁布的国民经济行业分类法,将休闲产业分为三个类型,即休闲第一产业、休闲第二产业、休闲第三产业,如图5-1所示。

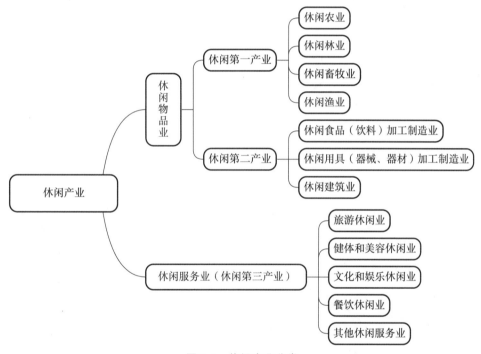

图 5-1 休闲产业分类

休闲第一产业是指第一产业中那些提供休闲物品的行业或部门,又可以分为休闲农业、休闲林业、休闲畜牧业和休闲渔业等。休闲农业如花卉和园艺作物种植业,休闲林业如观光林营造业,休闲畜牧业如宠物养殖业,休闲渔业如观赏鱼养殖业等。

休闲第二产业是指第二产业中那些提供休闲物品和休闲场馆的行业或部门,具体又包括休闲食品(包括饮料)加工制造业、休闲用具(器械、器材)加工制造业(如登山手杖、钓具等工具制造)、休闲建筑业(如各类公园、游乐园、体育场馆、城市广场等建筑)三种类型。

休闲第三产业又可以称为休闲服务业,是第三产业中为休闲人群提供休闲消费所需服务的行业或部门,又可以进一步细分为旅游休闲业(观光、游览、度假等)、健体和美容休闲业(健身馆、美容院等)、文化和娱乐休闲业(博物馆、电视台、KTV等)、餐饮休闲业以及其他休

[①] 卿前龙.休闲产业:概念、范围与统计问题[J].旅游学刊,2007(08):82-85.

闲服务业五类。

3）王琪延、黄羽翼的分类①

王琪延、黄羽翼认为可以从广义、狭义两个视角对休闲产业进行分类。其中,广义的休闲产业包括核心休闲产业,为核心休闲产业服务的行业,从事休闲品制造的休闲工业、休闲地产业及休闲农林牧渔业三个层次,如图5-2(a)所示。

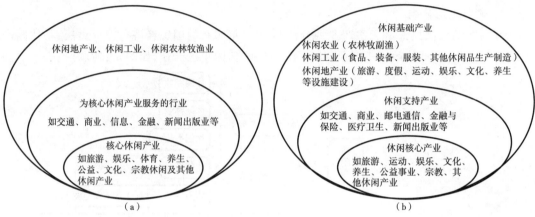

图5-2 广义的休闲产业构成

笔者在此基础上稍做修改,并根据功能将这几个分类重新命名,结果如图5-2(b)所示。按照与休闲活动提供的直接关系,可以将休闲产业分为休闲核心产业、休闲支持产业和休闲基础产业三类。其中,休闲核心产业是直接向群众提供休闲服务的产业,如旅游产业、运动产业、娱乐产业、文化产业、养生产业、公益事业、宗教及其他休闲产业。休闲支持产业是给休闲核心产业提供服务和帮助支持的产业,它们并不专门为休闲产业而存在,但是离开了它们,休闲核心产业的发展将举步维艰;而休闲核心产业如果发展得好,又会极大刺激该产业健康发展。休闲基础产业主要是第一、二产业,这些产业为休闲核心产业提供有形产品、基础设施和有关硬件条件。没有它们,休闲核心产业将不能发展;而休闲核心产业的发展又为这些产业的发展带来了新的机遇。

根据王琪延、黄羽翼的观点,狭义的休闲产业就是指休闲核心产业。他们认为,从内容上看,狭义休闲产业包括旅游业、体育业、养生业、娱乐业、文化休闲、公益休闲、宗教及其他休闲产业。其中,旅游业包括了旅行社及相关服务、住宿业及公园和游览景区;体育业主要是与体育运动有关的各类产业;养生业包括美容、洗浴、保健、医疗、养老等有关产业;娱乐业包括电子游戏、游乐场、KTV等有关产业;文化休闲包括日用品出租、广播电视电影、文化艺术业、互联网有关产业等;公益休闲更多是指事业,包括公益性质的养老院、孤儿院和志愿者服务等;宗教休闲产业包括各种宗教组织及其有关产业;其他休闲产业涉及面很广,如餐饮业、休闲教育业等。

基于我国2007年144部门投入产出表,王琪延、黄羽翼认为可以清晰界定为休闲产业的行业并不多,其分类结果如表5-4所示。

---

①王琪延,黄羽翼.关于休闲产业统计分类的思考[J].统计与决策,2015(02):33-36.

表5-4　基于中国2007年144部门投入产出表的休闲产业分类

代码	投入产出部门名称	对应的国民经济行业
66113	住宿业	旅游饭店、一般旅馆、其他住宿服务
67114	餐饮业	正餐服务、快餐服务、饮料及冷饮服务、其他餐饮服务
74125	旅游业	旅行社
87138	社会福利业	提供住宿的社会福利,不提供住宿的社会福利
89140	广播、电视、电影和音像业	广播、电视、电影、音像制作
90141	文化艺术业	文艺创作与表演、艺术表演场馆、图书馆与档案馆、文物及文化保护、博物馆、烈士陵园、纪念馆、群众文化活动、文化艺术经纪代理、其他文化艺术
91142	体育	体育组织、体育场馆、其他体育
92143	娱乐业	室内娱乐活动、游乐园、休闲健身娱乐活动、其他娱乐活动

4) 汪振汉的分类①

汪振汉从理论和统计需要两个角度对休闲产业进行了分类。

首先,从理论上来讲,休闲产业可以分为休闲核心产业和休闲关联产业两大类。如果是直接满足休闲者休闲需要的组织或个人,就可以划归为休闲核心产业;如果是间接满足休闲者休闲需要的组织或个人,则应当划归休闲关联产业。休闲关联产业为休闲核心产业提供支持和服务。其谱系如图5-3所示。

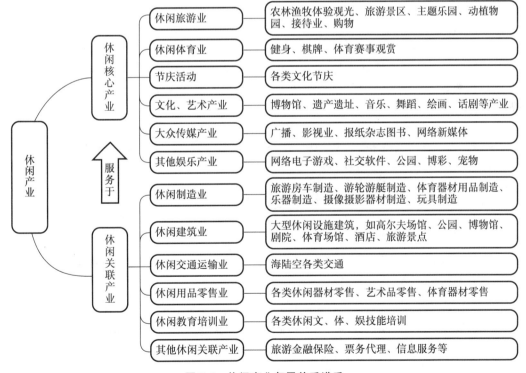

图5-3　休闲产业归属关系谱系

① 汪振汉.休闲产业的界定、分类与统计[J].湖北理工学院学报(人文社会科学版),2020,37(02):7-14.

结合我国国民经济行业分类标准(2017年版),汪振汉提出了休闲产业统计的框架体系,认为我国休闲核心产业涉及G(交通运输)、H(住宿和餐饮业)、I(互联网和相关服务)、L(租赁和商务服务业)、N(水利、环境和公共设施管理业)、O(居民服务、修理和其他服务业)、R(文化、体育和娱乐业)七个门类,而最为集中的领域是R。而R又包括了新闻和出版业,广播、电视、电影和录音制作业,文化艺术业,体育,娱乐业五大领域。

2. 本书的观点

综合上述各位学者的观点,本书认为,从理论上对休闲产业进行分类,可以有如下几个视角。

1) 按照休闲者是否可以免费获得休闲产品和服务分类

这类似于王宁的分类,根据休闲者是否可以免费获得休闲产品和服务,休闲产业可以分为公益性休闲产业和商业性休闲产业。公益性休闲产业所提供的休闲产品和服务能免费向公众提供,既可能由政府和社会福利部门提供,也可能由民间组织和机构提供;前者如公园、公立博物馆、图书馆等,后者如民营可免费参观的艺术馆、美术馆等。商业性休闲产业所提供的休闲产品和服务以营利为目的,公众需要付费才可以获得,覆盖的领域非常广泛,如电影院、休闲山庄、广播电视、互联网、体育业等。

2) 按照与休闲活动的紧密关系分类

这类似于王琪延、黄羽翼的观点,按照与休闲活动的紧密关系,可以将休闲产业分为休闲核心产业、休闲支持产业和休闲基础产业三类。如前文图5-2(b)所示,此处不再重复论述。

3) 从统计需要进行分类

从统计需要对休闲产业进行分类,可以参考我国国民经济行业分类标准(现行标准的编号:GB/T 4754—2017),该标准原文可以在全国标准信息公共服务平台(https://std.samr.gov.cn/)查阅。本书认为,该标准中,与休闲产业有关的行业涵盖了全部20个门类中的多数领域,如表5-5所示。

表5-5 GB/T 4754—2017中与休闲产业有关的领域

代码	类别名称	入选休闲产业的理由
A	农林牧渔业	这类产业中的种植、养殖等行为既可以提供休闲有形产品(如水果),也可以提供休闲场所(如休闲农庄),或直接提供休闲服务(如观赏农业)
C	制造业	这类产业为休闲领域提供直接产品(如休闲食品、休闲服装、玩具、健身器材、计算机等)或间接支持(如自驾游所需的车辆、保健用的医药保健品、攀岩用的绳子等)
E	建筑业	这类产业为休闲活动提供场地、设施,如场馆建设、道路建设、网络建设、各类设备安装等
F	批发和零售业	这类产业为休闲活动所需的产品得到周转以顺利到达消费者手中提供渠道和便利,如乐器、图书、文具、音像制品、艺术品、珠宝、休闲食品等的批发和零售
G	交通运输、仓储和邮政业	这类产业为休闲者异地流动、休闲物品递送等提供服务和支持
H	住宿和餐饮业	这类产业为休闲者提供住宿和餐饮产品与服务,属于直接为休闲需要提供保障的产业

续表

代码	类别名称	入选休闲产业的理由
I	信息传输、软件和信息技术服务业	这类产业为休闲者提供通信、广播电视、互联网等相关服务,可直接为休闲活动提供产品和服务(如看电视、上网冲浪等),也可以为休闲活动提供信息支持(如旅游目的地查询)
J	金融业	这类产业为休闲者提供货币、保险等服务
L	租赁和商务服务业	这类产业可为休闲者提供各类租赁和商务服务,如车辆租赁、帐篷租赁、文化用品租赁、健康咨询、翻译、法律咨询和服务等
O	居民服务、修理和其他服务业	这类产业可为休闲者直接提供休闲产品或服务(如理发和美容、洗浴和保健等),也可以为休闲者提供支持性产品和服务(如汽车维修和维护等)
P	教育	这类产业可以为休闲者传授和培训休闲观念、技能和有关知识
Q	卫生和社会工作	这类产业可为休闲者提供医疗卫生方面的服务,或者直接提供休闲产品(如为孤儿院、养老院提供义工服务的休闲活动)
R	文化、体育和娱乐业	这类产业为休闲核心产业,直接为休闲提供各类产品和服务,包括了新闻和出版业,广播、电视、电影和录音制作业,文化艺术业,体育,娱乐业五个产业

▶ 动动手

1. 查阅有关资料,分享你所查阅到的关于休闲产业分类的其他成果,并与同学分享。
2. 你认为休闲产业应该如何分类?请说明你的理由。

第二节 我国休闲产业发展概况

休闲产业的发展并不以学者们的研究起始为起点,而是早在人们的研究之前就已经开始了它的发展。从理论上来讲,无论社会的发展处于何种水平,人们都有休闲的需要,因此也就有对应的休闲供给存在;但是要从产业意义上来分析休闲供给(也就是休闲产业)的发展情况,应当是从近现代休闲大众化以后开始分析。由于我国社会主义市场经济的真正形成是在改革开放以后,因此,本节对休闲产业发展概况的探讨也主要是分析改革开放以后至今的情况。

一、我国休闲产业发展阶段

在休闲产业发展阶段的划分上,目前主要有两种划分方法:一种是按照产业从小到大的纵向时间顺序划分,另一种是按照产业从点到面的横向空间顺序划分。

(一) 纵向时间顺序的划分

这种划分的代表如唐启国,[①]他将我国休闲产业的发展分为三个阶段:起步阶段、培育阶

---

①唐启国.我国休闲产业发展与战略对策研究[J].青岛科技大学学报(社会科学版),2009,25(04):1-6.

段、快速发展阶段。

起步阶段是指1978—1994年,在这个阶段,我国经济、社会、文化迅速发展,人们收入水平提升,民众的休闲活动快速增加,休闲产业也开始起步。在这个阶段,旅游业迅速崛起,收音机、电视机、电子游戏、体育健身等产业在城乡之间发展迅猛,但是各个产业的发展尚未形成体系。

培育阶段是指1995—2000年,在这个阶段,绝大多数民众进入小康生活,人们的可自由支配收入和时间均快速提升,民众休闲意识增强,为休闲产业的发展创造了良好需求条件;旅游产业成为我国国民经济中发展极为快速的行业之一,文化娱乐与传媒业、体育健身业、会展业、休闲农业逐渐崛起,逐步培育出了一个充满活力的巨大休闲产业体系。

快速发展阶段是指2000年以来的这20多年,在这个阶段,我国全面实现了小康社会,基本消除了绝对贫困,GDP排名长期稳居世界第二位,人均可支配收入大幅增长,国民经济发展快速而稳定,各项事业稳步推进,成体系的休闲产业的发展十分迅速。

(二)横向空间顺序的划分

这种划分的代表如李丽梅,①她将我国休闲产业的发展分为三个阶段:个体层面发展阶段、区域层面发展阶段、整体层面发展阶段。

个体层面发展阶段是指改革开放以后至20世纪90年代中晚期,我国休闲产业首先在深圳、上海、广州、北京等几个大城市中得到了快速发展。发展的原因是这几个城市首先实现了人均GDP 3000美元的突破,发展的表现有两个方面:一是这些城市的管理者认识到了休闲产业发展的必要性,因此出台了有助于休闲产业发展的政策,打造了有利于休闲产业发展的大环境;二是在旅游业、文化产业、新闻出版业等休闲领域实现了快速发展并逐步实现了规模化。但是在这个阶段,休闲产业的发展基本上局限在上述几个大城市,全国其他区域的发展非常有限。

区域层面发展阶段是指20世纪90年代晚期到21世纪初期,随着天津、南京、厦门、青岛、大连、宁波、杭州、苏州等城市的人均GDP突破3000美元,休闲产业的区域性发展特点逐步呈现。在这个阶段,休闲产业的发展主要集中在京津冀、长三角、珠三角三大区域,东部地区的杭州发展最为典型;而同时,一些拥有天然休闲优势的地区的休闲产业也得到了快速发展,成都可谓是其中的典型代表。

整体层面发展阶段是指2008年至今的阶段,在这个阶段,我国人均GDP整体突破3000美元,城市发展迅速,中产阶层快速崛起,居民休闲时间大幅增加,国内消费需求旺盛,这些都为休闲产业在全国范围内的全面发展奠定了基础。我国休闲有关产业发展迅速,互联网、大数据、云技术等新技术在休闲产业的发展中起着非常重要的作用,电子支付、人工智能、智慧产业等新事物为民众休闲体验感的提升做出了重大贡献。

二、我国休闲产业发展的特点

纵观我国休闲产业的发展情况,我国休闲产业的发展存在如下五个方面的典型特点。

---

① 李丽梅.中国休闲产业发展评价、结构与效率研究[D].上海:华东师范大学,2018.

（一）休闲产业发展迅速，产业体系已经形成

我国休闲产业从起步到全面发展尽管只经历了几十年，但这几十年中我国社会经济发展十分迅速，民众休闲需求快速增加，国民经济产业体系不断完善和丰富，休闲产业快速发展，产业体系已经基本形成。当然，当前我国的休闲产业在发展中或许还存在区域分布不均、发展质量不高、产业结构尚需调整等一系列问题，但休闲产业门类齐全，发展基础扎实，为后续的持续健康发展提供了很好的基础。

（二）休闲产业跨界融合能力强

我国休闲产业的发展存在着明显的跨界融合特征，且这种融合能力比较强大。这种融合主要表现在两个方面：一是产业间的融合，比如农业与休闲的融合形成了休闲农业，体育与休闲的融合形成了休闲体育等；二是技术与产业的融合，比如互联网在休闲产业中的应用形成了网络游戏、电商购物、网络社交等休闲产业，VR、AR技术在休闲产业中的应用极大提升了休闲者的体验感。这些融合形成了一大批新兴产业和业态，使休闲产业更趋完善，也更有魅力。

（三）休闲产业组织行为复杂

相比于一般物品的生产和交换，休闲产业中的生产和交换行为非常复杂。这是因为休闲需要往往既涉及物质需要又涉及精神需要，且这种需要的满足会涉及多个供给部门的工作。比如，网络游戏会涉及开发、营销、维护等多个环节，其中的每一个环节都可能由不同的企业主体来承担；一部电影会涉及剧本、拍摄、制作、放映等多个环节，这些环节的背后可能牵连多个行业、数十乃至上百家企业主体。这个特点充分说明，休闲产业的分工和专业化很强，且经营风险较大。比如花费了无数心血拍摄出来的电影，票房有可能非常惨淡，导致相关方血本无归。

（四）创新是推动休闲产业快速发展的动力

随着时间的推移，新政策、新观念、新技术等与创新有关的事物成为推动休闲产业快速发展的动力。这表现在两个方面：一是创新推动着传统休闲领域呈现出新的特征，不断提升着休闲者的休闲体验，比如玻璃栈道的出现赋予了传统栈道新的特征，给消费者带来了全新体验；二是创新直接产生新业态、推动休闲新事物产生，比如田园综合体、农业公园、商业综合体、民宿等均为创新产生的休闲新业态，直接为民众带来了更加丰富、立体的休闲产品和服务。

（五）休闲产业的规划、管理有待完善

我国休闲产业在发展中仍然存在诸多问题，限于篇幅，这里不对这些问题做过多探讨；但是休闲产业在规划、管理等关键性领域中存在的问题却仍需一提。比如，一些地方存在盲目投资休闲产业、重复建设等问题，导致休闲产业的发展结构不合理或者与本地民众的休闲需求不匹配，从而导致投资失败、产业不健康发展等后果。在管理方面，我国对休闲产业的发展总体上缺乏行业标准或标准不足，涉及休闲产业的有关法律法规不够健全，知识产权保护、个人隐私保护力度不足等，都是当前制约休闲产业健康发展的重要瓶颈。

> 动动手

1. 查阅有关资料,分析我国休闲产业的发展还有哪些特点,将你的观点与同学分享。
2. 查阅资料,分析我国(或你所在的城市)休闲产业发展中存在哪些问题,导致这些问题的原因是什么,并分享你的结论。

三、部分休闲核心产业的发展概况

休闲产业涵盖的面很广,其产业边界也比较模糊,因此,要介绍其发展状况的难度就比较大。本节选取部分休闲核心产业介绍其当前的发展概况。

(一)旅游产业

旅游业是休闲产业中较为重要的行业之一,也是世界上很多国家经济部门中发展较为快速的经济部类。无论是经济贡献,还是就业贡献和环境贡献,旅游业在很多国家的社会经济发展中都扮演着非常重要的角色。我国旅游业的快速发展在改革开放以后,先后经历了大力发展入境旅游、国内旅游和入境旅游并重、放开出境旅游三个阶段。下文以疫情发生之前的2019年数据,来介绍我国旅游产业的发展状况。

1. 2019年我国旅游产业发展的基本数据[①]

2019年,国内旅游人数60.06亿人次,比上年增长8.4%;入出境旅游总人数3.0亿人次,同比增长3.1%;全年实现旅游总收入6.63万亿元,同比增长11%。

旅游业对GDP的综合贡献为10.94万亿元,占GDP总量的11.05%。旅游直接就业2825万人,旅游直接和间接就业7987万人,占全国就业总人口的10.31%。

2019年入境旅游人数1.45亿人次,比上年增长2.9%。其中外国人3188万人次,增长4.4%。国际旅游收入1313亿美元,比上年增长3.3%。

2019年中国公民出境旅游人数达到1.55亿人次,比上年增长3.3%。

2. 2011—2019年旅游业主要发展指标[②]

2011—2019年,我国旅游业持续稳步增长,历年发展数据如表5-6所示。

表5-6 2011—2019年我国旅游业发展主要指标

年 份	国内旅游人次/亿人次	国内旅游收入/亿元	入境旅游人次/万人次	入境旅游收入/亿美元	出境旅游人次/万人次	旅游总收入/万亿元
2011年	26.41	19305	13542	484.64	7025	2.25
2012年	29.57	22706	13241	500.28	8318	2.59
2013年	32.62	26276	12908	516.64	9819	2.95

[①] 新浪科技.2019年旅游总收入6.63万亿元,旅游业在GDP占比11.05%[EB/OL].(2020-03-10).https://tech.sina.cn/2020-03-10/detail-iimxxstf7938751.d.html.

[②] 中华人民共和国文化和旅游部.中华人民共和国文化和旅游部2019年文化和旅游发展统计公报[EB/OL].(2020-06-20).https://www.mct.gov.cn/whzx/ggtz/202006/t20200620_872735.htm.

续表

年份	国内旅游人次/亿人次	国内旅游收入/亿元	入境旅游人次/万人次	入境旅游收入/亿美元	出境旅游人次/万人次	旅游总收入/万亿元
2014年	36.11	30312	12850	1053.80	10728	3.73
2015年	39.90	34195	13382	1136.50	11689	4.13
2016年	44.35	39390	13844	1200.00	12203	4.69
2017年	50.01	45661	13948	1234.17	13051	5.40
2018年	55.39	51278	14120	1271.03	14972	5.97
2019年	60.06	57251	14531	1313.00	15463	6.63

 时代数据

2023年上半年国内旅游数据情况[①]

根据国内旅游抽样调查统计结果,2023年上半年,国内旅游总人次23.84亿,比上年同期增加9.29亿,同比增长63.9%。其中,城镇居民国内旅游人次18.59亿,同比增长70.4%;农村居民国内旅游人次5.25亿,同比增长44.2%。分季度看:2023年第一季度,国内旅游总人次12.16亿,同比增长46.5%;2023年第二季度,国内旅游总人次11.68亿,同比增长86.9%。

2023年上半年,国内旅游收入(旅游总花费)2.30万亿元,比上年同期增加1.12万亿元,增长94.9%。其中,城镇居民出游花费1.98万亿元,同比增长108.9%;农村居民出游花费0.32万亿元,同比增长41.5%。

(二) 文化产业

自20世纪50年代开始,文化产业在新技术推动下得到了前所未有的发展。经过几十年的发展,文化产业当前已成为发达国家国民经济的主导产业,同时对世界经济的发展产生了深远的影响。比如,美国的电影业和传媒业、英国的音乐产业、日本的动漫业、韩国的网络游戏业等,都在国际文化产业中占据着重要的位置,这些产业在丰富世界人民精神需要的同时,也极大推动了本国的经济发展。

在我国,自2002年党的十六大报告首次将文化产业纳入政治报告后,各级政府纷纷制定文化产业发展规划,我国文化产业迅速发展起来,日益成为我国国民经济中的重要产业,在经济收入、就业贡献、满足人民精神文化需要方面起着非常关键的作用。据统计,截至2018年末,我国共有文化产业法人单位210.3万个,占全部第二、三产业法人单位的9.7%;文

[①]中华人民共和国文化和旅游部,2023-07-13,tps://zwgk.mct.gov.cn/zfxxgkml/tjxx/202307/t20230713_945923.html。

化个体经营户261.4万户,占全部个体经营户的4.2%;文化产业法人单位拥有资产22.6万亿元,全年实现营业收入13.0万亿元。2018年末,我国文化产业从业人员数达2789.3万人。其中,文化法人单位从业人员2055.8万人,占全国第二、三产法人单位从业人员的5.4%;文化个体经营户从业人员733.5万人,占全国个体经营户从业人员的4.9%。①2005—2018年文化产业增加值年均增长18.9%,高于同期GDP现价年均增速6.9个百分点;文化产业增加值占GDP比重由2004年的2.15%、2012年的3.36%提高到2018年的4.30%,在国民经济中的占比逐年提高。②

疫情对文化产业的发展也产生了一些影响。据国家统计局数据,2019年全国文化及相关产业增加值为44363亿元,占GDP的比重为4.5%,比上年提高0.02个百分点;2020年全国文化及相关产业增加值为44945亿元,占GDP的比重为4.43%,比上年下降0.07个百分点。但与旅游产业不同,文化产业的恢复速度较快。2021年全国规模以上文化及相关产业企业实现营业收入119064亿元,比上年增长16.0%;两年平均增长8.9%。从文化产业各构成部分的发展来看,文化娱乐休闲服务受疫情影响最严重,两年平均增速下降9.2%;其余各构成部分均实现了较高增长,其中可穿戴智能文化设备制造、互联网广告服务两个细分行业营业收入增加最多,两年平均增速分别为46.4%和31.8%。

可以预见,随着疫情的结束,我国文化产业的发展必将迎来更加快速的进步,迈上更高台阶。

▶ 动动手

1.请查阅有关资料,了解我国文化产业的最新分类情况,并分别了解这些小类产业的发展情况。

2.请查阅资料,了解你所在地区文化产业(或某个下属产业)当前的发展情况。

(三)休闲体育业

作为我国五大幸福产业之一,③体育产业不仅是拉动我国经济增长、促进消费升级的重要力量,也是直指人心、提升居民幸福指数和生活品质的着力点。2012—2022年,我国体育产业在供需两侧均取得了长足发展,形成了以竞赛表演和健身休闲为驱动,体育用品业为保障,体育场馆、体育培训、体育中介、体育传媒等业态快速发展的整体格局,呈现出高质量发展的态势。④从全国体育产业发展总体情况来看,2012年体育产业总规模为9526亿元,2020年体育产业总规模为27372亿元,体育产业总规模不断增加;体育产业增加值占

---

①国家统计局.文化产业实现规模效益双提升——第四次全国经济普查系列报告之五[EB/OL].(2019-12-06). http://www.stats.gov.cn/xxgk/sjfb/zxfb2020/201912/t20191205_1767558.html.

②中华人民共和国中央人民政府.国家统计局发布报告显示:文化产业增加值在国民经济中占比逐年提高[EB/OL]. (2019-07-26).http://www.gov.cn/xinwen/2019-07-26/content_5415564.htm.

③国务院原总理李克强在2016年夏季达沃斯论坛上提出旅游、文化、体育、健康、养老"五大幸福产业"的概念。

④国家体育总局.迈上新台阶 实现新跨越——中国体育产业十年取得长足发展[EB/OL].(2022-05-23).https:// www.sport.gov.cn/n20001280/n20067608/n20067635/c24300190/content.html.

同期国内生产总值的比重由2012年的0.60%上升至2020年的1.06%,体育产业对GDP贡献度不断提升。

休闲体育是体育产业中的重要构成部分,也是体育产业今后发展的新方向。中国人口超14亿,经常参加体育活动的人数接近5亿,参与休闲体育的人数将近7亿。①随着民众休闲需求的增加,我国休闲体育业的发展呈现出令人惊叹的增长态势。据国家体育总局有关统计,2014年中国居民人均体育消费支出仅为926元,到2020年提高到1330.4元,增长了43.67%;中国居民体育消费总规模则从2015年的10000亿元增长到2020年的18000亿元。与消费的大增长相对应,休闲体育的供给侧也获得爆发式增长。2012年,传统的竞赛表演、健身休闲、体育培训等体育服务业增加值为1085.11亿元,占比为34.60%,到2020年升至7374亿元,占比达到68.70%。

在休闲体育发展趋势上,首都体育学院教授、博导李相认为休闲体育在今后的发展主要有四个趋势:一是休闲体育将成为中国一种新的体育形态,既游离于传统体育的概念之外,又和竞技体育、群众体育和体育产业都发生密切关系;二是"休闲体育+旅游"将实现深度融合,事实上,不光是体育和旅游,"体育+文化""体育+教育""体育+养老"等新的体育产业业态在未来都必将获得长足发展;三是伴随着政府对体育赛事的开放,休闲体育赛事与活动的市场体系和服务体系将得到日益丰富与健全;四是伴随着中国休闲体育井喷式的发展,休闲体育消费将达到体育消费的70%左右。②

 新闻链接

聚焦2023重马 | 迈向新十年 重马迎"蝶变"③

3月19日,2023重庆马拉松将在南岸区海棠烟雨公园起跑。这是重马自2011年诞生以来,第11次鸣响发令枪。来自全球347个城市的3万名跑者汇聚南滨路、巴滨路,在母亲河畔丈量山水之城的无限风光。在重马迈向第二个十年的节点,重马十载给这座城市带来什么改变?又如何与时代同进步、与重庆共成长?

一、规模赛事引领全民健身

"一个金牌大国,更需要其国民拥有强健的体魄和健康的人格。"著名体育评论员张路平在《马拉松大时代》一书中写道。重马体育董事长李伟阅读这本书后感触很深。他认为,重马十年给重庆带来的最大贡献,就是掀起了全民健身热潮,

---

① 国家体育总局.我国休闲体育的时代特点与发展趋势[EB/OL].(2020-10-12).https://www.sport.gov.cn/n20001280/n20745751/n20767279/c21256817/content.html.
② 国家体育总局.我国休闲体育的时代特点与发展趋势[EB/OL].(2020-10-12).https://www.sport.gov.cn/n20001280/n20745751/n20767279/c21256817/content.html.
③ 重庆日报,2023-03-18,https://baijiahao.baidu.com/s?id=1760713056887348544&wfr=spider&for=pc。

让更多市民强健了体魄。市体育局相关负责人评价道："重马是重庆全民健身活动中最具特色和影响力的品牌赛事。""所有运动项目中,唯有马拉松是普通老百姓可以和专业运动员同台竞技的。只要有一双跑鞋,就可以跑起来、动起来。"成渝体育产业联盟副秘书长、成都体育学院西部体育产业发展研究中心主任、教授杨强认为。他说,马拉松具有品牌效应、规模效应和集聚效应,对全民健身具有引领示范带动作用。不爱运动的人,通过媒体报道等看到几万人同时奔跑,可能会被感染,潜移默化中变成爱运动的人。爱运动的人,会会变成更想运动的人。

民有所呼,政有所应。重庆坚持实施全民健身公共服务体系提升行动,城市"15分钟健身圈"覆盖率100%,且正在向"10分钟健身圈"迈进,经常参加体育锻炼人数比例达47.65%,国民体质监测合格率90.9%。人们在滨江健身步道、体育公园、田径场等地享受运动,在奔跑中超越自我,分享快乐,寻味人生意义。

二、赛事背后经济的经济带动

据统计,重马每年拉动体育旅游消费约3亿元,相关配套IP的创立和发展,也有力带动了商旅文体的深度融合发展。除了对衣、食、住、行、游、购、娱等方面的直接拉动外,重马还在招商引资、经贸交流等方面发挥着独特作用。重马国际消费节期间,将举办体育产业博览会、马拉松高峰论坛等系列活动,一批重量级大咖、行业菁英、优质企业将汇聚南岸,共襄盛会。

三、以赛为媒秀出城市风采

重马,除在全民健身、提振经济方面发挥重要作用外,还提升着重庆形象,展现着重庆独具特色的山水人文之美。"重马体育品牌影响力,在全国名列前茅。提到重庆,很多人脑海中第一反应就是重马。"中国马拉松大满贯组委会执行主席金飞鸿说。正如他所言,历经12年积淀,重马俨然成为重庆的一张重要的体育名片和城市名片。

经过测算,预计到2035年,我国体育产业总量占GDP的比重将达到4%左右。"随着经济发展,居民会在健身方面会投入更多精力,产生更多消费,期待中国体育产业成为支柱产业,期待重马在探索体育产业高质量发展之路上取得更大突破和成就,助力重庆焕出更迷人的光彩。"成渝体育产业联盟副秘书长杨强说。

跑友总爱说,路虽远,行则将至。对重马,对重庆而言,亦然。

▶ 动动手

1.请查阅有关资料,了解当前我国有名的休闲体育盛事,制作成汇报文档,与全班同学分享。

2.请查阅资料,了解你所在的省市区有哪些标志性休闲体育活动,分析这些活动为当地带来了怎样的影响。

（四）休闲农业

改革开放以后,受欧美、日本及我国台湾地区休闲农业的影响,我国休闲农业开始起步。

经过几十年的发展,我国休闲农业从最初单一的观光农业已经发展成为当前集观光、休闲、娱乐、度假、体验、科普、教育等多种功能于一体的现代农业新形态。

马新认为,我国休闲农业的发展可以分为三个阶段:早期兴起阶段(1980—1990年)、初期发展阶段(1990—2000年)、规范经营阶段(2000年至今)。① 贾新平等则认为,我国休闲农业的发展可以分为萌芽阶段、起步阶段、快速发展阶段和创意阶段四个阶段。② 其中,萌芽阶段是1980—1990年,在这个阶段,我国农业生产力水平得到了极大提升,农业生产结构发生较大改变,一些农民开始依靠特色资源环境,组织举办了多种形式的休闲农业活动,如西瓜节、桃花节等,吸引了一些城市观光客的到访;此时的休闲农业功能单一,以政府宣传、家庭个体经营为主。起步阶段是1990—2000年,在这个阶段,城市化进程加快,居民消费能力提升,城市和景区周边的农村和农户们利用特有的农业资源和特色风光,发展观光和采摘相结合的体验农业,我国休闲农业作为一个产业开始起步。快速发展阶段是2000—2016年,在这个阶段,我国休闲农业取得了突飞猛进的发展,发展速度快、产业规模大、发展模式多,观光、休闲、娱乐、度假、体验、科普等诸多功能都被开发了出来。创意阶段是2016年至今,这个阶段的休闲农业融合了文化、科技等诸多时代元素,出现了创意农业的发展新态势。

2019年,我国乡村休闲农业接待游客约32亿人次,营业收入达8500亿元,直接带动吸纳就业人数1200万,带动受益农户800多万户。③ 图5-4显示了2014—2019年我国休闲农业和乡村旅游接待人次数和增速情况;图5-5显示了2015—2019年我国休闲农业和乡村旅游收入和增速情况;图5-6显示了2015—2019年我国休闲农业和乡村旅游营业收入占旅游收入的比例。④

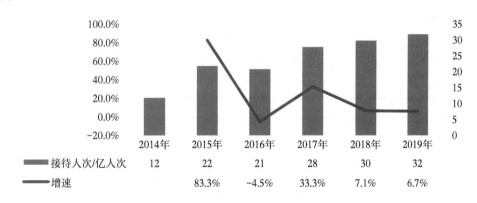

图5-4 2014—2019年我国休闲农业和乡村旅游接待人次数和增速

---

① 马新.我国休闲农业发展现状及问题浅析[J].南方农业,2017,11(05):59-60.
② 贾新平,梅雪莹,罗海蓉,等.中国休闲农业发展现状及趋势分析[J].农学学报,2019,9(09):91-95.
③ 农业嘉年华.农业农村部 文旅部:加快乡村休闲旅游业恢复发展[EB/OL].(2020-09-18).http://agricarnival.com/policy/detail/? ID=1771&rid=407.
④ 2020年中国乡村旅游发展态势分析:接待游客人数稳健增长[EB/OL].(2020-12-21).https://www.chyxx.com/industry/202012/917870.html.

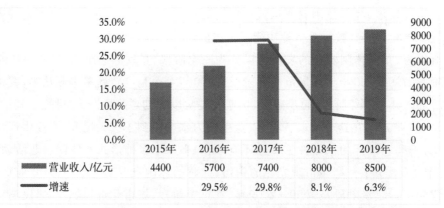

图 5-5　2015—2019 年我国休闲农业和乡村旅游收入和增速

图 5-6　2015—2019 年我国休闲农业和乡村旅游收入在旅游收入中的占比

受疫情影响,我国休闲农业在 2020 年也出现了一些下滑,但各部门很快推出了新的产业发展措施。2020 年 7 月,农业农村部印发《全国乡村产业发展规划(2020—2025 年)》,对未来几年乡村产业发展做出了总体规划。规划明确提出,到 2025 年,休闲农业年接待旅游人次数要达到 40 亿人次,年均增长 3.8%;休闲农业年营业收入要达到 12000 亿元,年均增长 5.9%,[①]如表 5-7 所示。可以预测,休闲农业在我国未来国民经济发展中必将取得更加优异的成绩。

表 5-7　《全国乡村产业发展规划(2020—2025 年)》发展目标

指标	2019 年	2025 年	年均增长
农产品加工业营业收入/万亿元	22	32	6.50%
农产品加工业与农业总产值比[a]	2.3∶1	2.8∶1	[0.5]
农产品加工转化率/(%)	67.5	80	[12.5]

---

① 中华人民共和国农业农村部.农业农村部关于印发《全国乡村产业发展规划(2020—2025 年)》的通知[EB/OL].[2020-10-20].http://www.moa.gov.cn/nybgb/2020/202008/202010/t20201020_6354670.htm.

续表

指标	2019年	2025年	年均增长
产值超100亿元乡村特色产业集群/个	34	150	28%
休闲农业年接待旅游人次/亿人次	32	40	3.80%
休闲农业年营业收入/亿元	8500	12000	5.90%
农林牧渔专业及辅助性活动产值/亿元	6500	10000	7.50%
农产品网络销售额/亿元	4000	10000	16.50%
返乡入乡创新创业人员/万人	850	1500	10%
返乡入乡创业带动就业人数/万人	3400	6000	10%

注：[ ]为累计增加数。

a：农产品加工业与农业总产值比＝农产品加工业总产值/农业总产值，其中农产品加工业总产值以农产品加工业营业收入数据为基础计算。

（五）会展产业

会展产业的雏形虽然产生较早，但真正快速发展并成为经济社会发展中的重要推动力量却是近代以来的事。与多数休闲产业一样，会展产业的边界也比较模糊，下属的行业门类众多。尽管不是每一个会展活动都是基于休闲目的而开展的，但多数会展产业都可提供与休闲有关的产品和服务。比如，节日庆典、体育赛事、大型会议多数都与文化、旅游、娱乐等领域紧密相关，是民众休闲的好供给。

中华人民共和国成立以后，我国会展活动日渐增多，广交会等著名展览即起源于20世纪50年代；改革开放以后，我国会展产业快速发展起来，并于20世纪90年代开始了产业化历程。进入21世纪，我国会展产业的专业化、国际化和品牌化日益深化，逐渐形成了以北京为中心的环渤海会展经济带、以上海为中心的长三角会展经济带、以广州为中心的珠三角会展经济带、以大连为中心的东北会展经济带和中西部会展经济带五大会展经济带，在展览、会议、节事、奖励旅游等各个领域都取得了全面突破和高速发展。

以展览为例，2019年全国展览总数为11033场，展览总面积为14877.38万平方米，较2018年分别增长0.6%和2%；全年净增展览65场、展览总面积301.62万平方米。[1] 表5-8展示了我国2009—2018年会展产业的有关综合数据。

表5-8 2009—2018年全国会展产业综合数据

年份	展览数量/场	展览面积/万平方米	50人以上会议/万场	万人以上节庆/万场	出国（境）展览面积/万平方米	就业人数/万人次	直接产值/亿元	占GDP比重/（%）	占第三产业总值比重/（%）	综合贡献/万亿元
2009年	4500	4615	3.8	5.1	45	1790	2026	0.6	1.37	1.8

---

[1] 前瞻产业研究院.2020年中国会展行业市场现状及竞争格局分析 疫情对行业影响程度超预期[EB/OL].(2020-11-18).https://bg.qianzhan.com/report/detail/300/201118-520f47e9.html.

续表

年份	展览数量/场	展览面积/万平方米	50人以上会议/万场	万人以上节庆/万场	出国(境)展览面积/万平方米	就业人数/万人次	直接产值/亿元	占GDP比重/(%)	占第三产业总值比重/(%)	综合贡献/万亿元
2010年	6200	7440	53	6.3	51.8	1900	2482	0.62	1.45	2.2
2011年	6830	8120	64.2	6.5	60	1980	3016	0.64	1.48	2.7
2012年	7813	9098	72.6	6.9	69.3	1950	3587	0.69	1.54	3.2
2013年	7851	10344	76.5	6.1	61.8	1960	3796	0.67	1.45	3.4
2014年	8592	11047	81.2	6.3	70.7	1963	4071	0.64	1.33	3.7
2015年	9505	11907	86.5	6.59	73	1971	4358	0.64	1.28	3.9
2016年	10317	13040	93	7.5	83.5	1983	5061	0.68	1.32	4.6
2017年	11232	14582	110	12	84.98	1990	5951	0.72	1.39	5.1
2018年	11470	15322	152	14.6	84.45	1992	6457	0.72	1.38	5.6

(数据来源:郭牧.2019中国会展产业年度报告[M].武汉.华中科技大学出版社,2019.)

但是受到疫情影响,2020年全国线下展览总数为5408场,展览总面积为7726.61万平方米,较2019年分别减少50.98%和48.05%。全年净减展览5625场、展览总面积7147.77万平方米。①

课内拓展

2023中国智能汽车技术展在渝举行

▶ 动动手

1.请查阅有关资料,了解会展产业的产业范畴。
2.请查阅有关资料,了解你所在城市中有哪些知名的会展产业品牌。

(六)休闲工商业

休闲工商业是指为民众提供休闲有形产品的生产和销售的企业主体所组成的产业集体,至少包含休闲服装、休闲食品、休闲用品、休闲设备等产品的生产和销售。现实中,一些企业既从事传统产品的生产和销售,也从事休闲产品的生产和销售。比如一家食品加工企业,既生产面条、酱油等传统食品,也生产糖果、干果等休闲食品。随着我国民众可支配收入水平的提升以及消费观念的转变,休闲工商业近些年来呈现出快速增长的态势。例如,据有关统计数据,2016—2020年,我国休闲食品行业的市场规模由8224亿元增长至12984亿元,复合年增长率高达12.09%。②休闲服装、用品和休闲设备行业的发展也与此类似。

---

①前瞻产业研究院.预见2022:一文深度了解2022年中国会展行业市场现状、竞争格局及发展趋势[EB/OL].(2022-08-04).https://bg.qianzhan.com/trends/detail/506/220804-45697d27.html.

②中研网.休闲食品市场规模 休闲食品产业链分析[EB/OL].(2022-02-12).https://www.chinairn.com/hyzx/20220212/161655550.shtml.

> 动动手

1.请查阅有关资料,选择休闲工商业中的一个具体行业或企业,了解其发展状况,分析其发展中的问题或发展趋势。

2.请查阅有关资料,了解你所在地区休闲工商业的发展状况。

  本章小结

休闲产业已成为当今世界上大多数国家推动社会经济发展的重要力量。但由于"休闲"定义的视角众多,且休闲产业的边界模糊,因此,休闲产业的概念界定比较困难。国内外众多学者和有关机构都对休闲产业的界定做出了多种尝试,本书认为休闲产业是在大众休闲时代下,基于普通大众的休闲需要而产生的有关供应行业的集合体。

多数学者认为,休闲产业属于第三产业。但从实际情况来看,一些一般情况下属于第一、二产业的行业也与休闲产业密切相关,在某些特定条件下也具备了休闲产业的特征。国内外众多学者和机构对休闲产业进行了产业分类。多数分类认为休闲产业涵盖了文化、艺术、娱乐、游憩、体育等有关部门。鉴于上述观点,本书认为,可以按照休闲者是否可以免费获得休闲产品和服务,将休闲产业分为公益性休闲产业和商业性休闲产业;按照与休闲活动的紧密关系,可以将休闲产业分为休闲核心产业、休闲支持产业和休闲基础产业三类。此外,根据我国国民经济行业分类标准,我国产业中与休闲产业有关的行业涵盖了全部20个门类中的多数领域。

按照产业从小到大的纵向时间顺序划分,我国休闲产业可以分为起步阶段、培育阶段、快速发展阶段三个阶段;按照产业从点到面的横向空间顺序划分,我国休闲产业可以分为个体层面发展阶段、区域层面发展阶段、整体层面发展阶段三个阶段。

我国休闲产业发展的典型特点有:休闲产业发展迅速,产业体系已经形成;休闲产业跨界融合能力强;休闲产业组织行为复杂;创新是推动休闲产业快速发展的动力;休闲产业的规划、管理有待完善。

课后习题

  本章实训

【实训目的】熟悉休闲产业概况的有关知识。

【实训成果】制作报告或PPT等演示文稿、录制视频或教师要求的其他形式。

【实训形式】个人/小组形式(教师可以根据实际教学需要安排)。

【实训内容】从下述内容中选择一个,搜集资料,完成教师要求的成果。

1. 以你所在的城市为例,采取恰当的方法搜集相关资料,了解当地休闲产业或其下属产业中的某一个具体产业的发展概况,着重了解当地休闲产业或所选定的具体产业对当地经济、文化、社会等方面的发展做出了怎样的贡献。

2. 结合课程所学,选定恰当的分类方法,对我国休闲产业的分类提出自己的观点并给出最终分类结果。

【实训步骤】本次实训可按照如下步骤或任课教师要求的其他步骤展开。

1. 教师对学生下达实训任务,分配角色,落实责任到人。

2. 学生领取任务后,独立或在本小组负责人的统领下准备本次实训所需资料和成果。具体搜集资料和完成最终成果的手段,可以是查阅资料、组内讨论、向老师或其他知情者请教等形式,由学生自行决定和选择。

3. 教师安排专门的实训时间,由学生对实训成果予以展示和呈现。展示和呈现的形式与具体要求,教师根据实际需要确定。

4. 教师应对各个小组的实训成果予以点评,依据相应标准公平评分并予以记录,作为学生本门课程平时成绩的重要依据。

【实训要求】本次实训应遵循以下基本要求。

1. 除教师特别要求外,所有学生均应参加本次实训活动。

2. 学生在完成作业时首先应明确选题,并紧密围绕所选题目完成作业,不得偏题;若学生有其他选题,应先获得教师的同意,经批准方可按照新选题完成实训。

3. 若实训成果由小组完成,所有组员必须在本组负责人的统领下共同完成作业,不应推卸工作,推卸或拒绝承担相应工作的同学本次实训不合格。实训成果中应标明各位成员的分工及对最终成果所做的贡献比例,贡献比例之和应为100%。

4. 若依据教师事前公布的标准,实训成果不合格的小组,将重新开展本次实训,否则该小组所有成员本次实训的分数为零。

5. 学生实训成果及展示和呈现形式必须符合课程思政要求,教师应对实训环节的课程思政进行总体把关,学生个人(独立完成实训时)或小组负责人(分组完成实训时)应对自己实训成果中的课程思政负责。

6. 应遵循学校和教师的其他要求。

第六章

主要休闲产业

城乡融合离不开包容共享的休闲空间,城市休闲既要重视项目建设和场景营造,更要关注休闲资源的平等、开放和包容。基础设施、公共服务和商业环境所构成的美好生活新空间,已经成为现代城市的共同追求,也是城乡居民幸福感、获得感和满意度的关键支撑。

—— 戴斌:论城乡融合进程中的休闲共享

课程导入

胡和平:将旅游休闲产业打造成满足人们美好生活需求的幸福产业[1]

北京是拥有悠久历史的文化之都,也是世界知名的旅游胜地。近年来,北京市委和市政府高度重视旅游休闲产业发展,将其作为城市发展战略,推出了一大批深受欢迎的旅游休闲产品,培育了一系列优美舒适的旅游休闲空间。北京市和世界休闲组织合作举办世界休闲大会,为世界各国搭建相互交流、相互借鉴的平台,必将带动提升北京市旅游休闲产业发展,在更高标准、更高质量、更高水平上打造休闲之都、美好之城。

近年来,随着中国经济社会发展、居民可支配收入增加,人们的消费结构逐步升级,生活观念逐步转变,旅游休闲需求日益旺盛。为了适应这些新形势,文化和旅游部门在推动旅游休闲产业发展方面开展了很多工作,并取得了积极的成效,以国家级旅游度假区为代表的优质产品和服务供给持续增加,乡村旅游、自驾游、冰雪旅游、山地旅游、温泉旅游、康养旅游、游轮旅游等业态迅速发展,夜间经济、旅游休闲消费增长强劲。

中国政府高度重视旅游休闲产业的发展,《中华人民共和国国民经济和社会发展第十四个五年规划和2035年远景目标纲要》中明确指出,要建设一批富有文化底蕴的世界级旅游景区和度假区,打造一批文化特色鲜明的国家级旅游休闲城市和街区,这些都充分彰显了中国政府支持旅游休闲产业发展的决心。

---

[1] 新京报官网,2021-04-16,https://www.bjnews.com.cn/detail/161854381315018.html。

文化和旅游部将认真落实"十四五"规划纲要,坚持文化引领、创新驱动、品质优先、服务人民的原则,努力推动旅游休闲产业繁荣发展。我们将做好顶层设计,配合有关部门制定《国民休闲纲要(2021—2035年)》。从加大资金投入、优化消费引导、落实带薪休假等方面强化政策保障,同时完善旅游休闲标准,参与国际休闲领域标准化工作,引导人们重视旅游休闲的价值,推广积极健康文明的旅游休闲方式。

我们将丰富产品业态,以建设国家级世界级旅游度假区、打造国家级旅游休闲城市和街区为重点,打造具有传统理念的文化内容、中国特色世界影响的旅游休闲品牌,推动文化休闲、旅游休闲、体育休闲、康养休闲等发展。

我们将推进科技富农,提升旅游休闲领域数字化、网络化、智能化程度,发展数字文化产业,大力推进智慧旅游,丰富数字旅游休闲理念,促进线上线下融合发展。通过这些方式,努力将旅游休闲产业打造成满足人们美好生活需求的幸福产业,贯彻新发展理念、服务构建新发展格局的朝阳产业,推动文旅融合、带动多业态发展的综合产业。

▶ **思考**

1.在休闲诸多产业中,你最看好哪个产业的发展前景,为什么?

2.你是如何看待休闲产业在我国社会经济发展中的重要地位的?这些产业的发展对世界经济、文化的交流和发展会带来哪些益处?

学习目标

1.掌握旅游产业的界定、性质与特点;了解旅游产业构成及其下属产业的发展概况。

2.掌握文化产业的概念,了解文化产业构成及其下属产业的发展情况。

3.熟悉休闲体育业的发展情况。

4.了解休闲农业的发展状况。

5.熟悉会展产业的构成,了解其发展概况。

6.了解休闲工商业的构成及其发展情况。

核心概念

旅游产业　文化产业　休闲农业　休闲体育　会展产业　休闲工商业

第一节 旅游产业

一般认为,世界近代旅游业产生于工业革命后的欧洲,1841年英国托马斯·库克组织的禁酒大会被视为世界近代旅游业的开端。经过百余年的发展,旅游业已经发展成为世界上极为重要的产业之一。据世界旅游及旅行业理事会(WTTC)和牛津经济研究院的研究报告,2019年,旅游业对世界经济的贡献为10.4%,高达9.2万亿美元;疫情爆发前,全球旅游业从业人员达3.34亿人,占全球就业总人口的10.6%;2019全球旅行费用支出为1.7万亿美元,占世界出口的近7%和服务出口的27.4%。[①]

近代中国的旅游业只是略有模样,陈光甫等人的活动为我国近代旅游业的发展做出了重大贡献。中华人民共和国成立以后,百废待兴,旅游业在极其艰难的情况下发展缓慢;改革开放以后,我国经济迅速腾飞,人民生活水平不断提升,旅游业的发展突飞猛进,多个发展指标高于全球平均水平。2019年,我国旅游经济继续保持高于GDP增速的较快增长,旅游业对GDP的综合贡献为10.94万亿元,占GDP总量的11.05%。旅游直接就业2825万人,旅游直接和间接就业7987万人,占全国就业总人口的10.31%。[②]

一、旅游产业概述

(一)旅游产业的界定

旅游产业常被简称为旅游业。旅游业是否为一个独立产业,业界尚存在较多争议;但多数国家都为旅游业的发展制定了专门的发展规划,并将之作为国民经济发展中的重要产业。一些涉旅机构和学者们对旅游业进行了各种界定尝试,此处仅列举我国学者李天元的定义。李天元认为,旅游业是以旅游消费者为服务对象,为其旅游活动的开展创造便利条件并提供其所需商品和服务的综合性产业。[③] 按照这个定义,旅游业无疑是一个涵盖面很宽泛的产业集群。需要说明的是,随着时间的推移,人们对这个定义中"旅游消费者"的理解有所变化,之前的很多学者认为所谓的"旅游消费者"仅仅是指来自外地的客人,不包括本地消费者;但在休闲时代,"旅游消费者"的活动也包括本地居民在休闲活动中的有关消费。

(二)旅游产业的构成

由于对旅游产业的界定有多种看法,因此对旅游产业的构成也有多种认知。当前,关于旅游业构成的说法中,影响较大的有"三大支柱"说、"五大部门"说、"六大要素"说、"八大方面"说等。

[①] 中华人民共和国商务部.2020年旅游业对世界经济贡献率下降一半[EB/OL].(2021-04-25).http://kz.mofcom.gov.cn/article/jmxw/202104/20210403055046.shtml.

[②] 中商情报网.2019年中国旅游市场发展总结:旅游经济发展高于GDP增速[EB/OL].(2020-03-17).https://www.askci.com/news/chanye/20200317/1553401158132.shtml.

[③] 李天元.旅游学概论[M].天津:南开大学出版社,2015.

1."三大支柱"说

根据联合国制定的《国际标准产业分类》,旅游业有以下三大支柱部门:旅行社业、交通客运业、以饭店为代表的住宿业。

2."五大部门"说

很多人或许都关注到了"三大支柱"其实并不完整,至少景区部门应该也是旅游产业中必不可少的部分,且其作用丝毫不亚于上述三大部门。因此,在从旅游目的地营销的角度认识旅游时,一些人提出了在上述三大部门之外,还应该增加游览场所部门和目的地旅游管理组织,如图6-1所示。

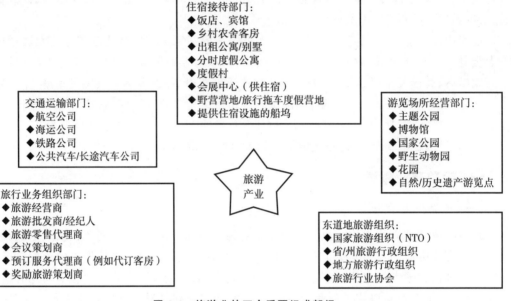

图6-1 旅游业的五个重要组成部门

(资料来源:李天元.旅游学概论[M].天津:南开大学出版社,2015.)

3."六大要素"说

六大要素,是从旅游者旅游活动的构成要素来谈的,认为一般情况下,旅游者一次完整的旅游活动应当包括吃、住、行、游、购、娱六大要素,因此向旅游者提供这六大要素的各有关企业也就分别形成了餐饮、住宿、交通客运、吸引物、旅游购物、旅游娱乐等六大行业。

▶ 动动手

1.请查阅有关资料,了解旅游发展新六要素"商、养、学、闲、情、奇"的含义,分析其所涉及的产业是否属于旅游产业。

2.查阅学者王兴斌对旅游发展新六要素的评论,并谈一谈你对此的看法是什么。

4."八大方面"说

事实上,从旅游者可能从事的活动内容出发,向旅游者提供相关产品和服务的产业范围远不止上述领域。李天元认为,基于旅游活动内容的涉及要素进行反推,我国旅游业的基本构成部门至少应包括：①①交通客运部门；②旅游景点部门；③住宿服务部门；④餐饮服务部门；⑤旅游纪念品/用品零售部门；⑥娱乐服务部门；⑦旅行社部门；⑧旅游行政机构和旅游行业组织。其中，前六个部门是典型的旅游供应商，向旅游者提供吃、住、行、游、购、娱等各方面的产品和服务；旅行社是各旅游供应商最为重要的分销渠道；旅游行政机构和旅游行业组织则为管理部门。除了上述部门外，还有很多行业中的企业都会向旅游活动提供支持。

本书认为，旅游产业由两个部分构成：一是旅游产品和服务提供部门，二是旅游管理部门。旅游产品和服务提供部门涵盖了产品和服务的生产、流通、销售等各环节的有关企业和机构，可以分为直接部门和支持部门。直接部门如旅行社、旅游交通、旅游景区、旅游住宿、旅游娱乐、旅游购物等直接向旅游者提供产品和服务的部门；支持部门如旅游教育、旅游调研、旅游规划、旅游基础设施和有关技术支持行业等。旅游管理部门包括国家和各级地方政府中的旅游行政管理部门、旅游行业组织和有关协会机构等。

（三）旅游产业的性质

旅游产业的性质可以从以下三个方面来看：

首先，从产业归属来看，旅游产业属于第三产业，属于服务业的一种，但这不是说旅游业就与第一、二产业毫无关系。事实上，旅游业的跨界融合能力很强，它通常会涵盖第一、二、三产业多个产业体系，比如，农业旅游、工业旅游、旅游地产等。需要说明的是，当第一、二产业与旅游融合时，其产业本身的有形产品生产或流通属性就会削减，而无形产品的服务属性会增强。比如，观光农业所强调的不再仅仅是产量和作物品质，而更看重其旅游观光属性。

其次，从产业性质来看，旅游产业本质上是经济性产业。归属于这个产业中的旅行社、旅游饭店、旅游景区及各种旅游企业，无论是公营性质还是私营性质，都需要考虑在经营中的营利。这既是各市场主体能持续经营的保障，也是我国社会主义市场经济的基本要求。一些免费型的景区看起来没有直接向游客收费，但是它们要么拥有其他营利模式，要么被纳入当地整个社会经济发展规划中的福利政策内，看重的是其社会综合收益。因此，任何一项旅游产业中的决策，都需要遵循社会主义市场经济规律，充分衡量投入产出比例，慎重决策。

最后，从产业提供的产品或从消费属性来看，旅游产业提供的产品和服务是为了满足群众的文化性消费。比如，游览名山大川、品尝美食风味、体验民俗风情等，无处不体现了旅游者对文化的追求；旅游六要素"吃、住、行、游、购、娱"中的每一个环节，都应有文化的要素融入其中。

（四）旅游产业的特点

关于旅游产业的特点，学者们提出了很多种看法；从不同的角度来看待旅游，也能得出不同的观点。总体来看，旅游产业具有如下一些特征。

1. 旅游产业是综合性产业

这主要体现在以下几个方面：一是旅游产业提供的产品和服务涵盖了吃、住、行、游、购、娱等诸多环节，旅游者旅游活动的综合性特征决定了为他们提供产品和服务的产业应具备

---

① 李天元.旅游学概论[M].天津:南开大学出版社,2015.

多种功能;二是旅游产业的构成很复杂,既有直接服务于旅游者的行业,也有间接服务于旅游者的行业,前文的"三大支柱""五大部门"等说法即体现了这一点;三是从现实各国对旅游产业的统计来看,所涵盖的产业部门也非常多。

2. 旅游产业具有一定季节性

旅游产业的季节性是指旅游产业的消费和交易情况呈现出典型的淡旺季特点,导致这种季节性的原因主要可以从供给和需求两个方面来分析。从供给角度看,旅游资源等旅游供给呈现出季节性的特点。比如枫叶在秋天才会变红,观赏枫叶的旅游活动也只发生在秋天;冰雪景观只有在冬天才最有特色,那些靠冰雪景观吸引游客的旅游目的地在冬天就会变成旺季,而夏天可能就是淡季。从消费端来看,旅游者出游的时间受到放假制度、风俗习惯等方面的影响,呈现出集中出游或集中不出游的特点。比如,国庆节期间,由于全国各地各行业都放假,出游人数就容易出现大爆发。当然,由于供给能力的提升和放假制度的改革等方面的原因,当前旅游领域内的季节性有所减弱。

3. 旅游产业具有敏感性的特点

敏感性特点是指旅游产业的发展容易受到各种政治、经济、社会、自然等外部因素以及产业内部因素的影响,而呈现出发展迅速或发展迟缓的现象。比如,疫情让世界旅游业遭受重创;而我国各级政府出台了一系列疫情背景下旅游业的发展政策,又极大刺激了旅游产业的恢复。

新闻链接

文旅部:旅游业作为国民经济战略性支柱产业地位更巩固[①]

8月18日,在"中国这十年"系列主题新闻发布会上,文化和旅游部副部长卢映川介绍了我国旅游业发展的整体情况:过去十年来,伴随着发展水平的跨越提升和人们生活需求的变化,旅游业快速发展,规模不断扩大,质量也在不断提升,旅游已经成为生活水平提高的一个重要指标,成为小康社会生活的重要方式,旅游业作为国民经济战略性支柱产业的地位也更加巩固。

卢映川介绍,2012年以来,国内旅游收入年均增长10.6%左右,2019年总收入达到6.63万亿元,旅游及相关产业增加值4.5万亿,占GDP的比重为4.56%左右。这两年多,尽管遭受到疫情的严重冲击,旅游出现了很大的波动,但总体来说,在国民经济结构中,支柱性地位并没有发生改变。

从产品供给角度来看,旅游产品这十年来更加优化、业态更加丰富。全国A级旅游景区的数量,2012年是6042家,到2021年增加到14332家,增长了1.37倍。与此同时,文化和旅游部还推出了国家级、省级旅游度假区671家,全国乡村旅游重点村镇1299个、全国红色旅游经典景区300家,基本上形成了覆盖广泛、业态丰富、选择多元的旅游产品供给体系。不仅是传统的观光游,一些旅游的新业态也在不断涌现,比如工业旅游、中医药健康旅游、体育旅游、休闲度假旅游、冰雪旅

---

① 央广网,2022-08-19,https://travel.cnr.cn/dj/20220819/t20220819_525974439.shtml。

游、露营旅游等,人们选择的多样性更加丰富。

旅游的文化内涵不断丰富,旅游的文化品质持续在提升。历史文化类景区由2012年的2064个增加到2021年的4111个,增加了将近1倍。红色旅游深入开展,成为传承红色基因、接受红色精神洗礼的生动课堂。

此外,旅游业的快速发展在促进脱贫攻坚和乡村振兴中都发挥了非常重要的作用。推动乡村旅游打造优质产品、提高服务质量,形成了一大批乡村旅游重点村镇、精品线路、集聚区域,许多过去"贫困乡村"通过旅游业的发展变成了"美丽乡村""幸福乡村"。2012年以来,乡村旅游的游客年均增长在20%左右。

卢映川进一步指出,2020年疫情爆发以来,旅游业遭受了巨大冲击,也遇到了很多的困难,对此文化和旅游部先后出台了一系列纾困解难和帮扶措施。下一步,文化和旅游部要继续抓好这些措施的深入落实,坚持旅游为民、旅游带动,促进旅游业加快恢复发展和高质量发展,为满足人民群众美好生活的需要和经济社会发展努力做出新的更大贡献。

4. 旅游产业的依赖性较强

所谓依赖性,是指旅游产业的顺利发展会受到相关产业的支持力度的影响。这又表现在两个层面。一是从微观来看,旅游者的一次旅游活动是否能顺利实现,需要旅游产业中各有关部门的通力合作;一旦某个环节出现问题,整个旅游活动的质量就受到影响。比如,由旅行社组团的一个旅游团队要实现高质量旅游,必须要有旅游交通、旅游饭店、旅游景区等各部门配合。二是从宏观来看,旅游产业的发展需要相关产业和有关条件的支持。比如,旅游景区的正常运转,需要有旅游规划领域、道路建设行业、设施设备行业、旅游教育行业、农业、林业、卫生环保等多个行业和领域的支持;旅游产业的发展需要政府及有关组织的政策、技术、金融等方面的支持;等等。

二、几大主要旅游产业

旅游产业涉及的领域非常广泛,本节只介绍旅行社业、住宿业、旅游景区业、餐饮业等几个方面。

(一) 旅行社业

1. 旅行社的界定

根据《旅行社条例》,旅行社是指从事招徕、组织、接待旅游者等活动,为旅游者提供相关旅游服务,开展国内旅游业务、入境旅游业务或者出境旅游业务的企业法人。

2. 旅行社的分类

1) 西方旅行社的分类

旅行社的分类方式有纵向分类和横向分类两种。所谓纵向分类,是按照旅行社在产业链条上处于上游、中游还是下游来进行的分类;横向分类则是根据旅行社经营的业务范围的差别来进行的分类。

西方欧美国家一般采取的是纵向分类,将旅行社分为旅游经营商、旅游批发商、旅游代理商等类型。旅游经营商是自己设计旅游产品并进行批发销售的旅行社组织,这类旅行社自己设计旅游产品,这些产品既可以通过旅游代理商销售出去,也可以由自己的销售网点销售出去。旅游批发商是将旅游经营商的各类产品进行组合,然后将组合的产品交由旅游代理商销售给旅游者的旅行社组织,这类旅行社一般不直接面向旅游者和终端市场,拥有强大的销售能力。旅游代理商是从事旅游零售活动的旅行社组织,这类旅行社直接面向旅游者,具体招徕和组织游客,搜集市场信息并向经营商和批发商反馈意见。

2)我国旅行社的分类

我国对旅行社的分类基本采取的是横向分类。我国旅行社的分类经历了四个阶段。

第一个阶段是改革开放前,我国先后成立了中国国际旅行社、华侨旅行社和中国旅行社等几家旅行社,此时没有对旅行社进行分类。

第二个阶段是改革开放后至1996年。根据1985年国务院颁布的《旅行社管理暂行条例》,我国旅行社根据服务对象的不同和经营范围不同,分为一类社、二类社、三类社。

第三个阶段是1996—2009年。1996年我国颁布的《旅行社管理条例》,将我国旅行社分为国际旅行社和国内旅行社。前者可以经营国内、入境、出境旅游业务,后者只能经营国内旅游业务。

第四个阶段是2009年至今。2009年国务院颁布《旅行社条例》,虽然没有明确对旅行社进行分类的语言陈述,但事实上,我国旅行社被分为了两类:一类是不能经营出境旅游业务的旅行社,另一类是可以经营出境旅游业务的旅行社。按照这个规定,我国取得了旅行社经营许可证的旅行社组织,都可以经营国内旅游业务和入境旅游业务;旅行社取得经营许可满两年,且未因侵害旅游者合法权益受到行政机关罚款以上处罚的,可以申请经营出境旅游业务。

随着互联网的兴起,很多旅行社均开通了在线旅游业务,一些互联网企业也纷纷入驻在线旅游业务领域,我国在线旅行社业得到了迅猛发展。

需要说明的是,我国旅行社业的整体分类是横向分类,但近些年来行业的发展实践有向纵向分工变化的趋势。

▶ **动动手**

1.请查阅有关资料,了解OTA的有关基础知识,并将成果与全班同学共享。

2.请查阅有关资料,选择一个你熟悉的OTA,了解其当前的发展状况,并将成果与全班同学共享。

3.旅行社在旅游业中的作用

旅行社是旅游产业中极为重要的中间商,其所扮演的角色可用"桥梁"和"纽带"等词汇来形容。一方面,旅行社联系着旅游者;另一方面,旅行社联系着旅游供应商。此外,在旅游目的地和旅游客源地之间的联系中,旅行社也发挥着至关重要的作用。具体来讲,旅行社的

课内拓展

文化和旅游部:2022年度全国旅行社统计调查报告

课内拓展

2023年中国OTA平台发展趋势如何?

作用可概括为以下几个方面。

1)旅行社是旅游活动的组织者

旅行社根据旅游消费者的需要,将供给侧能提供给市场的各种旅游产品和服务进行组合设计,形成完整的旅游线路或某些单项服务,将之作为自己的产品向旅游者出售。在旅游经济中,旅行社负责招徕和组织游客,并承担游客的旅游接待和陪同任务。可以说,如果没有旅行社,团队旅游将无法开展,当今世界的旅游业也不可能如此发达。

2)旅行社是旅游产品最重要的分销渠道

旅游景区、旅游饭店、旅游交通等旅游供应企业的产品和服务,都可以通过旅行社向旅游者出售,旅行社在这些行业的产品分销中扮演着举足轻重的角色。由于游客多数时候是外地消费者,景区、饭店等多种企业的产品和服务难以直接向异地游客出售,而通过旅行社则可以非常轻松地实现销售。

3)旅行社是旅游市场的研究者和旅游产业发展的促进者

由于旅行社的桥梁和纽带作用,它们一方面对旅游供给侧的情况非常熟悉,另一方面对旅游需求侧的情况也很了解。它们往往是旅游市场情报的提供者,既将供给方的有关信息传递给消费端,为旅游者的旅游活动决策提供信息支持,也将旅游消费者的需求和有关市场信息传递给供应企业,帮助企业了解市场情况,进行科学的经营决策。

4. 旅行社的设立

1)影响旅游社设立的因素

影响旅行社设立的因素可分为外部因素和内部因素。

外部因素主要有两个:一个是旅游行业的发展情况,另一个是国家的有关政策法规。一般情况下,旅游需求越旺盛、旅游行业发展越迅速,就越需要有更多的旅行社提供旅游服务;在这种情况下,已经成立的旅行社业绩会更好、企业发展会更迅速,而新的旅行社也更可能成立起来。旅行社的成立必须遵循国家有关政策的约束,按照有关规定开展设立工作,设立后也要按照有关法规开展经营活动。

内部因素主要涉及资金、营业场所、协作网络和客源渠道等方面。如果企业自身资金丰富,营业场所便利,协作网络通畅,客源渠道广泛,那么它在企业性质、运作模式等方面都有更多可选择空间;反之,其选择就很受限。

2)我国旅行社设立的条件

根据《旅行社条例》及《旅行社条例实施细则》的规定,申请设立旅行社,经营国内旅游业务和入境旅游业务的,应当满足如下条件。

首先是营业场所条件。旅行社必须有固定的营业场所,要么有拥有产权证的营业用房,要么有租期不少于1年的营业用房。

其次是必要的营业设施。旅行社应当至少有下列设施和设备:两部以上的直线固定电话;传真机、复印机;具备与旅游行政管理部门及其他旅游经营者联网条件的计算机。

再次是注册资本。不低于30万元的注册资本。

最后是必要的经营管理人员和导游。

3)旅行社设立的程序

申请设立旅行社,经营国内旅游业务和入境旅游业务的,通常按照如下步骤进行。

第一步,向工商行政部门申请企业法人资格。

第二步,向旅游行政管理部门申请旅行社业务经营许可证。此时应提交的材料包括:①设立申请书,内容包括申请设立的旅行社的中英文名称及英文缩写,设立地址,企业形式、出资人、出资额和出资方式,申请人、受理申请部门的全称、申请书名称和申请的时间;②法定代表人履历表及身份证明;③企业章程;④经营场所的证明;⑤营业设施、设备的证明或者说明;⑥工商行政管理部门出具的《企业法人营业执照》。

第三步,办理税务登记。

第四步,开张营业。

▶ **动动手**

1.请查阅有关资料,了解旅行社具备怎样的条件才能经营出境旅游业务,旅行社应该如何具备这些条件。

2.请查阅有关资料,了解旅行社成立分社、服务网点的条件和有关要求。

(二)住宿业

住宿业是向民众提供住宿产品和服务的有关企业和组织组成的集合体。住宿业中的企业类型众多,称谓不一,饭店、宾馆、酒店、旅馆、客栈、旅社、度假村、农家乐、民宿、汽车营地等都与住宿有关,以提供住宿、餐饮为核心业务,也常提供健身、棋牌、娱乐等相关服务。

1.住宿业的界定

尽管住宿业涉及的领域非常宽泛,但为了介绍方便,本书以旅游住宿中的旅游饭店业为主要对象。按照中华人民共和国国家质量监督检验检疫总局和国家标准化管理委员会共同公布的《旅游饭店星级的划分与评定》,旅游饭店是指以间(套)夜为单位出租客房,以住宿服务为主,并提供商务、会议、休闲、度假等相应服务的住宿设施,按不同习惯可能也被称为宾馆、酒店、旅馆、旅社、宾舍、度假村、俱乐部、大厦、中心等。

2.世界住宿业的演进

一般认为,世界住宿业的演进可以分为四个阶段。

1)古代客栈时期

这是指远古时期至18世纪中叶。欧洲客栈设施大约起源于古罗马时期,中国的客栈设施至晚在商代就已具备相当规模。此时的客栈有官营,也有民营,总体规模不大,设施简陋,提供的服务主要是吃、住及简单的配套服务。

2)豪华饭店时期

这是指18世纪中叶至19世纪末期。这个阶段,出于非经济目的而外出旅游的人数有了大幅增加,工业革命带来的技术进步也促成了交通条件的好转,旅游活动的规模和开展方式都有了很大变化。此时社会上层人士和富裕阶层是主要的休闲旅游人士,传统简陋的客栈设施不再能满足这些人的需要,新型旅游饭店也就应运而生。这个阶段诞生了世界上第一座现代化饭店——美国波士顿的特里蒙特饭店,此外具有代表性的饭店还有德国巴登别墅和凯撒大饭店、法国的巴黎大饭店和卢浮宫大饭店、英国的萨伏伊大饭店等。此时的经营代表人物是凯撒·里兹,他提出了"客人永远不会错"的服务理念。此时的饭店特征是高端、豪华,硬件设施奢华、服务质量很高,服务对象是社会上层人士,一般消费者不具备消费能力。

3)商业饭店时期

这是指20世纪初期至20世纪50年代。随着社会的发展,基于商业目的而外出旅行的普通人增多,这类人不愿意接受之前小客栈的简陋服务,又难以担负豪华饭店的高昂费用,他们这种"高不成低不就"的住宿需要成为饭店市场中的巨大空白,商业饭店的出现正好填补了这一空隙。这类饭店以快速兴起的商务旅行者和中产阶层为主要服务对象,以标准化的服务方式为主要特征,追求便捷、舒适、卫生、安全,而不是追求奢华享受;在经营管理方面采取科学化管理,重视质量的标准化和成本控制,争取最佳利润。饭店业正是从此时开始成为国民经济中的重要产业部门。此阶段的代表性经营管理者主要有两个,前期是斯塔特勒,后期是希尔顿。

4)多种住宿设施百花齐放阶段

这是指第二次世界大战至今的这段时间。随着旅游活动的普及化,旅游、休闲已不再是少数人的特权,而是成为世界上多数人的日常需要,多样化的住宿需求也就快速增长起来,传统饭店领域开始出现了一系列新型住宿形态,如汽车旅馆、度假村、度假营地、青年旅社、公寓等。在这个阶段,饭店业中的集团化经营发展迅速,出现了很多超级酒店集团,如洲际酒店集团、万豪国际集团、雅高集团、希尔顿集团等;饭店管理日益科学化和现代化,计算机、大数据等新手段被运用到现代饭店经营管理中;一些新的理念也迅速融入现代饭店经营管理实践中,如绿色饭店、智慧饭店等。

2022年世界知名酒店集团排行榜TOP10如表6-1所示。

表6-1　2022年世界知名酒店集团排行榜TOP10[①]

排名	酒店集团	总部所在地	房间数量/间	酒店数量/家
1	万豪国际集团(Marriott International)	美国	1491191	8082
2	锦江国际集团(Jin Jiang International Holdings Co.Ltd.)	中国	1266976	12359
3	希尔顿集团(Hilton Worldwide Holdings)	美国	1127430	7165
4	洲际酒店集团(IHG,InterContinental Hotels Group)	美国	911627	6164
5	温德姆酒店集团(Wyndham Hotels & Restores)	美国	842510	9059
6	雅高集团(Accor)	法国	802000	5400
7	华住酒店集团(Huazhu Group Ltd.)	中国	773898	8176
8	精选国际酒店集团(Choice Hotels International)	美国	627804	7487
9	首旅如家酒店集团(BTG Homeinns)	中国	467983	5983

① 中国旅游饭店业协会公众号,https://mp.weixin.qq.com/s/wUnjJBc4ntdE5Hx5RG21Gg。

续表

排名	酒店集团	总部所在地	房间数量/间	酒店数量/家
10	贝斯特韦斯特国际酒店集团（BWH Hotels）	美国	343220	3923

3. 饭店的等级

世界各地都非常重视旅游饭店的等级划分和评级，这一方面是为了控制本国或本地区住宿业的服务质量，维护本国或本地区作为旅游目的地的美好形象；另一方面也是为了保护旅游者权益，方便旅游者在饭店选择时作为参考。

1) 国际上的一般做法

世界上多数国家对饭店的等级划分采取星级制度，即将饭店的等级划分为五个层级，分别以星号的多少来进行标识，其中一星级饭店为低星级、五星级饭店为高星级。但并非所有国家都采取统一的划分和评定标准，一些国家只划分为四个等级，有的国家则划分为七个等级，且一些国家也并不使用星号表示等级。因此，为了便于国际旅游者选择饭店，一些不采用星号等级的饭店，会对外说明其服务相当于国际几星级饭店。

饭店的等级需要有专门的机构来进行评定。欧美国家对饭店的等级评定通常由当地的饭店行业组织或者由代表消费者的某些组织来进行。在对某一饭店进行等级评定时，通常既会考虑饭店的硬件条件，也会考虑其软件指标。通常情况下，饭店的等级与其规模大小没有太多关系，其评定的等级也并非固定不变，而是会根据其日常经营表现实行升级或降级管理。

课内拓展

2022年中国酒店业发展报告概要

2) 我国饭店的星级评定制度

我国饭店采取星级制度划分等级，用星号的数量和颜色来表示旅游饭店等级的高低。我国旅游饭店星级分为五个级别，即一星级、二星级、三星级、四星级、五星级（含白金五星级）。最低为一星级，最高为五星级。星级越高，表示饭店的等级越高。

星级标志由长城与五角星图案构成，用一颗五角星表示一星级，两颗五角星表示二星级，三颗五角星表示三星级，四颗五角星表示四星级，五颗五角星表示五星级，五颗白金五角星表示白金五星级。

饭店开业一年后可申请评定星级，经相应星级评定机构评定后，星级标志有效期为三年。三年期满后应进行重新评定。

一星级、二星级、三星级饭店是有限服务饭店，评定星级时应对饭店住宿产品进行重点评价；四星级和五星级（含白金五星级）饭店是完全服务饭店，评定星级时应对饭店产品进行全面评价。

星级评价的内容主要有必备条件、设施设备、运营质量三个方面。其中，设施设备方面，一二星级不做得分要求，其他各星级的最低得分数为：三星级220分，四星级320分，五星级420分。运营质量方面，一二星级不做得分要求，其他各星级的最低得分率为：三星级70%，四星级80%，五星级85%。

饭店星级评定工作在全国旅游饭店星级评定机构的领导下进行,实行分级管理。

4.几种新住宿业态简介

随着时代的发展,我国住宿业出现了很多新的业态形式,并呈现出蓬勃发展的态势。这里对民宿、网约房、电竞酒店、汽车营地等几种新业态进行简单介绍。

1)民宿

(1)民宿的概念界定。

按照国家市场监督管理总局和国家标准化管理委员会发布的《旅游民宿基本要求与等级划分》(GB/T 41648—2022),我国旅游民宿是指利用当地民居等相关闲置资源,主人参与接待,为游客提供体验当地自然、文化与生产生活方式的小型住宿设施。其典型的经营特征是民宿主人参与接待;在硬件特征方面,经营用客房建筑物应不超过4层,且建筑面积不超过800平方米;此外,还具备地域性、文化性等特征。

(2)民宿发展历程。

民宿的起源有多种说法,常见的有日本起源和英国起源。日本的民宿发源地为伊豆半岛和白马山麓,发展已有近百年历史;但日本民宿的真正繁荣是在20世纪70年代。英国的民宿多以观光农场的方式呈现,B&B(bed and breakfast)是其传统民宿的典型经营模式。我国台湾地区民宿发展也较早,在20世纪80年代,为了解决住宿不足的问题,台湾地区的民宿业兴起,最早大规模发展民宿的地区是垦丁国家公园。大陆地区的民宿业发端于乡野客栈,发展于城市短租,最先出现在经济发达的东部沿海地区以及西南民族地区,初级阶段的民宿旅游接待业从传统的农家乐转变而来,一般提供简单的住宿、餐饮和娱乐服务。

(3)民宿发展现状。

据中国旅游与民宿发展协会发布的《2021年上半年国内民宿行业发展研究报告》,疫情前的2019年,国内在线民宿市场交易规模为209.4亿元。2020年在疫情影响下降到125.8亿元,而2021年上半年回升到201亿元,甚至已经接近2019年的全年水平。即使在疫情还没有完全过去的2021年,全国民宿数量依然逆势上涨,数量平均增长率达61%。[1]2021年,民宿企业数量保持了自2015年以来长达7年的连续增长。2021年名称中含有"民宿"的企业数量为2.87万个,比2020年增加了6697个,增幅高达30%。在消费市场构成方面,2021年亲子家庭出游占民宿消费市场的30%~40%,情侣和闺蜜占20%~30%;以往火热的企业团建市场,2021年有明显下降趋势。2021年,民宿消费出现一个明显变化,即本地消费市场成为拉动民宿发展的关键力量。[2]

中国境内民宿空间上主要聚集在环渤海、长三角、珠三角、川渝经济区及云南地区。截至2019年9月30日,中国境内各省市区民宿客栈数量前10的分别为浙江省(20676家)、广东省(13815家)、四川省(11361家)、云南省(11319家)、山东省(10639家)、河北省(8362家)、江

---

[1] 中研网.民宿行业市场现状和民宿发展趋势分析2022年[EB/OL].(2022-05-07).https://m.chinairn.com/news/20220507/10114351.shtml.

[2] 中国旅游新闻网.由步调一致到群雄并起 民宿进入多维发展阶段[EB/OL].(2022-01-20).http://www.ctnews.com.cn/jdzs/content/2022-01/20/content_118127.html.

苏省（7168家）、福建省（6867家）、湖南省（6704家）、广西壮族自治区（6314家）。①

有关机构发布的2022年我国民宿十大品牌如表6-2所示。

表6-2　2022年我国民宿十大品牌②

排名	品牌LOGO	品牌名称	品牌指数
1		花筑	9.9
2		云上四季民宿	9.7
3		花美时	9.5
4		原舍	9.3
5		山水间微酒店	9.2
6		隐居乡宿	9.0
7		西坡	8.7
8		云尚	8.6
9		泊心云舍	8.3
10		路客LOCALS	8.1

▶ 动动手

1.请查阅有关资料，了解我国民宿发展现状，整理成《中国民宿发展报告》，并将成果与全班同学共享。

2.请查阅有关资料，了解民宿经营管理的一般要点，思考如何对一家民宿企业开展经营管理工作。

---

①澎湃新闻.中国民宿产业规模已过200亿元，"8090后"是主流用户人群[EB/OL].(2020-07-17).https://baijiahao.baidu.com/s?id=1672448825747491281&wfr=spider&for=pc.

②maigoo网，https://www.maigoo.com/maigoo/5142minsu_index.html。

2)网约房

目前业界、学界和管理界都还没有对网约房有大家都认可的概念界定,根据我国最早对网约房进行规范的浙江省公安厅印发的《网络预约居住房屋信息登记办法(试行)》,网约房是指通过互联网渠道发布房源、预订并完成交易,提供用于居住的房屋以及可供居住的其他场所。其后多地出台的有关规定也都做了类似界定。总体来看,这种住宿形式以互联网为交易媒介,没有或只拥有较少的中介费用,能有效降低房屋空置率,且房屋类型多样,能较好满足消费者的个性化需求。

根据国家信息中心发布的《中国共享经济发展报告(2022)》,[①]2021年共享住宿交易额为152亿元,较2020年的158亿元下降了3.8%,共享住宿在全国共享经济中的占比为0.41%,共享住宿为共享经济中唯一增长为负的领域。2021年共享住宿在全国住宿业中的比重为5.9%,相比于2019年的6.9%和2020年的6.7%均有所下降,只比2018年高出0.1个百分点。在用户规模方面,2021年共享住宿的用户规模为8141万人,网民普及率为8.05%。尽管2021年共享住宿的各项指标似乎都在下降,但这是因为受到了疫情等多种因素的影响,其发展本身仍然非常有前景。2021年共享住宿的直接融资规模达到6亿元,同比增速高达500%,为共享经济各领域中融资最多的领域。

目前,我国网约房的运营模式主要有两种:一种是C2C,另一种是B2C。C2C模式是消费者直接在平台上与房东联系,房东通过平台与消费者交易,平台不拥有房源,靠收取佣金、提供服务和发布广告等方式获得利润。B2C模式由拥有房源的企业越过中介,通过互联网直接与消费者联系,提供住宿服务;一般情况下,这些房源拥有者通过与房东签订房屋租赁合同,再以公司名义统一对外"转租"。

虽然这种共享模式有着较好前景,但是由于新兴领域缺乏规范约束,目前网约房行业存在诸多经营乱象。目前浙江、江苏、北京、河北、山东、上海、河南等多地出台了有关规范文件,但整个行业仍然缺乏全国统一的规范性治理文件。

> **动动手**

1.请查阅有关资料,了解我国网约房行业发展现状,整理成《中国网约房发展报告》,并将成果与全班同学共享。

2.请查阅有关资料,了解网约房行业存在哪些问题,如果站在行业管理的角度,你认为应该采取哪些措施才能更好规范这些问题?如果站在经营者的角度,你认为应当如何做才能给消费者一个更加放心的经营形象?

3)电竞酒店

随着电竞游戏的发展,电竞酒店也逐渐发展起来。这种酒店依托于电竞游戏,既向顾客提供能与网吧相媲美的高品质电竞体验,又能提供酒店住宿的舒适体验。由于与电竞挂钩,因此通常有二人间、三人间、四人间、五人间、六人间等多种选择,且未成年人不得办理入住。

---

① 见 http://www.ec100.cn/detail-6607724.html。

2017年，我国电竞酒店在郑州、西安等城市起步，并迅速在我国各大城市获得突飞猛进的发展，截至2018年7月，全国电竞酒店的数量已经超过400家，每月新开酒店在50家以上。①截至2020年11月，全国算得上规模的电竞酒店已经超过1万家，专业电竞酒店数量达到6863家。2020年我国电竞酒店的区域分布情况如表6-3所示。

表6-3　2020年中国电竞酒店区域分布情况②

地区	华中	华东	西北	西南	华北	华南	东北
数量/家	2114	1820	819	708	679	373	370

国内电竞酒店市场中，专门电竞酒店（按照"电竞＋酒店"思路运作，完全围绕电竞用户的需求运营）大约占35.6%，普通电竞酒店（普通酒店推出的电竞主题房型，遵循"酒店＋电竞"思路）大约占64.4%。③

根据《中国电竞酒店市场研究报告2021》，④从消费者情况看，67.9%的电竞酒店用户为男性，44.2%的年龄在26岁以下，也就是当前营销界较为关注的"Z世代"人群。不同年龄层、不同消费特征的电竞酒店用户在电竞属性和酒店属性方面存在显著差异。商旅人群的酒店属性更强一些，而学生群体及电竞游戏爱好者等则具备更强的电竞属性，专门电竞酒店用户的电竞属性相对更强一些。2021年电竞酒店消费活跃度排名前十的城市分别是成都、重庆、长沙、合肥、西安、武汉、南昌、郑州、杭州、深圳。

根据《中国电竞酒店市场研究报告2021》，从供给侧情况看，2021年中国电竞酒店品牌热度榜前十名分别是爱电竞、格林豪泰、速8、IU酒店、驿家365、柏曼、派酒店、布丁连锁、家悦、骏怡。国内主流电竞酒店的价位主要集中在250元/间夜以下，合并占比达62.2%，尤其是150～250元价位区间占比高达44.3%，基本以平价酒店和经济型酒店为主，最便宜的电竞酒店每晚仅需46元。450元/间夜以上的中高端电竞酒店（主题房）合并占比3.9%。该报告认为，随着专门电竞酒店的快速发展，以及中高端酒店对电竞IP布局的提速，400元以上的中高端电竞酒店占比将呈上升趋势。

▶ 动动手

1．请查阅有关资料，了解我国电竞酒店行业发展现状，整理成《中国电竞酒店行业发展报告》，并将成果与全班同学共享。

2．请查阅有关资料，了解电竞酒店特点和消费市场特点，分析如何经营一家专门电竞酒店，以及普通酒店如何开发电竞客房业务。

---

①中研网.电竞酒店市场发展趋势分析 2021电竞酒店行业现状及发展前景分析报告[EB/OL].(2020-12-07). https://finance.chinairn.com/News/2020/12/07/171800405.html.

②中研网.电竞酒店行业供给情况分析 2022年电竞酒店行业总资产预测[EB/OL].(2022-01-16).https://www.chinairn.com/scfx/20220116/162048581.shtml.

③石海娥.电竞酒店进入大众视野[J].光彩,2022(04):32-33.

④搜狐网.同程旅行发布电竞酒店报告:酒店成为年轻人"开黑"新选择[EB/OL].(2021-07-26).https://www.sohu.com/a/477783145_118792.

4) 汽车营地

汽车营地起源于19世纪的美国,当时美国人为了让青少年在大自然中磨练意志、强健体魄而发起了汽车露营活动,随后为世界上多个国家模仿,并演变成为西方人非常喜爱的旅游休闲方式。可以将西方国家汽车营地的发展分为四个阶段。[①]第一个阶段是早期初创阶段,指19世纪中期到20世纪初期,这个阶段私人汽车开始流行,自驾旅游成为可能。1910年,美国露营地管理者协会成立——该协会后来发展为美国露营协会——标志着汽车露营行业在西方国家诞生。第二个阶段是国家公园发展阶段,是指20世纪初期至第二次世界大战,这个阶段美国的国家公园和州立公园制度发展起来,民众休闲需求增加,这些公园开辟空地供人们露营和休闲娱乐。1932年,国际露营总会(FICC)在荷兰成立,可视为世界露营活动正式成型。第三个阶段是第二次世界大战后的复苏阶段,在这个阶段,世界经济迅速腾飞,汽车行业、交通行业突飞猛进,美国、加拿大等国的汽车营地有关协会和组织纷纷加入国际露营总会,汽车营地得到了迅速恢复和发展。第四个阶段是近年来的兴旺发达阶段。

亚洲地区的国家中,日本的汽车露营开发较早,韩国随后。我国的汽车营地约起源于20世纪90年代。21世纪初期,中国首个汽车露营协会在北京成立,随后各地有关协会也纷纷成立,支持和规范汽车营地的有关政策不断出台,我国汽车营地的发展进入快车道。截至2017年,我国拥有房车营地1273个,较2016年增加315个,涨幅32.88%。[②]

课内拓展

解读汽车营地的盈利方式和商业模式

(三) 旅游景区业

旅游景区是旅游产业的核心行业之一。如果没有旅游景区,旅游者将失去外出旅游的动力;一个国家或地区没有旅游景区,它也不可能发展旅游产业、打造旅游目的地。

1. 旅游景区的定义

根据中华人民共和国国家质量监督检验检疫总局发布的《旅游景区质量等级的划分与评定》,旅游景区是以旅游及其相关活动为主要功能或主要功能之一的空间或地域。具体而言,旅游景区(tourist attraction)是指具有参观游览、休闲度假、康乐健身等功能,具备相应旅游服务设施并提供相应旅游服务的独立管理区。该管理区应有统一的经营管理机构和明确的地域范围,包括风景区、文博院馆、寺庙观堂、旅游度假区、自然保护区、主题公园、森林公园、地质公园、游乐园、动物园、植物园,以及工业、农业、经贸、科教、军事、体育、文化艺术等各类旅游景区。

一个完善的旅游景区,至少应当包含旅游资源、旅游基础设施、旅游服务设施和旅游交通设施四大要素。

2. 旅游景区的常见类型

根据不同的分类标准,旅游景区可以分为不同的类型。

---

① 郝娜,李东成,丁彤彤,等.中外汽车营地对比研究[J].旅游纵览(下半月),2017(02):46-48.
② 中研网.国内房车露营文化发展逐渐成熟 2021中国房车汽车营地行业发展现状及投资前景分析[EB/OL].(2021-03-29).https://www.chinairn.com/scfx/20210329/174807992.shtml.

1)按照旅游景区依赖的旅游资源分类

按照旅游景区依赖的旅游资源,旅游景区可以分为自然旅游景区和人文旅游景区。自然旅游景区的核心旅游资源为自然旅游资源,如桂林山水、九寨沟、张家界等;人文旅游景区的核心旅游资源是人文旅游资源,如故宫、长城、丽江古城、苏州园林等。事实上,多数景区的旅游资源都既有自然旅游资源,也有人文旅游资源,如黄山、泰山、武夷山等。

2)按照旅游景区的主导功能分类

按照旅游景区的主导功能,旅游景区可以分为观光型景区、度假型景区、娱乐型景区、科考类景区、活动型景区等。在观光型景区中,游客可以观赏和游览自然风光、城市风光、名胜古迹风光等,但许多观光型景区已不仅仅开展观光业务,而且增加了文化旅游、休闲旅游等其他吸引物。度假型景区是适合游客开展休闲度假活动的景区,如三亚亚龙湾旅游度假区。娱乐型景区是为了满足游客康体健身、消遣娱乐需要而开发的旅游景区。科考类景区是有很强的科考价值,能满足游客科学考察、探索学习需求的旅游景区,如地质公园、各种保护区等。活动型景区是为满足旅游者体验和参与性活动的旅游需求而开发的景区。

3)按照旅游景区的设立性质分类

按照旅游景区的设立性质,旅游景区可以分为商业性景区和公益性景区。商业性景区是出于营利目的而发展起来的旅游景区,公益性景区则是出于公益目的而发展起来的旅游景区。当然,也可以根据公立还是私立来进行景区的性质界定。需要说明的是,私立经营者也可能设立公益性质的景区,如个人开设的博物馆。

3. 旅游景区的质量等级

按照《旅游景区质量等级的划分与评定》,我国将旅游景区划分为5A、4A、3A、2A、A级五个质量等级,旅游景区质量等级的标牌、证书由全国旅游景区质量等级评定机构统一规定。

1)划分依据

旅游景区质量等级划分的依据有三个,即服务质量与环境质量评分细则(细则一)、景观质量评分细则(细则二)、游客意见评分细则(细则三),三项依据的总分分别为1000分、100分、100分。细则一具体评价旅游交通、游览、旅游安全、卫生、邮电服务、旅游购物、经营管理、资源和环境保护八个方面,细则二具体评价旅游资源吸引力、市场吸引力两个方面,细则三主要评价接待游客数量及游客满意度等内容。旅游景区各质量等级应达到每一细则的最低分值,如表6-4所示。

表6-4 旅游景区各质量等级对应细则最低分值

质量等级	细则一	细则二	细则三
AAAAA	950分	90分	90分
AAAA	850分	80分	80分
AAA	750分	70分	70分
AA	650分	60分	60分
A	500分	50分	50分

2）划分条件

表6-5展示了各质量等级旅游景区的基本条件。

表6-5 旅游景区各质量等级应满足的基本条件

评价项目	AAAAA	AAAA	AAA	AA	A
旅游交通、游览、旅游安全、卫生、邮电服务、旅游购物、经营管理、资源和环境保护	极好	良好	较好	一般	满足基本要求
旅游资源吸引力、市场吸引力	极强,具有世界影响	很强,具有全国性影响	较强,具有全省性影响	一般,具有地区性影响	较小,具有地区性影响
年接待游客数量	海内外60万人次以上,其中海外5万人次以上	海内外50万人次以上,其中海外3万人次以上	海内外30万人次以上	海内外10万人次以上	海内外3万人次以上
游客抽查满意度	很高	高	较高	较高	基本满意

4．我国几类主要旅游景区

1）风景名胜区

根据国务院颁布的《风景名胜区条例》，风景名胜区是指具有观赏、文化或者科学价值，自然景观、人文景观比较集中，环境优美，可供人们游览或者进行科学、文化活动的区域。风景名胜区可分为国家级风景名胜区和省级风景名胜区。

我国风景名胜区保护工作于1979年启动。截至2018年3月，国务院先后公布了九批共244处国家级风景名胜区，如表6-6所示。

我国A级景区现状

表6-6 我国各地区国家级风景名胜区数量分布① 单位：处

地区	北京	天津	河北	山西	内蒙古	辽宁	吉林	黑龙江
数量	2	1	10	6	2	9	4	4
地区	江苏	浙江	安徽	福建	江西	山东	河南	湖北
数量	5	22	12	19	18	6	10	7
地区	湖南	广东	广西	海南	重庆	四川	贵州	云南
数量	21	8	3	1	7	15	18	12
地区	西藏	陕西	甘肃	青海	宁夏	新疆		
数量	4	5	4	1	2	8		

2）博物馆

博物馆是征集、典藏、陈列和研究代表自然和人类文化遗产的实物的场所，对馆藏物品进行分类管理，是为公众提供知识、教育和欣赏的文化教育类机构、建筑物、地点或者社会公

---

① 见 https://www.maigoo.com/goomai/167036.html。

共机构。博物馆可以分为社会历史类博物馆、自然和科技类博物馆以及艺术类博物馆三大类,此外,还有名人故居等其他类型的博物馆。

截至2020年底,全国备案博物馆5788家,其中国家一二三级博物馆达1224家,类型丰富、主体多元的现代博物馆体系基本形成。同时,中国的博物馆总量已经跃居全球前五位,即美国、德国、日本、中国、俄罗斯。2021年5月,国家文物局等9部门发布指导意见,提出到2035年我国将基本建成世界博物馆强国。①

3)国家级自然公园

2023年10月,国家林业和草原局印发《国家级自然公园管理办法(试行)》。该办法所指的国家级自然公园,是指经国务院及其部门依法划定或者确认,对具有生态、观赏、文化和科学价值的自然生态系统、自然遗迹和自然景观,实施长期保护、可持续利用并纳入自然保护地体系管理的区域。其包括国家级风景名胜区、国家级森林公园、国家级地质公园、国家级海洋公园、国家级湿地公园、国家级沙漠(石漠)公园和国家级草原公园。其中,风景名胜区适用《风景名胜区条例》,在上文已做介绍,其余适用《国家级自然公园管理办法(试行)》。这里只对森林公园做简要介绍。

我国第一个国家森林公园是建立于1982年的张家界国家森林公园。经过几十年的发展,截至2019年底,我国已建成国家级森林公园897个,②国家级森林公园总面积1282万公顷。③我国森林公园及其旅游发展大致状况如表6-7所示。

表6-7　2010—2019年我国森林公园及其旅游发展状况④

年份	森林公园数量/处	森林公园旅游总人数/亿人次	森林公园旅游收入/亿元
2010年	2583	3.96	294.94
2011年	2747	4.68	376.42
2012年	2855	5.48	453.31
2013年	2948	5.89	491.11
2014年	3101	7.1	572.13
2015年	3234	7.95	705.6
2016年	3392	9.17	781.6
2017年	3305	9.92	878.5
2018年	3548	9.86	943.2
2019年	3594	10.19	1005.45

▶ 动动手

1.请查阅有关资料,了解我国国家级海洋公园、国家级湿地公园、国家级沙漠(石漠)公园和国家级草原公园发展现状,并选择其中的一些给大家做介绍。

---

① 见 https://baike.so.com/doc/5392199-5628976.html。
② 王娜,陈鑫峰,钟永德.中国森林公园近40年发展的嬗变逻辑与实践启示[J].林业科学,2022,58(01):138-150.
③ 见 http://www.forestry.gov.cn/sites/main/main/liuyan/liuyanhuifu.jsp?cid=20210402091824526103723。
④ 见 https://baogao.chinabaogao.com/lvyou/542806542806.html。

2.请查阅有关资料,了解你所在的地区国家级森林公园、国家级海洋公园、国家级湿地公园、国家级沙漠(石漠)公园和国家级草原公园的数量、面积,并分析其在当地旅游发展中的作用。

4)自然保护区

根据《中华人民共和国自然保护区条例》,自然保护区是指对有代表性的自然生态系统、珍稀濒危野生动植物物种的天然集中分布区、有特殊意义的自然遗迹等保护对象所在的陆地、陆地水体或者海域,依法划出一定面积予以特殊保护和管理的区域。

我国自然保护区可以分为国家级自然保护区和地方级自然保护区。自然保护区一般由核心区、缓冲区和外围区3个部分组成。其中,核心区是保护区内未经或很少经人为干扰过的自然生态系统的所在,或者虽然遭受过破坏,但有希望逐步恢复成自然生态系统的地区。该区以保护种源为主,也是取得自然本底信息的所在地,而且还是为保护和监测环境提供评价的来源地。核心区内严禁一切干扰。缓冲区是指环绕核心区的周围地区,只准进入从事科学研究观测活动。外围区,位于缓冲区周围,是一个多用途的地区,可以进入从事科学试验、教学实习、参观考察、旅游,以及驯化、繁殖珍稀和濒危野生动植物等活动,包括一定范围的生产活动,可有少量居民点和旅游设施。[①]

我国第一个自然保护区是1956年建立于广东肇庆的鼎湖山自然保护区。截至2018年底,全国共建立自然保护区2750处,其中国家级自然保护区474处,自然保护区的总面积达147万平方千米,占陆域国土面积的15%。各地区国家级自然保护区数量分布见表6-8。

表6-8 我国各地区国家级自然保护区数量分布[②]　　　　　　　　　　单位:处

地区	北京	天津	河北	山西	内蒙古	辽宁	吉林	黑龙江
数量	2	3	13	8	29	19	24	49
地区	上海	江苏	浙江	安徽	福建	江西	山东	河南
数量	2	3	11	8	17	16	7	13
地区	湖北	湖南	广东	广西	海南	重庆	四川	贵州
数量	22	23	15	23	10	6	32	10
地区	云南	西藏	陕西	甘肃	青海	宁夏	新疆	
数量	20	11	26	21	7	9	15	

5)世界遗产

《世界遗产公约》对世界文化遗产和世界自然遗产分别进行了定义。世界文化遗产包括:从历史、艺术或科学角度看,具有突出和普遍价值的建筑物、碑雕和碑画,具有考古意义的铭文、洞穴等纪念地;从历史、艺术或科学角度看,在式样、分布或与环境景色结合方面具有突出和普遍价值的建筑物群;从历史、美学、人种学或人类学角度看,具有突出和普遍价值的人造工程或人与自然的联合工程以及考古地址。世界自然遗产包括:从美学或科学角度

[①] 见 https://baike.so.com/doc/5411176-5649274.html。

[②] 见 http://www.cnnpark.com/res.html。

看,具有突出、普遍价值的地质、地貌;从科学或保护角度看,具有突出、普遍价值的濒危动植物物种生境区;从科学、保护或自然美角度看,具有突出、普遍价值的天然名胜。①

截至2020年6月,有193个国家加入《世界遗产公约》,1121个项目列入《世界遗产名录》,其中文化遗产869项、自然遗产213项、自然与文化双遗产39项。我国于1985年加入《世界遗产公约》。截至2020年6月,我国已成功申报世界遗产55项。其中,文化遗产37项、自然遗产14项、自然与文化双遗产4项。我国世界遗产总数、自然遗产和双遗产数量均居世界第一,是近年全球世界遗产数量增长较快的国家之一。②2018年,我国各遗产地为地方带来直接旅游收入143.75亿元,其中,接待境外游客超过1246.2万人次,占全国入境游客总人数的9.7%。

▶ 动动手

1.请查阅有关资料,了解我国世界遗产地情况,并选择其中的一些给大家做介绍。

2.请查阅有关资料,了解我国四大双重遗产地的情况,了解其旅游发展概况。

3.请查阅有关资料,了解我国文化景观遗产和非物质文化遗产的有关情况,了解其旅游开发价值。

6)地质公园

地质公园这个术语是联合国教科文组织于2000年为了有效保护地质遗迹而提出的。地质公园是以具有特殊的地质科学意义、稀有的自然属性、较高的美学观赏价值,具有一定规模和分布范围的地质遗迹景观为主体,融合其他自然景观与人文景观而构成的一种独特的自然区域;以地质遗迹保护,支持当地经济、文化和环境的可持续发展为宗旨;为人们提供具有较高科学品位的观光旅游、度假休闲、保健疗养、科学教育、文化娱乐的场所。

建立地质公园的主要目的有三个:保护地质遗迹,普及地学知识,开展旅游促进地方经济发展。地质公园可以分为四个级别:世界地质公园、国家地质公园、省地质公园、县市级地质公园。截至2020年7月,全球已经建立了161个世界地质公园,其中中国有41个,占全球总数的四分之一,稳居世界首位;中国还分批建立了220个国家地质公园。③

课内拓展

中国的世界地质公园目录

▶ 动动手

1.查找资料,了解我国世界地质公园的环境价值和旅游价值。

2.请查阅有关资料,了解世界上其他国家中列入了世界地质公园名录的景区景点。

7)主题公园

主题公园起源于荷兰,兴盛于美国。世界上第一个现代大型主题公园是迪士尼乐园,其

---

① 见http://chl.ruc.edu.cn/Content_Detail.asp?Column_ID=39596&C_ID=20024254。

② 中华人民共和国中央人民政府.中国世界遗产总数全球第一[EB/OL].(2020-06-15).http://www.gov.cn/xinwen/2020-06/15/content_5519431.htm.

③ 见https://baike.so.com/doc/6582250-6796018.html。

1955年建立于美国的加利福尼亚州。我国的主题公园发展大约可以分为四个阶段。1983—1988年为我国主题公园的萌芽时期,此阶段的特点是以影视基地和旅游相结合的模式打造,典型代表有大观园、三国水浒影视城、横店影视城等。1989—2005年为发展时期,1989年中国港中旅集团投资的"锦绣中华"开业,可视为我国主题公园发展史上的一个里程碑事件;这个阶段我国正式引入主题公园发展模式,长隆、海昌海洋公园都是这个阶段的典型代表。2006—2012年为完善阶段,我国主题公园与仿真技术、数字模拟等高科技技术紧密结合,提升游客体验,华侨城、方特等可视为此阶段的代表。2013年至今为升级阶段,迪士尼等国外大品牌进入我国市场,万达等企业也纷纷进入主题公园领域,呈现出百花齐放,但同时也竞争异常激烈的格局。

根据世界主题乐园权威研究机构美国主题娱乐协会(Themed Entertainment Association,TEA)与AECOM经济咨询团队联合发布《2022年主题公园和博物馆报告:全球主要景点游客报告》,2022年全球前25大娱乐/主题公园游客总量为17849万人次,2021年为14123万人次。其中,北美地区前20大娱乐/主题公园游客14054万人次,比2021年上升了32%。亚太地区前20大娱乐/主题公园游客为8226万人次,比2021年上升了7%。①图6-2所示显示了2022年亚洲地区客流量排名前十的主题公园。

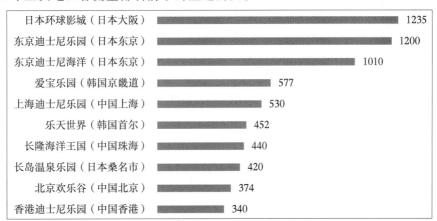

图6-2　2022年亚洲主题公园客流TOP10(单位:万人次)

▶ 动动手

1.请查阅有关资料,了解世界知名主题公园的特色及运营情况,将查阅的资料与全班同学共享。

2.请查阅有关资料,了解我国主要主题公园的特色及其运营情况,谈一谈我国主题公园的运营中存在哪些问题,应该如何应对。

(四) 餐饮业

餐饮业是第三产业中的重要组成部分,既能满足消费者的一般"果腹"需要,更是民众体

---

① 2022年全球25大主题公园和亚太20大主题公园[EB/OL].(2023-06-19).https://finance.sina.com.cn/wm/2023-06-19/doc-imyxumwn1691425.shtml.

验文化、享受休闲的常用方法。按欧美《标准行业分类法》的定义,餐饮业是指以商业营利为目的的餐饮服务机构。根据我国的《国民经济行业分类》(GB/T 4754—2017),餐饮业是指通过即时制作加工、商业销售和服务性劳动等,向消费者提供食品和消费场所及设施的服务。具体来看,餐饮业又被分为正餐服务、快餐服务、饮料及冷饮服务、餐饮配送及外卖送餐服务、其他餐饮业等行业。

1. 餐饮业的类型

根据不同分类标准,餐饮业可以分为不同的类型。

按照表现形式,餐饮业可分为旅游饭店、餐厅、自助餐和快餐业、冷饮业和流动摊贩等。其中,餐厅又可分为中餐厅、西餐厅。

按照档次和主要目标消费群体,餐饮业可以分为便利型大众餐饮、高档型餐饮、气氛型餐饮。便利型大众餐饮面向大众市场,为普通消费,解决的多是消费者的日常性果腹需要;高档型餐饮面向高端消费市场,解决的多数是享受性餐饮需要;气氛型餐饮如主题餐厅、特色餐厅等,以主题和标新立异为特色,多属于文化性消费和休闲性消费。

按照餐饮兴建的目的,餐饮业可分为商业性餐饮和非商业性餐饮,商业性餐饮又可以进一步细分为综合性餐饮和单纯性餐饮。商业性餐饮的兴建目的是营利,其中,综合性餐饮如酒店、度假村、娱乐场所中的餐饮系统,通常提供多种类型的餐饮服务,满足消费者的多重餐饮需要;单纯性餐饮是指经营种类单一的餐饮形式,如早餐店、酒吧、快餐店等。非商业性餐饮如企事业单位和社会保障部门所提供的餐饮服务机构,如学校、医院、监狱、军营等单位的食堂。

按照业态,餐饮业可分为正餐行业、快餐行业、团餐行业、火锅行业、小吃行业、西餐行业、清真餐饮业等。

2. 餐饮业的现状

数据显示,2021年中国餐饮行业规模为46895亿元,同比增长18.6%,餐饮行业市场规模基本恢复至疫情前水平。餐饮行业在短期内将缓慢增长,预计2025年市场规模达55635亿元。①我国餐饮行业2015—2025年收入与增长率情况如图6-3所示。

图6-3 2015—2025年我国餐饮行业年收入与增长率
（资料来源：艾媒数据中心　注：图中年份＋E为预测）

---

① 艾媒报告中心.2022年中国餐饮行业发展现状及市场调研分析报告[EB/OL].(2022-04-20). https://www.360kuai.com/pc/942fb01dfc8b1fa3d？cota＝3&kuai_so＝1&sign＝360_57c3bbd1&refer_scene＝so_1.

▶ 动动手

1. 请查阅资料,了解我国餐饮业在2022年的发展概况,并谈谈你所预测的我国餐饮业的发展趋势。

2. 请查阅有关资料,了解我国餐饮业当前的发展概况或你所在地区餐饮业的发展现状,选择其中一个行业予以详细了解,并将你所了解的情况与全班同学分享。

第二节 文化产业

联合国教科文组织给文化产业的定义是:文化产业是按照工业标准,生产、再生产、储存以及分配文化产品和服务的一系列活动。按照这个界定,文化产业是与"工业"有关的产业,且遵循按照市场化运作的规律。这似乎与我们日常理解的文化产业有些差异。事实上,随着时代的推移,文化产业的内涵与外延早已超出上述界定,呈现出时代赋予的新特征。为此,本节介绍新时代下我国文化产业的有关概况。

一、文化产业概述

(一) 文化产业的界定

按照国家统计局发布的《文化及相关产业分类(2018)》,文化及相关产业是指为社会公众提供文化产品和文化相关产品的生产活动的集合。其范围包括以下两个方面。

(1) 以文化为核心内容,为直接满足人们的精神需要而进行的创作、制造、传播、展示等文化产品(包括货物和服务)的生产活动。具体包括新闻信息服务、内容创作生产、创意设计服务、文化传播渠道、文化投资运营和文化娱乐休闲服务等活动。

(2) 为实现文化产品的生产活动所需的文化辅助生产和中介服务、文化装备生产和文化消费终端生产(包括制造和销售)等活动。

(二) 文化产业的分类

按照《文化及相关产业分类(2018)》,我国文化及相关产业共分为9大类,分别是新闻信息服务、内容创作生产、创意设计服务、文化传播渠道、文化投资运营、文化娱乐休闲服务、文化辅助生产和中介服务、文化装备生产、文化消费终端生产。根据活动相似性,在每个大类下设置43个中类,在每个中类下设置了146个小类。

全部活动类别可进一步归纳为两个领域,即文化核心领域和文化相关领域。其中,文化核心领域包括前6个大类(分别是新闻信息服务、内容创作生产、创意设计服务、文化传播渠道、文化投资运营、文化娱乐休闲服务),共计25个中类和81个小类;文化相关领域包括后3个大类(文化辅助生产和中介服务、文化装备生产、文化消费终端生产),共计18个中类和65个小类。

(三)我国文化产业发展的历程

我国的文化产品自古即有,其中既有有形的文化产品,如书画、小说、诗词等艺术作品以及承载着这些作品的扇子、雨伞和饰物等;也有无形的文化服务,如戏曲、杂技、评书、弹词等各种表演艺术。中华人民共和国成立以后,我国文化事业迅速恢复和发展,出现了一大批优秀的文化作品;但是作为一个产业,我国文化产业的正式起步并快速发展是在改革开放以后。通观改革开放以后我国文化产业的发展,大致可以分为如下四个阶段。

1. 起步阶段(1978—1991年)

某种活动要能称为一个产业,这种活动至少应具有经济属性。改革开放后,市场经济开始出现,广州、上海等地的一些经营者最先借助文化要素开展市场营销活动,并逐渐形成了一些文化消费产品和场所。广州东方宾馆于1980年设立我国第一家音乐茶座,成为我国文化娱乐市场兴起的标志性事件。在这些年中,营业性舞厅、民间剧团、明星演唱会等逐渐出现,台球室、录像厅、卡拉OK、电子游戏等新式文化娱乐场所也迅速发展了起来。

在这个阶段,文化艺术被视为第三产业中的重要组成部分。1988年,文化部和国家工商行政管理局联合发布《关于加强文化市场管理工作的通知》,第一次明确使用了"文化市场"这个概念;1991年,国务院批转了《文化部关于文化事业若干经济政策意见的报告》,正式提出了"文化经济"的概念。我国文化产业得到了国家层面的认可和政策支持,开始快速发展起来。

2. 发展阶段(1992—2001年)

1992年党的十四大正式确立了建设社会主义市场经济体制的改革目标,我国市场经济开始腾飞,文化产业的发展也迎来了自己的春天。各有关部门先后出台了多项支持文化产业发展的政策和措施,我国文化产业逐渐发展起来。1998年,文化部文化产业司成立,文化产业的专门管理机构正式成立。2000年,"文化产业"首次写入党的十五届五中全会《中共中央关于制定国民经济和社会发展第十个五年计划的建议》,2001年的政府工作报告中再次明确"深化文化体制改革"的时代要求,我国大规模的文化体制改革由此开始。

在这个阶段,我国文化产业发展非常迅速,话剧创作、舞蹈表演、民族戏剧、流行音乐等各个领域都有很大的发展,各地报业集团、广播电视、影视公司的改革和集团化速度加快,报纸种类增加,广告收入成为传媒业的重要组成部分,互联网迅速崛起。据有关统计,1996年我国各大中城市的报纸种类达到2202种,相比于1978年的186种增加了近11倍;1998年我国广播电台达1244家、电视台达880家,电视人口覆盖率达87.5%。①

3. 改革阶段(2002—2012年)

十六大以后,我国文化产业发展进入一个新的时期,"文化强国"作为一项国家战略被提了出来。2003年,文化体制改革试点工作启动,文化产业被明确界定为"从事文化生产和提供文化服务的经营性行业"。2004年,国家统计局首次颁布实施《文化及相关产业分类》,明确了文化产业的范围和分类;也就是从这一年开始,中国(深圳)国际文化产业博览交易会于

---

① 张廷兴,董佳兰,丛曙光.中国文化产业史[M].北京:经济日报出版社,2017.

每年5月举办,为中国文化企业"走出去"搭好了平台。随后,《文化产业振兴计划》《关于金融支持文化产业振兴和发展繁荣的指导意见》《文化部关于加强文化产业园区基地管理、促进文化产业健康发展的通知》《中共中央关于深化文化体制改革推动社会主义文化大发展大繁荣若干重大问题的决定》《国家"十二五"时期文化改革发展规划纲要》《文化部"十二五"时期文化产业倍增计划》等政策陆续出台,我国文化产业的改革和发展取得重大成就。

截至2012年末,全国各类文化单位30.59万个,从业人员228.97万人。2012年,我国文化及相关产业法人单位实现增加值18071亿元,按同口径和现价计算,比上年增长16.5%,增速比同期GDP现价增速高6.8个百分点。①

4. 升级阶段(2013年至今)

2013年,党的十八届三中全会再次强调了"文化强国"概念,新时代文化产业转型升级时代来临。《关于推进文化创意和设计服务与相关产业融合发展的若干意见》《文化部关于推动文化娱乐行业转型升级的意见》《文化部"一带一路"文化发展行动计划(2016—2020年)》《文化部"十三五"时期文化发展改革规划》《文化部关于推动数字文化产业创新发展的指导意见》以及文旅部有关文化发展的各类"十四五"规划出台,为我国文化产业的繁荣发展和升级换代提供了指引,也为增强民族文化自信提供了有力支持。

在这个阶段,文化产业向文化创意、互联网、数字产业等方面转型升级,新技术、新理念、新模式不断涌现,互联网文化、数字传媒、创意产业等新业态纷纷面世。根据《中华人民共和国文化和旅游部2021年文化和旅游发展统计公报》,在受到疫情影响的情况下,2021年末,全国通过统计直报系统报送的文化市场经营单位19.10万家,从业人员151.14万人,营业收入13689.17亿元,营业利润1636.55亿元,如表6-9所示。

表6-9 2021年末我国文化市场经营单位情况

类别	数量/万家	从业人员/万人	营业收入/亿元	营业利润/亿元
总计	19.10	151.14	13689.17	1636.55
娱乐场所	5.05	51.11	485.08	30.13
互联网上网服务营业场所	10.18	20.15	169.21	—
演出市场单位	2.25	47.02	3643.26	388.59
艺术品经营机构	0.61	2.05	89.96	13.68
经营性互联网文化单位	1.01	30.81	9301.65	1227.20

二、几大主要文化产业

(一)动漫产业

世界动漫产业萌芽于19世纪,起源于20世纪初期。1907年,美国人布莱克顿拍摄了世界第一部动画片《一张滑稽面孔的幽默姿态》,动画片史正式开始。随后麦克凯、迪士尼等人为动画片的发展做出了重大贡献。1928年,迪士尼推出了世界第一部有声动画片《汽船威利

---

① 数据来自《中华人民共和国文化部2012年文化发展统计公报》。

号》,1932年又推出了第一部彩色动画片《花与树》。

20世纪20年代,美国动画片传入我国,中国人第一次接触到了这个新鲜事物,并激发了早期动画人的创作激情。万氏兄弟是中国动画事业的拓荒者和创始人,在当时条件极其艰苦的情况下,万氏兄弟于1926年创作了中国第一部动画片《大闹画室》,1935年推出中国第一部有声动画片《骆驼献舞》,1941年推出中国以及亚洲第一部动画长片《铁扇公主》,而1961—1964年由万籁鸣、唐澄执导的《大闹天宫》更是中国动画史上的巅峰之作。

1. 有关概念

1) 动画

动画是集合了绘画、漫画、电影、数字媒体、摄影、音乐、文学等众多艺术门类于一身的艺术表现形式,是一种综合艺术。世界动画形式最早发源于19世纪上半叶的英国,兴盛于美国;中国动画起源于20世纪20年代。1892年10月28日,"动画之父"埃米尔·雷诺首次在巴黎著名的葛莱凡蜡像馆向观众放映光学影戏,标志着动画的正式诞生。

2) 漫画

漫画是一种绘画艺术,一般常采用夸张、比喻、象征等手法,讽刺、批评或歌颂某些人和事,具有较强的社会性;也有纯为娱乐的作品,有较强娱乐性。漫画具有讽刺与幽默的艺术特点,具备认识、教育和审美等社会功能。

我国最早的漫画作品出现在1925年,当时上海《文学周报》连载了丰子恺的画,该刊主编郑振铎将这种独特风格的画取名为"漫画","漫画"这种艺术创造形式在中国开始流行起来。不过也有人提出早在1904年,《警钟日报》每隔几天就刊载一幅漫画,并以"时事漫画"四个大字为题,因此,"漫画"一词早在20世纪初期就已出现。无论上述哪种说法为事实,都可以看出,"漫画"这种事物在我国最早以报纸为载体。

3) 动漫

动漫是"动画"和"漫画"的合称,取这两个词的第一个字合称为"动漫"。需要注意的是:动漫并非游戏,不是专业术语;动漫≠动画,动漫包括了动画,动画是动漫的一部分;动漫也不是由漫画改编而成的动画,不是会动的漫画,漫画是动漫的一个构成部分;动漫也并非只针对低龄群体的动画。

"动漫"一词最早主要在日本的有关爱好者中使用,特指日本的动画和漫画;我国最早在正式场合使用这一词汇,是1998年11月大陆《动漫时代》杂志的创刊,此后我国的动漫产业也就快速发展了起来。

▶ 动动手

1. 请查阅有关资料,谈一谈你最喜欢的动漫作品。

2. 请查阅有关资料,介绍一下你认为最优秀的动漫作者或机构,向大家介绍一下他/她(或它)的主要代表作品。

2. 常见的动漫词汇释义

1) 与动漫产业有关的术语

(1) ACGN。

ACGN为英文animation(动画)、comic(漫画)、game(游戏)、novel(小说)的合并缩写。

特别需要说明的是,novel在ACGN领域通常指轻小说,但随着网络文学改编ACG作品越来越多,novel也可用来泛指ACGN圈内接受程度较高的文学作品。ACGN的出现表明动画、漫画、游戏、轻小说在产业链上的关系越来越紧密。

(2)周边。

周边是动漫本体的一种延伸,是以动漫原型为基础所创作出来的衍生品。像扭蛋、模型、手办、挂卡这样没有多少实用价值但有较高收藏价值的动漫产品属于硬周边,通常价格较高;而一些借助动漫形象生产的具有一定实用价值的用品,如文具、服饰、手机壳、钥匙扣等商品属于软周边,一般价格相对便宜。

(3)新番。

新番的原意是对新出的影视节目的统称,多数情况下,是指当季新出的动画作品。一般3个月为期称为一季。春季新番4月开播,夏季新番7月开播,秋季新番10月开播,冬季新番1月开播。由于部分新番并不完全按照上述时间开播,所以将新番播出最多的四个月份的前后一个月也纳入当月新番,比如,3月、4月、5月开播的新番都属于春季新番。

2)与动漫作品有关的术语

(1)同人。

在动漫文化中,同人是指"自创、不受商业影响的自我创作",可以是原创,也可以是二次创作。其原创作品由于不以营利为目的,其创作的自由度更大。但更通常的,同人是指以商业漫画中的人物为基础进行的二次创作,这些作品可能是在原著的基调上进行的改编、仿作,也可以是全新演绎。总体来看,同人作品具有非商业化、创作自由度较高的特点。

(2)版式方面的术语。

例如,TV版,即在电视上播放的动画版本;WEB版,即在网络上播放的动画版本;OAD版,是以动画光碟形式呈现的动画作品;OVA版,是以录像带的形式播放的动画作品;剧场版,即动画的电影版本。

(3)音乐方面的术语。

声优/CV,即character voice,用来标识作品中哪个角色是由哪位演员配音的,即角色声音的意思。

BGM,即background music,背景音乐的意思,常是指在电视剧、电影、动画、电子游戏、网站中用于调节气氛的一种音乐。此外,公共场合(如公园、商场、咖啡厅等)连续播放的音乐也可以称为背景音乐。

OST,即original sound track,为原创音乐专辑的意思,原声大碟,用来专门收集某动画有关的音乐。

TM,即theme music,主题曲的意思。

IN,即interlude,插曲。

OP,即opening song,片头曲。

ED,即ending song,片尾曲。

CS,即character song,角色歌,针对动漫、游戏中角色的形象以及个性创作的歌曲(有时候也指commercial song,用于广告的歌曲)。

3.几种常见的动漫产业

动漫产业,是指以"创意"为核心,以动画、漫画为主要表现形式,包含动画片、漫画书、报刊、电影、电视、音像制品、舞台剧和基于现代信息传播技术手段的动漫新品种等动漫直接产品的开发、生产、出版、播出、演出和销售,以及与动漫形象有关的服装、玩具、电子游戏等衍生产品的生产和经营的产业,因为有着广泛的发展前景,动漫产业被称为"新兴的朝阳产业"。①

1)动漫产业的特征

芦娟认为,动漫产业的发展具有如下几个方面的特征。②

(1)动漫产业的资产特征。

动漫产业的资产特征表现在三个方面。一是非实物形态,动漫产业的竞争优势来源于不断创新所产生的难以模仿的无形资源与能力,动漫产业的核心资源是非实物形态的资产,这与一般有形资产存在较大区别。二是技术替代性,技术水平的提升能降低动漫产业的制作成本,提高制作效率,而动漫产业的技术更新速度很快,动漫企业如果不能跟上或自觉创新技术,它的生存将很难。三是权利运用方式的多样性,完整的动漫产业至少包括创意和原创作品开发、制作传播载体和确定传播方式、动漫衍生品的开发和营销这三大环节,动漫产业的无形资产可以在三大环节中依次全方位地运用或再开发,以获得最大经济利益。

(2)动漫产业的投入、产出特征。

动漫产业的投入与产出并不总是具备相互对应的关系,有时候低投入能获得高产出,而有时候高投入未必能获得高产出。因此,这个领域的投资具有很高的风险。

(3)动漫产业的产业链特征。

动漫产业的关联度很大。从狭义视角看,横向的动漫产业至少涵盖了书刊、电影、电视、网络、手机等媒体为主的播放市场;纵向的动漫产业包括了选题开发、动漫制作和动漫营销等活动。从广义视角看,动漫产业链不仅包括了上述狭义的全部内容,还包括了投融资、设备制造、技术开发,产品的代理、发行和播出,玩具和服装等动漫衍生产品的开发销售和相关服务等。

(4)动漫产业的技术特征。

动漫产业的技术更新很快,与科学技术的结合也非常紧密。

(5)动漫产业的产品消费特征。

动漫产业的产品具有很强的服务特性,属于精神类消费范畴。动漫产业具有体验经济的特征,消费者的体验还具有较强的不确定性特征,如不同的消费者对同一个作品会有不同的体验,同一个消费者在不同的情境下对同一个作品会有不同的体验等。因此,消费者、消

---

①360百科,https://baike.so.com/doc/6326010-6539618.html。
②芦娟.浅论动漫及动漫产业的几大特征[J].戏剧之家,2015(22):151.

费情境及有关因素都会影响动漫作品的消费效果,动漫产业的各环节互动应当遵循这个规律。

2)动漫产业的层次

现代动漫产业包含甚广,可以大致分为三个层次,如图6-4所示。

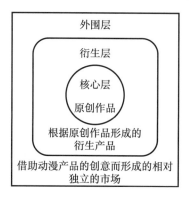

图6-4 动漫产业的构成

动漫产业最核心的层次是动画、漫画等拥有知识产权的原创性作品,以及与这些作品本身的播出和发行紧密相关的产品和服务,如动画片、漫画书籍、漫画杂志、动画音像制品等。

动漫产业的第二个层次是根据动漫原创作品通过授权等形式所形成的各类衍生产品,即前文所说的"周边"产品与服务。这些产品既有以收藏价值为追求的硬周边产品,也有比较注重实用价值的软周边产品,如玩具、文具、日常小用品、服装、食品、手机图片等。

动漫产业的第三个层次是借助动漫产品的创意而形成的相对独立的市场,与动漫作品有一定的关联性,例如以动漫为主题的儿童乐园、动漫主题公园、动漫博览会、虚拟代言人、真人秀、动漫咖啡茶坊连锁店等。

可以预见,随着产业融合的深化,未来动漫产业将呈现出更多的新业态。

3)常见的动漫产业

动漫产业的核心是动画和漫画产业本身。近年来,我国积极推动国内动漫产业的发展,先后提出了动漫企业认定工作、产业规划、税收优惠政策等。在国家政策的保驾护航下,我国动漫产业发展势头迅猛,2020年我国动漫产业完成了"十三五"规划的2500亿元产业产值规模目标。[1]表6-10、表6-11分别反映了我国核心动漫产业近些年的一些发展状况。

表6-10 2009—2021年我国动漫企业认定数目

年份	2009	2010	2011	2012	2013	2014	2015	2016	2017	2018	2019	2020	2021
认定的数量/家	100	169	121	110	87	82	61	0	70	79	45	17	50

(资料来源:根据文旅部和华经情报网有关资料整理。)

---

[1] 2021年中国动漫产业市场现状与发展前景分析"十三五"规划目标提前完成[EB/OL].(2021-03-22).https://www.qianzhan.com/analyst/detail/220/210322-ac199bd7.html.

表 6-11　2023 年 7 月前国产动画电影票房前十位①

片名	票房/亿元
《哪吒之魔童降世》	50.35
《姜子牙》	16.0
《熊出没·伴我"熊芯"》	14.95
《熊出没·重返地球》	9.77
《西游记之大圣归来》	9.56
《深海》	9.19
《熊出没·原始时代》	7.17
《熊出没·变形记》	6.05
《熊出没·狂野大陆》	5.95
《长安三万里》	5.85

除了动画和漫画以外，我国常见的动漫产业有以下几种。

(1) 动漫游戏。

动漫游戏是以同名动漫人物或故事为原型而制作的游戏。有些动漫游戏纯粹以原版动漫人物和故事情节为主线，但多数动漫游戏会对原版进行改编和再创作。动漫游戏有动作游戏、益智休闲、角色扮演、卡牌游戏、策略游戏、经营养成等多种类型。

(2) 动漫小说。

动漫小说常被称为轻小说，通常使用漫画风格的插画，是一种娱乐性大众文学和通俗文学体裁。在写作手法上比较随意，内容浅显易懂，风格多样，场景变幻如同漫画场景一般迤逦，读者多为年轻群体。动漫小说很容易被改编为动漫影视作品。

(3) 动漫服饰。

动漫服饰有多种含义。一是指动漫作品中原创角色穿着的服饰，属于虚拟服饰；这类服饰可通过作为游戏中的道具等多种途径实现真实销售。二是指 cosplay 服饰，属于模仿动漫作品而设计的高度还原的真实服饰，可用作演出或参与相关活动，可以实现服饰的真实销售。三是在真实服饰设计中，融入一些动漫元素所形成的日常服饰，如将动漫形象附着于服饰的胸前、背后等部分，增强服饰的销售吸引力。

(4) 动漫主题公园。

动漫主题公园是以动漫人物或故事作为主题，采用现代科学技术和多层次活动空间的设置方式，以模拟景观和园林环境为载体，集中多种娱乐内容、休闲要素和服务接待设施于一体的现代旅游目的地。②

课内拓展

中国正成全球主题公园首选国产动漫 IP 鸿沟难以跨越

①《长安三万里》进入国产动画电影票房榜前十[EB/OL].(2023-07-16).https://finance.sina.com.cn/jjxw/2023-07-16/doc-imzavwit6382815.shtml.

②马勇.休闲产业概论[M].武汉：华中科技大学出版社，2018.

(二)娱乐产业

1.娱乐产业概述

本书前边章节中提及,娱乐是民众休闲的重要活动之一。为民众休闲提供娱乐活动及有关服务的行业集合就是娱乐产业。如何界定娱乐产业难度颇大,因为其涵盖的面很广,研究者们也通常有多个研究问题的视角。我们认为,在界定娱乐产业时,一般应当考虑如下几个方面的因素。

(1)从娱乐产业的功能来看,娱乐产业所提供的产品和服务是供人消遣、使人快乐,增添生活情趣,满足民众精神需要的。

(2)从娱乐产业的属性来看,其本质上应归属于文化产业,是基于一定文化积累、富有文化内涵的现代服务业。

(3)从娱乐产业的经营活动来看,它同其他产业一样,全面包括了娱乐产品和服务的生产、交换、消费、分配等商品流通的所有经营性环节。

(4)从娱乐产业的涵盖面和成长性来看,娱乐产业涵盖的行业甚广,创造的空间很大,几乎可与任何行业实现跨界融合发展,因此融合性很强,跨界发展的可能性很大。

中国娱乐产业可以分为文化娱乐行业、数字娱乐行业、传媒娱乐行业和博彩业四个领域(见表6-12)。在实际经营中,尽管这四个领域的发展各有侧重,但其界限比较模糊,如电影院既可以纳入文化娱乐产行业,也可以划入数字娱乐行业,还可以划入传媒娱乐行业。可以预见,随着现代产业的多元化发展和数字技术的广泛应用,今后这种界限还会更加模糊。

表6-12 中国娱乐产业分类

类别	特点描述	代表性业态
文化娱乐行业	满足民众精神文化生活需要	歌舞厅、电子游艺厅、网吧、棋牌室、电影院、健身房、溜冰场、咖啡厅、密室逃脱、中老年活动中心、游乐园等
数字娱乐行业	依托数字技术,产业平台近乎无限可扩展性	游戏、动画、影音、数字出版等
传媒娱乐行业	借助互联网、影视、广告等手段;传播知识、新闻、娱乐等信息	广播电视媒体、网络媒体等
博彩业	合法性、赌博性、公益性	澳门五大博彩业(赌场、赛马、赛狗、彩票、足球博彩);中国内地以公益彩票为主

(资料来源:马勇.休闲产业概论[M].武汉:华中科技大学出版社,2018.)

2.泛娱乐产业与IP

1)泛娱乐的概念

2014年,新闻出版广电总局、文化部等部委的行业报告中收录"泛娱乐"一词并重点提及。[1]这里的"泛"并非泛滥之泛,与一些背离艺术本质、为娱乐而娱乐的低劣文化产品不同,

---

[1] 龚先进.泛娱乐产业特征及人才需求类型研究[J].淮北师范大学学报(哲学社会科学版),2016,37(04):39-42.

它是指一个可供开发的文化产品或概念,能在多个文化产业领域中实现共生,即该产品或概念不只能在某一个领域开发单一产品,而是能以多种形式在不同传播载体上呈现。具备这种多领域共生的文化产品或者可供开发出多领域不同形式产品的创意、概念等被称为"IP"(intellectual property,译为"知识产权"),"IP"可以是文学作品、影视作品、动画作品,甚至只是一个概念。

因此,泛娱乐产业可以这样界定:它是以核心IP打造为根本,基于互联网及移动互联网实现多领域共生的文化产业发展新模式。其本质是粉丝经济,以用户黏性为核心经营要点。对于文化产业开发而言,一个优秀的IP能迎来多领域百花齐放,能有效降低文化娱乐产业的前期开发风险,扩大消费者范围,挖掘产品的长尾价值,实现规模效应,提高产业经济回报率。

2)泛娱乐产业的起源和发展

"泛娱乐"概念最早由腾讯集团副总裁程武提出;此后,腾讯公司于2012年推出泛娱乐战略。经过多年的实践与培育,腾讯互娱在腾讯游戏基础上,相继推出腾讯动漫、腾讯文学、腾讯影业、腾讯电竞共五大业务平台,目前已基本构建了一个打通游戏、文学、动漫、影视、戏剧等多种文创业务领域的互动娱乐新生态,初步打造了"同一明星IP、多种文化创意产品体验"的创新业态。①2016年,腾讯、阿里、小米、光线传媒、中文在线等企业均投入巨资,加大布局泛娱乐产业链条,并形成集网络文学、动漫、影视、游戏、音乐及相关衍生品于一体的全产业链运作模式。②数据显示,2019年泛娱乐核心总产值7770亿元,同比增长36%,泛娱乐产业呈现出良好的发展态势。③目前,中国泛娱乐主要领域市场增长速度较快,其中数字音乐市场规模在2018—2021年复合年增长率接近30.0%,而短视频增长更快,达65.6%,移动游戏的市场规模增长缓慢,已趋向稳定。

3)泛娱乐产业的分类

泛娱乐产业可以进一步细分为网络游戏、网络影视、网络直播、网络动漫、网络文学等多种类型。其中,网络游戏是泛娱乐产业的核心产业,是IP变现的关键渠道,在整个产业链中起着龙头作用。④

4)泛娱乐产业的特点

龚先进认为,泛娱乐产业具有以下特点:⑤

(1)热门题材多维开发。

相对传统文化产业来说,泛娱乐产业的核心在于"IP",即对一个文化产品或者文化概念的多维度开发。比如文学作品,传统模式仅仅是创作后出版,产业链单薄;但在互联网和泛

---

① 2022年泛娱乐行业现状及发展前景分析[EB/OL].(2022-04-26).https://www.chinairn.com/hyzx/20220426/16270394.shtml.
② 顾文彬.中国泛娱乐产业快速增长[J].软件和集成电路,2017(04):77-79.
③ 卢立志.泛娱乐产业生产现状与变革趋势探析[J].人文天下,2020(S01):46-50.
④ 马勇.休闲产业概论[M].武汉:华中科技大学出版社,2018.
⑤ 龚先进.泛娱乐产业特征及人才需求类型研究[J].淮北师范大学学报(哲学社会科学版),2016,37(04):39-42.

娱乐时代,作品可以改编为剧本,做成漫画、电影、电视剧、动画、游戏,包括相应的主题音乐,还可以开发动漫游戏衍生产品,建设主题乐园等多种周边创意产品。多媒体介质的发展可以让这些作品在电子书、手机、pad、PC上阅读、欣赏和互动。

但是,"IP"只是一个"触点",并不是一个"爆点"。好的IP能吸引公众将注意力转到某一个新领域去,但并不意味着它一定能在那个新领域内开发成功,受到公众好评。比如,一个喜欢文学作品的读者,有可能会认为他所喜欢的小说形象在游戏中被丑化了进而产生不满。因此,泛娱乐时代的热门题材多维度开发中,热门IP固然重要,但其能否成功转化更为重要和关键。

(2)内容为王。

在泛娱乐时代,经营的重点不能只放在策划和运营方面,而必须重视文化产品的质量本身。互联网只是IP转化的工具,它只提供转化的平台,但成功的本质仍然是内容本身。在基于互联网之上的泛娱乐时代,我们必须要把精力集中在打造文化精品上面。要深刻思考人类命运,要充满人文关怀,要能够与大众共情,作品要承载消费者的情感需求。IP实质就是经过市场验证的用户的情感承载,或者说在创意产业里面,经过市场验证的用户需求。"用户情感共鸣"是这个概念里的核心元素,它不仅仅是一种符号,而是知识产权和创意产业里面代表的情感。[①]

(3)全平台推广。

在泛娱乐产业中,一个IP在多维开发时,会同时在电视台、网络、院线等多种平台同时推广,打通各种资源,实现全平台推广。这种全平台推广的特点并非只是一个IP充分开发后制作方与各推广平台洽谈合作推广,而是相互交织,可以达到资源共享以促进行业生态更加良好发展的一种共享机制。

(4)周边产品与服务丰富多元。

由于互联网和大数据时代的精准营销特征,文化产品的开发能更加精准地获知消费者的有关需求,一个热门IP在被开发的同时,其多元的周边产品和服务的推出也就成了必然特征。比如,"微信电影票"并不只是卖电影票,还包括演艺产品票、体育产品票等。而大数据能精准判断顾客有关特征,进而推出有针对性的产品和服务。比如,如果影院里观影的观众有较多中青年男性,可能在放映前投放汽车广告;而如果有较多育龄女性,则可以选择投放奶粉广告。

3.常见文化娱乐产业简介

文化娱乐产业是娱乐产业中的一种,与其他几种娱乐产业相比相对传统,但是与休闲大众的日常休闲活动更为紧密。因此,这里简单介绍一下几种常见的文化娱乐产业。

1)歌舞厅

这是指歌厅、舞厅、迪厅、KTV等营业性歌舞性质的场所。这些场所里一般不只可以唱歌、跳舞,还提供酒水、食品等相关服务,是民众休闲、社交的常见去处。部分酒吧、休闲会所等提供歌舞表演的场所也具有歌舞厅的性质。

---

① 程武,李清.IP热潮的背后与泛娱乐思维下的未来电影[J].当代电影,2015(09):17-22.

2）电子游艺厅

这是指电玩城、VR体验馆等依托电子设备，为消费者提供自娱自乐、人机对抗或者与他人竞技的互动体验式电子游艺场所。这种场所广为年轻人喜爱，但也要防止沉迷，切忌通过电子游戏进入赌博。

3）网吧

网吧是针对18周岁以上成年人开放的基于电脑、互联网等设备提供上网服务的营利性场所。由于电脑的普及和互联网进入家庭以及移动互联网的广泛使用，传统网吧受到很大冲击，网咖成为替代品，占据了一定市场份额。

4）主题类室内娱乐

当前室内娱乐活动非常常见，根据主题或其提供的服务功能，有观赏类的电影院、歌剧院等，有以健身为主的健身房、溜冰场等，有以传统休闲为主的棋牌室、茶馆等，有以时尚饮品为主的咖啡厅、酒吧等，有以体验探险刺激为主的真人密室逃脱、鬼屋等，有以活动和交流为主的中老年活动中心等。

5）游乐园

这是以游乐设施的提供为基础，旨在满足游客休闲娱乐需要的公益性或经营性场所。这类场所既可能是围绕某个主题打造的以营利为目的的经营性场所，如欢乐谷、华侨城等，也可能是单纯满足日常休闲的公益性娱乐场所，如居民小区内的游乐场、公园里的游乐园等。当然，也有一些经营性的场所并不围绕某种主题打造，而是简单提供一些如海盗船、遨游太空等体验性游乐设施。

6）其他相关文化娱乐产业

文化娱乐产业包含广泛，种类繁多。除上述几类文化娱乐产业外，近些年来发展较好的有家庭娱乐产业、电视娱乐产业、汽车娱乐产业和少数民族娱乐产业。家庭娱乐产业是为满足家庭娱乐休闲需要的相关产品和服务所涉及的行业，如电视、电脑、体感游戏机、智能手机等领域。电视娱乐产业主要以各种电视台的娱乐节目为代表，如各种选秀类节目、谈话类节目、亲子类节目、健身类节目等。汽车娱乐产业是文化与汽车产业的融合，如汽车造型与内饰设计、汽车文化人才培养、汽车广告与会展、汽车文化设施服务、汽车运动、汽车传媒与信息服务、汽车文化创作服务、汽车休闲文化娱乐服务、汽车文化娱乐产品的生产与经营等领域。少数民族娱乐产业是以少数民族文化为基础发展起来的娱乐产业，如少数民族服饰和物品生产与经营、少数民族歌舞演艺、少数民族节日庆典与创意民俗开发、少数民族体育开发、民俗村开发等相关领域。

▶ 动动手

1.请查阅有关资料，了解我国或你所在地区的娱乐产业发展概况。

2.选取某个具体娱乐产业，介绍其发展现状与特点。

(三) 出版产业

1. 出版产业概述

1) 相关概念

(1) 出版。

"出版"一词首次在我国被使用是清朝末年,首次使用该词的是清末思想家黄遵宪。《辞海》中认为,出版是编辑、复制作品并向公众发行的活动。由此可见,出版应包括编辑、复制和发行(含网络传播)三个方面的活动。

(2) 出版产业。

出版产业是从事出版活动的单位的集合体,包括从事出版活动的出版社、期刊社、报社、音像制品和电子出版社、新媒体公司等,从事出版物复制和印刷的编辑和印刷公司,从事出版物进出口的进出口商,以及从事出版物发行的批发商、分销商、零售商等。

出版产业的根本特征是服务性,其印刷等有关产业属于第二产业中的"制造业",发行属于第三产业中的"批发零售业",出版属于第三产业中的"文化、体育和娱乐业"。因此,出版产业是一个横跨第二、三产业的综合性产业。

一般认为,出版产业具有如下四个特征:一是出版业以知识、信息为核心经营内容,其内容的成败是经营成败的关键;二是出版产业具有文化产业和信息产业的双重属性;三是出版产业有较强的经济性和广泛的传播性;四是随着数字经济时代的到来,出版产业越来越呈现出数字经济的特征,出版业态越来越多元化。

2) 类型

按照出版媒介和最终形成的出版物形态,可以将出版产业划分为传统媒介出版行业和新媒介出版行业。其中,传统媒介出版行业包括图书出版业、报纸出版业、期刊出版业、音像制品出版业等;新媒介出版行业包括电子出版物、数字出版业等。

(1) 图书出版业。

根据联合国教科文组织的定义,图书是指由出版社会出版商出版的,不包括封面和封底在内49页以上的印刷品。这些印刷品具有特定的书名和作者,编有国际标准书号,有定价并且取得了版权保护。

在出版方式上,图书通常采取纸质媒介,以印刷复印的方式出版,绝大多数的图书是装订成册的书籍,但也有部分散装的图片,比如单幅地图。与报纸和期刊不同,图书的出版以"非连续出版"为特征,可以重复印刷或再版。在内容方面,图书的内容具有系统性和稳定性,可以全书只由单独作品组成,也可以由同一作者的多篇作品组成,还可以由众多作者的作品汇聚而成。

图书有多种类型的划分标准。比如,按照功能,图书可以分为专著、论文集、工具书、资料书等类型;按照书中涉及的知识,图书可以分为政治读物、经济读物、文学读物、科技读物、艺术读物等;按照学科划分,图书有自然科学和社会科学之分;按照文种,图书可以分为中文图书和外文图书;按照读者群体,图书可以分为儿童读物、青少年读物、成人读物等。此外,还有其他划分方式。

依照国家有关法律规定设立的、以图书出版及其有关业务为主营业务的有关法人实体和有关组织所形成的行业就是图书出版业。在我国,图书出版执行许可证制度。从行业产业链来看,图书出版业上游的参与者为纸张等印刷物资制造业;行业下游主要为实体书店、网上书店、图书馆、学校等。

(2)报纸出版业。

根据《报纸出版管理规定》,报纸是指有固定名称、刊期、开版,以新闻与时事评论为主要内容,每周至少出版一期的散页连续出版物。报纸应当由依法设立的报纸出版单位出版。

报纸出版单位是指依照国家有关规定设立,经新闻出版总署批准并履行登记注册手续的报社。法人出版报纸不设立报社的,其设立的报纸编辑部视为报纸出版单位。报纸出版单位必须经新闻出版总署批准,持有国内统一连续出版物号,并获得《报纸出版许可证》后,方可出版报纸。

我国报纸可以根据不同的标准分为不同类型。按照报纸所载内容的广泛性,可分为综合性报纸和专业性报纸。前者内容广泛、阅读对象广泛,不偏重某一阶层或某一行业,如《人民日报》;后者内容集中于某一阶层、某一专业领域,以特定范围的读者为发行对象,如《中国青年报》。按照报纸的发行范围,可以分为全国性报纸和地方性报纸,前者如《文汇报》,后者如《重庆日报》。按照报纸的出版时间,可以分为日报、晚报、周报、星期刊报,日报一般在每天上午发行,晚报一般在每天下午或傍晚发行,周报是每周发行一次,星期刊报一般在周末发行。按报纸的从属关系分,有党报和非党报、机关报和非机关报等划分类别。按报纸使用的文字,有中文报纸和外文报纸,中文报纸又可以分为汉文报纸和少数民族报纸。

(3)期刊出版业。

根据《期刊出版管理规定》,期刊又称为杂志,是指有固定名称,用卷、期或者年、季、月顺序编号,按照一定周期出版的成册连续出版物。与报纸一样,期刊应当由依法设立的期刊出版单位出版;期刊出版单位必须经新闻出版总署批准,持有国内统一连续出版物号,领取《期刊出版许可证》后,方可出版期刊。期刊发行分公开发行和内部发行。内部发行的期刊只能在境内按指定范围发行,不得在社会上公开发行、陈列。

期刊有不同的分类标准。按照出版的周期,有周刊、旬刊、半月刊、月刊、季刊、半年刊、年刊等类型的刊物。按发行范围,可分为公开发行期刊和内部发行期刊。按照内容,可分为一般期刊、学术期刊、行业期刊等。一般期刊以普通大众为读者对象,内容通俗易懂;学术期刊主要发表学术论文、研究报告,以专业读者为对象;行业期刊刊载行业动态,以行业阅读者为对象。按照所属学科,期刊可分为五大类别,分别是马列主义类、哲学类、社会科学类、自然科学类、综合性刊物。按照学术地位,可以分为核心期刊和非核心期刊。此外,期刊还有级别,如我国期刊可以分为国家级、省部级、地市级等级别。

(4)音像制品出版业。

按照《音像制品出版管理规定》,音像制品包括录有内容的录音带(AT)、录像带(VT)、激光唱盘(CD)、数码激光视盘(VCD)及高密度光盘(DVD)等有关产品。国家对出版音像制品实行许可制度;未经许可,任何单位和个人不得从事音像制品的出版活动。

(5)电子出版物。

根据《电子出版物出版管理规定》,电子出版物是指以数字代码方式,将有知识性、思想性内容的信息编辑加工后存储在固定物理形态的磁、光、电等介质上,通过电子阅读、显示、播放设备读取使用的大众传播媒体,包括只读光盘(CD-ROM、DVD-ROM等)、一次写入光盘(CD-R、DVD-R等)、可擦写光盘(CD-RW、DVD-RW等)、软磁盘、硬磁盘、集成电路卡等,以及新闻出版总署认定的其他媒体形态。国家对电子出版物出版活动实行许可制度;未经许可,任何单位和个人不得从事电子出版物的出版活动。

相比于传统出版物,电子出版物采取数字化生存形式,有效降低了信息储存成本,提高了传输、检索的效率,有利于信息共享和有关数据库的建立;但同时,它也要求人们改变现有阅读习惯,且再编辑和再加工比较容易,从而导致可信度降低,且对知识产权的保护也是一大挑战。

(6)数字出版业。

按照《新闻出版总署关于加快我国数字出版产业发展的若干意见》(新出政发〔2010〕7号),数字出版是指利用数字技术进行内容编辑加工,并通过网络传播数字内容产品的一种新型出版方式,其主要特征为内容生产数字化、管理过程数字化、产品形态数字化和传播渠道网络化。

数字出版产品形态主要包括电子图书、数字报纸、数字期刊、网络原创文学、网络教育出版物、网络地图、数字音乐、网络动漫、网络游戏、数据库出版物、手机出版物(彩信、彩铃、手机报纸、手机期刊、手机小说、手机游戏)等。

数字出版产品的传播途径主要包括有线互联网、无线通信网和卫星网络等。由于其海量存储、搜索便捷、传输快速、成本低廉、互动性强、环保低碳等特点,已经成为出版业的战略性新兴产业和出版业发展的主要方向。

近年来,我国数字出版产业蓬勃发展,2018年被列入国家战略性新兴产业目录,2019年产业收入规模超过9800亿元,产业形态不断丰富,优质内容供给不断增强,已成为出版业发展的生力军和文化产业极具活力的领域。[①]

2. 我国出版业现状[②]

近年来,我国出版产业整体情况良好,但其发展受到了疫情的影响。2020年,全国出版、印刷和发行服务实现营业收入16776.3亿元,较2019年降低11.2%;利润总额1024.8亿元,降低19.2%;拥有资产总额22578.7亿元,降低6.3%;所有者权益(净资产)11425.4亿元,降低6.0%。主题图书影响力进一步提升,主流报刊市场地位日趋稳固,图书报刊传统出版规模有所下滑,数字化业务收入保持增长。2020年出版业相关出版情况如下:

---

① 第十届中国数字出版博览会在京举行 张建春作主旨讲话提出五方面要求[EB/OL].(2020-12-04).https://www.nppa.gov.cn/nppa/contents/719/75455.shtml.

② 2020年新闻出版产业分析报告.[EB/OL].(2021-12-06).https://www.nppa.gov.cn/nppa/contents/764/102441.shtml.

全国共出版新版图书21.4万种,较2019年降低5.0%;总印数103.7亿册(张),降低2.1%。图书出版实现营业收入963.6亿元,降低2.6%;利润总额163.8亿元,增长4.3%。

全国共出版期刊10192种,较2019年增长0.2%;总印数20.4亿册,降低7.0%。期刊出版实现营业收入194.2亿元,降低2.8%;利润总额30.4亿元,增长1.4%。

全国共出版报纸1810种,较2019年降低2.2%;总印数289.1亿份,降低9.0%;总印张654.7亿印张,降低17.8%。报纸出版实现营业收入539.5亿元,降低6.4%;利润总额50.4亿元,增长32.1%。

全国共出版音像制品8611种,较2019年降低19.6%;出版数量17515.0万盒(张),降低24.4%。音像制品出版实现营业收入30.0亿元,增长2.0%;利润总额3.7亿元,增长5.5%。

全国共出版电子出版物7825种,较2019年降低13.7%;出版数量25270.7万张,降低13.6%。电子出版物出版实现营业收入17.9亿元,增长8.2%;利润总额2.6亿元,增长5.5%。

新闻出版单位面对疫情冲击,积极开拓线上业务,推进数字化转型。数字出版收入11781.7亿元,增长19.2%。新华书店与出版社网上出版物销售数量增长40.6%,金额增长62.5%。

3. 出版产业链

出版产业与其他产业一样,也分上游、中游、下游产业,如图6-5所示。

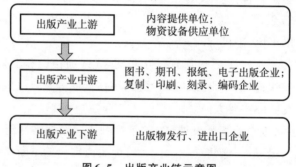

图6-5 出版产业链示意图

▶ 动动手

1.请查阅有关资料,了解我国或你所在地区的出版产业发展概况,向全班同学汇报。

2.根据你所查阅到的资料,预测出版产业的未来发展趋势,选择其中一个方向作为自己的入职或创业方向,拟写一份计划书。

(四)影视演艺业

1.有关概念

影视、演艺均属于表演艺术的范畴。以影视艺术为经营对象的产业属于影视产业,以表演艺术为经营对象的产业属于演艺产业,两者合称为影视演艺业。

1)影视与影视产业

所谓影视,是对电影艺术与电视艺术的统称,它以磁带、胶片等介质作为载体,以银幕、屏幕播放为手段,集文学、戏剧、音乐、美术等艺术形式于一体,能从视觉和听觉上有效满足观众的艺术欣赏需要,是现代科学技术与艺术相结合的产物。影视产业涵盖了电影、电视剧、节目、动画等影视作品的生产制作、发行、放映等诸多环节,包括了经纪代理、影视作品衍生品、放映场所和渠道建设等诸多领域。

影视制作是影视产业中的核心环节,直接决定着影视作品是否受公众欢迎,进而决定着其经济效益和社会效益。一般来说,影视制作可以粗略分为三个阶段:前期准备工作,包括工作计划、预算编制、剧本创作、分场大纲、签订导演、选择演员、形成团队等;中期拍摄工作,主要是在导演的统筹和有关技术人员、后勤人员的支持和配合下,演员表演、拍摄人员录制形成作品;后期完善工作,包括对拍摄的作品进行剪辑、配音、添加字幕和特效等,形成最终可以公开放映的作品。

我国影视产业大致可以分为电影和电视剧两个部分,两者在内容生产方面存在较大的相似性,主要区别为以下三个方面:一是播出平台不同,电影主要在院线播放,电视剧主要在电视台播放;二是商业模式不同,电影产业的商业模式是B2C模式,电视剧产业的商业模式是B2B模式;三是受政府规制的影响,电影与电视剧在定位上存有差别,电影更倾向于娱乐作品,电视剧更倾向于意识形态工具。

2) 演艺及演艺产业

所谓演艺,泛指歌舞、曲艺、戏剧、相声、小品、杂技、魔术等表演艺术形态。演艺产业是为演艺产品的创作、生产、表演、销售、消费提供经纪代理、艺术表演场所等配套服务机构共同构成的产业体系。

根据在演艺产业中扮演的角色不同,演艺产业中的主体大致可以分为演艺产品和服务的生产经营者、演艺产品和服务的消费者以及演艺行业的管理者三种类型。生产经营者是指提供演艺产品和服务的组织,如从事创作和表演的剧团等单位、提供表演场地的剧场、从事中介活动的经纪单位等,消费者是指观众,管理者是指行政管理机构或行业管理组织。其中,生产经营者和消费者的构成主体如下。

(1) 演出团队。

这是演艺产业的核心组成部分,是指由文化主管部门等相关部门批准,从事表演艺术和表演活动的各类专业表演团体和职业剧团,如歌剧团、舞剧团、曲艺团、杂技团、马戏团、话剧团、木偶戏团、皮影戏团、滑稽剧团等。他们负责提供表演艺术的创作和呈现;一些民间非职业团队有时候也会成为演出主体。

(2) 演出经纪单位。

演出经纪单位是在演出市场上围绕演出活动展开经纪活动,为演出服务的提供者和观众之间提供中介服务,收取经纪活动服务费的组织。从事经纪活动的单位应当具有法人资格,并实行自主经营,自负盈亏。演出经纪单位的经纪活动应当接受演出服务提供者的委托,并经文化、行政管理部门的批准。在演艺产业链中,这类单位扮演着市场催化剂的作用,它们的存在能加快演艺活动的生产与消费,促进演艺产业繁荣兴盛。

(3)演出场所。

演出场所是演艺活动开展的场所。尽管公园、广场等场所也可以作为公益性或群众性演出场所,但演艺产业链中的演出场所特指营业性演出场所。这类场所应当取得文化行政管理部门颁发的营业性演出许可证,并经公安机关的安全性审批,领取卫生行政部门的卫生许可证,并在工商行政管理部门取得营业执照后,方可从事营业性演出活动。按照我国有关规定,要设立营业性演出场所,必须要有单位名称、组织机构和章程,有适合演出的建筑物、必要器材设备和与之相适应的专业管理人员,安全设施和卫生条件要达到国家有关标准,并有必要的资金。

(4)票务公司。

票务公司属于演艺活动和服务的经销部门,通过票务管理实现演艺活动产品和服务的观赏资格顺利流通到观众手中,加速经济效益的形成。现代票务公司多采用电子技术、条形码技术、无线传输技术等高科技技术,能高效实现票据设计、计划编制、计算机售票、验票、查询、汇总、统计、报表制作、资金安全解缴银行等全套票证有关业务,是演艺企业实现营收的重要环节。

(5)观众。

观众属于演艺产业链中的重要一环。首先,观众是演艺服务需要产生的根源,没有观众需要,演艺产业将很难生存和发展;同时,观众需求的改变也将导致演艺业有关情况发生改变。其次,观众的素质与兴趣爱好会直接决定演艺演出的效果,一场事先策划好的演出活动,其演出的最终效果离不开观众的现场表现。

2.影视城与影视旅游

影视演艺业除了可以通过以表演为核心的演出服务为公众提供休闲服务,还可以通过相关衍生品向公众提供休闲产品。比如,某个电视剧或电影作品会带动某款服饰大流行,会带红某首音乐作品;某场演出活动会形成公众娱乐新桥段(所谓的"梗""哏"),进而形成有关行业和大众的模仿,形成众多衍生品。在这里,以影视城和影视旅游为代表进行简单介绍。

1)影视城

影视城由影视拍摄基地发展而来,是专业从事影视剧拍摄制作、影视剧拍摄景区及相关旅游资源开发等经营业务的经营单位,是影视产业衍生品中的重要一环。我国的影视城一般设影视拍摄基地、旅游景区、饭店、宾馆、旅游营销、制景装修等经营单位,大部分是集影视拍摄制作、生态度假、观光旅游、康复疗养等功能于一体的影视旅游基地。①

2)影视旅游

影视旅游是以影视旅游资源作为核心吸引物的旅游活动。狭义的影视旅游资源主要是指影视基地,上文的影视城即属于此类;广义的影视旅游资源包括任何与影视相关的自然资源和人文资源。

课内拓展

盘点中国十大影视城

---

① 见 https://baike.so.com/doc/6793665-7010368.html。

影视旅游有如下几个特征:一是以影视旅游资源为核心吸引物,优秀的影视作品是引发或增强影视旅游者旅游兴趣的重要因素;二是在旅游动机上主要以印证、寻梦、逃避等为主,旅游者在旅游中希望融入影视作品的情境、感情或经历中去,获得不同于现实生活的感受;三是影视旅游属于典型的休闲旅游,旅游者的旅游目的以放松、享受等休闲需要为主——尽管也伴随求知、发展等目的;四是影视旅游属于跨界旅游,是典型的文旅融合的产物。

发展影视旅游的价值是多维的。首先它丰富了旅游活动的方式,促进了旅游业的发展;其次,它延长了影视产业链,增多了影视产业的盈利点,有利于影视产业规模化发展;最后,它能促成影视业和旅游业的互促进步,同时对其他相关行业产生刺激作用。

根据影视旅游凭借的资源,可以将影视旅游分为影视基地旅游、影视主题公园旅游、影视节日旅游、影视拍摄外景地旅游等几个类型。[①]影视基地最初只用于电影和电视剧拍摄,后来其旅游功能逐渐被发掘出来;影视基地旅游是影视旅游发展的初级阶段,影视主题公园即是以其为基础发展起来的。影视主题公园是以影视作品为旅游资源,以现代科技和文化手段为表现,以满足旅游者多层次的需求,集参与性、观赏性、娱乐性于一体的旅游产品;它的主要特点是赋予游乐形式以某种主题,围绕既定主题来营造游乐的内容与形式,造价通常较高,生命周期较短。影视节日主要指为鼓励创作而在某个地区定期举办的颁奖活动、交流节目、学术研讨、新闻发布、大型演出等大型综合性活动,通过影视节日的举办,实现创作人员和影视观众的直接交流,同时以影视作品、影视明星为资源,展开各种活动,吸引大量观众参与,从而带动该地区的旅游,如法国戛纳电影节、韩国釜山电影节等。影视拍摄外景地又包括两种类型:一是外景地本身就具有一定知名度,如九寨沟、张家界等;二是本身不知名,影视作品使其成为知名的目的地,如电影《卧虎藏龙》的取景地浙江吉安县的中国大竹海。

> **动动手**
> 1.请查阅有关资料,了解世界知名的电影节,向全班同学做分享。
> 2.请查阅有关资料,了解我国知名的电影节,向全班同学做分享。

(五)文化博览业

文化博览业是以博览会的形式,围绕文化产品或服务的观赏、科普、推广、交流、商贸、创新等综合目的,集文化产业、博览产业、商贸产业、物流产业等于一体的综合性产业。由于文化产品种类众多,文化博览业所涉及的领域也极广。

根据不同的标准,文化博览会可以有不同的分类。按照博览会的影响范围,可以分为国际文化博览会、全国文化博览会、地方文化博览会等。按照博览会所涉及的行业性质,可以分为农业文化博览会、工业文化博览会、服务业文化博览会等。按照博览会的内容覆盖情况,可以分为综合文化博览会和专题文化博览会。

---

① 左伟.论影视旅游的本质及其类型[J].贵州民族学院学报(哲学社会科学版),2011(06):204-208.

 新闻链接

第三届中国国际文化旅游博览会 聚焦"中华手造"[①]

9月15日,第三届中国国际文化旅游博览会、首届中华传统工艺大会在山东济南开幕。本届展会以"博览中华手造 共享文旅盛会"为主题,设置山东国际会展中心和"山东手造"展示体验中心两大会场,在济南市设置20个分会场,同时在全省各地举办了70项签约、论坛等活动。

山东国际会展中心展厅内,文旅产品精彩亮相,运河手造、中华手造、山东手造暨优选100精品、山东手造乡村振兴、"文旅+"、文化数字化、文旅智能装备等展区异彩纷呈,做工精美的传统手工艺品、历史悠久的非遗文化、独具匠心的手造产品、富有异域风情的全球好物、创意十足的文创伴手礼、活力澎湃的数字文化产品、高端智能的文旅装备等,吸引众多参观者前来参观、选购。

今年3月,山东省发布《"山东手造"推进工程实施方案》。随着博览会的举办,作为"山东手造"推进工程的十大重点工作之一,"山东手造"展示体验中心正式开门迎客。在这里,手造精品展销、产品研发、文化会展、品牌孵化、研学旅行、休闲娱乐集于一体,为观众呈现了一个可看、可购、可玩、可体验的手造"网红"打卡地。

另外,本届展会采取线上线下相结合的方式,除线下展览外,还在线上搭建网络交易、项目招商、直播带货、服务交流和推介宣传五大平台,力促文化消费、文化传播、文旅招商与文旅融合。

▶ 动动手

1.请查阅有关资料,了解我国著名的文化博览会品牌,对其做详细了解,并向同学分享你所查阅的资料。

2.根据你所查阅到的资料,预测我国文化博览产业的未来发展趋势。

第三节 休闲体育业

休闲体育是民众以参加体育活动的形式展开的休闲活动,其本质是休闲。现代休闲体育并不摒弃传统体育活动的健身、娱乐、益智等功能,而是在此基础上增加了时尚、前卫等能体现新时代特征的元素。休闲体育业是为民众提供休闲体育产品和服务的产业集群,它以营利为目的,但也兼有明显的文化、社会发展推动等作用。

一、休闲体育业概述

(一)休闲体育业的界定

对于什么是休闲体育业,目前学者们有不同的看法。有些人认为休闲体育业主要表现

[①] 中国文化报,2022-09-20,https://www.mct.gov.cn/whzx/qgwhxxlb/sd/202209/t20220920_936065.htm。

为提供非实物形态产品的产业集合,即认为休闲体育业主要包括健身娱乐行业、体育竞赛行业、体育文化休闲业、体育旅游业等,这些行业都以提供非实物形态产品为主。另一些人则认为休闲体育业也包括提供有形产品的行业,如提供场地建设、设施打造的有关行业,以及体育服装、登山器具、探险装备等有形产品制造的行业。

本书赞同第二种观点。首先,多数服务都离不开有形条件的支持,休闲体育中的很多项目离开了有形产品将无法顺利开展。比如,没有羽毛球场地,民众就很难顺利开展羽毛球运动;没有有关装备,民众就很难开展帆船运动。其次,休闲体育业的有形产品具有专用性,如果不能用于民众的休闲体育运动,它较难应用于其他领域;换句话说,相关有形产品是专门为有关体育运动生产的。最后,休闲体育有形产品能为休闲体育经济带来很大的推动作用,理应被划入这个产业中来。

此外,在休闲体育的项目特征方面,一些研究者认为休闲体育主要是指那些前卫、时尚、小众的体育运动,因此休闲体育业也主要是指保龄球、高尔夫、帆船、网球、台球、游泳、攀岩、蹦极、滑板、轮滑旱冰、摩托车、游艇、弓弩、飞艇、飞镖、冲浪、越野、滑翔、漂流、野外生存、探险、登山等行业,但本书认为休闲是一件"大众"的事情,且项目是否为"休闲"项目,应当主要以休闲者的心态和目的来判断,而不是以项目本身来判断。因此,一些向民众提供篮球、足球等传统运动的有关企业,也应当被纳入休闲体育中来。

(二)休闲体育业的特征

休闲体育业主要是休闲产业与体育产业的融合,其发展的特征可以从以下两个方面分析。

1. 休闲体育业是社会经济发展到一定水平的产物

这个特征主要可从两个方面分析。

一是休闲体育业是在休闲活动大众化以后才蓬勃发展起来的产业,它的发展需要有一定的社会经济条件。这些条件主要包括但不限于:市场上有足够多且高质量的休闲体育需求,这是一个产业得以形成的基础;供给侧能提供与需求相匹配的休闲体育产品和服务,能形成足够规模和质量的供给能力;供求双方能形成供求互动机制,市场能有效配置资源;政府及有关组织能形成宏观管理体制,市场主体能研究市场规律,管理方与各市场主体均能秉持科学态度,严格按照市场规律办事;等等。

二是休闲体育业在形成后属于跨界融合型产业,内涵丰富,涉及面广,呈现出组织化、规模化、时尚化、现代化等特征。所谓组织化,是指休闲体育业的有关活动是有组织的经营活动,有规范的经营要求;所谓规模化,是指休闲体育业无论是需求方还是供给方都数量众多,不是少数民众和少数市场主体的活动,而是在需求、供给、交换方面都呈现出规模化的特征;所谓时尚化,是指休闲需求不再指向生存性物质需要,而是渴望变化、求新求美,属于对美好生活需要的追求,因此容易受到社会流行文化的影响,体现出时尚化的特点;现代化是指休闲体育业在供求双方都呈现出追求科技、追求现代的特点,在消费和经营理念、方式等方面呈现出现代化的特点。

2. 休闲体育业以休闲体育产品和服务为主要经营对象

休闲体育业的经营对象是休闲体育产品和服务,尤其是服务所占的比重很高,因此呈现出很强的服务经济的特点,表现出无形性、异质性、产销同一性、易逝性、所有权的不可转移性、需求弹性大而供给弹性小、最终消费品等特点。

所谓无形性,是指休闲体育所提供的服务尽管也有一些有形产品,如场地、装备等,但多数无形的服务是看不见、摸不着的,因此在经营过程中如何将无形的服务有形化是许多经营主体应当关注的事情。所谓异质性,表现为同样的服务由不同的服务者来提供,可能呈现出不同的水平和特点,同样的服务由同一个服务者在不同的时间来提供也可能呈现出差别化的服务质量,而且服务对象也会参与服务过程,因此服务对象也会对服务的结果产生影响。所谓产销同一性,是指休闲体育业中的无形服务不能像有形产品那样,先被生产、再被销售和消费,而是将生产、消费融为一体,比如健身教练的指导和学员的锻炼同时进行。所谓易逝性,是指休闲体育业中的无形服务不能像有形产品那样被储存、退货。所有权的不可转移性则是指休闲体育业中的无形服务只能被销售使用权,而不能被销售所有权。由于休闲是人们高层次的需要,在需求特征方面呈现出较大的弹性特征,容易受到很多因素的影响,呈现出一定的脆弱性的特点;相比而言,供给侧的弹性则相对较小,因此经营的难度较大。休闲体育业中尽管也有小部分产品会作为相关领域的投入品,但总体比例较小,整体来看,人们一般是出于最终消费的目的而购买休闲体育产品和服务。

(三)休闲体育业的类型

休闲体育业涵盖面很广,根据在产业中扮演的角色不同,可以分为休闲体育制造业、休闲体育服务业和休闲体育衍生业等几种类型。

休闲体育制造业主要负责休闲体育硬件条件提供,包括场地建设与养护、设施打造和维修、装备用品生产等领域,主要是指休闲体育业中的上游部分产业,通常并不直接参与对客服务活动。休闲体育服务业是直接面向休闲体育消费者展开服务的行业,包括场馆经营者、用品流通领域等诸多环节,如体育赛事业、休闲健身业、体育旅游业等,属于直接对客服务的企业和有关单位的集合体。休闲体育衍生业是围绕休闲体育,将有关技术与领域进行融合的边缘性领域,如体育彩票、休闲体育直播、体育游戏、体育电商等。

二、几种典型的休闲体育业

(一)体育旅游业

1. 体育旅游与体育旅游业

体育与旅游的发展在很长时间中彼此独立、互不关联。但随着时代的进步,这两种活动的交集增多,与体育有关的旅游需求不断增加,体育旅游也作为旅游的一个重要分支开始出现。体育旅游的崛起,主要是由于以下几个方面的原因:一是重大体育赛事的日益增多;二是人们对积极参与体育活动的健康益处认识增强;三是由于社会经济和国际关系的影响,政府和旅游部门越来越重视体育;四是人们可以通过媒体观看多样化的体育节目和体育赛事;五是由于现代交通和基础设施的发展,人们的交流和流动更加便利与频繁。[1]

对于什么是体育旅游,目前并没有权威的界定。纵观诸多学者们的界定,可以看出,体

---

[1] 张诚,孙辉.体育旅游可持续发展的内涵与实现路径[J].湖北经济学院学报(人文社会科学版),2022,19(05):41-45.

育旅游一般应具有如下特点:首先,体育旅游属于旅游活动中的一种,是一种民众的休闲活动方式;其次,体育旅游以体育旅游资源为吸引物;最后,体育旅游者不以赚钱、求生等经济性目的为追求。因此,可以对体育旅游做如下界定:体育旅游是以体育旅游资源为吸引物的大众旅游休闲活动,属于旅游活动的重要分支,参与者不以赚钱、求生等经济性目的为追求。

相应地,体育旅游业是凭借体育旅游资源向大众提供体育旅游活动产品与服务的有关企业和行业的集合体,涵盖体育旅游规划与资源开发、项目设计与运营、服务提供等诸多环节,属于特种旅游业,也属于社会体育业的重要分支。

2. 体育旅游资源

根据中华人民共和国国家标准《旅游资源分类、调查与评价》(GB/T 18972—2017)中的界定,旅游资源是指自然界和人类社会凡能对旅游者产生吸引力,可以为旅游业开发利用,并可产生经济效益、社会效益和环境效益的各种事物和现象。相应地,体育旅游资源可以被界定为:体育旅游资源是自然界和人类社会中,凡能对体育旅游者产生吸引力,为体育旅游业所开发利用,并产生经济效益、社会效益、环境效益等综合效益的事物与现象的集合体。

1) 体育旅游资源的特征

体育旅游资源类型丰富,涵盖面很广。可从以下几个方面概括其特征:

(1) 多样性。

这是指体育旅游资源的内容丰富,包罗万象。主要表现为:首先,体育旅游资源既包括自然环境下的旅游资源如江河湖海,也包括人文类的旅游资源如体育场馆和体育节庆;其次,体育旅游资源分布广泛,可能存在于山地、平原、海洋、江湖等任何空间中,同时也可以存在于春夏秋冬等任何时节;最后,世界各国、各民族人民拥有形式多样的体育活动,这些活动均属于可以开发和利用的体育旅游资源。

(2) 地域性。

这是指受气候地理、历史文化等诸多影响,不同地域的体育旅游资源存在很大的差异。以我国为例,冰雪运动资源主要存在于北方和高原地区,而潜水、帆船等运动资源则主要存在于南方。体育旅游资源的这种地域差别性并不会对体育旅游的发展造成明显障碍,反之,可能越是有这种差别性,越增加了体育旅游资源的丰富性,也提升了这些资源本身的独特性和垄断性。

(3) 季节性。

虽然并不是每个地方的体育旅游资源都存在典型的季节性差异,但不同季节中体育旅游资源表现出较大差别在很多国家和地区都很常见。这种季节性对体育旅游业来讲是有利的还是不利的,往往要根据实际情况确定。比如,有些资源只能在特定的季节才可加以开发和利用,如登珠峰一般选择每年的4—5月份,而其他季节都较危险;而另一些资源则在不同的季节可以有不同的开发利用方式,比如夏天的河流可以开展摩托艇、划船等项目,而冬天冰冻后可以开展滑冰活动。

(4) 参与性或观赏性。

体育旅游资源的功能有很多,但以参与性或观赏性为主。体育旅游者在旅游活动过程中尽管也有观光、游览等诸多内容,但多数情况下,以亲自参与到相关活动中或观赏有关资源为主要消费方式。比如,体育旅游者参与攀岩、登山、帆船等活动,或观看足球比赛、篮球比赛等表演,或参观体育博物馆、著名体育建筑等。这可以视为体育旅游资源与一般旅游资源相区别的典型特征之一。

(5)融合性。

体育旅游资源并不是单独或专门为了某一个体育旅游项目而存在的,而是与当地自然、人文等诸多资源密切联系并相互融通,共同成为某一个地区的旅游吸引物。这种融合性主要表现为:首先,体育旅游资源受当地自然、人文因素的综合影响,呈现出与当地其他旅游资源相一致的地域性特征;其次,体育旅游资源与当地其他旅游资源一道,共同成为当地旅游资源的构成部分;最后,体育旅游资源不仅可以成为体育旅游的资源,也可能成为其他旅游活动的资源,比如某项传统体育项目既可能成为体育旅游资源,也可能成为节事活动旅游资源,为多种旅游项目所共用。因此,在开发体育旅游资源时,应当结合相关资源进行整合开发,最大限度地发挥相关资源的价值,也同时要注意防止给相关资源带来负面影响。

(6)体育旅游资源的重游性较高。

与一般旅游资源在短时间内较难对旅游者形成重游的吸引力不同,体育旅游资源通常会让游客在短时间内产生再次消费和体验的行为。这是因为,一般旅游资源较难给旅游者带来强烈的体验感,而体育旅游资源则很容易让游客亲自参与其中,进而获得难忘的体验,因此游客初次体验后,往往难以获得满足,而是希望能再次体验。

2)体育旅游资源的分类

从不同的角度,体育旅游资源可以有不同的分类。

(1)按照资源的性质划分。

根据资源性质,体育旅游资源可以分为体育旅游自然资源和体育旅游人文资源两类。前者主要是自然形成的体育旅游资源,后者则是人类活动所形成的体育旅游资源。其中,前者又可以分为地貌类资源、水体类资源,后者又可以分为民俗风情类资源、赛事和场馆建筑类资源,如图6-6所示。

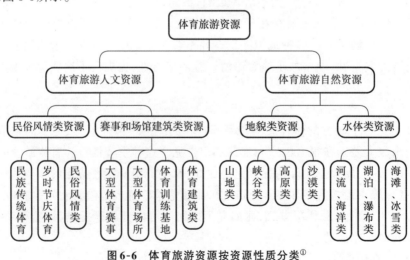

图6-6 体育旅游资源按资源性质分类①

---

① 元旦旺久.西藏体育旅游资源评价与开发研究[D].成都:西南交通大学,2015.

（2）按照体育旅游资源所处的空间位置分类。

按照体育旅游资源所处的空间位置，可以将体育旅游资源分为陆地体育旅游资源、水上体育旅游资源、空中体育旅游资源，如表6-13所示。

表6-13 体育旅游资源按所处的位置分类[①]

大类	资源类型	开展体育旅游活动的场所及工具
陆地体育旅游资源	露营、篷车旅行、野餐体育旅游资源	城镇、郊区、山丘、草原、森林、沙漠等
	骑游体育旅游资源	城镇、郊区、山丘、草原、森林、沙漠等；以自行车、马、骆驼等为工具
	驾车体育旅游资源	城镇、郊区、山丘、草原、森林、沙漠等；以摩托车、汽车等为工具
	体育观光旅游资源	观摩奥运会、足球世界杯等
	徒步远足旅行体育旅游资源	山地、平原、沙漠、草原、森林、城镇等
	狩猎体育旅游资源	国家划定的狩猎场
	攀岩、悬崖下降体育旅游资源	各类坡度的山体等
	沙滩足球、排球、步行体育旅游资源	沿海岸线沙滩、沙漠等
	滑雪、滑沙、滑冰、滑草体育旅游资源	滑雪场、草场等
	登山体育旅游资源	不同高度与坡度的山体
	野外定向体育旅游资源	山地、平原、沙漠、草原、森林、城镇等
	民族传统体育旅游资源	各地少数民族聚居地
水上体育旅游资源	河道、湖泊体育旅游资源	船、皮艇、舟、筏等
	近海体育旅游资源	船、皮艇、舟、筏、潜水、摩托艇、滑水、冲浪、舢板、帆船等
	现代冰川体育旅游资源	登山、滑雪、滑冰、攀冰等
空中体育旅游资源	滑翔、热气球、航模、跳伞、牵引滑翔伞等体育旅游资源	各种航空器、飞行器

（3）根据体育旅游者对资源的不同利用方式分类。

刘佃泉等人以国标旅游资源分类体系为参照，根据体育旅游者对资源的不同利用方式，将体育旅游资源分为两大类，如表6-14所示。

表6-14 体育旅游资源按旅游者的利用方式分类[②]

主类	亚类	基本类型	具体内涵
参与型	地文类	山地类	包括一般的登山山体，攀岩用的岩壁、陡崖与石体，翼装飞行用的山峰、山顶等。可开展登山、山地穿越、户外探险、崖降、溜索、蹦极等运动项目

[①] 尹德涛,夏学英.体育旅游与体育旅游资源分类研究[J].商业时代,2007(11):93-94.
[②] 刘佃泉,吴殷,李海,等.体育旅游资源的分类与评价研究[J].南京体育学院学报,2022(02):47-56.

续表

主类	亚类	基本类型	具体内涵
		平原丘陵类	可开展徒步、露营、拓展、单车、定向越野、野战游戏、探险、汽车摩托运动等运动项目
		特殊地貌类	包括沙石泥地、草地林地、洞穴、自然变动遗迹在内的可以为滑沙、泥浴、滑草、探险等体育运动项目开展提供场地的资源
	水域类	河流湖泊类	可开展帆船、赛艇、皮划艇、摩托艇、漂流、游泳、垂钓、龙舟等运动项目
		海域类	可开展帆船、水上摩托、海钓、冲浪、潜水等运动
		冰雪类	可开展滑冰、滑雪、冰球等冰雪运动项目
	空域类	空中资源类	可开展运动飞机、热气球、滑翔、飞机跳伞、轻小型无驾驶航空器、航空模型、动力伞等空中运动项目
	城乡类	都市类	稀缺型体育场地、体育游乐场、运动项目体验馆、高端运动俱乐部、运动主题公园、体育综合体等
		乡镇类	运动休闲特色小镇、户外营地、休闲体验基地、运动康养基地等
观赏型	事件型	赛事活动类	以专业性、竞技性、商业性、职业性体育赛事活动为主
		节庆活动类	以文化型、群众型、表演型体育活动为主,如文化体育节、体育旅游节、传统民族民俗体育项目、体育表演活动
	景观型	体育建筑设施与会展类	著名体育场馆、体育博物馆/艺术馆、体育会展、先进稀有的运动设备设施
		体育教研与训练场所类	著名体育教学训练基地、体育科研机构

3. 体育旅游项目

1) 体育旅游项目的概念

旅游项目是在特定时间、预算等条件的约束下,在一定范围内实施的旨在实现旅游业发展特定目标的一系列策划活动或完整进程,通常具有一次性、不可重复的特点。比如某个景区的升级改造项目、某次节庆活动的策划与运营等。

旅游项目具有以下一些特点:首先,旅游项目有着明确的目标,比如在多久的时间内完成、达成怎样的效果,旅游项目的目标必须是被清楚定义的、可以衡量且具有操作性的;其次,旅游项目受到时间、预算等诸多限制,因此必须制订达成目标的详细计划;再次,旅游项目具有一次性的特点,一个项目通常不会完全照搬之前的先例,现在的经验也未必对将来有用;最后,旅游项目具有风险性,一个项目的计划往往建立于一系列假设和前提的基础上,但实际执行中,这些假设和前提未必都完全不变,这就导致了旅游项目的结果未必能与计划保持一致。

体育旅游项目是以体育旅游者和当地居民为目标市场,围绕体育旅游资源而开发的,旨在实现特定经济、社会、生态效益目标的旅游项目。体育旅游项目可以是一处体育景观设施的建设,可以是一次体育赛事的策划与运作,也可以是为体育旅游者直接参与而设计的各种康体、娱乐或寻求刺激的各类体育休闲活动。

2) 体育旅游项目设计

一个体育旅游项目要进入运作环节,需要进行充分的市场调查和环境分析,对市场需求、竞争状况和宏观政策有充分了解,对可行性进行充分论证,在明确市场定位后进行细化设计,然后进行试运营,最后是市场营销和实际运营阶段。各个环节都有很多工作要做,这里着重介绍一下项目设计阶段的工作。

(1) 体育旅游项目设计的原则。

体育旅游项目设计应遵循市场导向原则、安全原则、创新性原则、因地制宜原则、差异化原则、可持续原则。

所谓市场导向原则,是指体育旅游项目的设计必须以市场需求为导向,旅游者需要怎样的体育旅游项目,就结合实际情况开发和设计怎样的旅游项目。为此,市场调查就是一件非常重要的工作,只有将所面临的市场研究透了,才有可能设计和开发出适销对路的体育旅游项目。

所谓安全原则,是指体育旅游项目必须符合身心健康要求,强化安全保障。这又包括了两个方面:一是指所设计的体育旅游项目必须内容健康,不会对参与者造成身心方面的伤害;二是指所设计的旅游项目必须有安全保障,在设施、设备、条件等方面达到有关安全要求,对于有技能要求的项目,能确保参与者得到足够的技能培训。

所谓创新性原则,是指旅游项目的设计无论是在理念、技术还是形式等各方面,都要突出新颖性特征。这既是市场需求的要求,也是市场竞争的要求。如果设计的项目与市场现有项目高度雷同,势必造成恶性竞争,损人不利己。要做到创新,就要结合自身特点,引入新的理念,引进最先进的技术,采取多种呈现手段,实现独一无二的表现效果。

所谓因地制宜原则,是指体育旅游项目的设计和开发对当地资源条件有很强的依赖性,在设计时必须结合当地的实际情况开展设计。这样做的好处有:首先是能得到当地相关资源的有效配合,其次是容易在本地资源的基础上形成特色、避免重复,再次是有利于当地相关资源的保护。

所谓差异化原则,有这样几层含义:一是体育旅游项目应有自己的特色,与同类经营项目有一定的差异,避免恶性竞争;二是体育旅游项目在设计和开发时应注意针对不同的群体设计和开发不同层次的产品,形成高端、中端、普通旅游产品,尽可能对有关目标市场进行全覆盖。

所谓可持续原则,是指体育旅游项目的设计和开发要关注生态环保问题,着眼长远利益,重视可持续发展。这就要求在设计和开发中不能搞杀鸡取卵式的开发,要在保护的前提下进行开发;同时,应遵循循序渐进的设计与开发方式,不搞跳跃式开发,否则容易出现有关项目代际之间的脱节,造成经营的不可持续。

(2) 体育旅游项目设计的内容。

体育旅游项目设计应围绕项目名称、项目风格、项目场所、项目产品和服务体系、项目的实施与管理等几个方面展开。

体育旅游项目的名称是有关利益各方初次接触该项目,对该项目形成第一印象的关键因素。好的名称能为项目增色,能有效引发相关各方的兴趣和关注,增强新闻媒体与大众对该项目的讨论与传播,有助于该项目的前期造势,方便该项目后续的营销与运营工作。体育旅游项目要有好的名称,应当仔细研究市场需求,把握热点,确定有吸引力和竞争力的主题,并围绕该主题设计富有联想和创意的名称。

体育旅游项目的风格设计是对体育旅游项目的硬软件及氛围进行设计,以形成统一的可视化、可感知的项目特色和风格。风格设计应紧密围绕项目主题,在考虑项目所处地区的整体社会文化背景的前提下,对项目的规模、外观等进行设计,对建筑(如服务中心、停车场、购物商店等)、装修材料(包括材质、颜色、造型等方面)、各项设施设备(如厕所、垃圾桶、标牌等)的打造标准、方式、特色进行全面设计。

体育旅游项目的场所设计是对该项目开展的场地进行设计。这主要包括三个方面:一是该项目在哪个城市、城市的哪个区域开展;二是该场地应当有多大的面积,对其边缘位置进行划定;三是该项目场地内建筑与各子项目、活动的空间距离与分布。

体育旅游项目的产品和服务体系设计是对项目的核心吸引物及有关配套服务进行设计。核心吸引物涉及项目的业态、具体内容和呈现形式等,配套服务设计包括吃、住、行、购等相关配套服务的设计。

体育旅游项目的实施与管理设计包括对项目建设中的执行与管理、项目建成后的经营与管理等问题进行筹划,涉及质量管理、成本控制、日常经营管理等诸多方面。

(3)体育旅游项目设计的程序。

不同体育旅游项目设计中考虑的因素不同,其设计的程序也有所差异。一般来讲,体育旅游项目设计时,应按照背景分析、资源分析、市场分析、构思设计与选择、项目具体设计、项目调整、最终方案形成这样的步骤开展工作。

背景分析是对拟设项目的时代背景和空间背景进行分析,包括对政治因素、经济因素、社会文化因素、科学技术因素、生态环境因素等诸多会对项目设计和实施产生重要影响的因素进行分析,找出有利因素,分析可能的障碍和困难,进而分析项目的必要性与可行性,为是否以及如何开展后续工作提供依据。

资源分析是对体育旅游项目所凭借的资源情况进行分析,包括对核心吸引物的分析和对项目承担单位的能力分析两个方面。核心吸引物是决定体育旅游项目各方面效益的关键因素,其资源的数量、质量、布局以及与同类资源的比较是分析的重点;项目承担单位的能力分析应包括对该单位的经济、科研、创新、经营管理等能力进行分析。

市场分析是对体育旅游项目的市场需求和竞争状况进行分析。一方面,需要分析市场需求的数量、质量、特征,对项目未来的客源条件和销售情况进行预估;另一方面,需要考察市场上已有的同类项目,分析其特色、优缺点和经营中的成败,尽量避免恶性竞争,并吸取他人经验和教训,为后续工作做好准备。

在前边分析的基础上,应对体育旅游项目的大致轮廓进行设计,包括对项目目标、主题、功能定位、可能的呈现形态和方式等方面进行初步构想。构想来源可以是自发性创造,也可以来自对外部环境信息的加工,如市场需求信息的

课内拓展

2022中国体育旅游十佳精品项目

刺激、专家学者的研究、相关企业提供的情报等。通常情况下,项目构思应不止一个,而是有多个,这样才方便评价,并从中挑选出最优秀的方案进行细化设计。

在前边工作的基础上,体育旅游项目的具体设计就被摆上了工作日程,这是对构思进行细化和完善的过程。整个设计过程应当以顾客体验为主线,对项目的商业模式、功能分区、景观概念、体验项目及其体验方式、配套服务、运营管理等方面进行周密考虑,既要结合有关国家标准和行业标准考虑标准化设计,更要突出项目的个性化和特色。

当设计草案形成后,应邀请有关专家、机构、消费者代表、合作企业等有关利益方,对该方案进行审查评估,指出其中的不足,并不断完善,形成最终方案。

▶ 动动手

1. 请查阅有关资料,了解你所在地区的体育旅游发展状况,并介绍其典型的体育旅游项目。

2. 请根据课程所学和自己积累,为你所在的地区策划一个体育旅游项目,并形成设计方案。

(二) 健身休闲业

1. 健身休闲业的界定

根据《国务院办公厅关于加快发展健身休闲产业的指导意见》(国办发〔2016〕77号),健身休闲产业是体育产业的重要组成部分,是以体育运动为载体、以参与体验为主要形式、以促进身心健康为目的,向大众提供相关产品和服务的一系列经济活动,涵盖健身服务、健身设施建设、器材装备制造等业态。其中,最为核心的是健身服务业。

健身服务业是为满足我国民众健身休闲需要而提供各类服务的行业,大致包括了日常健身休闲服务业、户外运动健身休闲业和特色运动健身休闲业几种类型。我国民众开展的日常健身休闲项目很多,主要有足球、篮球、排球、乒乓球、羽毛球、网球、游泳、徒步、路跑、骑行、棋牌、台球、钓鱼、体育舞蹈、广场舞等形式多样的体育活动;这些项目普及性广、关注度高、市场空间大,除了各地公共服务供给外,也催生了很多诸如健身房、游泳馆、棋牌室、舞蹈室等商业性供给主体,这些供给主体是我国健身服务业中的重要组成部分。户外运动健身休闲业是为民众开展户外运动提供服务的供给主体的集合体,包括了冰雪运动、山地户外运动、水上运动、汽车摩托车运动、航空运动等服务领域;这些领域通常需要专门的场地、装备、技术,专业性较高,多属于时尚型消费,经营主体的进入门槛较高,经营的利润较高,风险也较高。此外,随着一些特色运动健身休闲项目,如极限运动、电子竞技、击剑、马术等专业性很强的项目,以及武术、龙舟、舞龙舞狮等民族民间健身休闲项目越来越受欢迎,我国特色运动健身休闲业也得到了一定程度的发展。

健身休闲业的构成与类型如图6-7所示。

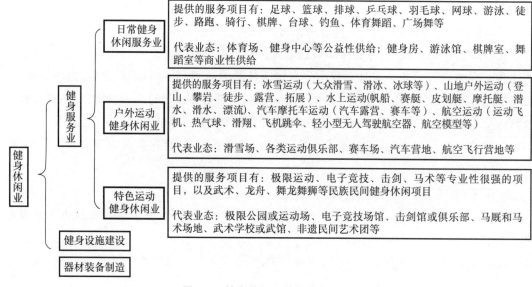

图 6-7 健身休闲业的构成与类型

2. 健身休闲产业链

在政府政策推动、消费升级拉动的双重利好因素下,我国健身休闲产业近些年获得了快速发展,全民健身与全民健康深度融合,生产与交易不断升级,分工愈加细化,产业组织不断深化,健身休闲产业链初步形成。

所谓产业链,是各个产业部门之间基于一定的技术经济关联,并依据特定的逻辑关系和时空布局关系客观形成的链条式关联关系形态,是一个包含价值链、企业链、供需链和空间链四个维度的概念。①

李燕领、王家宏认为"赛事资源+媒体传播+衍生产业"构成了我国完整的体育产业链,我国体育产业链的核心环节包括赛事运营、场馆运营和体育营销,而政府对这三个环节都掌握着绝对的控制权。②邹昀瑾、姚芳虹、王东敏等人认为体育健身休闲产业链也具备相似特征,并在此基础上提出了我国健身休闲产业链的组成,③如图 6-8 所示。

从图 6-8 中可以看出,健身休闲产业链的上游为资源端,主要负责健身休闲资源的统筹和供给,属于健身休闲产品和服务的"原材料供给者"。在这个环节,得益于科技进步和商业模式的更新,由体育俱乐部、体育公司、大众体育组织等核心生产企业所拥有或创造的大众体育知识产权(体育IP)在被深入挖掘和精心设计后,转移到中游产业环节进行进一步开发。

健身休闲产业链的中游是开发端,主要负责对上游传递过来的体育资源进行开发和传播,其成果以体育赛事、体育活动等形式呈现,属于健身休闲产品和服务的"生产者"。这个环节的三个核心产业是体育传媒、赛事运营和场馆服务。体育传媒对大众体育资源进行包

---

① 360百科,https://baike.so.com/doc/5196003-5427612.html.
② 李燕领,王家宏.基于产业链的我国体育产业整合模式及策略研究[J].武汉体育学院学报,2016,50(09):27-33,39.
③ 邹昀瑾,姚芳虹,王东敏.新时代体育健身休闲业供需协调与高质量发展研究[J].北京体育大学学报,2020,43(07):14-24.

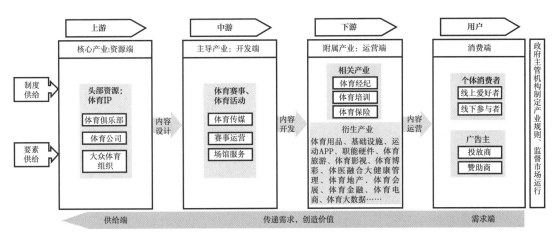

图 6-8 健身休闲产业链

装、宣传、推广和营销,赛事运营企业进行活动开发、策划和管理,场馆服务部门对场馆进行维护、开发和运营。这些企业的核心竞争力在于对大众体育赛事和活动资源的开发和运营能力。

健身休闲产业链的下游是运营端,主要负责体育资源和体育节事的运营和触达,类似于健身休闲产品和服务的"分销者"和"零售商"。这个环节对上游产业的服务内容进行具体承接和操作,市场分工更为明确和专业,是和需求端接触最为直接的产业链环节。在这个环节中,相关产业中的体育经纪、体育培训以及体育保险与大众体育活动关系紧密,为赛事和活动的开展提供基本服务。衍生产业中的体育用品、体育基础设施建设、智能体育设备的开发等产业内容为大众体育的繁荣提供基础保障,服务群众多样化、个性化的体育需求。

健身休闲产业链的终端是需求端,由健身休闲产品和服务的"消费者"构成,主要包括个体消费者和广告主两大需求主体。个体消费者根据其消费的方式又可以分为在线上爱好者和线下参与者。线上爱好者可以通过移动设备、网络终端、电视广播、传统媒介等方式观赏自己喜爱的体育健身休闲内容;线下参与者可以享受实物型和参与性消费,如购买体育用品,通过大众体育赛事、全民健身活动等不同渠道近距离参与体育健身休闲活动。广告投放商和赞助商等广告主也是体育健身休闲产业的重要消费者,他们通过获得健身休闲产品和服务中的广告投放权和赞助权,将自己意图投放的广告比较精准地推广到目标人群中以获得广告的最大效益。

课内拓展

全民健身计划（2021—2025年）

▶ 动动手

1.请查阅有关资料,了解近些年我国健身休闲产业发展的成就,用数据的形式形成成果向大家汇报。

2.请了解我国健身休闲产业与互联网、大数据、人工智能的融合现状,以一个具体的融合形式(比如健身直播)为例说明其发展态势。

3. 几种有代表性的健身休闲业

1) 冰雪休闲业

(1) 冰雪休闲业的界定。

冰雪休闲业是面向冰雪休闲市场,以冰雪休闲资源的开发利用、休闲设施与装备的建造和建设、休闲产品与服务的供给为核心经营要素的企业和有关组织的集合。

我国冰雪产业包括冰雪服务业、冰雪用品及相关产品制造业和冰雪场地设施建设业三大类型。其中,冰雪服务业是冰雪产业的核心,主要包括冰雪场地运营、冰雪赛事服务、大众冰雪运动及培训、冰雪旅游等。冰雪服务业呈金字塔结构,包括位于塔尖的由冰雪精英参与的竞技表演,以及位于塔身的由普通大众参与的冰雪休闲运动。①

(2) 冰雪休闲业的特征。

冰雪休闲业具有资源依赖性强、行业涵盖面广、生态适应性好、消费带动性强、文化支撑性明显、高投入高风险等几个特征。

资源依赖性强,主要表现为冰雪休闲业必须以冰雪资源为依托,这又延伸出冰雪休闲业的地域性、季节性、器械依赖性等特征。在地域性方面,地理位置、地形地势、气候条件以及是否具备独特的自然资源,都是冰雪休闲业能否得到高质量发展的基础;在季节性方面,在不同的季节中冰雪资源的丰富度不同,可以开展的运动项目也有差别,不同的天气条件也对冰雪休闲活动的开展产生着关键影响;在器械依赖性方面,多数冰雪休闲项目都需要借助器械开展,人体能直接依靠自身完成的项目则较少。

行业涵盖面广,主要表现为冰雪休闲行业既包含冰雪旅游、冰雪艺术、冰雪体育、冰雪活动等多方面直接对客服务的行业,也包括冰雪装备、冰雪设施、冰雪贸易等提供间接性支持的领域,是一个具有多门类、多体系的综合性行业。

生态适应性好,主要表现为冰雪休闲行业的污染小,属于典型的"无烟行业",这既与我国"绿水青山就是金山银山"的生态发展理念不谋而合,也与民众日益增长的追求低碳、环保、健康的休闲理念相适应,是经济增长与生态效益高效融合的典型发展路径。

消费带动性强,是指冰雪休闲业不仅自身发展迅速,还能带动相关消费领域发展,属于高速度、高体验、高消费、高就业、高效益的"五高"行业。所谓高速度,是指冰雪休闲业发展速度快;高体验,是指冰雪休闲业的消费属于体验型消费,具有明显的体验经济特征;高消费,是指冰雪休闲业不是基本消费领域,而是属于高层次消费,这符合我国民众消费不断升级的实际;高就业,源于冰雪休闲业的行业涵盖面广,其中一个领域的就业会带动相关领域的就业提升,就业带动性很强;高效益,是指冰雪休闲业能取得较高的经济、社会、文化、生态等诸多方面的综合效益。

文化支撑性明显,是指冰雪休闲业的发展离不开冰雪文化的支持,冰雪文化中蕴含着中外历史文化、南北地域文化等诸多文化元素,这些文化元素是推动冰雪休闲业快速发展的根本动力。离开了文化,冰雪休闲业就缺少了持续发展的根本。因此,在冰雪休闲业的发展

---

① 前瞻产业研究院.行业深度!一文了解2021年中国冰雪产业发展现状、细分市场、竞争格局及发展前景[EB/OL].(2021-08-17).https://bg.qianzhan.com/trends/detail/506/210817-c1073fca.html.

中,必须要重视其与文化的融合。

高投入高风险,这是指冰雪休闲业的经营特征。无论是政府等有关部门打造的公益性休闲设施,还是企业等营利性组织打造的商业性休闲设施,都需要有关部门投入大量的资金、技术、设备,用于初始设施的打造、日常运营与管理中的维护。冰雪运动是一项技术性要求较高的运动,运动中比较容易出现人身伤害事故,需要经营单位在安全保障方面给予更多的重视和关注。

(3)我国冰雪产业发展现状。

人类的滑雪运动起源于一些冰雪资源非常丰富的地区。据欧洲一些资料的记载,真正意义的滑雪运动最早在斯堪的纳维亚地区出现;而据日本札幌冬季运动博物馆的资料,我国新疆阿勒泰地区是世界滑雪运动的发源地。

我国冰雪产业起步于1951年,但长期发展缓慢。根据世界旅游组织的《滑雪报告》,我国滑雪市场诞生于1996年,以亚布力旅游滑雪场的建立为标志。[①]2013年,中国奥委会正式致函国际奥委会,以北京名义申办2022年冬奥会,我国冰雪产业进入快速发展期,短短几年,我国冰雪产业随着冰雪运动的开展而"出山海关""过长江""越秦岭",南展西扩东进,发展形势十分喜人。截至2021年1月,我国有803个室内外各类滑雪场,较2015年增幅达41%;有654块标准冰场,覆盖30个省市区,较2015年增幅达317%;全国居民冰雪运动参与人数达3.46亿,参与率达24.56%,12个省市区的参与率超30%。[②]2021年,中国冰雪运动行业规模超6200亿元,超五成冰雪运动爱好者认为中国冰雪产业仍有很大的发展空间。[③]

▶ 动动手

1.请查阅有关资料,了解我国冰雪休闲行业发展现状,形成成果向大家汇报。

2.请查阅有关资料,了解我国滑雪胜地、滑雪场的经营现状,以其中某个案例做重点搜集,形成成果向大家汇报。

2)滨海休闲业[④]

滨海休闲业包括滨海旅游业、休闲渔业、滨海文化产业等众多领域,一般涉及滨海度假区、滨海自然保护区、海洋主题公园、海洋博物馆、滨海体育、水上运动、交通、旅行社、旅游商品业、餐饮业以及由此带动的产业群。此处仅介绍与休闲体育紧密相关的滨海休闲体育业。

(1)滨海休闲体育业的界定。

滨海休闲体育业是以滨海游憩系统为依托,以滨海体育活动、滨海体育表演以及滨海休闲体育体验为主而开展的与滨海休闲体育生活、滨海休闲体育行为、滨海休闲体育需求密切

[①] 挂云帆.冰雪休闲产业[EB/OL].(2022-07-01).https://www.guayunfan.com/baike/234194.html.

[②] 千龙网.四问中国冰雪产业:为什么能快速发展?[EB/OL].(2022-03-23).http://finance.qianlong.com/2022/0323/7003977.shtml.

[③] 快资讯.2022年中国冰雪运动行业发展现状小结和趋势分析[EB/OL].(2022-03-02).https://www.360kuai.com/pc/9ffc5d7c8f3af7565?cota=3&kuai_so=1&tj_url=so_vip&sign=360_57c3bbd1&refer_scene=so_1.

[④] 马勇.休闲产业概论[M].武汉:华中科技大学出版社,2018.

相关的产业领域,包含交通、旅行社、旅游商品业、餐饮业相关的服务业以及由此连带的产业群为主而构成的经济形态和产业系统。

(2)滨海休闲体育业的分类。

滨海休闲体育业可以分为滨海休闲体育表演业、滨海休闲体育体验与服务业、滨海休闲体育产品制造业、滨海休闲体育会展与策划创意活动业、休闲渔业(运动渔业)、游艇俱乐部六大类型。

滨海休闲体育表演业是在滨海自然开放的环境下,通过向观众提供休闲体育表演项目或水上运动表演项目,满足观众追求精彩、惊险和刺激的视觉需求,让观众享受表演乐趣的经营主体的集合体。这些经营主体向公众提供诸如滑水、帆船、沙滩排球等项目表演,其经营收益一般来自以下几个方面:一是获得有关单位的赞助,二是出售赛事转播权,三是出售赛事及其组织(运动员)的徽记、标识等无形资产使用权或生产和销售带有这些无形资产标识的有形产品以获利,四是出售门票。

滨海休闲体育体验与服务业是直接向民众提供滨海体验项目和相关服务的经营主体的集合体。这些项目众多,如潜水、冲浪、摩托艇、皮划艇、娱乐滑水、蹼泳、沙滩摩托艇、香蕉船等。这些经营主体能否获得经营成功,主要取决于顾客追求的体验感是否得到了满足。参与这些项目的顾客通常追求的是高层次需要,对服务的要求较高;同时,这些项目需要一些专业技能,也具有一定的风险性。因此,经营方既需要在运动技术指导服务、水质检测等方面做好保障,更要在设备安全、海浪监测预报、救生安全等方面做好保障,确保顾客的人身财产安全。

滨海休闲体育产品制造业属于第二产业,是为滨海休闲体育业提供各类设施、器材、设备的经营主体的集合体。其一般又可以进一步细分为两类:一类是正式的水上运动体育器材和器材配件,如船、帆、艇类及配件、潜水器材及配件、救生器材等;另一类是滨海休闲体育器材、器材配件用品,如水上游乐设备、香蕉船、滑水圈或板、钓鱼器材和器材配件、沙滩休闲器材等。

滨海休闲体育会展与策划创意活动业是通过在滨海地区举办休闲体育会展或创业活动而获得收益的经营主体的集合体,也属于会展经济的范畴。近些年我国滨海休闲体育会展主要有中国国际潜水展、亚洲潜水博览会等。

休闲渔业(运动渔业)是以娱乐或健身为目的的渔业行为,如陆上或水上运动垂钓、休闲采集、家庭娱乐等领域,有别于商业捕鱼行为,不包括渔村风情旅游的内容。

游艇俱乐部起源于18世纪的英国,20世纪50年代在英国已经成为一种风尚。早期游艇俱乐部是为达官显贵中船舶爱好者提供船只停泊、修缮、补给的一个小船坞。现在已经从原有的简单功能发展到集餐饮、娱乐、住宿、商务,船只停泊、维修保养、补给、驾驶训练等多功能于一体的滨海休闲体育场所。

(三)高尔夫业

1. 高尔夫运动简介

1)高尔夫运动的起源与发展

(1)高尔夫运动的起源。

关于高尔夫运动的起源有多种说法,常见的有苏格兰起源、荷兰起源、法国起源、中国起源等几种说法。

多数人认为高尔夫运动产生于15世纪或更早的苏格兰。关于高尔夫的最早文字记载是1457年,苏格兰国王颁布了一项法令取缔高尔夫运动,理由是这项消遣性极强的运动妨碍了当时正常的军事射箭演练,可见当时这项运动受欢迎的程度。但似乎这项法令并没有起到预计的作用,因为在随后的1471年、1491年苏格兰又相继颁布法令重申禁玩高尔夫。1501年,苏格兰与英格兰达成协议,战争结束,高尔夫运动又重新高涨起来。1754年,在圣安德鲁斯市正式组织了"圣安德鲁斯市皇家古典高尔夫俱乐部",这个由22个贵族和绅士建立的俱乐部制定了13条基本的高尔夫运动规则,在今天的高尔夫运动中仍在被大量沿用。

荷兰人认为高尔夫运动起源于1000多年前的荷兰牧场中,当时的荷兰牧羊小孩闲暇无事,用手中的牧羊棍击打小石子取乐,比赛谁打得远,或者谁打得准,或者既比赛远又比赛准。荷兰人认为这是高尔夫的雏形,他们的证明是在14世纪的古画中发现了类似于高尔夫运动的画面,且在1545年出版的一本由荷兰作家所写的拉丁语书中提到了一种叫"Kolf"运动的游戏规则。

2005年,一本叫作《穿越时空的高尔夫》的书提出了一种新观点,认为高尔夫运动起源于法国。书中提到了一幅来自15世纪法国祈祷书上的图片,图片中一群男士正在玩一种当时被称为"pallemail"的球棍游戏。该书作者认为这是高尔夫起源于法国的证据。

有一些学者认为,高尔夫运动可能起源于中国。早在公元前两三百年时,中国就有"挥杆击物"的活动;到了12世纪,一种称为"捶丸"的活动流行了起来。元世祖至元十九年(1282年),一本署名为宁志斋的著作《丸经》,详细记述了捶丸的发展历程,对捶丸的场地、器具、竞赛规则以及各种不同的玩法和战术进行了系统总结。根据该书的记载,中国捶丸运动最晚在北宋徽宗时期就已经十分成熟了,且宋徽宗、金章宗都非常擅长这项运动。但这种宋辽金元的活动在明代中后期、清代逐步衰落,只有少数妇女、儿童仍有简单的捶丸运动。

(2)高尔夫运动的发展。

从全世界的情况来看,高尔夫运动自在圣安德鲁斯风行之后不断发展,到17—18世纪,人们改革了高尔夫球的制作方法,用新型羽毛制球代替了之前的木制高尔夫球,极大推动了高尔夫运动的发展。18世纪,高尔夫运动传入北美。1795年美国成立了第一家高尔夫球俱乐部,这个俱乐部与之前圣安德鲁斯成立的"圣安德鲁斯市皇家古典高尔夫俱乐部"对世界高尔夫运动的发展起到了很大促进作用,它们是制定高尔夫运动规则的鼻祖。19世纪50年代,高尔夫球进一步改革,用类似于橡胶的杜仲胶制作;高尔夫运动也开始向世界各地拓展。20世纪,高尔夫球具进一步革新,比赛规则与制度建立起来,大量国际性赛事成功举办,高尔夫球场的管理水平也极大提升,高尔夫运动在全球蓬勃发展起来了,与高尔夫运动有关的球、杆、辅助器材、设备设施建造等有关行业均快速发展起来。

尽管我国在宋元时期出现了非常繁盛的"捶丸"现象，但是近现代我国高尔夫运动的发展却非常缓慢。1896年，中国上海高尔夫球俱乐部成立，现代意义上的高尔夫运动正式进入我国。1984年，中华人民共和国成立后大陆第一家高尔夫球俱乐部在广东中山诞生，高尔夫运动重新进入中国。1985年，中国高尔夫球协会在北京成立。1986年，"中山杯"职业/业余选手混合邀请赛在中山温泉高尔夫球场举行，这是我国首次举办国际性高尔夫球赛事。1994年，中国高尔夫球运动走向了职业化道路，当年中国高尔夫球协会主持了职业高尔夫球球手资格考试，产生了中国第一代职业高尔夫球选手。此后，我国高尔夫运动领域逐渐与世界接轨。随着高尔夫运动的迅猛发展，球具制造、服装生产、草坪机械、赛事运作、高尔夫旅游、高尔夫地产、高尔夫人才培养、高尔夫传媒、高尔夫文化与艺术品等相关行业均被带动起来，在我国形成了一个非常庞大的产业系统。

2）高尔夫运动基础知识

（1）高尔夫球。

高尔夫球为圆形球体，球体必须对称，颜色多样，但通常以白色为主。高尔夫球的大小一般为直径4.267厘米。高尔夫球的表面均匀分布着许多形状和数量各不相同的小凹洞，这些小凹洞对于球的飞行速度和弹道的高低有着重要影响。

高尔夫球有四种基本类型：单层球、双层球、三层球和多层球。单层球一般仅用于练习，击球手感柔软，飞行轨道良好，非常耐磨，但飞行距离较短，控球性能和停球稳定性较低；球体由硬橡胶压制而成，且有表面喷漆；又常被叫作一体球、一件头球。双层球是最常使用的球，击球手感较硬，飞行距离较远，控球性能和停球稳定性较好；球芯外面为硬橡胶或塑料制成的外壳，也常被称为双体球或两件头球。三层球是专供高水平球员使用的球，是为增强旋转而设计的球，其击球手感柔软，飞行距离不如双层球，但控球性能和停球稳定性较好，容易产生裂口。多层球很软，强调的是距离和准确度的完美统一。高尔夫球分层的一般规律是，球的层数越多，球越软，操控性越好，价格也越贵；层数越少，球越硬，距离相对越远，但操控性和稳定性越差，价格也越便宜。

此外，也常用旋转率、硬度、重量等作为分类标准。按照旋转率，高尔夫球可以分为高旋转率球、中旋转率球、低旋转率球三种。按照硬度，可以分为80、90、100三种，数字越大，硬度越高。从重量分，有标准重量和略轻于标准重量的球两种；根据有关规定，高尔夫球不得重于45.93克。

（2）高尔夫球杆。

高尔夫球杆由杆头、杆身、杆把组成。杆头是击球的部位，杆把是握手的部位。根据杆身的长短和杆头的倾角，可以把球杆分成不同的号数，号数越大，杆身越短、杆面倾斜角越大，打出的距离相对较短。高尔夫球杆大致可以分为木杆、铁杆（包括劈起杆和沙坑杆）、推杆三大类，还有一种介于铁杆和木杆之间的混合杆（铁木杆）。如果按照球杆的硬度，球杆也可以分为特硬型、硬型、普通型、软型和特软型五种。

> 动动手

1.请查阅有关资料,了解高尔夫球杆的演变历史。

2.请查阅高尔夫球杆的分类及使用情况(如什么人适合用什么杆、什么情况下适合用什么杆等)。

(3)高尔夫辅助装备。

除了高尔夫球和高尔夫球杆外,球杆袋、推车、球座、球标、修铲、球道车、伞、毛巾、沙袋和沙子等也是高尔夫运动中常用的装备和器具。

球杆袋也叫球包,主要用来放球杆,也放球、球鞋、雨伞、毛巾等用品;比赛时,球杆袋一般由球童协助运送。推车是用来推球杆袋的车子。球座是发球时用的托子,为木料或塑料做成的上大下尖的小棒,发球时将尖部插入土中,上端放球以便于发球。球标是用来标记球的位置的,常为塑料制作,为图钉状;球上果岭后,可以把球拿起来擦拭,此时就用球标来标记球所在的位置,待擦拭完毕重新击球时,拿起球标,将球放回原处。修铲是用来修复果岭划痕、裂痕的工具。球道车是用来拉球杆、载人的电动车,可以由球手自驾也可以由球童驾驶。伞用来遮阳、遮雨;毛巾用来擦拭握把、杆面或球;如果打球时损伤了草皮,可以在受损的部位放上适量的沙子,用脚踩平以利于草皮恢复。

(4)高尔夫球场。

与其他体育运动场不同,高尔夫球场没有固定和严格的尺寸要求,是由草场、湖泊、沙地和树木等自然景观组成,经过球场设计者精神设计、打造给世人的经典艺术品。高尔夫球场的设计者们通常在球场的设计上奇思妙想、标新立异,世界上没有两个完全相同的高尔夫球场。

高尔夫球场有标准和非标准之分。标准高尔夫球场是指具有18个洞、标准杆数为72杆的球场;经过评定符合国际比赛要求的,被称为锦标赛球场。非标准高尔夫球场是指不足18个洞,或标准杆数低于68杆,球道长度较短的高尔夫球场,通常为那些时间不充裕,或观光、娱乐、培训等需求而设计。此外,也有一些微型高尔夫球场和迷你高尔夫球场,还有一些高尔夫球练习场。

此外,高尔夫球场还有一些其他类型划分的标准。根据球场的利用目的,高尔夫球场可以分为比赛型球场和观光娱乐型球场。根据球场的自然地貌,可以分为海滨球场、森林球场、平原球场、河川球场、山地球场、丘陵球场、沙漠球场等。根据产权和服务对象,高尔夫球场可以分为大众化私有球场、乡村俱乐部球场、公共球场、私人俱乐部球场和私人球场。

(5)高尔夫服饰。

高尔夫运动是一项高雅的社会活动,需要有专门的服饰方可体现其"绅士运动"的特点。高尔夫服饰主要有服装、鞋子、手套、帽子、雨衣等。

2.高尔夫业的构成

高尔夫业是与高尔夫运动有关的商业、生产和服务活动的总和。其主要构成部分如图6-9所示。

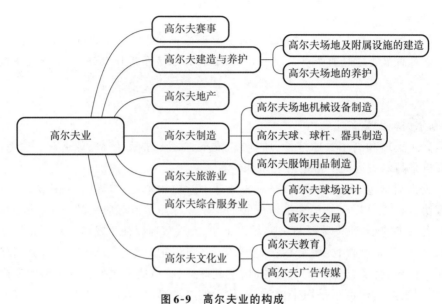

图 6-9 高尔夫业的构成

1）高尔夫赛事

高尔夫赛事是其商业化运作的核心。当今世界高尔夫球运动已经成为一项全球性的体育运动,每年世界上均有很多职业和业余的比赛举办。

世界上著名的高尔夫个人赛事有男子四大满贯赛和女子五大满贯赛;团体赛事男子赛有莱德杯、世界杯、总统杯、沃克杯等,女子赛有柯蒂斯杯和索尔海姆杯等。我国高尔夫赛事在世界上的影响力较小,在国内较有影响的有中国职业高尔夫球联盟杯赛、全国业余高尔夫球巡回赛、汇丰冠军赛、沃尔沃中国公开赛等赛事。近些年,我国青少年赛事也得到了迅速发展。

2）高尔夫建造与养护

一个配套完善的高尔夫项目,除了拥有标准场地和练习球场外,还建有会所、酒店等基础设施。这些设施从选址勘测(地质、地形、地貌等)、设计打造(项目规划、场地设计、景观设计等)到具体施工(土方、造型、排水、喷灌、坪床、道路、水电、污水处理、环保等)等环节,都是十分专业的工作,是一项综合很强的工程。高尔夫场地的养护包括草坪养护和景观养护两个部分,草坪养护包括剪草、浇水、打药、施肥、滚压、打孔、覆沙等主要工作,景观养护包括治理病害、虫害和枝叶修剪等工作内容。场地养护得越好,越可能提供高品质的服务,也就越可能盈利。

3）高尔夫地产

高尔夫地产是以地产为主,球场为辅,将地产建设与球场建设高度结合的产物。在功能上,两者相互配套补充,在价值上相互促进和提升,地产依靠高尔夫资源带动价格提升,房产的销售也同时刺激了球场发展。高尔夫地产项目以高端消费群体为目标客户,投资高、效益可观。

高尔夫地产可以做不同的分类。按照物业用地性质,可分为住宅地产和商业地产。前者主要包括高尔夫别墅、高尔夫公寓、高尔夫洋房等;后者如高尔夫酒店。按照项目的使用性质,可以分为居住目的地产和商务度假目的地产,前者如高尔夫别墅、公寓、洋房等,后者如高尔夫酒店、度假村等。

4)高尔夫制造

高尔夫制造主要是为高尔夫运动提供器械、用具、服饰、用品的生产分销经营者的集合。前文已经介绍了主要的设备和服饰,此处不再赘述。

5)高尔夫旅游业

高尔夫旅游是与高尔夫运动紧密结合的旅游活动,在旅游过程中伴随着打球、度假、交友、聚会等多种活动,是近年来逐渐兴起的一种高雅旅游方式。参与这种旅游活动的游客经济实力较强、社会地位较高,对餐饮、住宿、交通等方面的要求也较高,属于旅游者中的高端消费群体,其服务方式区别于一般旅游者,经营者的获利能力也很强大。

6)高尔夫综合服务业

与高尔夫有关的服务业有球场设计、高尔夫会展等。高尔夫会展以高尔夫运动有关用品、器材、设备、技术为展出对象,是高尔夫领域的专业会展项目。我国知名的高尔夫会展品牌有中国(北京)国际高尔夫球博览会、深圳国际高尔夫运动展览会等,这些展会提供高尔夫信息,宣传高尔夫文化,极大推动了高尔夫产业的发展。

7)高尔夫文化业

高尔夫文化业主要包括高尔夫教育和文化传媒。随着高尔夫运动在我国的流行,我国许多高校都开设了与高尔夫有关的专业,如高尔夫场地管理、高尔夫商务管理、高尔夫运动技术等。中国人民大学、上海交通大学等还开设了高尔夫EMBA项目。为了满足广大高尔夫爱好者的需求,一些电视台、门户网站、杂志、报纸还专门开设了高尔夫频道或专栏,它们也成为高尔夫业的重要组成部分。

> **动动手**

1.请查阅有关资料,了解世界和我国著名的高尔夫赛事,分析其产生的经济、文化、社会等方面的影响,将之做成汇报材料与同学们共享。

2.请查阅有关资料,了解世界和我国的高尔夫名人,了解他们的事迹,并做成汇报材料与全班同学共享。

第四节 休闲农业

休闲农业是休闲产业中的重要组成部分,是休闲时代下农业与旅游等有关行业融合发展而形成的新型产业。从全世界的发展来看,休闲农业大约萌芽于19世纪60年代,意大利农业与旅游全国协会的成立可以视为休闲农业诞生的标志。[1]此后,德国、法国、英国、美国等欧美国家的休闲农业逐步发展起来。20世纪60年代后,休闲农业在日本、新加坡等亚洲

---

[1] 刘齐光.国外休闲农业发展历程及经验借鉴[J].农村经济与科技,2014,25(08):99-100,146.

国家兴起,并获得快速发展。20世纪70年代,我国台湾地区也出现了这种新型产业,开发出一大批集经济、生态、游憩、保健、教育、社交等多功能于一体的现代休闲农业项目。改革开放以后,伴随着旅游业的快速崛起,我国大陆地区的休闲农业也渐次得到发展,并在21世纪后进入一个全面发展的时期。

一、休闲农业概述

(一) 休闲农业的界定

尽管休闲农业的发展已有很长时间,且产业发展已极具规模,但是对于如何界定休闲农业,当今的学术界却并未形成统一认识。综合诸多学者们的界定,对休闲农业的认知主要有两种类型。

一种是将休闲农业认识为一种新型的农业发展形式,如范子文认为休闲农业是利用田园景观、农业生产经营活动、农村文化及其农家生活、农村自然环境,以提供给人们休闲,增进对农村的体验为目的的一种新型农业生产经营活动;①舒伯阳与朱信凯认为休闲农业是在传统农业生产的基础上,有机地附加旅游观光功能的交叉性的新型农业生产经营形态;②王月宏认为休闲农业是利用农业景观资源和农业生产条件,发展观光、休闲、旅游的一种新型农业生产经营形态。③

另一种类型是从旅游和休闲的视角来认识休闲农业,如王仰麟与祁黄雄认为休闲农业是一种以农业与农村为媒介,能满足旅游者观光、休闲、度假、娱乐、购物等各种需求的旅游业;④郭焕成与任国柱则认为休闲农业是指在农村范围内,利用农业的自然环境、田园景观、农业生产、农业经营、农业设施、农耕文化、农家生活等旅游资源,通过科学规划与开发设计,为游客提供观光、休闲、度假、体验、娱乐、健身等多项功能的旅游经营活动。⑤

本书认为,仅从农业的视角或仅从旅游的视角来看待休闲农业都失之偏颇。在产业融合发展理念背景下,休闲农业应该被视为一个基于传统农业和现代旅游业,广泛融入了休闲时代下各休闲产业的发展功能和特征的新型产业。严格意义上来讲,休闲农业已不是单纯的农业,它所追求的并不是作物产出或动物饲养所带来的经济收益;休闲农业也与一般旅游业有所区别,休闲农业除了观光、度假等基本旅游功能外,还有教育、体验、生态等诸多方面的价值追求。

鉴于此,我们给休闲农业做如下界定:休闲农业是在休闲时代下,面向民众休闲需要,凭借农业资源(如农业场地、农业产品、农业风光、农业生态等),经过规划设计,向休闲民众提供广泛融合了休闲时代要素的产品和服务的休闲产业类型。这个界定有以下几个方面的含

---

① 范子文.台湾的都市农业[J].中国农村经济,1997(10):76-79.
② 舒伯阳,朱信凯.休闲农业开发模式选择及农户增收效益比较[J].农业经济问题,2006(07):48-50.
③ 王月宏.浅析休闲农业的特点和发展前景[J].现代农业,2020(04):22-23.
④ 王仰麟,祁黄雄.区域观光农业规划的理论与案例研究——以防城港市十万大山北麓(上思县)为例[J].人文地理,1999(01):21-25.
⑤ 郭焕成,任国柱.我国休闲农业发展现状与对策研究[J].北京第二外国语学院学报,2007(01):66-71.

义:第一,关于休闲农业的性质,它既不是新型农业,也不是新型旅游业,而是休闲产业的一个属类;第二,休闲农业是面向休闲市场提供产品和服务的供应主体集合,其产品和服务必须体现"休闲"特征,与一般的观光农业、农业旅游有本质区别;第三,休闲农业必须是以农业资源为依托的,失去了这个依托,它就不是休闲农业,而是其他的休闲产业或者不是休闲产业;第四,休闲农业不是自然成长的结果,而是要遵循一定规律,经过系统规划和设计,这可能会借用旅游规划、旅游资源开发等领域的方法和工具;第五,休闲农业所提供的产品和服务应当广泛融合休闲时代要素,这些要素既包括观光、度假、娱乐、体验、教育、养生等民众追求的休闲功能,也包括互联网经济、体验经济、共享经济、休闲经济等经济发展理念,还包括大数据、物联网、云计算、人工智能等时代元素,休闲农业融合这些要素是为追求经济效益、社会效益、生态效益等于一体的综合效益。

(二)休闲农业的特点

从上文对休闲农业的界定中,已可以看出休闲农业的属性和一些发展特点。从产业发展的实际来看,休闲农业在发展中体现出如下一些特征。

1. 融合性

休闲农业的融合性主要表现在如下几个方面:一是休闲农业的发展离不开第一、二、三产业的支持,如第一产业提供休闲农业发展的资源和场地,第二产业负责基础设施和设备的建设,第三产业提供休闲农业的发展规划设计和具体服务,休闲农业的发展本身就体现了对各个产业的高度融合;二是休闲农业的发展既需要自然资源基础,如农业生产条件、生态环境条件等,也需要人文资源基础,如农业文化、民俗文化等,其发展往往需要调动当地一切可以凭借的资源,体现了对当地所有资源的高效整合;三是如上文所述,休闲农业的发展需要融合新的发展理念,借助新的发展手段,追求综合发展效益。

2. 地域性

休闲农业的发展需要借助当地的农业发展基础,而各地的发展基础又呈现出较大的差别性,这使得休闲农业的发展体现出较强的地域性特征。不同地理位置、自然环境、社会条件以及经济发展水平的地区,其适合的发展模式有很大不同,其发展休闲农业的路径也会大相径庭。从这个角度讲,由于各个地区均存在一些差异性,各地发展的休闲农业形态就总会多多少少存在一些差别。在具体发展中,各地要充分挖掘乡土资源文化,注意在发展中凸显自己的特色,切忌盲目跟风。

3. 参与性

消费者参与性高是休闲产业的一般特征,休闲农业也是如此。休闲民众可以通过观光、体验等活动积极参与到当地乡村生活中去,欣赏田园风光,观察动植物习性,从事农业农事活动,感受乡村情怀,进而提升休闲体验。因此,在休闲农业项目开发中,要充分考虑休闲市场的需求特征,开发多种多样的休闲农业产品,丰富休闲民众的参与途径,提供高效便捷的参与方式。但是,在开发项目时,要注意休闲民众的这种参与与原始本真的"农事活动"是有区别的。可以作为休闲的农事活动仅仅是向民众提供的一种休闲活动,而不是让民众真的去长时间刀耕火种、挑粪施肥。

(三)休闲农业的类型

休闲农业可以分为很多种类型,如表6-15所示。

表6-15 休闲农业的分类

分类标准	类型	描述
区域位置	都市郊区型	靠近都市,市场条件良好,交通便利;农业发展基础好,生态环境优良,能吸引城市及周边民众前往观光、游览、休闲
	景区周边型	通常有较具特色的农产品体系或休闲服务体系,生态环境优良,居民经营意识浓厚;依靠景区带来的客源或能与景区分享客流
	风情村寨型	地域特色鲜明,民族风俗独特,土特产品丰富,能在区域范围内形成较强魅力,文化是其魅力的核心因素
	基地带动型	以一些农业种植基地、特色产品基地、农业科技园区等为核心吸引物,配套相关基础设施,开发活动或服务项目,吸引游客观光、体验、购买农产品等
	资源带动型	依靠森林、湖泊、草场、湿地等农业资源,发展森林休闲、渔业休闲、牧业休闲、生态休闲等休闲产业
产业业态	休闲种植业	这是以种植业为基础发展起来的休闲农业。这类休闲农业利用现代农业技术,开发具有较高观赏价值的作物园地,或利用现代栽培技术向民众展示最新种植成果。可以开展观赏、采摘、品尝等活动,如农业观光园、采摘园、农俗园、果品品尝中心等
	休闲林业	这是依托林业资源发展起来的休闲农业,可以是人工林,也可以是自然林。可以开展有氧呼吸、森林观光、探险、避暑、露营、科教等休闲活动,如人工林场、天然林地、林果园、绿色造型公园等
	休闲渔业	这是综合利用滩涂、湖泊、水库、池塘等水域资源发展起来的休闲农业,开展与渔业有关的休闲项目。可以开展的活动有观光、体验、休闲等多种,如垂钓、捕鱼、驾船、养水产品等
	休闲牧业	这是通过利用牧场、养殖场、狩猎场、森林动物聚居区等发展起来的休闲农业,为民众提供观光、放牧、狩猎、赛马(或其他动物)、驯化、科教等活动
	休闲副业	这是指上述类型之外的其他农业活动组成的行业,如特产采集、特色农产品加工、特色工艺等。休闲副业是对这些活动进行开发而形成的业态,如用竹条、藤条、麦秸、玉米叶等制作手工艺品,利用椰子壳、棕榈等制作玩具和纪念品等。可以开展手工艺品销售、DIY、工艺观光等活动
	综合生态农业	综合利用农林牧副渔等多个领域,通过综合开发生态性、趣味性、文化性的休闲农业综合体,为民众提供林果粮间作、农林牧结合、桑基鱼塘等生态农业景观项目
产业功能	观光型	以满足民众观光、享受田园乐趣的休闲农业项目,如花园、果园、茶园、药园、菜园等,可以开展观光、采摘、赏花、购物、品尝等活动。如观光农园、农业公园等
	休闲型	以满足民众欣赏田园风光、休闲度假需要的休闲农业项目,可以开展景观欣赏、农事活动、文化体验等休闲活动。如休闲农园、市民农园等

续表

分类标准	类型	描述
产业功能	科教型	以满足民众观光、学习、体验等需要的休闲农业项目。如现代农业设施、现代农业技术、农业博物馆等
	生态型	以满足民众对低碳、环保、绿色、生态追求需要的休闲农业项目，可以开展生态休闲、生态教育、生态餐饮等活动。如生态农园、有机农园、绿色农园等

（四）休闲农业资源及开发模式

1. 休闲农业资源

休闲农业资源是休闲农业发展的基础，广泛包含了农业生产资源、农民生活资源和农村生态资源等多个方面。

1）休闲农业资源的特点

首先，休闲农业资源具有多样性的特征。其表现又可以进一步分为内容上的多样性和形态上的多样性。内容方面，凡是可以对民众休闲产生吸引力、被休闲农业开发利用的资源均可能是休闲农业资源。在形态方面，休闲农业资源既可以表现为有形的作物、特产、有形设施，也可以表现为无形的民俗风情、乡土文化；既可以表现为对传统的继承，也可以表现为对当今科学技术的应用。

其次，休闲农业资源具有一定的季节性。这是由于农作物、农业生产活动、农村生态环境等休闲农业依托的事物具有季节性。比如，菜花节、果品节、丰收节等节事活动均与农作物产出的季节紧密相关，采摘、捕鱼、工艺品制作等也与不同时节的作业要求有关。同时，一些乡土习俗、文化活动也只有在特定时节才会呈现出最佳状态。

再次，休闲农业资源具有地域性特点。这一方面是由于不同地域的自然条件不同，发展出了不同的休闲农业资源基础；另一方面是由于地域文化差异，各地休闲农业文化资源表现出不同特征。如南方地区比北方地区的渔业资源更为丰富，北方地区比南方地区的牧业资源更为丰富。

最后，休闲农业资源具有审美性的特点。这说明，并非与农业、农村有关的所有事物都是休闲农业资源，只有那些能给人带来美感、让人获得美的享受的事物，才有可能成为休闲农业资源的组成部分。这些审美既表现为视觉上的审美，也表现为听觉、嗅觉、味觉、触觉等方面的审美。随着时代审美观的变化，休闲农业资源的范围也可能发生变化。

2）休闲农业资源的类型

按照一般旅游资源的分类方法，休闲农业资源也可以分为休闲农业自然资源和休闲农业人文资源。

（1）休闲农业自然资源。这又可以进一步细分为水文地貌资源、生物资源、气候气象资源、优良生态条件四种类型。水文地貌资源是指与休闲农业发展紧密相关的地理位置、地形地貌、土壤地质、江河湖泊等主要由大自然赋予的自然资源。生物资源主要由动物、植物资源组成，如农作物资源、畜禽资源、林木资源、蚕业资源、水产资源、野生动植物资源等。气候气象资源包括气温、降水、湿度、特殊气象等类型资源。优良生态条件通常包括了上述几种资源的有机组合,在某个方面或多个方面拥有生态价值的生态条件。

(2)休闲农业人文资源。休闲农业的人文资源是指与休闲农业有关的人文环境和风俗习惯,包括设施设备、用品用具、作业方法、生活习俗、乡村艺术、现代农业成就等。设施设备是乡村设施与农业设施设备等有关资源,如乡村道路、水田旱地、灌溉工程、养殖场、花卉园等。用品用具是与乡村和农业有关的用品用具,如耕作使用的犁耙、锄头,采伐使用的刀锯、斧叉,收获使用的簸箕、风车,运输使用的扁担、畜力车,加工使用的石磨、石臼。作业方法如耕作、灌溉、田间管理、收获、晾晒、加工等诸多方法。生活习俗如乡村建筑、饮食起居、节令习俗、待客习俗、礼仪习俗、娱乐习俗等。乡村艺术是当地流传的民间故事、名人典故、民间谚语、戏曲歌舞、民俗工艺等。现代农业成就是传统农业在新时代、新理念、新技术下的最新发展成果,如农业新技术的应用示范地、农业名优特产品的种植基地、特色产业经济区域、农业博物馆等。

2.休闲农业开发模式

纵观我国休闲农业的开发模式,主要有以下九种。①

一是连片开发模式。在这种模式下,政府进行宏观统筹并在基础设施建设方面扮演主要角色,带动村民集中连片开发现代化休闲农业。开发地一般拥有怡人的乡野风景、清新气候、良好生态和颇具魅力的民俗文化,在大量休闲设施建设的基础上,能打造成为集休闲、度假、娱乐、餐饮等多功能于一体的乡土休闲目的地。采取这种模式的开发结果可能是休闲度假村、休闲农庄等。

二是村民与市民合作模式。在这种模式下,村民拥有休闲农业基地的所有权,以市民"认种"等方式接受城市居民的委托,在基地中开展农作物、花果种植或园艺经营,一些市民也亲自参与这些活动。这是一种供求双方共同参与农业投资、生产、管理和营销各环节的开发模式,有利于城乡互动;城市居民能深入体验农业生产和农事活动的各个环节,也有利于农村产品的销售和更高效益的实现。

三是产业带动模式。这种模式有特色农业基础,形成了某种名、优、特产品体系,形成了具有一定知名度的品牌,能吸引一定区域内的民众前往参观、品尝、采购,有较好的客源基础。在此基础上,通过配套设施设备的完善,围绕特色产业和特色产品深度打造或包装形成休闲农业体系,满足民众乡村休闲的多种需要。

四是村镇旅游模式。一些村镇本身拥有风光、文化、时代建设方面的特色,拥有较高的旅游资源开发价值,那么这些地方就可以以村镇本身为吸引物,开发观光、休闲旅游产品。这类开发可能形成的结果有村镇民居或古建筑旅游、民族村寨游、古镇建筑游、新农村风貌游等。

五是休闲农场或观光农园模式。在民众休闲需要井喷式增长的背景下,休闲农场、观光农园等大量出现,一些传统农场也不断开发自己的观光、休闲功能,具有多种功能的综合型农场有了较大发展。这种模式主要产生了田园农业、园林观光、农事体验、农业科技等农场、

---

①邓福康.新时代美丽乡村与人居环境[M].长春:吉林大学出版社,2020.

农庄、田园综合体。

六是科普教育模式。这种模式是利用农业观光园、农业科技园、农产品展览馆、农业博物馆或博览园等资源,为民众提供了解农业常识和文化、学习农业技能、探索农业科技知识的科普教育休闲活动。这类开发的结果可能是农业科技教育基地、农业观光休闲教育基地、少儿教育农业基地、农业研学基地等。

七是民俗风情旅游模式。这种模式的开发地拥有独具魅力的乡土风情,在农耕文化、农牧文化、民俗文化等方面有较强的吸引力,可以充分挖掘其时令民俗、建筑艺术、歌舞传说、礼仪习俗等文化资源,开发成为独具特色的乡土风情休闲产品,如农耕文化旅游目的地、民俗文化村、乡土文化节等。

八是农家乐模式。这是村民用自家庭院等住宿、餐饮设施,以自家农产品、田园风光、自然景观为吸引物,为民众提供吃、住、玩乐等休闲活动的休闲农业方式。农家乐模式有农业观光型、民俗文化型、休闲娱乐型、农事参与型等多种形式。

九是回归自然模式。这是利用乡村优美的自然景观和独特条件,为民众开发观山赏景、游湖垂钓、滑雪滑水等多种活动,为民众提供亲近自然、回归自然、感悟自然的休闲农业产品,如森林公园、湿地公园、水上乐园、露营基地、自然保护区等能满足民众多种现代化休闲需要的休闲农业目的地。

▶ **动动手**

1. 请查阅有关资料,选择我国休闲农业发展较好的一个县级区域,了解这个地方的发展特色,分析其发展模式,并探讨其示范意义。

2. 请查阅有关资料,了解你所在地区的休闲农业发展状况,选择其中一个典型的经营主体,了解其经营现状,分析其经营特色,剖析其经营问题,并提出相应对策。

二、田园综合体

(一)田园综合体的提出及概念

1. 从概念提出到落地实践

2012年,田园东方创始人张诚结合北大光华EMBA课题,发表了论文《田园综合体模式研究》,首次提出了"田园综合体"这一概念,并在无锡市惠山区阳山镇落地实践了第一个田园综合体项目——无锡田园东方。这一模式获得了中央农办领导的高度认可。2017年2月5日,"田园综合体"作为乡村新型产业发展的亮点措施被写进中央一号文件:"支持有条件的乡村建设以农民合作社为主要载体、让农民充分参与和受益,集循环农业、创意农业、农事体验于一体的田园综合体,通过农业综合开发、农村综合改革转移支付等渠道开展试点示范。"同年,财政部、国农办先后出台多个文件,鼓励、支持田园综合体的试点开发,多个省份的田园综合体项目开启。

2. 田园综合体的概念

田园综合体是农村发展的一种新模式,是集现代农业、休闲旅游、田园社区于一体的特色小镇和乡村综合发展模式,通过农民合作社的形式,将第一、第二、第三产业中分散的资源整合,集循环农业、创意农业、农事体验于一体,让农民充分参与并从中受益。①

田园综合体的发展背景有四个:一是经济新常态下,地方经济增长乏力,农业发展须承担更多的功能;二是传统农业园区发展模式固化,转型升级面临较大压力,田园综合体提供了一种新的发展模式;三是农业供给侧改革,社会资本高度关注农业,综合发展的期望较强;四是土地政策日趋严格、管理强度加大,有限空间内的升值区间变窄,而农村地区则有较多的用武之地。②

(二)田园综合体的特点

1. 田园综合体的发展基础和目标特点

不是每个地方都适合发展田园综合体,其发展必须具有一定基础;也不是简单、随便地开发就算在发展田园综合体。其发展基础和目标必须符合如下特点。

首先,具有良好的空间环境基础。田园综合体的选址应符合如下几个方面的要求:一是宏观地理环境上是山水风光富集的地区,有良好的生态环境条件;二是区位良好,交通便利,尤其是公共交通方面的便捷;三是以构建田园景观为目标,将功能区域与相关配套协调发展,既做到资源的高效开发利用,也重视生态环境保护。

其次,基于文化打造休闲综合体。从基础上来看,拟打造田园综合体的区域应当具有丰富的文化底蕴,有独具特色的文化资源可以依托。从打造目标来看,田园综合体以满足民众高层次需要为目的,打造的结果除了要能实现观光、亲近大自然等基本要求外,还要有完善的基础设施,有丰富的体验型项目和高品质的服务,具备娱乐、度假、休闲等多种功能,让休闲民众能真正享受现代化的乡村生活。

最后,多产业融合发展,追求综合效益。与传统休闲农业发展不同,田园综合体不是某个农场、农家乐的单独发展,也不仅仅追求经济发展效益,而是广泛融合多个产业的发展,追求经济、社会、生态等综合效益的收获。

2. 田园综合体的开发特点

田园综合体的开发呈现出如下特点:

一是项目建设中共建共享。田园综合体的发展离不开政府、企业、村民等各类规划、开发、经营主体的共同参与,其开发建设的成果应当由各方共享。村民的利益应当被充分重视,其对于发展的合理意见应得到充分尊重。

二是项目开发中以人为本。在项目开发和设施建设中,要充分考虑人的需要的满足,推进人性化建设。在充分进行市场调查的基础上,针对休闲民众的需要,优化功能布局,重视项目创新,注意产品的宜人性、设施的便捷性、服务的周到性,打造真正基于人、服务人的综合休闲项目。

三是独特性方面创意为王。田园综合体的打造应当追求独特性,而创意是独特性实现

---

① 方法林.旅游景区概论[M].北京:中国旅游出版社,2021.
② 前瞻产业研究院.什么是田园综合体[EB/OL].https://f.qianzhan.com/tianyuan/.

的根本途径。创意既要凸显本项目与其他项目的区别,也要充分挖掘本地资源的特色,在原真性利用资源的基础上,将特色化、个性化、艺术化理念融入田园综合体的产品设计和服务开发中。

四是开发路径上跨界融合。田园综合体的打造要将农、林、牧、副、渔业等多种可以利用的资源综合利用,将农业从第一产业向第二、三产业延伸,推动三者相互依存、相互促进,共同助推综合体发展。

五是生态方面追求可持续发展。田园综合体主要依托自然赋予资源的利用,尽可能减少人工干预的痕迹。生态是田园综合体最基本的立足点,其规划、运营中必须保护好青山绿水的田园风光,景观设计方面必须考虑原生态的保留,最终实现可持续的发展。

(三)田园综合体的参与主体

田园综合体的参与主体一般为四个:政府、村集体、开发企业、村民。其中,政府扮演着方向引导、政策支持、平台搭建、公共服务的主导者角色;村集体以土地入股,在参与各方间起着桥梁和沟通作用,同时也是自发管理的主体;开发企业以资金、技术、管理入股,是综合体开发中的重要推动者,也在后期经营中扮演着关键角色;村民是田园综合体的重要参与者,是各种生产、服务活动的实践者。

(四)田园综合体的要素

田园综合体作为集"特色农业+历史文化+宜居乡村"于一体的综合性项目,应当包含吸引物要素、休闲空间要素、农业生产要素、乡村生活区要素、社区配套要素五大要素,如图6-10所示。

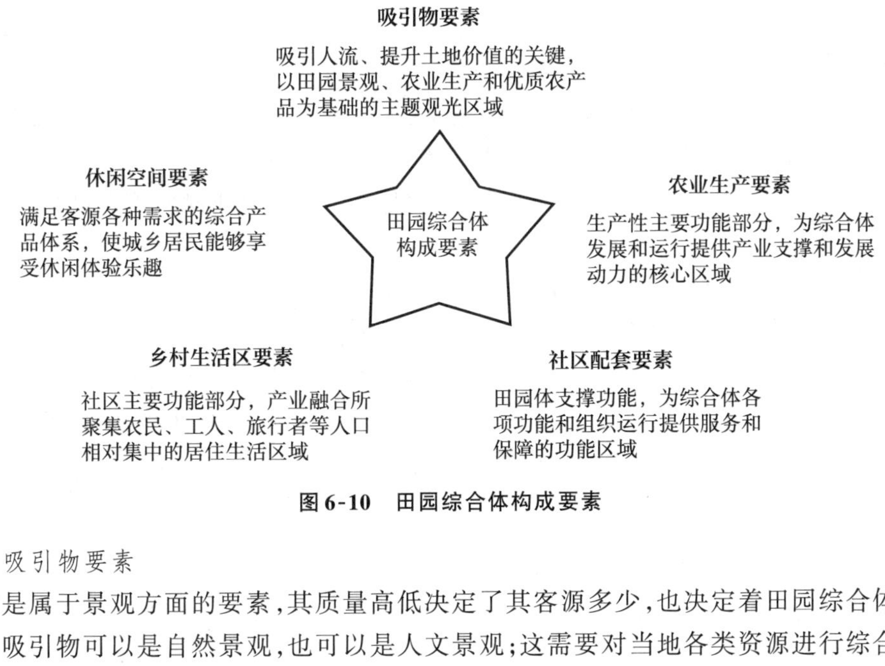

吸引物要素
吸引人流、提升土地价值的关键,以田园景观、农业生产和优质农产品为基础的主题观光区域

休闲空间要素
满足客源各种需求的综合产品体系,使城乡居民能够享受休闲体验乐趣

田园综合体构成要素

农业生产要素
生产性主要功能部分,为综合体发展和运行提供产业支撑和发展动力的核心区域

乡村生活区要素
社区主要功能部分,产业融合所聚集农民、工人、旅行者等人口相对集中的居住生活区域

社区配套要素
田园体支撑功能,为综合体各项功能和组织运行提供服务和保障的功能区域

图6-10 田园综合体构成要素

1.吸引物要素

这是属于景观方面的要素,其质量高低决定了其客源多少,也决定着田园综合体的发展前景。吸引物可以是自然景观,也可以是人文景观;这需要对当地各类资源进行综合开发利

用,形成具有文化美、图案美、生态美的观赏型农田区、蔬菜瓜果区、花卉休闲区、水域休闲区等功能区域。

2. 休闲空间要素

田园综合体应当打造多种休闲空间和活动项目,如游山、玩水、赏景、观光等休闲体验项目,建设诸如田园生活馆、田园大讲堂、田园主题园等乡村风情场所,重点打造娱乐、康养等休闲项目,让休闲者能更加深入和广泛地了解乡村生活,享受田园生活。

3. 农业生产要素

农业生产是田园综合体发展和运行的基础和动力。其不仅可以延续传统农业文化,提供安全放心的生态绿色食品,为田园综合体带来丰厚收益,农田的维护和管理还有利于雨水储存、防止旱涝、调节气候。同时,农业生产既可以形成绿色空间景观,也可以为休闲民众提供参与农事活动体验的场所。

4. 乡村生活区要素

这是田园综合体中关于"社区"内容的体现,即乡村居民生活区,是基于熟人关系结合而成的、融合了现代生活理念的新型乡村社区。在具体打造上,不能采取城市高楼大厦那样的集中居住模式,而应该充分挖掘传统民居优势,通过居住环境整治,完善基础设施,打造独具特色的乡土民居、度假别墅、休闲木屋等农家风情建筑,构筑小桥流水似的乡村生活图景。

5. 社区配套要素

这是为田园综合体其他功能区的组织和运行提供基础保障的综合服务区,为农业活动、休闲活动、商业活动、居住活动提供配套服务。服务既包括了生产性服务也包括生活性服务;具体而言,包括了农业技术支持和配套服务、物流电商服务、医疗康养服务、教育服务、商业服务、活动设施等。

(五)田园综合体的开发策略①

1. 做好前期规划,构建支撑产业体系

农业为田园综合体发展的基础性产业;企业承接农业后,会以农业产业园区发展的方法提升农业产业,构建综合产业体系。在这个过程中,必须坚持高站位,规划先行,多规融合;规划方案应具有前瞻性和可行性,找准定位,将村民生产生活真正融入田园建设中去,增强可持续发展能力。

2. 盘活土地资源,提高土地利用质量

通过土地流转、股份合作制、代耕代种、土地托管等方式促进农业适度规模经营,优化农业生产经营体系,增加农民效益。在此基础上,要根据各地农村土地的利用实际情况,不断创新田园综合体开发模式,比如构建田园体验度假村运营地产,或打造综合休闲配套地产等,提高土地利用质量,促进田园综合体的综合发展。

---

① 一诺休闲农业规划.田园综合体的打造策略、体系构建、建设开发和规划设计要点汇总[EB/OL].(2018-09-17). https://www.sohu.com/a/254260414_247689.

3. 创新主体间的合作模式

田园综合体的开发中要妥善处理政府、村集体、农民和企业四者间的关系,发挥各方主体作用,健全市场化运行机制,充分主动投入,各尽其能、各取所需,形成建设合力。

4. 引进社会资本,创新项目融资模式

田园综合体的打造需要大量资金投入。除了财政资金支持,同时要推广政府和社会资本合作,多利用财政杠杆作用,撬动金融和社会资本投入,拓宽田园建设的融资渠道。

5. 引进先进的管理方法,完善配套设施体系

引进先进管理方法,提高农业休闲质量,高标准农田建设,加强"田园＋农村"的基础设施建设及配套设施建设。

▶ **动动手**

1. 请查阅有关资料,寻找一个典型的田园综合体案例,了解其规划开发特色和发展现状,分析其成败与启示。

2. 请查阅有关资料,了解某个休闲农业业态,并寻找一个案例,了解其发展模式和现状,分析其成败与启示。

第五节　会展产业

会展是休闲产业的重要组成部分,其发展状况能有效反映一个国家或地区社会经济发展的总体情况,是一个国家或地区乃至全球科学技术和社会经济发展的晴雨表。改革开放以来,我国会展业大力发展,行业规模迅速扩大,场馆建设日臻完善,既是我国社会经济发展的助推器,也丰富了我国民众的休闲方式。

一、会展产业概述

(一) 会展及其构成

从字面上分析,会展是会议、展览等集体性活动的简称;从会展活动所发挥的功能来看,会展是人们进行信息交流、洽谈商务合作、开展市场营销以及满足人们某种精神需求的一种活动形式。因此,我们可以认为会展是在一定地域范围内,基于信息交流、商贸合作、营销推广、文化弘扬等特定目标而定期或不定期举办的群体性聚集文化活动,其对举办地的社会经济发展有着强大的推动作用。

通常,人们用MICE来概括会展的构成情况。其中,M表示corporate meetings,指公司业务会议;I表示incentive tour programs,指奖励旅游;C表示conventions,指协会或社团组织会议;E表示exhibitions,指展览。随着时代的演进,人们将节事活动(events)也纳入其中,这就构成了会展组成的MICEE说。

(二) 会展的要素

尽管会展可以以会议、展览等多种形式呈现,但其构成要素基本一致,主要包括会展目标、会展主题、会展举办者、会展参与者、会展时间、会展地点、进入性门槛等要素,如图 6-11 所示。

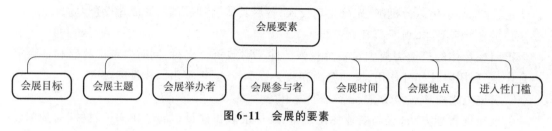

图 6-11　会展的要素

1. 会展目标

会展目标是对为什么要举办会展活动的描述。会展目标包括商品销售等经济性目标和文化传播、就业带动等非经济性目标,通常是一个复杂的目标体系。由于会展活动的利益相关者众多,不同的利益相关者往往具有不同的目标。比如,市政府主办的某次展览活动,可能涉及市政府、承办者、参展商、观众、展览场馆等诸多利益相关者;市政府在本次展览举办中的目标可能是推动本地与展览有关的行业发展,促进本地经济发展和繁荣,承办者和展览场馆的目标可能是从展览举办中收获经济利益,参展商是为了获得产品的销售和塑造良好的市场形象,观众是为了获得更加多样的采购渠道,等等。同时,同一个主体在同一个会展活动中的目标也往往具有多重性。

2. 会展主题

会展主题也称为会展主题思想,是对会展活动所体现出的政治、经济、科学文化等社会生活内容中心思想的反映。通过会展主题,举办方能向会展各利益相关方传达会展活动的举办宗旨、举办目的、举办指导思想、举办要求等明确信息;会展活动整个过程的策划和运作都应当围绕着主题开展。会展可以有展览主题、会议主题、节事主题、奖励旅游主题等具体形式。

3. 会展举办者

会展举办者包括会展主办方、承办方、协办方、赞助方等有关主体,是一次会展活动能顺利开展的发起者和实施者。主办方拥有会展活动的所有权,对会展活动的开展负有法律责任;承办方是直接负责会展活动的策划、组织、运作和管理,对会展活动承担主要财务责任的主体;协办方对会展活动的某些部分和环节提供支持与帮助;赞助方是通过提供技术、财力、服务、管理等方面的帮助获得会展活动的冠名、广告等权益的组织或个人。需要说明的是,这些举办者有时候可以身兼数种角色,比如,某个协会既是某个会展活动的主办方,也是该活动的承办方。

4. 会展参与者

会展参与者是基于不同目的参与会展活动的组织与个人。如展览活动中的参展商和观众,会议活动中的参会者,节事活动中的参与群众,奖励旅游中的公司与受奖者等。此外,新闻媒体、广告公司、餐饮企业、住宿企业、安保企业、金融组织、物流企业、搭建安装企业、翻译公司、文化公司、旅游企业等诸多领域的经营组织和机构也会广泛参与一些会展活动。

5. 会展时间

会展时间主要涉及两类：一是会展活动何时举办，二是会展活动持续多长时间。受季节、天气等诸多因素影响，多数会展活动不会选择在特别冷或特别热的季节举办。因此，春季、秋季是会展活动举办的旺季；但受习俗、文化和特殊资源影响较大的会展活动则不遵循此规律，比如各类冰雪节是在冬季举行。关于会展活动的持续时间，不同类型的会展活动其持续时间各有不同，比如，一般音乐会可能是1~2小时，小型研讨会则在半天至3天，一些行业性会议多在2~5天；专业展览会在10天~2周，一些艺术展可能长达数周甚至数月，世博会则以季度、半年为举办时长。

6. 会展地点

会展地点包括两个方面的含义：一是会展在何地举办，二是会展的辐射范围有多大。会展的举办地点又包括两层含义：一是会展在哪个国家或哪个城市举办，二是在这个国家或城市的哪个场馆举办。比如，2008年奥运会的举办城市是北京，国家体育场（鸟巢）是主场馆。会展的辐射范围是指会展在多广的范围内产生影响力。按照辐射范围的不同，会展活动可以分为本地会展活动、区域会展活动、国家级会展活动、国际会展活动、全球会展活动。

7. 进入性门槛

进入性门槛是对拟参会主体设置的障碍，包括参会资格门槛、进出会展现场的门槛等。参会资格门槛是指具备了何种资格方能参与本次会展活动，比如，参与本次国际学术会议的人必须具备某个专业领域内的特定身份，又如必须是新能源汽车才可以参与本次车展，等等。进出会展现场的门槛通常以证件或门票的方式体现，如拥有施工证的单位方能进入会展场地进行作业施工，购买了门票的观众方可进入会展活动场馆参观，等等。需要说明的是，并非所有会展活动的门票都是用来创收的，也有一些是用来进行人数控制的。

（三）会展产业的构成

会展产业是由从事会展有关产品生产和服务提供的经营主体、会展研究和管理有关的经营管理机构所构成的产业。与休闲产业中其他领域一样，会展产业的构成极其复杂，涉及的行业众多，产业边界比较模糊。根据与会展核心业务的紧密关系，可以将会展产业分为会展产业的核心部分和会展产业的辅助部分两种类型，如图6-12所示。

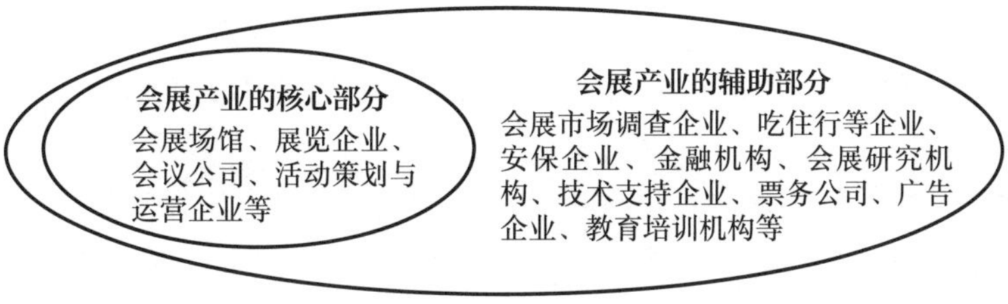

会展产业的核心部分
会展场馆、展览企业、会议公司、活动策划与运营企业等

会展产业的辅助部分
会展市场调查企业、吃住行等企业、安保企业、金融机构、会展研究机构、技术支持企业、票务公司、广告企业、教育培训机构等

图6-12 会展产业的构成

二、会展产业的几个主要构成部分

(一)展览

1. 展览概述

所谓"展",是将物品陈列出来;所谓"览",是让众人观看。因此,所谓"展览",是将物品陈列出来让众人观看品鉴。根据美国《大百科全书》中的界定,展览是一种具有一定规模,定期在固定场所举办的,来自不同地区的有组织的商人聚会。而我国的《辞海》中认为,展览会是综合运用多种媒介进行传播,通过现场展览和示范来传递信息、推荐形象的公共关系活动;涵盖博览会、展销会、贸易洽谈会、产品交流会等。

因此,可以将展览界定为:基于商品展示、形象塑造、技术交流、文化传播等目的,由特定主体定期或不定期举办的一种具有一定规模的群众性聚会,能直接促成商品交易、建立商贸关系、展示科技艺术成果,是推动现代社会经济文化发展的重要手段。

在日常中,展览经常有多种称谓,如博览会、展览会、展销会、看样订货会、展览交流会、交易会、贸易洽谈会、展示会、庙会、集市、墟、场等。尽管这些术语都属于广义的展览,但其运作和管理中各有侧重,上述各种称谓可以归纳为五个方面,如表6-16所示。

表6-16 展览的称谓、性质与特征区分

称谓	性质和特征
博览会	强调综合性,展示领域广、规模大、形式丰富,展出者和参观者众多,如世博会
展览会	强调贸易性,多由一个或数个行业参与,以贸易和宣传为主要目的,是供应商和分销商之间建立合作关系的常见手段,包括看样订货会、展览交流会、交易会、贸易洽谈会等
展销会	强调消费性,多由一个或数个行业参与,以零售为主要目的的展览活动
庙会	强调现场消费,内容繁杂,集贸易、零售、文化、娱乐于一体,涵盖灯会、花会等活动,与习俗、节气等传统相关
集市	强调现场消费,内容繁杂,多集中于农副产品、土特产和乡村日用品的交换方面,有集、墟、场等称呼

尽管不同类型的展览其作用各不相同,但总体来看,展示和宣传是所有展览的基本功能。为此,政治、文化类展览可以划归为传播媒介,经济贸易类展览则可以视为一种交换媒介。

2. 展览主体

一次完整的展览活动涉及组织方、参展商、观众、场馆、服务承包商五个主体。

1)组织方

展览活动的组织方是负责展览活动的策划和运作等事宜,确保展览活动顺利实现其举办目标的主体,包括主办方、承办方等有关组织。其中,主办方是发起、监督展览活动并对展览活动负法律责任、拥有展览会所有权的主体;承办方是直接负责展览活动的策划、组织、操作与管理,并对展览活动承担主要财务责任的办展单位。

常见的主办方有五类：政府、贸促机构，行业协会、专业学会与商会，专业性展览公司，大型企业，会展中心。政府、贸促机构往往是基于促进贸易、投资、技术、文化交流等目的而组织展览活动。在我国，人民政府、商委、科委、商务部、中国国际贸易促进委员会等官方或半官方机构组织展览活动多基于三种意图：宣传地方政府、提高会展的号召力、提高政府各部门在会展中的协调性。广州广交会、厦门投洽会、北京科博会、深圳高交会等都是典型的政府主导的大型展览活动。无论是国际还是国内的展览活动，国际与国内的行业协会、专业学会与商会都是重要的主办方，它们基于行业发展的需要或服务于行业中会员的需要，而经常举行一些综合性的展览活动、行业性的展览活动或行业内的展示会。由于这些协会、学会、商会对行业情况十分熟悉，也很有号召力，因此它们不仅有很强的办展动机，也有足够的实力将展览活动办好。专业性展览公司是以办展为主要营业项目和利润来源的专业性机构，展览活动就是它们的产品和品牌，它们依靠办展来赚取经济利润，专业性很强。大型企业为了技术交流、产品营销等原因，有时会单独或者与有关的协会和专业展览公司联合举办展览活动。会展中心拥有会展场地和专业的服务水平，也具有很强的办展动机和办展可能性。此外，一些媒体或有关组织，也经常基于多种原因而成为一些展览项目的主办方。

展览活动的承办方负责和承担展览活动的招展、服务、公关、广告宣传、布展、安全保卫及会务事项等具体工作。有些展览活动的主办方会选择自己承办活动，那么此时的主办方与承办方就是同一个主体；而多数时候，展览活动的主办方会通过各种途径选择其他的主体来承办展览活动。

此外，展览活动通常还会涉及协办方、支持方、赞助方等主体。

2) 参展商

参展商是参加展览会并利用展会平台进行商品、服务、技术、信息等展示和交流的组织和个人。参展商在展览价值活动中居于核心地位。没有足够数量和质量的参展商，就没有大量的、足够品质的展品可供展示，也就很难吸引足够多的观众前来参会。对于展览的组织方来说，参展商的连续参展能为自己带来丰厚的利润；而对于参展商而言，其参展是否能达成预期目的则影响着其是否会参与下一次展览。

一般而言，参展商可能会基于以下一个或数个目的而前来参展：展示商品尤其是最新商品或服务，寻找和巩固分销渠道，塑造企业形象，开展市场调研，发现客户需求变化趋势，实现商品销售或签订商贸合同，等等。以某企业参展商为例，其参展程序可以简略概括为：第一，选择合适的、可以参加的展览会；第二，向组织方报名参展并预订展位；第三，组建参展团队、确定展品；第四，展品运输；第五，展台布置；第六，展览会现场作业和服务；第七，撤展并总结评估。

3) 观众

展览界对于观众的界定各有不同，但多数情况下是指对展览会很感兴趣并希望能与参展商建立合作关系的组织或个人。观众可以分为普通观众和专业观众。普通观众是指一般的消费者和对展览会有兴趣，希望能够从展览会中获取自己感兴趣的信息或者体验新感受的普通群体，他们通常不是参展商最主要的目标客户群体；专业观众则是参展商最主要的目标群体，他们是抱着寻找供应商的目的前来参加展会的，很可能会成为现场参展商的直接用户,并实现长期商贸协作。

不同的展览会对观众的要求可能不同。有些展览会只对专业观众开放;有些展览会对专业观众和普通观众的开放时间会有所区分,比如前三天只针对专业观众开放,后期则针对所有观众开放。一些大型的综合展销会则会针对所有人开放,一是因为这些大型的综合展销会本身需要集聚大量人气方显规模,二是这些展销会销售的商品众多,前往的所有人都可能成为潜在的消费者。因此,一些人会将这些展览会作为逛街、购物、娱乐的重要休闲方式。

国际上衡量一个展览是否成功的标志,通常是看这个展览会的参展商和专业观众的数量与质量。专业观众对于某一次展会的成功有着十分重要的意义。一些机构认为,专业观众的数量不得低于所有观众的30%,而专业观众的质量则更重要。因此,对于展览活动的组织方而言,务必认真做好招展与招商工作。

4)场馆

展览场馆就是展览活动举办的场地。尽管也有一些展览活动利用了广场、空地等露天场所举行,但多数展览活动均采用专业的展览场馆举办。博物馆、美术馆、纪念馆、体育馆、剧院、陈列中心、会议中心、展览中心、城市规划展览馆等都是常见的展览场馆,为展览活动提供了多种多样的展览场地。

5)服务承包商

服务承包商是指在展览活动中为组织方、参展商、观众以及其他展会活动的参与者提供各种专业服务的承包商或被委托方。展览活动中常见的服务承包商主要有三类:一是展位搭建商,主要负责为展览活动规划展区、设计和搭建展台等;二是展品运输商,主要负责展品的运输,包括运往展会和从展会运回企业;三是旅游代理商,通常是一些专业的旅游公司,为展览活动的参加者提供旅游、交通、住宿、餐饮等服务。

3.展览分类

国际展览联盟将展览会分为三种类型:综合性展览会、专业性展览会和消费性展览会。其中,综合性展览会涉及多个行业,又称为水平性展览会或者横向性展览会,强调展览范围的广度;专业性展览会则具有鲜明的主题,又称为垂直性展览会或纵向性展览会,强调专业方面的深度,主要展出某一个行业或者同类型的产品。一般来讲,专业性展览会规模小于综合性展览会,但专业性展览会的专业性特征更强。这两种展览会都属于一般贸易展览会,是制造业、商业等产业举办的展览,其举办目的主要是信息交流和贸易洽谈。消费性展览会基本上都是针对普通大众开放的,具有很强的零售特点,主要目的是促成商品的现场销售。

从国际展览联盟的分类不难看出,如果我们将展览会分为贸易类展览和消费类展览也很合理,这是根据展览的性质来做的分类。其中,贸易类展览主要对工商界开放,是为制造业、商业等产业举办的展览;消费类展览是对公众开放,其展出的商品基本上都是日常消费品,目的就是直接销售。

此外,我们还可以按照展览的规模和影响范围来分,可以分为国际级展览活动、国家级展览活动、地区级展览活动、地方展览活动;按展览的时间分类,可以分为定期展览和不定期展览;按场地分类,可以分为室内展览、室外展览、巡回展、流动展等类型。

课内拓展

世界和我国十大知名展览会

(二) 会议

1. 会议概述

孙中山先生说过："凡研究事理而为之解决，一人谓之独思，二人谓之对话，三人以上而循一定规则者，则谓之会议"。由此可见，会议应当至少有三人参加。但是，从不同的视角研究会议，也可以有不同的表述。比如，世界旅游组织（WTO）在界定国际会议时，就认为会议至少得有10个出席者，并对会议的场地（固定场地）和时长（不低于4个小时）进行了界定；国际大会及会议协会（ICCA）则认为国际会议应至少有3个国家轮流举办、每次会议至少能吸引50位参会者。但我们这里并不只讨论国际会议。站在会展行业的角度，我们可以这样来界定会议：由特定组织召集，有特定的目标和参与方式，在特定时间、地点举行的，有计划、有组织地就某个议题进行研究、讨论的以口头交流为主的群体活动方式。

会议的要素通常包括会议目标、会议名称、会议主办者、会议参加者、会议主题和议题、会议方式、会议时间、会议地点、会议结果等。会议目标是指会议召开的目的是什么，属于"为什么要开会"的问题。会议名称就是会议的标题，要能反映出会议的类型、主题。会议主办者是会议的发起人和召集者，一些大型会议也有主办、承办、协办等分工。会议参加者是指参加会议的对象，参会者的来源越广泛、层次越高，那么会议的级别也就越高。会议主题是会议的中心思想，会议的议题围绕着主题来展开，具体表现主题的思想内涵；会议主题应根据会议的目标，结合实际情况拟定；会议的议题则可根据领导的意见、会前调查的结果等来确定。会议方式是指会议召开的方式，比如采取何种会议形式、采取线上还是线下手段等。会议时间包括会议何时开始、延续多久，以及各个会议议程的具体时间安排等。会议地点是会议举办的地点，一些大型会议可能还有分会场。会议结果是指会议达成了何种目标，实现了何种效果。

2. 会议的分类

1）按照会议的主办单位划分

按照会议的主办单位，可以将会议分为公司类会议、协会类会议和其他组织会议。公司类会议是公司为了自己经营目标实现而召开的各种会议，通常以公司内部员工和外部合作伙伴为参会主体，如企业年会、董事会会议、经销商大会、订货会等。协会类会议是由协会、商会、学会等组织所举办的，针对会员及有关人员而举行的会议，如协会年会、培训会、研讨会等。其他组织会议中，最主要的是政府会议、事业单位会议等。

2）按照会议活动的特征分类

按照会议活动的特征，会议可以分为商务型会议、度假型会议、文化交流型会议、专业学术会议、政治会议、培训会议等。

3）按照会议的性质划分

按照会议的性质，可以将会议分为论坛式会议、研讨式会议、报告式会议。

4）按照会议的规模划分

按照会议的规模，可以将会议分为小型会议（少于100人）、中型会议（100~1000人）、大型会议（1000~10000人）、特大型会议（多于10000人）。

5) 按照会议的参加者分类

按照会议的参加者,可以将会议分为内部成员会议、会员会议、业务关系人会议、公众会议等。

6) 按照会议的影响范围划分

按照会议的影响范围,可以将会议分为国际会议、全国会议、地区会议、本地会议等。

7) 按照会议举办时间的特点划分

按照会议举办时间的特点,可以将会议分为固定性会议和非固定性会议。

8) 按照会议的主题划分

按照会议的主题,可以将会议分为医药类会议、科学类会议、工业类会议、技术类会议、教育类会议、农业类会议等。

3. 会议的功能

世界上每天都在开着各种各样的会议,这些会议的功能各有差别。一般而言,会议常见的功能体现为如下几点。

1) 传递、交流并创造信息

无论是什么会议,其最基本的功能是传递、交流和创造信息。会议的基本作用就是沟通信息,其他作用都在此基础上发生。

2) 给会议及相关行业带来直接收益

会议的召开需要场地和相关会议服务,这通常需要有专门的会议运作公司来组织安排;会议举办地的交通、餐饮、住宿等多个行业和企业均有机会从中受益。

3) 提升会议举办地的知名度

知名会议在某个城市举办,会因为媒体和相关各方对该会议的关注而大幅度提升举办地的知名度。这也是一些城市热衷于举办会议的原因。

4) 推动举办地的社会发展

会议的举办对举办地提出了较高要求,这在客观上刺激了举办地务必要打造更高标准的市政管理水平,提升当地环境质量和社会文明程度。这种刺激能有效拉动当地的建筑、装修、文化教育等有关领域发展,并提供大量就业机会。

5) 有助于帮助人们消除隔阂、促进和平

会议给参会各方提供了平等沟通的机会,这有助于各方在交流中消除隔阂、达成一致意见,有利于世界和平进步。

2022全球会议目的地竞争力指数发布①

2022国际会议业CEO峰会暨全球会议目的地竞争力指数发布会于12月8日在成都举办。在2022全球会议目的地竞争力指数总排行榜中,成都保持中国内地城市第三。

---

① 中国经济网,2022-12-09,http://field.10jqka.com.cn/20221209/c643501414.shtml。

会议由ICCA国际会议研究及培训中心(CIMERT)主办。全球会议目的地竞争力指数是城市发展会议业的综合评价指数,由ICCA国际会议研究及培训中心根据多年会议指数数据积累,于2020年12月首次推出,2022年是连续第三届推出该指数。

CIMERT执行主任诸丹介绍,本届指数报告围绕会议目的地的整体环境竞争力、会议配套支撑竞争力、会议专业竞争力与会议形象感知竞争力四大维度,衡量150个样本城市的全球会议目的地竞争力发展状况与发展潜力。

从统计的150个样本城市排名来看,维也纳、新加坡与伦敦位列全球前三,得益于三大城市宏观环境、中观产业支撑和微观会议项目维度的均衡发展。在2022全球会议目的地竞争力指数总排行榜中,中国内地城市排名前三的分别为北京、上海和成都。成都保持中国内地城市第三。

ICCA首席执行官森希尔在发言中提到:"结合眼下的疫情防控实际,希望多举办产业活动、行业峰会等,加强行业交流,推动经济快速复苏。"根据ICCA 2022年对行业协会的调研,各大行业协会对虚拟会议、数字化会议等颇为关注。同时也发现成都在医学、科学、技术、产业、教育等方面会议发展较好,尤其是通过会展的延伸和孵化带动产业链不断延伸,作用显著。

▶ **动动手**

1.请查阅有关资料,了解视频会议有关知识、发展历程和现状,分析其未来发展趋势,并将你的成果与全班同学共享。

2.请查阅有关资料,了解世界及我国知名的会议,了解其概况、特色、成效及为世界或我国社会经济发展起到了怎样的作用。

3.请查阅有关资料,了解会议业的发展如何给休闲带来机会,并选取某个地区,说明该地区的会议业对其休闲发展的促进作用具体是如何体现的。

(三)节事活动

"节事"是对"节日"和"事件"的统称。"节日"又包括传统节日和现代节日,我国的传统节日如春节、清明节、端午节、中秋节、重阳节等,现代节日如劳动节、国庆节等,均是民众积极参与的娱乐休闲时节。"事件"可以指自然发生(非人为策划)的事件,如奇特自然景观(如流星雨)的出现,更多是指人为精心计划和举办的特定的仪式或庆典、比赛等,如生日庆典、成年礼、开业庆典、体育比赛等。

1.节事活动的类型

1)按节事活动的规模和重要性分类

按节事活动的规模和重要性,节事活动可以分为特大型、标志型、重要型、中小型四种类型。特大型节事活动是指那些规模庞大以至于影响整体社会经济发展,并对参与者和媒体尤其是国际媒体有着强烈的吸引力并引起反响的节事活动,比如奥运会、世界杯等著名体育赛事,往往能吸引全世界的目标和关注,对举办地社会、经济、文化及各个方面产生深远影响。标志型节事活动是指那些与一个地区的特质十分相同,以至于它们成了这个地方的代名词,并获得了广泛认同和知晓的节事活动,比如西班牙的斗牛节、慕尼黑的啤酒节,国内的南宁民歌节、新疆宰牲节、内蒙古那达慕大会等。重要型节事活动是那些能吸引大量观众、媒体报道和产生经济利益的活动,这类活动虽然不能在广泛范围产生影响,但是对于举办地来讲却也不失为一场盛事。而多数情况下,大多数地方所举办的节事活动均为中小型节事活动,这些活动规模不大、参与人数少、影响范围有限。无论是哪种影响范围的活动,均能为举办地民众提供丰富多彩的休闲形式。

2) 按节事活动产生的属性分类

按节事活动产生的属性,节事活动分为传统节事活动和现代庆典活动。传统节事活动又可以进一步分为古代传统型和近代纪念型,现代庆典活动则主要指与现代生产劳动、生活紧密联系的节庆活动。以我国为例,古代传统型的节事活动如春节、元宵节、庙会、中元节等,近代纪念型的节事活动如妇女节、劳动节等。随着社会经济发展,为了满足各种生产、生活需要,各地民众也创造出了一大批新的节事活动,如开业庆典、店庆、校庆、美食节、丰收节、电影节、时装周等,典型的如"双十一"购物节、青岛啤酒节、重庆火锅节、合川钓鱼城旅游文化节等。

3) 按节事活动的主题类型分类

按节事活动的主题类型,节事活动可以分为自然景观主题、历史文化主题、民俗风情主题、商贸主题、宗教主题等类型。自然景观主题的节事活动是指以当地突出的自然景观为依托,综合展示地区旅游资源、风土人情和社会风貌等的节事活动,如哈尔滨国际冰雪节、洛阳牡丹花节、重庆巫山红叶节、吉林国际雾凇冰雪节等。历史文化主题的节事活动是依托当地文脉和历史传承的景观、独特的地域文化等而开展的节事活动,如杭州运河文化节、天水伏羲文化节、曲阜国际孔子文化节等。民俗风情主题的节事活动是以各地独特的民俗文化和地区风情为主题发展起来的节事活动,如傣族的泼水节、藏族雪顿节、南宁国际民歌艺术节等。商贸主题的节事活动是以地方特产和特色商品、工业产品等为主题的节事活动,有宣传、形象塑造、产品交易等方面的功能,如香港时装节、青岛国际啤酒节、北京国际电影节、重庆火锅节、淮南豆腐文化节等。宗教主题的节事活动是以宗教文化、仪式、习俗等文化为主题发展起来节事活动,如中元节、浴佛节、复活节、古尔邦节等。

2. 节事活动的特点

节事活动包罗万象,形式众多,因此其特征也差别较大,有的节事活动十分严肃,有着非常严格的规范和流程;有的节事活动相对轻松,以取乐嬉戏为举办目的。概括来讲,节事活动的特点可以总结为以下几点。

1) 文化性

文化性是节事活动最根本的特征体现,无论是什么类型的节事活动,离开了文化都会失去其灵魂。一些节事活动本身就是以文化为出发点发展起来的,其独具魅力的地方文化特色是这些活动的基础;另一些节事活动虽然可能是以商贸、体育为直接目标,但其发展也离不开文化的参与。可以说,凡是节事活动的成功举办,一定能为相关各界提供一顿丰富的文化大餐,并推动当地社会经济文化全面发展。

2）经济性

无论节事活动的举办是否以经济为主要目标,经济性都是节事活动的主要特征之一。这表现为:节事活动中涉及承办、赞助、冠名等一系列市场运作的基本手段,这些手段是典型的经济运作方法;一些节事活动如开业庆典、店庆、丰收节等本身即是冲着经济目标而举行的,经济性指标是衡量其举办成功与否的重要指标。

3）多样性

节事活动的举行可能基于任何原因,其举办的形式也多种多样,这都是节事活动多样性的体现。一方面,节事活动可能起源于传统文化和自然遗存,如孔子文化艺术节、菜花节等,也可能起源于现代科学技术发展成就,如科技文化艺术节、电影节、音乐节等;另一方面,节事活动的举办形式多样,可以是展览会、体育竞赛、庆典、游行等多种形式,时间可长可短。在节事活动的主题方面,可能以经济为主,也可能以文化为主,更多的时候是兼具政治、体育、商业等多重目的的综合性活动。

4）大众参与性

节事活动的举行通常以吸引公众广泛参与为目的,很多情况下,大众参与的情况均被作为衡量节事活动成败的重要因素。活动策划得越成功,越能吸引更多的公众参与,节事活动就能在更广范围内产生影响,进而更好实现节事活动的举办目标。也正是节事活动的大众参与性特征,它才能成为普通民众参与休闲活动的重要方式,为休闲产业所重视。

5）地域性

地域性有两层含义:一是不同的地方所举行的节事活动本身就有差异,如端午节赛龙舟的活动很显然只有在水资源丰富的地区才可开展;二是即使是同一种类型的节事活动,在不同地区举办也呈现出不同的特点,如不同地方的丰收节在活动项目、特征等方面就呈现出较大的差别,北京、伦敦、东京等地举办的奥运会在文化上表现出巨大的差异。民族节日的地域性差异表现得尤为突出,一些少数民族地区的节事活动也因此表现出更强的地域垄断性,能在较广的范围内吸引更多民众参与其中。

6）交融性

节事活动的交融性体现在两个方面:一是节事活动与其他活动的交融性,二是节事活动在文化、商业、经济等领域中呈现出中外交融的特点。在很多大型活动中,展览、会议、节事等各种类型的活动相互交融,呈现出综合性大型活动的特征,如多数美食节中有现场消费的展览特征,一些会议、奖励旅游中也有很典型的小型节事活动。当今世界,各地节事活动都呈现出立足自身文化,同时兼蓄外来文化的特点,将外来优秀文化和先进做法融入本地节事活动,一方面有助于不断推进节事活动的快速发展,另一方面也有助于节事活动在更广范围内受到更多民众的关注,扩大其影响力。

"中国节庆品牌100强"完整榜单

▶ **动动手**

1.请查阅有关资料,了解世界及我国知名的节事活动,对其资料做全面搜集,与全班同学分享。

2.请查阅有关资料,了解你所在城市的节事活动举办情况,择其中一个做重点了解,分析其举办中的成败得失。

第六节 休闲工商业

休闲生活离不开衣、食、住、行。服装、食品、用品等既是人们日常生活中必不可少的组成部分,也是人们休闲生活中无法离开的重要元素。休闲服装、休闲食品、休闲用品、休闲设备是休闲工商业的重要组成内容,随着时代的进步和人们生活水平的不断提升,这几个领域的发展也越来越好,成为休闲产业研究中的重要内容。

一、休闲服装

休闲服装就是人们在休闲场合下所穿的服装。所谓休闲场合,是人们在工作、必要义务劳动之外的其他场合,如居家、健身、娱乐、逛街、旅游等场合。人们在休闲场合下穿着休闲服装,体现的是一种舒适、轻松、方便、阳光、积极向上的生活态度,是一种渴望自由、追求轻松惬意的表现。

(一)休闲服装的分类

根据休闲风格的外观感觉、审美趋向和服饰印象,可以将休闲服装分为五种类型:商务休闲服装、运动休闲服装、旅游休闲服装、时尚休闲服装和优雅休闲服装。

1. 商务休闲服装

商务休闲服装是商务人士在商务场合下所穿着的休闲服饰。这类服装既不像一般西服和职业装那样刻板和束缚,也不过于随意,有助于成功商务人士在一般商务场合和休闲娱乐场合均表现得落落大方,切中场景。穿着这类服装的商务人士通常收入较高、品位不凡,独具个性,追求不拘一格、体面恰当的着装方式。在这类服装的设计、生产过程中,应强调面料和工艺,重视时尚和新颖,但又不过分夸张和离谱,应十分重视尺度的把握。

2. 运动休闲服装

运动休闲服装是人们在运动过程中所穿着的休闲服饰。在现代人的生活中,体育运动已经成为人们日常生活中的重要组成部分,穿着适当的运动休闲服饰,既方便民众参加各种体育锻炼,也能很好体现民众的休闲个性。民众穿着这类服装既追求舒适、方便,也追求一些实在的功能。在进行这类服装的设计和生产时,应考虑其运动功能的实现,也要重视流行元素的引入,考虑高科技材料、流行色的运用和时代气息的体现。

3. 旅游休闲服装

旅游是当今民众常见的休闲方式之一。虽然旅游中的服饰并没有十分明确的要求,但随着人们生活水平的提升,民众逐渐也对专用于旅游休闲场景中的服装提出了单独的要求。近些年来,民众在旅游休闲中更加追求时尚元素,活力、年轻、方便是人们对旅游休闲服装的普遍追求。因此,在这类服装的设计和生产时,要考虑服装的舒适、耐脏、耐洗、耐磨、方便、适用,忌将服装设计得太过花哨,要考虑服装在日常生活和运动休闲中也能适用。

4.时尚休闲服装

时尚休闲服装多为年轻群体和追求时尚群体所喜欢。随着时代的进步,越来越多的民众开始在着装时追求时尚元素。如牛仔风格、田园情趣、军旅风格、复古风格、动漫风格,都是当前民众追求的典型风格。在设计和生产这类服装时,要重视活泼、轻快风格的打造,凸显现代感十足的明朗色调,体现蓬勃青春气息和独具特色的个人情趣。

5.优雅休闲服装

这类服装最注重优美和雅致感觉,如为网球运动、高尔夫运动等高雅生活所设计和生产的服装即属于这一类。这类服装倾向于便装形式,如针织和编织的套装、宽松得体的外套、松紧有形的夹克、休闲西裤和鸭舌帽等服饰,既适合于日常休闲,也可用于不太正式的上班场合穿戴。

(二)休闲服装行业发展的影响因素

影响休闲服装行业发展的因素有很多,大致归纳可以分为以下几个方面。

1.民众生活观念和生活方式

服装最根本的用途是销售给民众,供其穿着装扮。而民众的生活观念和生活方式,又无疑对人们的穿着装扮产生了关键的影响。比如,在多数民众均从事农事劳动的20世纪,人们对服装的追求更多是耐用、耐脏,对时尚、轻便的追求并不多;但随着城市化进程加快,我国产业结构也发生了极大变化,民众的生活观念和方式也发生了根本性转变,人们对服装的追求也迥异于父辈,对休闲、轻便、时尚等元素的追求也就多了起来。当前民众的个性化追求更加多元,休闲服装的发展正当其时。

2.民众消费能力和社会经济发展水平

更好面料、更好工艺、更多时尚元素的休闲服装通常价格更贵,民众消费能力和社会经济发展水平是支持休闲服装产业健康发展的重要因素。近些年来,我国社会经济发展稳步推进,民众生活水平不断攀升,人民的消费能力不断进步,这些都为休闲服装行业的快速发展提供了条件。

3.科技进步和文化发展

科技进步和文化发展至少在两个方面有助于推动休闲服装行业快速发展:一是在服装的设计、生产方面,科学技术为休闲服装在取材、工艺改进等方面提供了方便和新手段,文化发展则在设计理念、款式创新等方面提供了新方向;二是在服装的销售方面,科技进步和文化发展为休闲服装的品牌营销、分销渠道等方面都提供了方便,互联网技术、物流、移动支付等技术优化了民众的购物体验。

课内拓展

2022年休闲装十大品牌榜中榜

二、休闲食品

休闲食品是人们在休闲状态下食用的食品,属于快速消费品的一类。随着我国民众生活水平不断提升,消费者消费理念快速发生变化,需求日益多元,人们对食物的需求不再仅仅是为了追求"吃饱""吃好",也开始转向吃得健康、吃得有趣。在这种背景下,休闲食品行业得到了长足发展。根据Frost & Sullivan统计,2020年国内休闲食品零售额为7749亿元,2015—2020年零售额复合年增长率为6.6%,预计2025年零售额将达到11014亿元,2020—2025年行业复合年增长率有望达7.3%。①如图6-13所示,我国休闲食品行业具有较大的增长空间。

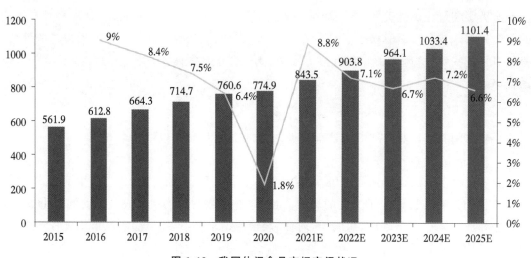

图6-13 我国休闲食品市场空间状况

（一）休闲食品的分类

按照休闲食品原料加工制作的特点分类,休闲食品可以分为果仁类、膨化类等七种类型,如表6-17所示。

表6-17 休闲食品分类

类型	特点	代表食品
果仁类休闲食品	以果仁和糖或盐制成的甜味、咸味食品；又分为油炸型和非油炸型。典型特点是坚、脆、酥、香	椒盐杏仁、开心果、五香豆等
膨化类休闲食品	以谷物或薯类为原料,经过膨化、油炸、烘烤等加工成膨化休闲食品。有一些为我国传统食品,更多为外来传入的食品	爆米花、日本米果、虾片、薯片等
炒货类休闲食品	将植物果实经过晾晒、烘干、油炸等加工方法制成的供人们闲暇时食用的一类休闲食品	瓜子、花生、核桃、栗子、豆类等
糖制休闲食品	以蔗糖为原料制作的小食品	豆酥糖、桑葚糖等
果蔬休闲食品	以水果、蔬菜为原料经糖渍、糖煮、烘干等加工而成的食品	杏脯、话梅、蔬脆片等

①休闲食品产业链深度解析[EB/OL].(2022-08-23).http://news.sohu.com/a/579191028_121440291.

续表

类型	特点	代表食品
鱼肉类休闲食品	以鱼、肉为原料,用调味料调味后,经煮、浸、烘等加工程序制作出来的食品	各种肉干、烤鱼片、五香鱼脯等
烘焙类休闲食品	以小面粉为主要原料,通过烘焙手段成熟和成型的休闲食品	面包、饼干、各类糕点等

(二)休闲食品产业链

休闲食品产业链较长,横跨领域众多,其上游产业为各类原材料的提供者,中游为食品加工商和品牌商,下游为休闲食品的分销商。

1.上游

休闲食品的上游主要为农林牧副渔等休闲食品原材料的供应商,它们主要生产或提供诸如坚果、水果、肉类、鱼类、五谷等原材料,几乎整个大农业领域均可作为休闲食品的上游供应商。

2.中游

中游企业为休闲食品的制造商和品牌商,是它们利用各种生产技术和加工技术,将原材料制作成各种口味的休闲食品,再通过包装、品牌运营,将食品推向分销终端,完成产品的最终分销。

3.下游

下游企业主要为休闲食品的分销商,它们负责将休闲食品销售给消费者,实现商品的最终价值。从分销模式而言,当前休闲食品的分销有传统线下实体分销、线上电商和新零售等几种模式;"线上+线下"为公众广为接受的零食分销模式。实体分销主要包含了个体经营、超市卖场、连锁分销等零售模式;线上电商主要是各大电商平台、自营线上商城和App等。

(三)休闲食品发展趋势

尽管我国休闲食品行业发展快速,但整体竞争格局较为分散,呈现品类多点开花的趋势。部分品类仍处于行业扩容期,头部企业份额仍待提升。Euomoitor数据显示,前五大市场份额占有者分别为旺旺(6.7%)、百事(6.0%)、三只松鼠(4.4%)、华泰食品(4.3%)以及良品铺子(3.2%)。[1]在我国休闲食品发展中,也仍然存在一些企业规模小、食品问题层出不穷等具体发展问题。可以预想,在今后一段时间内,我国休闲食品的发展会呈现出如下一些趋势。

1.休闲食品需求增长迅速,对食品品质提出更高要求

可以预见,在未来一段时间内,我国民众对休闲食品的需求仍然会大幅增长;在民众健康意识日益提升的情况下,民众对休闲食品的品质一定会提出更高的要求,吃得健康、吃得安全会成为普通民众的基本追求。在未来一段时间内,低糖低卡、优质原料、健康功能、非油

---

[1] 休闲食品产业链深度解析[EB/OL].(2022-08-23).http://news.sohu.com/a/579191028_121440291.

炸非烘烤，以及无防腐剂等，将会成为新的消费诉求，而低糖、低盐、低脂的"三低产品"也将快速出现在休闲食品流通市场上。因此，对于休闲食品产业来讲，在未来，一方面应当进一步关注消费者对口味的需求，强化创新、优化工艺，使食品做得更加美味、可口、好玩、有趣；另一方面，也必须要关注公众对健康方面的追求，提升食品的营养性，确保食品健康，不断提升品质。

2. 监管严格化，休闲食品门槛将进一步提升

长期以来，我国食品行业存在一些十分揪心的突出问题，违规使用添加剂、卫生条件堪忧、质量控制能力弱、产品品牌意识差等问题普遍存在，这一方面阻碍了民众消费休闲食品的热情，另一方面也与我国民众日益增长的美好生活需要严重不符。因此，在今后，政府等有关部门务必要强化监管，出台政策、强化规范，严控食品质量安全，打击行业生产乱象，抬高行业准入门槛，建立食品安全溯源机制，推广食品安全自查制度，为我国休闲食品行业的健康发展保驾护航。

3. 强化内功修炼，打造休闲食品品牌

从整体情况来看，我国休闲食品的品牌较弱，未能形成有强大影响力的休闲食品品牌。但这恰好给产业中的经营主体留下了广阔的市场空间，成为非常难得的市场成长机会。我国休闲食品产业急需一批拥有先进经营理念，能有效整合产业上游、中游、下游全产业链资源，立足消费者需求，能高效将消费者需求转化为产品并实现其最终价值的经营主体。为此，我国休闲食品企业应当不断加强内功修炼，提升产品质量，加强产品质量管控，加强供应链整合，布局全产业链，利用数据和供应链管理能力，优化供应链前置和组织的高效率，实现精准制造，最终实现产、供、销的全产业链融合乃至一体化。

4. 营销渠道协同化

新时代商品的分销模式发生了翻天覆地的变化，这在休闲食品的分销中也必然体现。当前，我国民众休闲食品市场非常红火，但主要销售模式仍然以传统线下销售为主，如超市卖场销售、散装称重销售和连锁加盟销售等，这种情况在很多二三线城市尤为突出。因此，随着信息基础设施建设与现代物流体系的日趋完善，线上分销会成为十分重要的新的分销模式，未来全方位的渠道协同化将成为休闲食品销售的主流模式。一方面，线上渠道的便捷能提供不受时间、空间限制的购买体验，扩大了消费者的品类可选范围，流量聚集效应明显；另一方面，线下渠道在体验感方面则很棒，可以提供给消费者更加直接的产品展示与销售服务，又优于线上渠道。因此，线上线下融合的全渠道扩张是休闲食品企业未来营销渠道构建的重要方式。

▶ 动动手

1. 请查阅有关资料，了解我国知名休闲食品的品牌排行榜，对各大品牌的资料做全面搜集，与全班同学分享。

2. 请查阅有关资料，了解你所在地区的代表性休闲食品，择其中一个做重点了解，分析其今后发展中应注意哪些问题才能更快做大做强。

三、休闲用品

休闲用品是人们用来享受休闲生活时所使用的物品,包括可供人们放松身心,促成人们身心健康的各种休闲娱乐用品。从最广泛的意义来讲,凡是能使人们体验休闲生活、增添人们生活情趣的物品都可以视为休闲用品,不论其是为休闲生活专门生产制作的用品,如纸牌、吊床、痒痒挠等,还是有某种特殊用途也可顺便用于休闲的物品,如手机、汽车、电脑等工具和用品。本书主要分析专门用于休闲用途的各类物品。

（一）休闲用品的分类

根据不同的分类标准,休闲用品可以有不同的分类。

1. 根据休闲用品的使用场景分类

根据休闲用品的使用场景,休闲用品可以分为户外休闲用品和室内休闲用品。

户外休闲用品是休闲者参与户外运动时所使用的休闲用品,如钓鱼过程中用到的钓具、帐篷,参与登山运动时所使用的拐杖、背包和器具等。室内休闲用品是休闲者开展室内休闲活动时使用的用品,如棋牌、玩具、茶具、麻将桌等。

2. 根据休闲用品的设计理念和所采用的技术分类

根据休闲用品的设计理念和所采用的技术,休闲用品可以分为传统休闲用品和现代休闲用品。

休闲用品并不是当今才有的,而是伴随着人类的休闲历史长期存在于我们的生活中。当今存在于民众休闲生活中的各种用品,有很多都是源于传统生活理念和技术生产出来的,如休闲躺椅、鸟笼、盆栽、弹弓、蒲扇、健身球等,种类繁多,休闲用途广泛,主要用于传统休闲活动中。而随着民众休闲理念和科学技术的进步,一些基于新材料、新玩法的休闲用品被广泛生产了出来,如基于VR、AR技术的各类用品,融入了新技术的钓具、平衡车等。有了这些现代休闲用品,民众的休闲世界更加丰富多彩。

3. 根据休闲用品的具体用途分类

根据休闲用品的具体用途,休闲用品可以分为旅游休闲用品、体育休闲用品、文化娱乐休闲用品、宠物休闲用品、庭院休闲用品。

旅游休闲用品是人们参与各类旅游休闲活动时所使用的物品,如遮阳伞、太阳镜、旅行帐篷、背包等用品,以及一些适用于户外休闲活动的便携式桌椅、烧烤架、旅行毯、吊床、自拍杆等。

体育休闲用品是用于民众开展体育休闲活动的用品,又包括体育用具和辅助用品。体育用具如球、球拍、滑板、毽子、飞盘等物品,离开了这些物品相关体育活动就无法开展;辅助用品是协助各项体育运动开展的物品,比如游泳装备,如果没有这些装备,休闲者也能开展游泳运动,但是如果使用相关装备,能使游泳运动更加安全,休闲者能有更舒适的体验。

文化娱乐休闲用品是民众参与文化娱乐活动时需要借助的一些物品,如各种乐器、玩具、视听设备等。当前民众参与的文化娱乐休闲活动越来越多,参与的项目也越来越丰富,文化娱乐休闲用品的需求量和需求品质也势必越来越高。

课内拓展

2022年休闲用品十大品牌

宠物休闲用品是用于宠物饲养、逗乐时的各类用品,如鸟笼、狗屋、宠物食品、宠物服饰、宠物玩具、宠物清洁用品等。随着民众生活水平的提升,民众饲养宠物的种类、数量越来越多,宠物用品产业必将发展得越来越好。

庭院休闲用品主要用于家居装饰、园艺休闲、庭院美化,如花卉、植物、秋千、蹦床、花锄、凉床、灯笼等。由于当前我国民众的居住情况变化,很多庭院用品被移至室内,室内居家休闲用品业市场空间巨大;但随着越来越多的家庭搬进改善型住房,室内空间不断拓展,一些家庭的庭院式布局也越来越常见,传统庭院休闲用品必将获得更大的发展空间。

(二)休闲用品业发展趋势分析

随着我国民众休闲水平的提升,休闲用品业的发展也必然呈现出良好发展态势。从目前我国休闲用品业的发展来看,整体行业发展规模仍小,且一定程度受到疫情的负面影响,行业发展不太景气;同时,行业集中度不高,品牌化经营不够得力。随着后疫情时代的到来,我国休闲用品业的发展将呈现出如下趋势。

1. 需求不断扩大,市场发展前景广阔

无论是国内市场还是国际市场,随着后疫情时代的来临,全球经济必将快速复苏,民众休闲需求会迅速增长,与之伴随的休闲用品需求也将呈现出爆发增长态势。我国企业在休闲用品的研发、生产、销售方面本身就具有独特优势,拥有比较完整的产业链体系,这将推动整个市场需求的快速恢复。

2. 新技术、新材料将受到行业更多推崇

新技术、新材料不仅能给传统休闲用品带来全新感觉和体验,它们本身也能促成全新休闲用品的产生。同时,低碳、环保发展理念流行,绿色、生态发展模式将成为未来世界的主要特点之一,而新技术、新材料的采用更有助于践行生态绿色发展理念。对于休闲者而言,新技术、新材料的使用不仅能带来更加美观、更加舒适的新用品,也能获得更加健康、环保的美好享受;对于生产者而言,新技术、新材料的使用能更多降低成本、提升利润空间。因此,新技术、新材料必然会成为未来的消费趋势和行业喜爱。

3. 行业集中度提升,品牌化经营将成趋势

我国休闲用品行业的参与者众多,但多数参与者的经营规模较小,行业集中度较低,缺少能在行业中有较大影响力的龙头企业。在品牌经营方面,长期以来我国休闲用品企业在品牌经营方面投入的精力不足,未能形成如意大利、德国等国外高端品牌那样的民族品牌。随着民众休闲需要的增多,民众对休闲用品必将提出更高要求,这将倒逼我国企业重视产品研发,提高经营管理能力,重视品牌价值提升;同时,我国休闲用品企业在经过长时间粗放式发展后,也必然积累起足够的发展经验,形成一批具有足够竞争力、能与国外有关品牌一较高下的民族企业。

▶ 动动手

1. 请查阅有关资料,了解世界知名的休闲用品品牌及其主要产品,分析其品牌经营的成败点,与全班同学分享。

2. 请查阅有关资料,了解我国或你所在地区的代表性休闲用品品牌,了解其发展现状并分析其发展问题,提出你的发展建议。

四、休闲设备

休闲设备不是休闲用品,与登山杖等休闲装备也不同,它是特指用来生产休闲用品、休闲服装、休闲食品或打造休闲场地时的设施设备。休闲设备是休闲制造业的核心组成部分,是休闲工业的基础。按照休闲设备的重要性,可以将休闲设备分为生产休闲产品的重要基础机械、生产休闲产品的重要机械或电子基础件、生产休闲产品的重大成套基础装备三种类型。随着休闲工商业的发展,休闲设备业也必将进入一个高速发展的阶段。

▶ 动动手

1.请查阅有关资料,了解我国休闲设备业的发展状况,与全班同学分享你查找的资料。

2.请查阅有关资料,了解我国休闲工商业的发展现状,分析其存在的问题,并提出发展建议。

本章小结

旅游业属于第三产业,有综合性、季节性、敏感性、依赖性等特点。旅游产业涉及的领域非常广泛,包括旅行社业、住宿业、旅游景区业、餐饮业等。旅行社是旅游产业中极为重要的中间商。住宿业是向民众提供住宿产品和服务的有关企业和组织组成的集合体;我国住宿业的新业态形式有民宿、网约房、电竞酒店、汽车营地等。旅游景区至少应当包含旅游资源、旅游基础设施、旅游服务设施和旅游交通设施四大要素。餐饮业可分为正餐服务、快餐服务、饮料及冷饮服务、餐饮配送及外卖送餐服务、其他餐饮业等具体行业。

我国文化及相关产业共分为9大类。我国常见的动漫产业有动漫游戏、动漫小说、动漫服饰、动漫主题公园等。中国娱乐产业可以分为文化娱乐行业、数字娱乐行业、传媒娱乐行业和博彩业四个领域,而泛娱乐产业可以细分为网络游戏、网络影视、网络直播、网络动漫、网络文学等多种类型。出版产业包括了各类出版社、新媒体公司、编辑和印刷公司、进出口商和各类分销商等。影视、演艺均属于表演艺术的范畴。文化博览业是以博览会的形式呈现的综合性产业。

休闲体育是民众以参加体育活动的形式展开的休闲活动,可以分为休闲体育制造业、休闲体育服务业和休闲体育衍生业等几种类型。我国典型的休闲体育业有体育旅游业和健身休闲业。

休闲农业是休闲产业中的重要组成部分,是休闲时代下农业与旅游等有关行业融合发展而形成的新型产业。我国休闲农业的开发模式有连片开发模式、村民与市民合作模式、产业带动模式、村镇旅游模式、休闲农场或观光农园模式、科普教育模式、民俗风情旅游模式、农家乐模式、回归自然模式等九种模式。田园综合体是休闲农业的典型代表之一。

通常,可以用MICEE来概括会展的构成情况。会展产业是由从事会展有关产品生产和服务提供的经营主体、会展研究和管理有关的经营管理机构所构成的产业。展览、会议、节事活动是典型的会展活动。

休闲服装、休闲食品、休闲用品、休闲设备是休闲工商业的重要组成内容。休闲服装是人们在休闲场合下所穿的服装,可分为商务休闲服装、运动休闲服装、旅游休闲服装、时尚休闲服装和优雅休闲服装等五种类型。休闲食品是人们在休闲状态下食用的食品,可分为果仁类、膨化类等七种类型。休闲用品是人们用来享受休闲生活时所使用的物品,包括可供人们放松身心、促成人们身心健康的各种休闲娱乐用品。休闲设备是休闲制造业的核心组成部分,是休闲工业的基础。

课后习题

本章实训

【实训目的】熟悉主要休闲产业的有关情况。

【实训成果】制作报告或PPT等演示文稿、录制视频或教师要求的其他形式。

【实训形式】个人/小组形式(教师可以根据实际教学需要安排)。

【实训内容】从下述内容中选择一个,搜集资料,完成教师要求的成果。

1.了解你所在地区的旅行社业、旅游景区业、住宿业、旅游交通业、餐饮业的发展情况,择其中一个行业做重点了解或对其某个细分领域做重点了解,分析这个行业或细分领域的发展问题,提出其对策。

2.了解你所在地区的文化产业发展状况,择其中一个细分领域,分析其发展问题与对策。

3.制作一个文化产品,如撰写一部轻小说、剪辑一个视频、编排一段小品或相声、表演一段舞蹈等,以某种具体成果为形式,向全班同学展示该成果。

【实训步骤】本次实训可按照如下步骤或任课教师要求的其他步骤展开。

1.教师对学生下达实训任务,分配角色,落实责任到人。

2.学生领取任务后,独立或在本小组负责人的统领下准备本次实训所需资料和成果。具体搜集资料和完成最终成果的手段,可以是查阅资料、组内讨论、向老师或其他知情者请教等形式,由学生自行决定和选择。

3.教师安排专门的实训时间,由学生对实训成果予以展示和呈现。展示和呈现的形式与具体要求,教师根据实际需要确定。

4.教师应对各个小组的实训成果予以点评,依据相应标准公平评分并予以记录,作为学生本门课程平时成绩的重要依据。

【实训要求】本次实训应遵循以下基本要求。

1.除教师特别要求外,所有学生均应参加本次实训活动。

2.学生在完成作业时首先应明确选题,并紧密围绕所选题目完成作业,不得偏题;若学生有其他选题,应先获得教师的同意,经批准方可按照新选题完成实训。

3.若实训成果由小组完成,所有组员必须在本组负责人的统领下共同完成作业,不应推卸工作,推卸或拒绝承担相应工作的同学本次实训不合格。实训成果中应标明各位成员的分工及对最终成果所做的贡献比例,贡献比例之和应为100%。

4.若依据教师事前公布的标准,实训成果不合格的小组,将重新开展本次实训,否则该小组所有成员本次实训的分数为零。

5.学生实训成果及展示和呈现形式必须符合课程思政要求,教师应对实训环节的课程思政进行总体把关,学生个人(独立完成实训时)或小组负责人(分组完成实训时)应对自己实训成果中的课程思政负责。

6.应遵循学校和教师的其他要求。

第七章

休闲活动策划与管理

共骇群龙水上游,不知原是木兰舟。云旗猎猎翻青汉,雷鼓嘈嘈殷碧流。屈子冤魂终古在,楚乡遗俗至今留。江亭暇日堪高会,醉讽离骚不解愁。

——明·边贡《午日观竞渡》

唐宣宗时的中日围棋对抗赛①

大中中,日本国王子来朝,献宝器音乐,上设百戏珍馔以礼焉。王子善围棋,上敕待诏顾师言对手。王子出楸玉棋局,冷暖玉棋子,云:"本国之东三万里,有集真岛,岛上有凝霞台,台上有手谭池,池中出玉子,不由制度,自然黑白分明,冬温夏冷,故谓之冷暖玉。更产如楸玉,状类楸木,琢之为棋局,光洁可鉴。"及师言与之敌手,至三十三下,胜负未决。师言惧辱君命,汗手凝思,方敢落指,即谓之镇神头,乃是解两征势也。王子瞪目缩臂,已伏不胜,回语鸿胪曰:"待诏第几手耶?"鸿胪诡对曰:"第三手也。"师言实称国手。王子曰:"愿见第一。"曰:"王子胜第三,方得见第二。胜第二,得见第一。今欲躁见第一,其可得乎?"王子掩局而吁曰:"小国之第一,不如大国之第三,信矣!"今好事者,尚有顾师三十三下镇神头图。

——唐·苏鹗《杜阳杂编》

▶ 思考

1.文中记载了中日围棋手对弈的情节,这反映了我国古代中外文化交流的盛事。你是否能找到其他有关盛事?

2.查阅有关资料,了解我国古代有关休闲活动的开展规则,并与同学分组模拟这些活动如何开展。

---

①太平广记钞(第三册)[M].(明)冯梦龙,评纂.孙大鹏,点校.武汉:崇文书局,2019.

第七章 休闲活动策划与管理

1. 从供给的角度理解休闲活动。
2. 熟悉休闲活动策划的有关知识。
3. 了解休闲活动的现场管理。

休闲活动　休闲活动策划　休闲活动管理

第一节　休闲活动的界定

在第二章中,我们已经对"休闲活动"进行过界定,并对休闲活动的特征、类型进行过探讨。本章将继续对这个概念进行分析,但分析的视角与第二章完全不同。第二章中的界定是从需求的视角进行界定的,也就是站在休闲者的角度,分析休闲者可以开展哪些休闲活动;而本章是从供给的视角,分析供应方应当向需求方提供怎样的休闲机会。

一、供给视角的休闲活动

（一）概念界定

从需求的视角认识休闲活动,我们将其视为民众休闲的表现形式和民众休闲付诸实践的载体。那么,应当如何从供给视角界定休闲活动呢?

供给侧休闲活动的提供,都是有非常明确的目的的,尽管这种目的可能不单是经济目的或文化目的,而是多种目的的混合;同时,供给侧休闲活动不能随心所欲地提供,而必须按照市场认可的方式提供。因此,我们可以对这个概念这样界定:休闲供应方基于民众休闲需要而向休闲市场提供的经过精心策划和组织的商业性或公益性活动,其目的可能是经济目的、文化目的、社会目的或多种目的的混合。

▶ 思考

1. 你认为基于供给视角的休闲活动界定应考虑哪些因素?
2. 如果让你给供给视角的休闲活动进行界定,你将如何表述?

（二）供给视角休闲活动的特点

从供给视角研究休闲活动,其具有公众性、广泛性、趣味性、文化性、时代性、目的多样性等特点。

所谓公众性,是指供应方提供的休闲活动必须以普通大众为消费群体,能吸引最广泛的公众参与。一次休闲活动是否成功,能否产生良好的综合效益,首先要看是否能吸引最多的群众参与。因此,活动的策划必须充分考虑休闲市场的需要,必须在充分的市场调查基础上进行。

所谓广泛性,是由民众休闲领域的广泛性所决定的,是指休闲供应方可以在很多领域中策划出深受民众喜爱的休闲活动。比如,可以以传统节日为策划源头设计休闲活动,如龙舟赛、踏青活动等;以体育活动为源头策划休闲活动,如山地自行车赛、马拉松比赛;以文娱活动为源头策划休闲活动,如麻将比赛、象棋比赛;以日常休闲项目为源头策划休闲活动,如钓鱼节、赏花节等;也可以基于纯商业目的策划休闲活动,如水上乐园、游乐场里的很多小型休闲活动。

所谓趣味性,是指供应方提供的休闲活动必须有趣,能吸引公众的广泛参与。这是休闲活动与纪念性活动、政治性活动等严肃性公众活动最本质的区别。

所谓文化性,是指休闲供应方在策划活动时必须考虑民众休闲中的文化因素,将文化元素融合在休闲活动的方方面面。这既是增强休闲活动吸引力的重要保证,也是民众休闲品质不断提升的必然要求。而文化性在较大程度上又受到地域的影响,不同地域有不同的文化,比如北方草原上可以策划赛马类活动,南方水乡里可以策划划船类活动。基于文化策划休闲活动,必须充分挖掘本地文化精髓,但同时也需要考虑文化交融。

所谓时代性,是指休闲供应方提供的休闲活动必须具有时代特点,能反映时代风貌,引领时代风尚,传递时代正能量。社会在发展,时代在进步,不同时代民众的休闲需求既具有继承性,也必然随着时代的进步而呈现出新的特征。因此,供应方在策划休闲活动时,必须抓住休闲市场的这一特点,紧跟时代步伐,将最新理念、最新技术、最新元素融入活动中来。对定期举行的活动而言,每一届活动都应当与上一届有所区别,不然很快就会失去市场魅力,被民众所抛弃。

所谓目的多样性,是指供应方提供的休闲活动通常具有多重目标。这表现在两个方面:一是不同的休闲活动可能目的不同,比如,由政府及公益机构策划组织的休闲活动可能是基于文化传播、地方形象提升等目的,而商业机构策划组织的休闲活动则更多基于商业目的;二是同一个休闲活动的目的也通常是多样的,比如,一项只奔着赚钱目的的休闲活动很可能偏离民众的休闲需要而被市场抛弃,因此,为了最终达成商业目的,策划方必须考虑休闲活动的文化、娱乐、社会公益等目的。

(三)供给视角的休闲活动类型

1. 基于休闲活动的目的分类

按供应方提供休闲活动的目的分类,休闲活动可大致分为公益性休闲活动和商业性休闲活动两种类型。由于休闲活动的目的通常不止一个,这里是根据其最主要的目的来划分的。公益性休闲活动是主要基于文化传承发扬、地方形象提升等目的而举行的活动,多由政府等公益机构策划和组织;商业性休闲活动是主要基于商业目的而举行的活动,供应方提供此类活动的目的就是通过吸引公众参与而赚钱,或者以这些活动的举办为其他商品促销造势,多由商业性机构策划和组织。

2.基于休闲活动的主题和内容分类

按休闲活动的主题和内容来分,休闲活动可以分为体育运动、娱乐活动、演出活动、会议展览活动、节庆活动、商业促销活动、旅游观赏活动、家庭亲情活动、公益活动等。体育运动如趣味运动会等小型活动、城市大学生篮球比赛等中型运动会、CBA等全国性运动会、奥运会等世界性综合运动会等,既能给民众休闲提供参与机会,也能提供观赏机会,还能产生广泛的经济、文化、生态、社会影响,是未来休闲体育发展的重要方向。娱乐活动十分广泛,如棋牌类活动、民间歌舞比赛、故事大赛、健身比赛等康体类活动、水上乐园运动等,这类活动趣味性十足,既可以十分严肃也可以十分活泼,能给民众提供非常丰富的文化休闲方式。演出活动如电影、音乐会、演唱会、马戏杂技、小品相声、说书戏曲等形式,一些电视台所策划的专题娱乐活动也属于此类。会议展览活动多数情况下并不是单纯为了休闲目的而举办的,但由于这些活动通常伴随着类型众多的小型趣味活动,因此也能为民众提供多种形式的休闲产品和服务,比如,民众可以逛展会、听演讲并以此休闲。节庆活动形式众多,如端午龙舟、中秋赏月等传统节庆活动,植树节植树等现代节庆活动,店庆、开业庆典等商业性节庆活动,火锅节、丰收节等地方性节庆活动,都为民众提供了内容广泛的休闲活动。商业促销活动是商业机构出于促销的原因而举行的各类休闲活动,其本质目的是促销,但其形式为休闲活动,如大抽奖、促销表演等。旅游观赏活动是以旅游、观赏为主题和主要内容的休闲活动形式,如赏花、观日出、欣赏流星雨、观海市蜃景、观潮活动等。家庭亲情活动多属于商业性活动,是一些商业机构推出的以家庭为主要目标群体、以亲情为主题的一些商业性活动,如各种亲子活动、以家庭为单位参加的一些休闲比赛、相亲活动、餐饮企业推出的年夜饭和跨年活动等。公益活动是公益性组织举办的公益性活动,要求志愿者以义工的形式参与,并将之视为休闲形式的活动。

3.基于供应方的身份和组织性质分类

按照供应方的身份和组织性质划分,可以将休闲活动分为政府性活动、企业性活动和民间自发活动。政府性活动是政府主导或主办的活动,多属于公益性活动,目的是丰富民众业余活动,提升民众幸福感,提升城市形象,如利用国庆节、劳动节等节庆举行的联欢活动。企业性活动是企业举办的活动,多属于商业性活动,以营利为目标,如开业庆典、周年庆典或特别促销活动。民间自发活动是基于传统习俗,由民间组织自发举行的休闲活动,如泼水节、火把节、龙舟活动、狂欢节等。

此外,还可以根据休闲活动涉及的范围,将休闲活动分为专题性活动和综合性活动。专题性活动只围绕一个主题开展,如啤酒节、火锅节、龙舟赛等;综合性活动同时围绕多个主题开展,如旅游节、博览会等。

▶ 动动手

1.请查阅有关资料,基于供给视角了解或查阅你所在地区知名的休闲活动,分析其举办效果和社会影响,将内容与同学分享。

2.请查阅有关资料,基于供给视角提出你自己对休闲活动的特征归纳和类型划分。

二、供给视角休闲活动与有关概念辨析

（一）需求视角的休闲活动与供给视角休闲活动的关系

需求视角的休闲活动和供给视角的休闲活动既有非常紧密的联系，也有很多区别。

1. 二者的联系

二者的联系可从以下三个方面来看。首先，无论是需求视角的休闲活动还是供给视角的休闲活动，均是为了满足民众的休闲需要。其次，供给视角的休闲活动需以需求视角的休闲活动为基础和导向，否则供给视角的休闲活动将失去市场空间；需求视角的休闲活动在很多情况下需要依赖于供给视角的休闲活动，供给视角的休闲活动越丰富，需求视角的休闲活动可能被满足得越好。最后，需求视角的休闲活动和供给视角的休闲活动相互影响，共同进步，共同推进休闲产业不断向更高层级发展。

2. 二者的区别

二者的区别也可以从三个方面分析。首先，就范围而言，需求视角的休闲活动范围大于供给视角的休闲活动，比如，民众躺着晒太阳可以视为需求视角的休闲活动，但这种活动并不需要供给方来提供就可以实现，不在供给视角的休闲活动范围内。其次，就活动形式而言，需求视角的休闲活动在多数情况下是为了满足休闲者个体的休闲需求，其实现既可能以个体活动的形式开展，也可能以群体活动的形式开展；而供给视角的休闲活动在多数情况下是为了满足某个特定群体的休闲需求，其必须为多数民众所接受、有广泛的民众参与基础，否则就是一次失败的活动。最后，就规范性而言，需求视角的休闲活动所受到的规范性束缚要少很多，只要不涉及法律、道德等方面的禁区，民众可以以任何形式开展各种休闲活动，而供给视角的休闲活动由于参与群体广泛，必须设定相应的活动规程，否则活动很难落地实施，即使实施了活动也可能因为秩序混乱而难以取得良好效果。

（二）供给视角的休闲活动与休闲产品和服务之间的关系

通过上文的论述，可能有部分读者将供给视角的休闲活动与休闲产业中的休闲产品和服务混淆，因此，下边对它们两者的关系也进行简要论述。

1. 两者的联系

首先，两者均由休闲供给方提供给需求方，旨在满足休闲需求者的休闲需要，供给视角的休闲活动可视为特殊的休闲产品和服务。比如，民众既可以选择到书吧里享受书吧提供的休闲产品和服务，也可以选择到展览现场观看展会和消费（展会属于经过策划的休闲活动）。其次，供给视角的休闲活动会提供大量休闲产品和服务，甚至有时候就是以休闲产品和服务的形式呈现。比如，企业举办的周年庆典活动中，可能会提供文娱表演、抽奖等活动，并提供饮料与茶歇等服务，这些活动本身就可以视为休闲产品或服务；而一些商业企业提供的休闲产品和服务本身就是经过精心策划的活动，比如电视台播出的一些娱乐节目作为一种休闲产品和服务，即是精心策划的结果。

2. 两者的区别

首先，从范围来看，休闲产品和服务涉及的范围更广，呈现的形式更多，可能以各种业态的面貌呈现；而基于供给视角的休闲活动则需要精心策划，围绕特定主题来开展。比如，一杯咖啡、一次餐饮服务、棋牌室里的空调与饮食服务等，都可以视为休闲产品和服务，但它们很显然不能视为供给视角的休闲活动；只有那些围绕着某个特定主题来开展的、有着特定程序和规范、会持续一段时间的某些综合性休闲产品和服务才可能是供给视角的休闲活动。其次，从运作主体来看，休闲产品和服务通常并不需要多主体运作，某个具体休闲产品和服务的产业链较短，比如KTV、网咖、台球室等娱乐企业中的休闲产品和服务由企业经营者提供即可，并不会涉及太多的合作、协助等关联性企业；而一次供给视角的休闲活动则通常涵盖策划、实施、评估等多个环节，其运作主体也涉及主办方、承办方、赞助方等多个主体。再次，从时间上来看，供给视角的休闲活动通常是在特定时间举行，且在持续一段时间后会终止，当然也可能在一个周期后又重新举行，比如每年一次的展会活动、每次持续十天，或每年一次的节庆活动、每次持续一个月等；而绝大多数休闲产品和服务均常年提供，比如美食餐馆常年营业、人民公园常年开放。最后，从内容上看，供给视角的休闲活动更具有综合性的特点，其涵盖的内容非常广泛，可能从视觉、听觉、味觉等多个感觉器官对休闲者产生综合刺激，体验性更加全面和深刻；而休闲产品和服务的内容则相对单一，对休闲者的影响也不如前者全面。

新闻链接

国家级赛事首次来汉 中国武汉垂钓挑战赛开赛[①]

5月4日，2023年中国（武汉）垂钓挑战赛在新洲区仓埠山庄生态钓场开赛，来自省内外的156支代表队、312名钓手将通过两天的激烈比拼，竞逐总成绩和单尾大奖，总奖金额20万元。

此次垂钓挑战赛由中国钓鱼运动协会（简称CAA）、武汉市体育局、武汉市新洲区人民政府举办，是武汉市首次举办的国家级垂钓大赛。当日上午举行的开幕式上，中国钓鱼运动协会会长施泽华向武汉市体育局赠送"爱生活，爱钓鱼"牌匾。

2023年中国（武汉）垂钓挑战赛是CAA全国自然水域垂钓系列大赛之一，为国家垂钓二级垂钓赛事。中国钓鱼运动协会秘书长苏宝生介绍，每年全国性的垂钓比赛在450场上下，已经形成金字塔形的赛事体系，分为四级赛事，其中1—3级为协会举办的赛事，每年在50场左右，如大师赛、几个系列赛的总决赛为一级赛事，自然水域系列赛（面对钓鱼爱好者）、全能王钓鱼锦标赛、俱乐部挑战赛系列赛、路亚公开赛等为二级赛事，每站按积分决出年终总决赛选手。四级赛事为中华垂钓大赛，由各省市区举办，协会指导，以计分赛的形式呈现，每年在400场左右。

[①] 湖北日报，2023-05-05。

1. 下半年千人东湖竞钓

垂钓竞技是一个传统群众性运动项目，但近年来焕发新光彩。武汉市体育局副局长颜璠介绍，喜爱钓鱼的人越来越多，覆盖人群也越来越广，垂钓方式过去以台钓为主，现在路亚钓鱼为年轻人所喜爱。数据显示，武汉市钓鱼人口超百万人。颜璠说，今年除了此次比赛，下半年武汉还要举行一场重要赛事——全国自然水域垂钓系列大赛的总决赛。"此次比赛将是中国钓鱼运动协会的年度压轴盛典，预计千名钓手将在东湖竞钓。"据悉，千人东湖竞钓，将有诸多赛事创新。比赛将设夜钓钓位，东湖之畔，渔火点点，将是值得期待的盛景。

2. 以赛促休闲渔业发展

过往，钓鱼比赛市场化程度不高。此次比赛赞助商有近20家，表明传统钓鱼比赛将从政府主导向市场主导转型。据介绍，下半年千人东湖竞钓，就是由村集体申办的赛事。颜璠说，今后将会有越来越多的市场主体向中钓协申办比赛。

武汉市农业农村局作为支持单位，参与此次大赛。该局副局长王文高介绍，这是农业农村部门首次参与支持垂钓赛事，目的是通过举办全国性的钓鱼大赛，规范引导文明垂钓，推动武汉市钓鱼经济发展。

钓鱼不仅仅是一项群众性的休闲运动，垂钓还串起长长的产业链——它一头挑起水产养殖，一头连接鱼饵钓具。数据显示，2021年，湖北休闲渔业产值达104.88亿元，排名全国第三。

2022年，国家发展改革委、商务部出台政策，支持湖北发展钓鱼产业，积极利用条件适合的水面发展垂钓经济和钓鱼产业，实现与农渔茶等产业联动发展，增加农民收入。

王文高说，发展钓鱼经济，要坚持发展与保护并举，突出娱乐性和竞技性，鼓励钓获放流，保护水体及鱼类资源。同时，依托垂钓业，把市民吸引到城郊农村休闲消费，推动形成渔业、旅游、餐饮、住宿等一二三产融合发展的模式。

▶ 思考

1. 上述新闻中体现了基于供给视角的休闲活动的哪些特点？
2. 从上述新闻中可以看出，基于供给视角的休闲活动给当地社会经济发展带来了哪些影响？你认为当地应当如何做以扩大正面影响？

第二节 休闲活动的策划

基于供给视角的休闲活动是否有"卖点"，能否得到休闲市场的广泛认可，关键在策划。供应方在策划活动时所遵循的理念和步骤、使用的方法等是否恰当，决定了一次休闲活动的最初质量，从根本上影响着其活动目标是否能有效实现。本节对休闲活动策划的有关基础知识进行简单介绍。

一、休闲活动策划概述

(一) 策划

策划,也作"策画",是谋划、筹谋之意。在我国,"策画"一词首先出现在《后汉书·隗嚣传》中:"是以功名终申,策画复得。""画"与"划"相通,可以解释为计划、打算、谋划。随着社会的发展,人们对策划的认识也与时俱进,策划在社会、经济、文化等领域中的应用也越来越广泛。

人们对策划的认识有很多角度,比如,有人认为策划是一种程序,其本质是运用脑力的理性思维行为,是为达成特定目的而先发设想和创造的思维过程;有人认为策划是一种管理职能,贯穿于计划、组织、领导、控制等几项基本职能的始终;也有人从系统论的视角看待策划,认为策划是包含了创意谋划在内的思维活动、研究活动,是组织实施、反馈应变的系统工程。综上所述,我们可以这样界定策划:它是基于特定目的,在系统观念和创造性思维的指导下,运用科学方法对策划对象所处的环境进行全面分析,合理配置和利用资源,对策划对象的未来进行策略谋划,并最终形成可执行方案的过程。

(二) 休闲活动策划

类似地,休闲活动策划是基于特定目的,在系统观念和创造性思维的指导下,认真分析休闲市场环境、把握休闲需要特征,选定独特主题,并围绕主题展开休闲活动的内容安排和规程谋划,充分利用和合理配置各类资源,并最终形成可执行休闲活动方案的过程。

休闲活动策划具有如下几个特点:目的性、前瞻性、创造性、主题性、系统性、执行性、风险性。所谓目的性,是指休闲活动策划具有明确的策划目标,这种目标可能是获取经济收益、弘扬文化、提高区域形象等,也可能是多种目标形成的综合目标体系。所谓前瞻性,是指休闲活动策划是面向未来进行的谋划,因此应对环境现状和未来趋势进行尽可能准确的预测,并应有应对意外情况的预案或处理方式。创造性是指休闲活动策划不仅是对未来所做的普通性计划,而且必须体现创新,这是由休闲者需求不断变化升级所决定的,也是由广泛竞争的休闲市场特征所决定的。主题性是指休闲活动策划必须有明确的主题,并在主题约束下的范围中进行日程安排和内容设计,程序性和细节性创新都受主题的束缚;需要说明的是,主题可以是一个体系,可以在一个总主题下分设多个亚主题。系统性是指休闲活动策划应当遵循系统思维,强调策划过程中的整体性,重视最终方案的完整性,并在整个策划过程中处理好系统与要素的关系,并最终实现整体功效远大于要素功效之和的目的。执行性是要求所策划的休闲活动方案必须能落地可行,因此必须充分考虑物资、人力等要素的合理安排,尤其是要考虑各种障碍性因素如何突破。所谓风险性,是指任何方案的落地可行均需要既定前提条件如期实现,一旦这些条件未发生或发生不利变化,就可能对方案的执行产生负面影响;而当今世界节奏变快,各种不确定性因素众多且变化复杂,策划的风险性较大,因此方案的风险性评估及风险应对预案是休闲活动策划时必须考虑的重要内容。

课内拓展

大悲剧!吉尼斯:扬州最大份炒饭纪录无效

二、休闲活动策划的程序

休闲活动策划是为了实现某种特定目的而创造性设计一个可执行休闲活动方案的过程。这个过程可以分为以下几个阶段:目标确定阶段、调研阶段、主题策划阶段、内容策划阶段、方案形成阶段。

(一)目标确定阶段

策划休闲活动首先需要明确该活动要实现的目标是什么,因此,策划的第一项工作就是确定活动目标。目标的形成可能源于领导者意图、战略活动、机遇或挑战、例行活动等方面,以及其他可能培育目标的各种因素。所谓领导者意图,是指领导者在执政、管理等过程中意图通过举办休闲活动来达成的目标;所谓战略活动,是指活动举办机构意图通过举办休闲活动来达成战略目标或推动其战略顺利实施;所谓机遇或挑战,主要来自外部环境,是指活动举办机构在遇到来自环境的有利因素或不利因素时,试图通过举办休闲活动来利用机会或应对挑战;所谓例行活动,是指活动举办机构根据传统或习惯,每到固定时间或遇到某种特殊情况时,就会举行某种特定休闲活动,比如店庆。

需要说明的是,在确定目标时,很可能涉及多目标冲突或整合的问题。所谓多目标冲突,是指同时存在多种目标,但这些目标难以同时实现,实现了这种目标就难以实现那种目标的情况,比如领导者希望能达成A目标,而机遇与战略却要求实现B目标,两种目标完全不同、无法共存;所谓多目标整合,是指同时存在多种目标,这些目标可能互补,或能并行,能自身共存或通过某种手段实现共存。无论是上述哪种情况,都需要策划者经过仔细权衡、取舍,确定出明确的目标或目标体系。当然,在确定目标或目标体系后,也可能在下一步的调研阶段中发现这个目标或目标体系并不十分合理,那么此时,就需要根据调研阶段的情况来对目标或目标体系进行修正。因此,第一阶段和第二阶段并非完全的先后承继关系,而是可能存在往复。

(二)调研阶段

在明确了休闲活动的目标后,策划就进入了调研阶段。调研阶段的工作任务是弄清楚休闲活动策划的背景,即休闲活动遇到的内外部环境是什么。不同的内外部环境影响下,可以开展的策划工作有很大不同。

调研阶段的调研内容很多,可以根据实际需要决定开展哪些调研。通常来讲,可以就宏观环境、行业环境、竞争对手、举办者自身、目标市场等进行调研。宏观环境调研主要是指对政治法律、经济、社会文化、技术、生态等方面的情况进行了解,分析宏观环境各要素给休闲活动的策划提供了哪些机会,存在哪些阻碍,这为后续阶段的具体策划提供了宏观背景。行业环境主要是指休闲活动可能涉及的有关行业发展现状和态势,比如潜在利润如何、流行元素如何、有哪些最新理念和最新技术、行业发展趋势如何、现有行业的竞争格局如何以及进入壁垒等,了解这些情况有助于验证上一阶段的目标是否能够实现,并为这些目标实现的具体路径选择做好铺垫。竞争对手调研主要是了解当前市场中那些已经存在的同类活动及直接和间接竞争者的数量及实力,通过分析主要竞争者与本举办机构之间的竞合关系,为后续阶段的主题定位和内容策划做好基础工作。举办者自身调研是分析自身的战略目标、经营现状、财务实力、活动策划与举办经验、人才情况、企业制度等各种内部情况,分析这些情况有助于在策划中结合自身实际情况展开工作。目标市场调研主要是了解休闲活动目标顾客群体的基本情况,分析顾客的数量、构成、休闲理念、休闲经验、休闲习惯、休闲偏好等休闲特征,为后续策划提供正确的市场导向。

(三) 主题策划阶段

休闲活动主题是休闲活动所要表达和传递的中心思想,是对活动内容的高度概括,是统领整个活动、连接各个步骤的关键纽带,后续策划均需要围绕着主题展开。好的主题既能体现活动的精气神,反映活动举办方的高雅情趣;也能引起公众强烈的心灵共鸣,激发其参与活动的热情;同时还能产生良好的社会影响。

休闲活动的主题应当在活动目标的引领下确定,同时要符合时代特性,并关注休闲市场的需要和竞争情况。在提炼主题和表达主题时,应当突出主题的新颖性和文化性,通过新意和文化底蕴来吸引公众。在进行主题策划时,要注意休闲活动主题的以下六个心理诉求。第一个诉求是快乐,休闲是让人身体放松、精神愉悦的活动,其主题应当围绕快乐来提炼。第二个诉求是时尚,越新颖、时尚的活动,越能反映社会的进步和时代前沿,越能吸引公众的参与。第三个诉求是成就,即休闲活动主题要能反映出休闲者在某个方面的成就,使其有荣誉感,能获得较高层次的心理满足。比如,探险、越野等极限运动能有效激发参与者的征服欲望,使参与者拥有更多成就满足感;休闲活动对参与者进行身份、社会角色的限定也在一定程度上有助于激发参与者的成就感。第四个诉求是实用,休闲活动要能真正为参与者带来休闲方面的满足,不能提炼一些华而不实、脱离了民众实际需求的主题。比如,在我国,音乐会并不十分流行,而演唱会则能吸引众多公众参与。第五个诉求是体验,民众参与休闲活动在多数情况下都会追求体验,休闲活动的主题要使得这种体验的价值得以表现和突出,如娱乐体验、教育体验、审美体验等。第六个主题是兴趣,这要求休闲活动的主题提炼应充分研究休闲者的兴趣爱好,根据他们的情趣来拟定主题。

在确定休闲活动主题时,可以借鉴会展活动主题策划的方法,通过新立题材、分列题材、拓展题材、合并题材的方式予以提炼。所谓新立题材,是指策划者新立一个当前市场上从未出现过的题材来作为活动主题;所谓分列题材,是指策划者从现有市场上的活动主题或本策划主体以往的活动主题中寻求一个细分主题,并围绕该细分主题单独策划休闲活动;所谓拓展题材,是指策划者提出一个现有市场上的活动主题或本策划主体以往的活动主题中从未涉及的,但与现有主题或以往主题紧密相关的领域作为主题;所谓合并题材,是指策划者将现有市场上的多个活动主题或本策划主体以往的活动主题进行有效整合,或将现有市场上多个活动中十分相关的某部分主题予以整合后形成新的策划主题。

(四) 内容策划阶段

确定了主题后,就要对休闲活动的具体内容进行策划。一般而言,内容策划包括活动基

本情况、活动主体内容、活动辅助内容、活动营销推广与宣传、活动实施与现场管理、活动总结与评估等方面的策划,具体应根据实际情况调整。

活动基本情况策划是对活动整体情况进行的策划,让公众通过对基本情况的了解就能知道该活动的大致全貌。这方面的策划主要包括活动名称、活动宗旨与目标、活动类型(比如节事活动、会展活动、旅游活动等)、活动主题(上文已涉及,这里需要明确提出主题口号、与之相匹配的吉祥物、海报等)、活动举办方(包括活动主办方、承办方、协办方、赞助方等)、活动时间(包括开始时间和结束时间及活动的阶段划分)、活动地点、活动目标市场、商业模式、组织机构及人员分工、资金预算等基本因素。

活动主体内容策划是对休闲活动的主要项目及其类型、方式、程序、规则等进行的策划和安排,是对活动的高潮部分和主要亮点进行的策划。具体包括项目日程安排、亚主题策划、热场活动策划、活动开幕式策划、各项展示演示活动或参与性活动的策划、演出活动策划、会议活动或联欢活动等配套活动策划,以及亮点、热点、卖点策划等。

活动辅助内容策划是对休闲活动主体的辅助活动进行的策划,如旅游活动策划、嘉宾及参与者吃住行方面的策划,以及进入性门槛(如门票、预约等方面)、车辆安排与停放、工作人员培训、后勤工作安排或外包、节目排练等方面的策划。

活动营销推广与宣传策划主要是对活动举行前、举行中、举行后的宣传与推广进行策划与安排。具体包括造势活动、媒体公关、征集活动(如活动徽标、歌曲、吉祥物、主题口号、宣传画、纪念品等方面的征集)、票证制作与分销、嘉宾邀请、来宾接待(如进入控制、引导、签到)、记者招待会、新媒体运营等有关方面。

活动实施与现场管理策划是对活动进行过程中的各项工作进行策划,包括现场人员安排与分工、分区管理、现场物资设备调度与安排、各项工作衔接与配合安排、现场巡视安排、信息反馈与沟通机制、安全管理与突发事件预防和处置、水电气等后勤工作保障等。

活动总结与评估策划是对休闲活动将采取何种方式进行效果评估进行策划,比如从哪些方面进行总结与评估、谁来进行总结与评估、采取怎样的方式进行总结与评估等。

(五)方案形成阶段

在上述工作的基础上,休闲活动的策划方案草案已基本形成。经过语言打磨和排版美化后,可以将休闲活动的策划草案交委托部门或各利益相关者审核,并根据他们反馈的意见对方案进行不断完善,最终形成可执行方案。

▶ 动动手

1.请查阅有关资料,查找一份休闲活动策划书,分析其规范性,根据上文的内容对其做点评。

2.自选领域、自选题材、自拟主题,撰写一份休闲活动策划书。

三、休闲活动策划的方法

方法是形成良好策划效果的工具和保障,因此要想获取理想的策划方案,必须对休闲活动的策划方法有一些了解。

（一）休闲活动目标和主题策划方法

休闲活动的目标和主题策划是最基础的策划，目标和主题不同，后续策划中的各项工作要求就不同。在进行目标和主题策划时，首先要对策划的背景和环境做充分、准确的分析和判断，并结合各相关因素，采取如下方法确定恰当的目标和主题。①

1. 因势策划

所谓因势策划，是指进行休闲活动策划时要善于捕捉外部机会、规避外部阻碍，选择那些能充分发挥自己优势、回避自己劣势的领域进行目标和主题策划。所谓"势"，包括顺势、借势、造势、导势等方面。其中，顺势是指顺应时代、跟踪潮流、遵循规律、借力使力，借势是指利用发挥有利形势，造势是指主动营造对自身有利的态势，导势是指引导外部形势朝着有利于自身的方向发展。外部情势对自身有利时可以顺势，无力通过自身力量左右外部情势时可以借势，外部环境中缺少对自身有利的因素时需要造势，而面对外部环境中那些不利因素时应当导势。

▶ **动动手**

1. 请查阅有关资料，了解张瑞敏砸冰箱、武汉动物园砸奔驰、富亚老总喝涂料、2008年双喜世纪婚礼等典型的因势策划案例，分析它们是属于哪一种"势"。
2. 如果让你因势策划一次休闲活动，你将如何做？

2. 时空贯通

所谓时空贯通，是指在休闲活动策划时要遵循时空规律，按客观规律办事。所谓"时"，是指策划应当承继历史、面向未来，一方面要站在历史和现实的基础上进行策划，另一方面又要有一定的前瞻性。能承继历史的休闲活动更容易让人接受，不会让人觉得突兀；能够面向未来的活动才能给人新意，对市场产生更大的吸引力。所谓"空"，是指策划应充分考虑国际国内大环境，把握宏观环境、行业环境中那些有利于自身的因素，既要充分挖掘本地特色资源，也要吸收、借鉴他人先进做法，实现中外理念、文化、技术融通；需要说明的是，宏观环境、行业环境和国际环境的分析属于背景分析，在进行休闲活动策划时最终仍然要落脚于本地休闲市场，应当遵循"立足本地、放眼全国（球）"的理念展开策划。

3. 三脉协整

所谓"三脉"，是指地脉、文脉和人脉，即休闲活动策划中可以借助这三者及其整合来确定目标和主题。基于地脉的策划，包括基于区域地理优势、局部地理优势、特殊地理优势而进行目标和主题策划，比如草原、山地、水乡可以开展的休闲活动各有差别；基于文脉的策划，是指通过深入挖掘地域文化优势，提炼独特卖点和亮点，使休闲活动能充分展示本地文化特色；基于人脉的策划，是指基于人类现代文明，将爱心、互助、友善、团结、忠诚等美好人文因素融入休闲活动中去，重视以人为本、重视人的需要及其高质量满足，以实现更好的人

---

① 本部分知识借鉴了江金波、舒伯阳等编著的《旅游策划原理与实务》中有关章节知识。

脉拓展，吸引更广泛的民众参与到休闲活动中来。在实际策划中，既要强调三脉整合，也要重视根据实际情况在不同活动的策划中各有侧重。

4. 虚实结合

在休闲活动中，民众既有基于现实社会的实际需要，也有基于理想世界的虚拟需要。比如，一次登山活动的参与者既可能有锻炼身体、征服自然、收获荣誉等来自现实世界的需要，也有将自己想象为英雄、将自身融入虚拟艰苦环境以体验平时生活中难以体验的快感的虚拟需要。因此，在休闲活动的策划中要注意虚实结合，既要充分考虑休闲者现实需要的满足，也要考虑休闲者虚拟需要的满足。虚实结合的策划方法有三种途径：一是虚实相生，即借助现有实景，将传统文化或虚拟因素融入其中，营造某种独特的体验氛围，比如，在古街道上策划古代婚礼、巡街等体验古代文化的活动；二是以虚带实，即通过娱乐活动、文化活动的打造，实现休闲者对独特文化和体验的美好感受，比如，通过打造大型文艺演出实现休闲民众对独特文化的体验；三是虚拟促动，即引入现代科学技术，如互联网技术、3D、AR、VR技术，提供虚拟活动场景，弥补实景活动的不足。

5. 换位变通

所谓"换位"，是指从不同视角、不同位置或面向不同对象，通过必要的思路和方法变通来实现休闲活动目标和主题的创新，以维持或增强休闲活动的吸引力，延长其生命周期。随着时代的进步，休闲者的需要也在不断变化，民众见过的世面越来越广、经历越来越丰富，传统的、重复的休闲活动往往难以保持对休闲市场的持续吸引力，此时就需要通过变通来实现创新。休闲活动策划中的换位变通有多种做法，比如：要素加减法，即通过增加或减少相关要素使休闲活动呈现出新意；上下变通法，即将休闲活动扩大或缩小规模、拔高或降低级别，使活动在更广(窄)范围、更高(低)级别的市场中产生吸引力，如将一个村的活动扩展为一个县的活动，一个企业内部职工举行马拉松比赛等；大小变通法，即通过尺寸、体量等要素的变化来实现休闲活动的新意，比如，举行"一人食火锅"活动或"万人同吃一火锅"活动；古今中外变通法，这是借鉴他人或古人经验，再结合自身因素和当今因素进行一些变革，形成新的独具特色的活动。此外，还有动静变通、材质变通、颜色变通、移植变通等多种方法。

 **新闻链接**

千人火锅宴开烫！2023重庆火锅年欢节暨乡村振兴名特优品展开展[①]

烫火锅、购年货、买春联。1月6日，2023重庆火锅年欢节暨乡村振兴名特优品展在九龙坡区杨家坪步行街开幕，各地名特产品年货和火锅烟火气息，让山城的年味更浓。

据了解，在1月6日—8日的3天时间里，市民在杨家坪步行街不仅可以品吃

---

① 上游新闻，2023-01-06，https://baijiahao.baidu.com/s?id=1754274915993544593&wfr=spider&for=pc。

火锅团圆宴,喝万瓶赠饮酒水,玩游戏赢奖品,更可"一站式"购买来自九龙坡、丰都、酉阳、巫山等多个区县的名特优新产品。现场火锅蒸汽升腾不息,年货选购应接不暇,让利促销纷繁多样。

一场融合年俗、年味、年礼、年欢、年趣的重庆火锅年欢节瞬间拉满过年的氛围感。

2023重庆火锅年欢节暨乡村振兴名特优品展由重庆市商务委员会、重庆市乡村振兴局、九龙坡区人民政府支持与指导,重庆市火锅协会、九龙坡区商务委员会主办,重庆智库会展有限公司、重庆火天下科技有限公司承办,嘉士伯重庆啤酒有限公司特别赞助。

此次活动旨在进一步助力火锅产业复工、复产以及复苏工作,帮助企业纾困解难,提振消费信心,提升消费潜力,助推乡村振兴。

走进杨家坪步行街,集合了德庄、小天鹅、刘一手、周师兄、周君记、天赐山泉、豪渝等多家重庆知名火锅品牌的火锅团圆宴已飘香四溢。吃火锅还有重庆啤酒、德元酸梅汤、怡宝等酒水赠饮。

现场的火锅品牌以"团圆"为主题,从主题设计、菜品搭配、创意摆盘等方面为市民呈现了一场绝妙的火锅文化盛宴。据了解,各品牌的团圆宴特惠订购通道也在现场开通。

在乡村振兴名特优品展区,汇聚了来自九龙坡、江津、酉阳、丰都、南川、城口、梁平、合川、巫山9个区县的特色美食、地理标志农产品。

九龙坡的火锅底料、江津的花椒、梁平的预制菜、合川的自热小火锅、丰都的麻辣鸡、南川的方竹笋、城口的老腊肉、巫山的恋橙、酉阳的油茶……各类特产琳琅满目,吸引市民争相购买。

除了有吃有喝,还有玩有得。在互动活动区,通过参与"钱兔无量""福兔迎春""大展宏兔"等年味十足的互动游戏,市民们欢天喜地地带走了书法家手书春联、兔年红包、火锅好礼等。

现场60米巨幅手绘《重庆火锅图鉴》的隆重亮相成为一大亮点。从西晋巴蜀火锅起源到麻辣火锅的发源,再到重庆火锅的全面崛起,《重庆火锅图鉴》是重庆火锅十分全面、直观的解读与呈现,引来市民驻足围观、拍照打卡。

此外,红旗、宝马、长安、东风日产、吉利等品牌汽车的现场展销以及潮辣G市的助力,也让爱吃爱玩爱逛的潮人朋友们流连忘返。

高德打车还为市民准备了价值200万元的打车券包,真正实现吃行合一,全链新消费。

本次重庆火锅年欢节的线上活动——火锅产业千企万店年终聚惠,于1月6日—2月5日在线上小程序和全市火锅门店同步开启。火锅团圆宴、优惠券等超多火锅福利均可在活动小程序"重庆火锅年欢节"上一键领取。重庆移动用户可领取专属火锅权益包,菜品折扣上不封顶。市民还可通过活动官方小程序在饿了么火锅专场抢新年好运券包,享受在线火锅点餐优惠,线上订购,线下准时配送到家。

> **思考**
> 1. 2023重庆火锅年欢节暨乡村振兴名特优品展体现了哪些策划手法？
> 2. 如果让你为你的家乡策划一次跨年休闲活动，你将通过什么方法来策划？确定怎样的活动目标和主题？

（二）休闲活动策划的创新方法

创新是所有策划的生命，也是休闲活动能受市场欢迎的根本因素。一般来说，创新包括了理念创新、体制创新、技术创新、产品创新、服务创新、管理创新、形式创新等众多方面，这些创新均可以在休闲活动策划中得以体现。具体来讲，休闲活动策划的创新方法有以下几种。

1. 头脑风暴法

头脑风暴法是将专家们聚集在一起，在主持人的主持下，对策划的问题提出尽可能多的新方案的集体创新方法。主持人主要负责问题提出、规则宣布、发言监督（防止专家们的探讨超出既定话题太远）；专家们负责对所商讨的话题从不同的立场、不同的层面、不同的学科理论视角等尽可能多地提出不同的论点。主持人必须对所讨论的话题很熟悉，参与的专家最好在性别、年龄、专业领域、工作经历等方面有所差别，且专家数量不宜太多。专家们提出论点时，可以对自己先前的论点进行补充，也可以对他人的观点进行完善，但是不能对别人的观点进行批评。头脑风暴法可以分为直接头脑风暴法和质疑头脑风暴法，前者主要表现为提出解决问题的多种办法和创意，后者主要表现为对既定方案的逐一质疑和否定，以确定其可行性。这种方法只提观点，不考虑观点的论证，能在较短时间内获得较多新创意和新观点，突破各种条框的束缚，对休闲活动中的策划创新十分有益。

2. 德尔菲法

德尔菲法是专家背对背独立分析问题、提出对策的方法，避免了头脑风暴法的面对面权威压力、不能深思熟虑的缺陷，能在多轮意见征询中参考他人观点，修正和完善自己原有结论，更容易获得科学合理的创意。但是，这种方法的成本较高，通常更适合重大问题的预测或创意收集。

3. 深入挖掘法

深入挖掘法是通过分析以往举行过的休闲活动或当前市场上存在的休闲活动，总结其成功或失败点，考虑如何利用现有资源去进一步承继成功、规避失败，在保持传统的基础上赋予休闲活动新的开发价值的方法。深入挖掘的要点是必须紧扣时代趋势和市场需要对各类资源进行合理开发利用，既要反对因深度不足导致的内涵缺失和吸引力不足问题，也要防止因过度包装而导致的资源滥用和浪费。

4. 拿来主义

拿来主义是指研究其他地区、国家、领域中的成功案例，借用别人的优势和长处，结合当前策划活动的性质、类型和可以利用的资源而进行创新。拿来主义需要注意是"借鉴"，而不是完全照搬，必须将别人的长处与自身优势进行结合，并且应尽可能体现出与别人的差异。拿来主义对于落后地区借鉴先进地区、后发展领域借鉴先发展领域、小企业借鉴大企业等方面都十分有益。

5.心智图法

心智图又称为思维导图,是一种用放射状图形的形式记录创意,结合了逻辑思维、发散思维和图形化思维的创新思考工具,它能够将各种点子、想法以及它们之间的关联以图像视觉的景象呈现。心智图一般有两种:一种为分类分层心智图,通常用来对知识进行分门别类,是学习时的好工具;另一种是联想心智图,主要用于对事物联想的脑力激荡,可用来进行创新。

6.曼陀罗法

曼陀罗法又称为莲花创新法、九宫格法,是一种发散思维的思考策略。用这个方法进行策划时,首先将主题写在九宫格的最中间,然后把由主题所引发的各种联想写在其余八个格子内;此时,即从事物的核心出发,产生了八个方向的创新想法,再以这八种新创意为基础,向周围产生出更多的创意。其使用过程如图7-1所示。

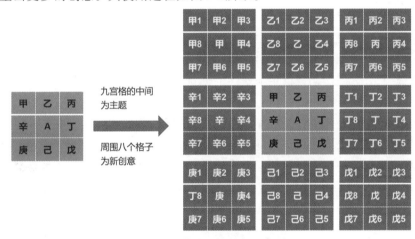

图 7-1 曼陀罗法创新示意图

在图7-1中,左侧的九宫格中间A为策划的主题或要解决的问题,周围八格甲、乙、丙、丁、戊、己、庚、辛为由A产生的新创意;右侧是在前一步已经形成八种新创意的基础上,以每种创意为基础,进一步各产生的八种新创意;如此不断扩展,直至产生理想的创意结果体系为止。需要说明的是,在由A产生甲、乙、丙、丁、戊、己、庚、辛八种创意的过程中,以及后续各种创意产生的过程中,均可以借用其他创新方法,如头脑风暴法、拿来主义以及下文将介绍的其他方法。

7.奔驰法(SCAMPER)

这是由美国教育学家、心理学家罗伯特·艾博尔提出的一种创新方法。SCAMPER在英文中是奔跑的意思,将这个单词分拆开来,每个字母又可以代表不同的思维方式,人们可以借此进行不同维度的创新。其中:

S是substitute,为替代的含义,是指当前的某事可由何种其他事物替代。比如,某项休闲活动中的理念、规则、技术、物品等是否可以用新的理念、规则、技术、物品替代。这些要素中的任何一项被替代,都可能使新的休闲活动与现有休闲活动有较大差别。

C是combine,合并的意思,是指策划者应当考虑当前事物是否可以与某物合并为一体。

比如，本地的某项传统比赛是否可以与国外流行的某项比赛合并，进而产生新的比赛形式；农业领域内的某个要素是否可以与休闲活动中的某个要素合并，进而为该休闲活动带来新的创意。

A是adapt，调适的意思，是指策划者应当考虑当前事物是否有哪些地方可以修正、调适和完善，以更好适应休闲市场。比如，在某项比赛中融入养生理念，以更好迎合当前休闲者的休闲诉求。

M是modify，修改的意思，是指当前事物是否可以在某些方面做出修改以呈现出新的特征。比如，将室内活动迁移至室外、将人工场地迁移至野外自然场地等。

P是put to other uses，指用于其他用途，是指策划者应当考虑当前事物是否可以用于新的领域。比如，将传统棋牌玩法用于高深数学运算比赛。

E是eliminate，淘汰、消除之意，是指策划者可考虑将现有事物中的某些部分删减、消除或弱化、减小，以求得更佳的效果。比如，由于文化自信的提升，将原有活动中的某些西方文化元素删减或弱化，以迎合休闲者对中华文化的追求。

R是re-arrange，重排之意，或reverse，颠倒之意，是指策划者对现有顺序、位置做出调整和重新安排，使原有休闲活动取得更加新颖的创意和不一样的全新效果。

8. 类比法

这是指在策划中，将几类或几种相关事物进行对照，通过其内在关系进行创新。在休闲活动策划中，可以通过以下几种方式进行类比创新。

一是拟人类比，比如将某个休闲活动类比为人，考虑这个活动中的哪些要素为"人"的脸面，哪些要素为"人"的手脚，哪些要素为"人"的功能机体，进而考虑"人"要健康应当从哪些方面进行优化，"人"要美丽应当从哪些方面进行优化。

二是直接类比，即寻找与当前策划对象类似的其他活动来做类比。比如，策划一次企业周年庆典，可以借鉴其他同类企业所做庆典的情况，或与该企业开业庆典的情况做对比，以找到一些可以优化、创新的方面，以及应当规避的一些问题。

三是象征类比，即用具体的事物来类比抽象的概念。比如，策划一些科普类、普法类、生态文明类活动，在难以将复杂、抽象的科学问题、法律问题、生态问题进行很好的呈现时，可以考虑用一些故事、场景、模型等予以生动呈现。

四是因果类比，这是指在策划时，如果发现A领域存在某种因果关系，那么可以考虑是否可以将这种因果关系复制到B领域中，看看在B领域中是否也能成立。比如，机器在添加润滑剂后，运行更加流畅，那么在休闲活动的策划中，是否也能找到一种"润滑剂"因素，使整个活动更加紧凑和顺畅。

此外，还有对称类比和综合类比。前者是指通过猜测和描绘事物的对立面，以发现以往不曾发现的事物以取得创新；后者是指广泛观察和分析多种事物之间的关系，从综合分析的结论中发现新的思路。

9. 随机词法

这是一种看似简单，但实际需要强大联想能力，并能取得意想不到创意的方法。其基本做法是，在明确策划目的的情况下，通过一定方法随机产生一些词汇，并将这些词汇和策划目的联系起来,进而产生一些新的收获。比如,要在某次休闲活动中策划一次创造性的抽奖活动,怎么才能产生令人意想不到的轰动效果呢?策划者随手翻开一张报纸,眼睛随机盯着报纸页面上的"甲鱼"一词,那么他就获得了一个随机词汇"甲鱼";接下来,策划者要将抽奖活动的轰动效果与"甲鱼"产生关联,以获得某些启发或创意。如果策划者对联想的结果并不满意,那么继续产生随机词,比如,他起身来望向窗外,看见了对面大楼上有一个大钟表,那么他又获得了一个随机词"钟表";接下来,他考虑抽奖活动的轰动效果与"钟表"之间如何产生关联。如此重复上述过程,直到策划者获得了满意的创意结果或感到疲累为止。

10. 特性分析法

这种方法首先要将分析的事物分解为多个部分或多个因素,再逐个分析其独立特性,根据这些独立的特性发散思维,进而激发创意。比如,如何策划一次独具特色的开幕式,首先,从目标问题中提取关键词"开幕式"。其次,对开幕式的特性进行分解和罗列,比如分解出开场舞、一男一女两个主持人、领导致辞等多个特征。最后,激发创意,比如针对"开场舞"这个特点,可以考虑开场舞是否可以用其他方式代替,开场舞是否可以邀请名人或者滑稽演员来参与,等等,通过发散思维找到突破点;同样地,对"一男一女两个主持人""领导致辞"等每一个特征分别展开思考,形成新的创意。

> **动动手**

1. 请查阅有关资料,了解思维创新的更多方法,并思考这些方法是否都可以用到休闲活动的策划中。
2. 如果让你采用上述创新方法策划一次休闲活动,你将如何做?欢迎将你的创意过程和策划结果与全班同学分享。

第三节 休闲活动的管理

一次休闲活动的成功举行一定离不开高效的活动管理工作。所谓休闲活动管理,是休闲活动供应方和各有关利益者为了达成休闲活动的举办目的,通过决策、计划、组织、领导、控制、创新等管理职能在休闲活动全过程中的执行,实现休闲活动经济效益、文化效益、生态效益、社会效益等综合效益的全过程。

从时间上看,休闲活动管理包括了休闲活动筹划与准备阶段的前期管理、休闲活动实施中的中期管理、休闲活动总结与评估阶段的后期管理;从职能来看,休闲活动管理包括了休闲活动的决策、计划、组织、领导、控制、创新等所有管理职能在休闲活动中的应用;从管理对象看,休闲活动包括了活动时间管理、活动营销管理、活动人力资源管理、活动利益相关者管理、活动物资管理、活动财务管理、活动质量管理、活动风险管理、活动信息管理等活动涉及的所有人、财、物、时间、信息等要素的管理;从环节来看,休闲活动管理包括了活动调研管理、活动策划管理、活动论证管理、活动运作管理、活动总结管理等所有环节中的管理。

由此可以看出，休闲活动管理所涉及的内容很多，具体的管理要素、用到的管理方法也很复杂。限于篇幅，本书不能一一介绍；在本节中，我们着重介绍休闲活动现场管理中的几个方面，这属于休闲活动的中期管理和运作管理阶段，会同时执行多种管理职能，并涉及多个管理对象。

一、现场筹备（场地选择和布置）

除了纯粹借助于互联网等现代虚拟场景实施的休闲活动外，其他绝大多数休闲活动均需要借助一定的场地举行。因此，场地选择和布置就是非常重要的工作。

（一）活动场地的类型

休闲活动场地可以分为室内场地和室外场地两种类型，其中室内场地又可以分为固定室内场地和临时搭建的室内场地。固定室内场地是指在固定的建筑物内的场地，如展览中心、各类会议室、体育场馆、剧场、图书馆、科技馆、美术馆等，这些场地通常是永久性多功能的，可根据休闲活动的举办需要做出适当调整和装修即可使用。临时搭建的室内场地是指选择无遮挡的开阔地，如广场或大型草坪，根据休闲活动的举办需要而专门搭建的展厅、棚式场地，这种场地专门针对某种活动而搭建，专用性很强，通常在举办完活动后拆除。室外场地则是指室外空地、草坪或有规定路线的街道，一些休闲活动人流量很大，或者因为传统、习俗原因，可以选择在这些露天场地举行，如相亲活动、草坪婚礼、马拉松比赛、钓鱼大赛、踏青活动、风筝活动、龙舟赛等。

（二）场地的选择

休闲活动在什么场地举行，是休闲活动策划和管理中的重要一环，在不同场地举行同样的休闲活动，其策划会有不同，实施和产生的效果也有很大区别。选择场地时要考虑的因素很多，一般来讲，主要应考虑以下一些因素。

1. *活动的性质与规模*

活动的性质直接决定了其场地的选择。比如，帆船比赛、登山活动在室外举行，品茗活动、阅读活动更多在室内举办，而演唱会、观影活动则既可能在室外也可以在室内。同时，活动规模也影响着场地选择，参与人数越多、影响范围越广泛的休闲活动，越应当选择交通便利、各种基础设施齐备的场地举行；而小规模的活动如果选择这些场地，则可能成本太高。

2. *活动场地的各项条件*

除了休闲活动的要求外，还需要考虑备选场地的各项条件对本活动的适应性。这些条件至少应包括如下因素：一是场地性质，如剧院适合举行各种表演活动、体育场馆适合各类比赛等；二是场地的区位条件，比如场地是否接近目标客源市场、交通是否便利、食宿是否方便、人员汇聚和疏散是否便利、周边配套设施是否方便等；三是场地的规模和设备，如场地尺寸、修建历史和维护状况、设备的完善情况和现代化情况等；四是要考虑场地经营方的管理水平和配合能力，比如，经营方的后勤保障能力、人员服务水平、配合意愿，以及在行业内的商誉等；五是要考虑场地的使用成本。

3. 其他因素

除了上述因素外,可能还有一些其他因素需要考虑。比如当地政府的政策倾向性,如某地为了打响某村的旅游品牌,选择该村作为某项知名休闲活动的举办地;又比如生态方面的一些影响,如为了防止休闲活动带来的负面环境影响,将某项休闲活动搬到另一个生态承受力较强的场地举行;等等。

(三) 场地的布置和装饰

无论是室内场地还是室外场地,都需要根据休闲活动的举办需要进行精心布置和装饰后才能正常使用。布置和装饰的作用:一是实用,二是能在场地内部烘托氛围,三是能在场地外部吸引各界关注。

1. 场地功能区设置

休闲活动性质和类型不同,其场地的功能分区也有所差别。一般来讲,休闲活动的场地功能区包括如下几种。

一是活动开展区。这是最为核心的区域,也是活动现场最吸引人们目光的区域,可能是赛道、舞台、活动区等,比如演唱会的舞台、越野赛的赛道、美食节的品尝区和购物区、读书会的诵读区等。

二是观众和参与者活动区。这是专门为观众和活动参与者准备的区域,有些休闲活动如观影活动、马戏表演等,其观众席占据了场地中很大的部分;而像马拉松等这样的比赛,赛道沿途都是观众、啦啦队、志愿者或相关服务人员的活动场地。

三是设施设备区。不管何种休闲活动,都离不开相关设备设施的支持,通常包括水、电、气、音响、灯光、温度、湿度、气味、监控、网络等相关专业设备,这些设备应有专门区域放置并确保其处于正常工作状态,否则活动现场的很多工作将无法正常开展。

四是服务区,又可以包括前台服务区和后台服务区。其中,前台服务区是直接面向活动参与者提供各类服务的区域,如售票、接待、指引、咨询、协调、投诉、医疗、小商品售卖或提供等区域;后台服务区则主要是针对工作人员、表演人员提供服务的区域,如物资存储区、休息室、化妆室、监控室、广播区等。

2. 场地装饰和布置

在明确了场地功能分区后,就需要对场地进行装饰和布置,以达到休闲活动举办的要求。这些工作也非常复杂琐碎,大致包括如下几个方面的工作。

一是舞美设计。舞美设计就是舞台美术设计,对于多数休闲活动,都有专门的舞台区,因此舞美设计是休闲活动场地装饰和布置的重要工作内容。休闲活动的舞美设计既要为活动中的演出营造好环境,更要通过艺术化设计突出活动主题、时代特色和独特意境。具体设计时,要充分运用史学、美学、光学、声学等多学科知识,选择恰当的装饰材料,并通过对这些材料的艺术化布局和安装,营造出别具特色的艺术氛围。

二是布景。布景是根据休闲活动的主题和活动意图,运用多种手段为现场打造各种景观、营造特殊氛围和意境的活动。布景不仅能配合演员演出和现场活动,很多时候本身也是休闲活动文化性的重要体现。在布景时,既要确保布景与活动主题和意境相关,也要体现出

活动的时代性和精气神。背景板、横幅、充气拱门、鲜花、气球、彩旗、彩带等是休闲活动现场氛围营造的常见工具,而飞艇、无人机、各种光电效果的使用也越来越多地应用到各种休闲活动的现场中。

三是灯光、音响、气味、温度、湿度等方面的环境布置和控制。这几类要素能全面影响现场参与者的视觉、听觉、嗅觉、触觉,增强或弱化参与者对休闲活动现场的整体感受;这里仅以灯光为例进行简单分析。休闲活动的灯光一般具有如下几个方面的功能:一是照明,二是特写,三是气氛烘托,四是增加美感。灯光布置应在专业的灯光师指导下,对灯光的数量、种类、角度、用电负荷等进行全面设计,并经过多次测试后形成最佳灯光方案。

四是特效。特效的设计能增强休闲活动现场的魅力,吸引观众的更多注意力,营造出激动人心的独特氛围。气动五彩纸屑发射器、气球放飞或下沉、鸽子放飞、干冰烟雾、焰火、鼓风机等都是常见的特效制造工具;随着科学技术的进步,越来越多的新元素被用于活动特效中,如光电效果、无人机等。

▶ **动动手**

1. 请查阅有关资料,了解休闲活动现场布置的主要工作要点有哪些。
2. 如果让你负责班级某主题活动的策划和现场布置,你将拿出怎样的方案?

二、接待与入场管理

(一)接待管理

1. 接待的含义

一次有组织的休闲活动必然能吸引大量人员参与,这就涉及人员接待工作。从广义上讲,休闲活动的接待包括了对投资方、政府部门、新闻媒体、嘉宾或有影响力的人物、客户与合作伙伴、演出团队、观众与目标休闲群体等诸多群体的接待,接待的内容包括了为这些群体提供在休闲活动举办期间的吃、住、行、演、赛、商、游、娱等所有相关活动的服务与便利。

2. 接待工作的内容

对于外地到访的各个群体和特别邀请的嘉宾,应当事前向他们发出邀请函并进行到访确认,为他们提供交通方面的便利并安排好接机、接站服务,提前安排好住宿、餐饮方面的后勤保障,为他们准备好活动有关吉祥物和礼品,并根据实际情况考虑是否需要为他们安排旅游参观活动。对于要在休闲活动中致辞、剪彩、献艺、裁判、主持的各个群体,要对他们进行工作解说和彩排,为他们顺利开展工作提供相关服务。这些群体在离场或离开活动举办地时,应当安排好专人欢送,为其返程做好相关安排。

无论是对哪个群体进行接待,都有必要事先了解他们对休闲活动有何期待,并在接待中尽量达到或超过他们的期待。一切接待工作从受众的需要出发,要特别重视在基本需求满足的前提下提供超值服务,尽量让所有休闲活动的参与者都能收获满意。在接待过程中,要对受众的需求变化做出及时反应,调整或增补新的服务项目以迎合其最新需求;如果确实存在客观原因不能使其需求获得满足,应当做好解释工作,不能置之不理。在接待工作中,要配备专门工作小组负责解决各种临时问题,应对客人投诉。此外,在接待工作结束后,要进行及时总结和评价,从中吸取经验教训,以期后续改进。

3. 接待中的礼仪

礼仪是接待工作中非常重要的问题,所有接待工作必须按照相关礼仪要求进行。在休闲活动策划中,需要对有关接待规格、欢迎(欢送)仪式、有关文化习俗、相关禁忌等做出明确说明。为了确保接待工作能顺利进行,一些大型休闲活动应当成立专门的接待部门,小型休闲活动也应当在现有部门中指定专门的接待负责部门,并对所有接待人员进行礼仪培训,如果涉及外宾、宗教人士,应特别重视异域文化中的禁忌问题。

(二) 入场管理

入场管理是对休闲活动的各相关群体进入休闲活动场地开展服务、参与活动环节进行的管理。

1. 入场证件检查

基于安全和方便管理等原因,对于进入休闲活动场地的人应进行入场证件检查。当然,要进行证件检查,首先要根据休闲活动的管理需要制作不同类型的证件,并采取恰当的渠道和方式进行发放。

不同的休闲活动有不同的证件需要,通常来讲有涉及举办方的证件、涉及辅助方的证件、涉及目标休闲群体的证件、涉及特别嘉宾的证件四种类型。涉及举办方的证件是发放给休闲活动举办方各类工作人员的证件,如工作证、安保证等;涉及辅助方的证件是发放给辅助单位和合作单位工作人员的证件,如施工证、记者证、布展/撤展证等;涉及目标休闲群体的证件是发放给休闲参与者的证件,如车辆通行证、出席证、代表证、参会证、参观证、门票等;涉及特别嘉宾的证件是发放给特邀人员、嘉宾的证件,如嘉宾证、列席证等。

根据不同的活动性质,证件制作中需要收集的人员信息也有差别,各种证件所反映的持证人的信息完整度也各有不同;如果需要采集持证人信息,需要注意合理采集、尊重隐私、保证信息不泄露。如果需要防伪处理,证件的制作过程中要注意添加防伪功能,并注意利用现代科学技术确保设备性能稳定、操作便捷。为了提高证件查验效率,可以引入智能查验技术,比如人脸识别、二维码查验等。为了更加有效地进行证件管理,可以借助专业的证件管理系统开展操作。

2. 入场引导

为了防止入场人数太多或太少,可以通过预约系统实现人员分流。为了防止入场拥挤,可以对不同群体实行错峰入场,或针对不同群体提供不同入场通道。要做好排队工作,安排安保人员维持现场秩序。

对于入场人员的行动路线,可通过标牌、导航、人员指引等方式进行管理;也可以借用智能工具对休闲者在场地内的均匀分布进行引导,缓解场地内"热点"与"冷点"的矛盾。如果是演唱会等对不同群体的活动区域进行了设定的休闲活动,要注意用恰当方法将不同群体引导到各自活动的区域内;对于特别重要的人物或群体,要有专人将其引导到指定区域或位置。

三、人员管理

一次有组织的休闲活动涉及人员众多,既有举办方的工作人员,也有协助方、赞助方等各利益相关者的代表,还有新闻媒体、休闲者等各相关群体。对不同群体的人员管理,要求、方法各不相同,这里仅以工作人员和休闲者为例做简单介绍。

(一)对工作人员的管理

1. 现场工作人员的类型

现场工作人员大致可以分为三类:一是技术人员,二是管理和服务人员,三是临时人员。技术人员是对休闲活动现场的各类技术工作负有责任的人,如舞台总监、技术总监、灯光操作和控制人员、调音人员、视频操作人员等;管理和服务人员是对休闲活动现场进行管理并对有关群体提供服务的人员,如接待人员、巡逻人员、安保人员、水电气及各专业设备人员、保洁人员等;临时人员是服务外包单位的人员、政府等有关部门派遣的安保消防人员、活动志愿者、临时聘用的人员等,如医护人员、礼仪员、各种协调员等。

2. 现场工作人员管理

对现场工作人员的管理应以明确的分工制度、高效的信息沟通机制和迅捷的随机应变制度为基础。分工制度能明确各个岗位的职责,并划定各自负责的区域,有利于所有人员按照各自职责范围自动办事,减少现场有事无人负责或有事多人抢着做的局面出现。信息沟通有助于将分散在现场的许多独立员工的工作贯通起来,形成一个整体,减少人与人的冲突,提高各项工作的执行效率,提高各方满意度。迅捷的随机应变制度是指对于现场出现的计划外事项,要能迅速汇报,迅速拿出应对之策,迅速解决和处理。

对现场工作人员的管理,激励是一种非常重要的管理手段。激励包括奖励、表扬等正向激励手段,也包括批评、处罚等负向激励手段;既有发放奖金、扣除待遇等物质激励手段,也有口头表扬或批评、颁发荣誉证书等精神激励手段。不管采取何种激励手段,均应有明确的标准,实施激励时要注意避免因人而异,要做到公平公正;另外,激励要及时,现场人员一旦出现值得表扬的行为或应当处罚的行为,要立即进行表扬或处罚,而不能拖到后边某个什么都没有发生的时候采取措施,不然激励的效果就大打折扣。

(二)对休闲者的管理

1. 休闲者的流动与分布

1)休闲者的流动

除了像演唱会等这样有固定观众席位的休闲活动外,多数休闲活动在开始后,休闲者会持续进入活动现场,并在各个休闲项目点集聚和流动,进而形成人流。按照人流的形成方式,休闲活动中的人流可以分为以下几种类型:一是自然环境形成的人流,即休闲人群按照休闲活动场地安排的路线流动;二是自然习惯形成的人流,即休闲者在从众心理影响下形成的集聚和人流;三是自然心理形成的人流,即休闲者在进入休闲活动现场后,会先随便走走,待适应了环境后再有选择性地参与其中一些项目,进而形成的人流;四是自然本能形成的人流,根据研究,北半球的多数人在首次进入某个较大空间时,首先会自然向左,然后顺时针活动,按照这个规律,在一些休闲活动现场,人流会首先形成于入口的左侧。活动组织方应当掌握上述人流规律,制定出科学合理的人流引导和干预方案。

2) 休闲者的分布

在人群的空间分布方面,除了像演唱会这样有固定席位的休闲活动外,多数休闲活动的人群分布有如下特征:一是空间分布的不均衡性,即活动场地内,有些区域人群密度大,有些区域则人数稀少;二是空间分布不稳定,即随着人流的移动,一会儿A处人最集中,过一会儿人群则集中在B处,A处反而没有多少人了,人群的集聚呈现出较大的不稳定性;三是短时集聚性,多数休闲活动的开始时间和结束时间统一,因此在开场和散场时人流容易集中,在举办过程中的一些精彩环节也容易出现人群集聚;四是封闭空间中的休闲活动在结束时容易在出口出现人群集聚拥堵。在掌握了这些规律后,活动组织方才能更好地进行现场人流管理。

2. 休闲者人流的引导与管理

1) 人流引导与管理的意义

活动组织方应当加强对休闲者人流的引导与管理,这样做至少有以下三个方面的意义:一是帮助休闲者休闲需求的更好满足,如果休闲者一直处于拥堵或冷清的氛围中,将会大大降低其休闲感受度;二是促进活动区域内资源的合理利用,如果人流过于集中,人群集聚区的设施设备可能超负荷工作,而空闲区的设施设备闲置浪费;三是有利于公共安全,人流的合理分布更容易实现正常秩序,而过度集聚则容易导致拥挤、推搡乃至恶性踩踏或打架斗殴事件。

2) 人流引导与管理的途径

休闲活动举办方可以通过如下四种途径实现现场人流的引导与管理。一是优化现场布局,这要求在活动策划和场地布置时,要重视活动场地的布局对人流的影响,通过出入口设计、空间分割、地形的合理利用等方法优化布局空间。二是合理安排活动内容,活动内容安排的先后顺序、空间分布会对人员集聚和流动产生很大影响,在出入口一般不宜安排过多活动内容,也不宜安排精彩的内容。三是借助指示引导工具,通过现场示意图、标牌、彩道、路线指引等工具加强对人流的引导,在这些工具的制作时要注意易理解、显眼、美观,并需要考虑其现场氛围的贡献度;此外,如果条件具备,也可以借助大数据和智能工具。四是加强信息沟通和安排工作人员引导,这要求在休闲活动现场安排志愿者或引导人员,让他们在加强巡视的同时,通过即时信息沟通了解休闲者在活动现场的分布情况,由志愿者或引导人员对休闲者的流动进行引导。

▶ 动动手

1. 请查阅有关资料,查找国内外有关大型活动的人员管理方案是怎样的,并说明这些方案中有哪些做法可借鉴到休闲活动中来。

2. 了解校庆活动的一般流程,并给出你的人流引导和管理方案。

四、媒体工作管理

多数情况下,经过精心组织的休闲活动都需要借助媒体的力量对活动进行宣传和报道,开展营销工作,提升休闲活动的影响力。一些小型活动如公司内部举行的联欢会等,也往往需要开展简单的新闻工作,比如写一篇新闻报道发布在公司的官网上,以更好实现活动的举办目的。

(一)媒体工作的价值

在活动筹备期加强与媒体的沟通并积极展开宣传,有助于活动造势,提高活动知名度,吸引更多群众对活动的关注,为活动的举办带来更多客源。在活动举办期强化与媒体的合作,有助于社会各界及时了解活动的进展情况,关注活动的亮点与爆点,带动群众参与讨论,增加群众对活动的参与方式和途径,提升活动在全社会范围内的影响力。在活动后期或结束后的新闻工作,有助于报道休闲活动的成果和综合社会效益,提升社会各界对休闲活动价值的认知,提升活动品牌度,为活动的长期良性发展打下基础。

(二)媒体工作的内容

休闲活动的媒体工作内容包括正面舆论制造与引导、负面舆论监控与消除两个方面。为了做好媒体工作,最好指定或成立专门的媒体工作部门。具体来讲,休闲活动的媒体工作内容包括如下几个方面。

一是明确和制定新闻工作目标,通常这些目标是一个体系,在休闲活动进展的不同阶段目标不同;从不同渠道和以不同形式发布的新闻,其目标也不同,比如官方媒体和自媒体、以新闻报道的形式和以微信公众号的形式等。二是选择媒体、邀请记者,要根据休闲活动的举办目的、新闻工作的目的、相关受众经常接触的媒体等方面,选择合适的媒体单位,邀请记者对活动进行专门跟进和报道。三是建立与新闻媒体的信息沟通机制,提供新闻资料,随时报道休闲活动的有关情况。四是媒体接待,对于事前邀请的媒体和记者要组织专门接待,对于一些自愿前来的机构媒体和自媒体也要有人负责,对各媒体的现场采访提供帮助和便利,也可以主动提供新闻稿,根据需要考虑是否需要组织新闻发布会。五是组织专题新闻工作,比如,出现了危机事件时的媒体公关活动。六是加强对媒体信息的监管,这一方面要求有专人负责舆情监督;另一方面要求对负面舆情要及时干预和处理,对于负面舆情中反映的真实问题要及时向举办方管理部门汇报,积极改进并将改进的情况向公众及时说明,对于负面舆情中的恶意中伤要及时处置,以消除不利影响。七是重视对媒体工作进行总结分析,吸取经验教训,以利于今后媒体工作开展。

五、设施设备管理

绝大多数休闲活动的顺利举行都离不开各种设施设备的帮助。加强对设施设备的管理,有利于保障休闲活动顺利开展,降低休闲活动的运营成本,提高休闲活动的举办质量,确保各参与者的人身安全和参与体验,提升休闲者的收获感。

(一)休闲活动设施设备的类型

1.根据设施设备的存在状态分类

根据设施设备的存在状态,可以将休闲活动设施设备分为固定性设施设备和临时性设施设备。

固定性设施设备是一次建造、多次维护、长久使用的设施设备,如道路交通设施、水电气设施、绿化区、步道、广场、风景区、休闲街区等基础设施,也包括图书馆、科技馆、音乐厅、剧院等常规建筑及其附带设施设备。这些设施设备的特征是安装在固定位置,需要举办活动时随时可以使用或者稍做调整后就可以使用,且适应性强,适合某一大类活动的举办需要;但是建造和维护成本较高,对于某一次具体的活动针对性较差。

临时性设施设备是用于户外休闲活动的场地搭建布局或用于室内休闲活动场地功能补充的设施设备,而不是普通的社会公共设施。这类设施设备又可以分为两类:一类是通用性较强的设施设备,另一类是专用性很强的设施设备。通用性较强的设施设备,如音响设备、展台展位等,比较常见,能用于很多休闲活动,休闲活动选择在户外空闲场地时,往往需要临时安装和布局这些设施设备;专用性很强的设施设备则是专为某种甚至某个特殊休闲活动而准备的设施设备,比如杂技表演中会用到的特殊设备、飞行表演中会用到的特殊设备等。临时性设施设备通常在活动举办前安装和调试,在活动举行中正常工作并发挥特殊作用,活动结束后通常会拆除撤离活动场地。

2.根据休闲活动设施设备的功能分类

根据设施设备的功能,可以将休闲活动设施设备分为基础设施设备、服务设施设备、安全设施设备、游乐设施设备等。

基础设施设备主要包括水电气能源设施设备、交通道路及停车设施设备、建筑物设施设备、绿化设施设备、新风系统设施设备、卫生保洁设施设备、网络WI-FI设施设备等,主要解决休闲活动各类到访者的进入性问题,维持到访者的日常生活需要,使他们愿意在现场停留更久。服务设施设备包括服务咨询中心、吃住设施设备、银行金融设施设备、商业设施设备等,主要解决休闲活动各类到访者的吃、住、行、购、用等问题,既能满足到访者的基本需要,也多属于休闲活动的构成内容,能丰富休闲活动的内涵。安全设施设备主要是监控、消防、报警、现场应急等方面的设施设备。游乐设施设备是休闲活动中核心的设施设备,也是能体现休闲活动类型、特色和实现休闲活动举办目标的设施设备,又可以分为陆上、水上、空中设施设备,如大摆锤、海盗船、玻璃栈道、龙舟、游船、水上乐园的各种设备、无人机、直升机等,是休闲者直接参与休闲活动时所使用的设施设备。

(二)休闲活动设施设备的管理

1.管理目标

休闲活动设施设备的管理目标至少应包括如下几个方面:一是确保设施设备能正常运转和发挥功效,使休闲活动举办目标和休闲参与者的休闲目标能有效达成;二是降低设施设备的损耗和能耗,进而降低活动运作成本;三是降低和消除安全隐患,防止漏水、漏电、脱落、爆炸等安全事故发生,为休闲活动各利益相关者的生命财产安全提供保障。

2. 管理方法

对于固定性设施设备,要重视建设时的质量保证和平时保养工作的开展,加强日常巡检和维护工作,同时,在休闲活动举行前要进行全面检查和调试。对于临时性设施设备,在搭建、布局、安装时要注意按标准作业规程进行,并在使用前要多次试运行并将设备调整至最佳状态,要有准备替代性方案以备不测。

在休闲活动现场,应有专门部门和技术人员负责休闲设施设备的现场运转监管,随时处理可能出现的各种问题;对于重要的尤其是专用性很强的设施设备,最好能实现专人专管。除了确保各种设施设备正常运转外,一些设施设备如灯光、音响、特效等还需要有专业人士操控,方能达到理想效果,因此务必重视对这些人员的培训工作。此外,设施设备监管负责部门和人员应加强信息沟通,无论是来自其他职能部门人员的报告,还是休闲参与者的投诉或反馈,都应当立即派人对有关问题进行检查和处理,并根据问题的严重性决定是否需要启动替代性方案。

六、安全管理

安全保障是一切活动举办的底线,只要出现安全问题,任何休闲活动的综合效益都会大打折扣。为此,休闲活动的运作必须重视安全管理工作。

(一)休闲活动安全问题类型

休闲活动的安全问题主要是指对休闲活动及其参加者会产生不良影响,进而造成经济损失、人身伤害、生态危害以及不良社会文化结果的事件或因素。休闲活动的安全问题可以分为传统安全问题和非传统安全问题(见表7-1)。

表7-1 休闲活动安全问题分类

类型	细分	举例与说明
传统安全问题	自然灾害	地震、海啸、火山、洪水、泥石流、飓风
	社会灾难	社会骚乱和暴力冲突、公共卫生事件、恐怖主义和战争
	流行疫病	动物流行病、人类流行病
	政治事件	政局动荡、国际关系危机等
	经济事件	经济形势恶化、汇率变动、金融危机等
	意外事故	车祸、天然气泄漏、核泄漏等
	有关犯罪	盗窃、诈骗、暴力犯罪等
非传统安全问题	产业危机	与产业发展有关的危机,如外部环境中的那些不利因素(PEST等因素)、产业环境中的因素(供应商、替代品、竞争者等因素)
	需求危机	休闲者需求的转移,消费者新需求特征的出现,新休闲时尚的流行,新休闲观念的形成等
	技术危机	新技术的冲击,比如网上虚拟活动对实体活动的冲击,新媒体下的舆论危机等
	其他危机	如策划失误、运营能力不足等导致的危机

传统安全问题是指那些存在时间较久,具有一般危机特征,如突发性、紧急性、影响广泛性、周期性和阶段性等的安全问题。这类安全问题主要是由系统外部因素所引起的,可控性不强,会对处于系统中的各种活动都造成影响。比如自然灾害不仅会影响休闲活动的如期举行,也会对农业、商业、日常生活及各行各业都产生影响。这类安全问题所造成的影响较大,恢复周期很长甚至不可恢复,但通常具有一定的可预测性。比如,流行病的发生具有一定规律性,可通过对这种规律的把握而对其发展态势进行预测。

非传统安全问题是指近些年来,随着社会的发展和进步而新出现的一些因素所导致的安全问题。这类问题由于出现时间较短,人们对其规律性和特性缺乏系统性认知,因此管理难度较大,但是经济学、市场学、管理学、文化学、社会学等学科的成果理论对应对这些安全问题有较大帮助。

如表7-1所示,休闲活动的安全问题广泛,其安全管理的内容也非常复杂。本节仅对休闲活动现场的安全管理进行说明。

(二)休闲活动安全隐患

休闲活动参加者众多,容易形成人员集聚,因此安全问题十分重要。对于休闲活动现场而言,存在的安全隐患常见的有以下几类:一是场地布局和建筑设计不达标或不合理,这容易导致建筑物倒塌、人员拥堵、物件伤人等安全事故;二是超承载力接待,这容易导致人员过度集聚、设备超负荷运行等情况,并进一步导致各种安全问题和不良后果;三是安全监管和处置不力,主要表现为不能及时发现安全问题,不能及时采取有效措施,致使小事故演变成大灾难;四是缺少安全应对方案,由于事先对安全问题认识不足,缺少安全管理预案,当发生相关安全事件事后,不能及时采取恰当措施导致事故后果更加严重;五是缺少安全应对专业人员,一些休闲活动要么不安排专门安全人员,要么随意安排几个并不专业的安全管理人员,导致事故发生后不能科学应对,致使事故损失扩大。

(三)休闲活动安全管理

可以从事前、事中、事后三个阶段分析休闲活动的安全管理工作。首先,事前的工作是要做好预防,具体工作包括检查场地内建筑物、设施设备、分区及有关路线是否存在安全隐患,预测休闲活动的到访情况并提前制定相应的人员引导方案,成立或指定专门部门和人员负责安全管理工作并加强培训和排练,提前制定人群疏散救援方案并进行演练。其次,事中的工作主要是巡视监督和及时处置,要确保安全负责人员到岗工作并坚守岗位,加强巡视,及时发现可能存在的问题并采取处置措施,同时,要加强各岗位和各班次的安全信息沟通。最后,如果发生了安全事故,主要工作集中在两个方面:一是人群疏散,二是处置灾难。当安全事故发生后,要立即启动安全处置工作机制,实施人群疏散预案,调动各方力量,迅速处置灾难,将各方面损失尽可能控制在最低限度。当然,如果安全事故产生了足够大的影响,造成了一定舆情,还应当启动危机公关,将有关负面影响控制在最小范围内。在休闲活动结束后,要对休闲活动的安全管理工作进行评估和总结,吸取教训,为今后的同类工作积累经验。

▶ 动动手

1. 请查阅有关资料,了解国内外大型活动中的安全问题及其处理方式,分析其成败点,并说明其对休闲活动的举办有何启示。

2. 如果让你设计一份棋牌大赛的安全管理预案,你将从哪些方面考虑并完成方案写作?

本章小结

供给视角的休闲活动是指休闲供应方基于民众休闲需要而向休闲市场提供的经过精心策划和组织的商业性或公益性活动,其目的可能是经济目的、文化目的、社会目的或多种目的的混合;其具有公众性、广泛性、趣味性、文化性、时代性、目的多样性等特点。按供应方提供休闲活动的目,休闲活动可分为公益性休闲活动和商业性休闲活动;按休闲活动的主题和主要内容,休闲活动可以分为体育运动、娱乐活动、演出活动、会议展览活动、节庆活动、商业促销活动、旅游观赏活动、家庭亲情活动、公益活动等;按照供应方的身份和组织性质,可以将休闲活动分为政府性活动、企业性活动和民间自发活动。此外,还可以根据休闲活动涉及的范围,分为专题性活动和综合性活动。

休闲活动策划是基于特定目的,在系统观念和创造性思维的指导下,认真分析休闲市场环境、把握休闲需要特征,选定独特主题,并围绕主题展开休闲活动的内容安排和规程谋划,充分利用和合理配置各类资源,并最终形成可执行休闲活动方案的过程。这个过程的特点有目的性、未来性、创造性、主题性、系统性、执行性、风险性。休闲活动策划的程序可以分为目标确定阶段、调研阶段、主题策划阶段、内容策划阶段、方案形成阶段等几个阶段。休闲活动的目标和主题策划可以采取因势策划、时空贯通、三脉协整、虚实结合、换位变通等方法。休闲活动策划的创新方法有头脑风暴法、德尔菲法、深入挖掘法、拿来主义、心智图法、曼陀罗法、奔驰法(SCAMPER)、类比法、随机词法、特性分析法等。

休闲活动管理是休闲活动供应方各有关利益者为了达成休闲活动的举办目的,通过决策、计划、组织、领导、控制、创新等管理职能在休闲活动全过程中的执行,实现休闲活动经济效益、文化效益、生态效益、社会效益等综合效益的全过程。现场管理的主要内容包括现场筹备(场地选择和布置)、接待与入场管理、人员管理、媒体工作管理、设施设备管理、安全管理等几个方面。

课后习题

本章实训

【实训目的】掌握供给视角休闲活动策划与管理的有关知识。

【实训成果】制作报告或PPT等演示文稿、录制视频或教师要求的其他形式。

【实训形式】个人/小组形式(教师可以根据实际教学需要安排)。

【实训内容】从下述内容中选择一个,搜集资料,完成教师要求的成果。

1. 找一份成功或失败的休闲活动策划或管理案例,了解其详情,分析其原因,并制作成汇报文本成果。

2. 了解你所在地区的有关领域情况,为你所在的地区草拟一个休闲活动主题,并说明你的理由。

【实训步骤】本次实训可按照如下步骤或任课教师要求的其他步骤展开。

1. 教师对学生下达实训任务,分配角色,落实责任到人。

2. 学生领取任务后,独立或在本小组负责人的统领下准备本次实训所需资料和成果。具体搜集资料和完成最终成果的手段,可以是查阅资料、组内讨论、向老师或其他知情者请教等形式,由学生自行决定和选择。

3. 教师安排专门的实训时间,由学生对实训成果予以展示和呈现。展示和呈现的形式与具体要求,教师根据实际需要确定。

4. 教师应对各个小组的实训成果予以点评,依据相应标准公平评分并予以记录,作为学生本门课程平时成绩的重要依据。

【实训要求】本次实训应遵循以下基本要求。

1. 除教师特别要求外,所有学生均应参加本次实训活动。

2. 学生在完成作业时首先应明确选题,并紧密围绕所选题目完成作业,不得偏题;若学生有其他选题,应先获得教师的同意,经批准方可按照新选题完成实训。

3. 若实训成果由小组完成,所有组员必须在本组负责人的统领下共同完成作业,不应推卸工作,推卸或拒绝承担相应工作的同学本次实训不合格。实训成果中应标明各位成员的分工及对最终成果所做的贡献比例,贡献比例之和应为100%。

4. 若依据教师事前公布的标准,实训成果不合格的小组,将重新开展本次实训,否则该小组所有成员本次实训的分数为零。

5. 学生实训成果及展示和呈现形式必须符合课程思政要求,教师应对实训环节的课程思政进行总体把关,学生个人(独立完成实训时)或小组负责人(分组完成实训时)应对自己实训成果中的课程思政负责。

6. 应遵循学校和教师的其他要求。

第八章

常见的休闲活动策划

策划也有"两面性"。好人可以用,坏人也可以用。策划有时被滥用、误用、反用,变成了"投机"的代名词。甚至有人说,举目四望,提心吊胆:不是策划别人,就是被别人所策划。真正有生命力的策划,不是"抖机灵",也不是"赛智商",而是捧出一颗真心,拿出一份热诚,与别人同呼吸、共命运,"三人一条心,黄土变成金"。"小胜凭智,大胜靠德"——策划的最高境界是诚信!诚信既是世界观,也是方法论,"大诚信"其实就是"大智慧"。当今社会最大的学问,就是按客观规律办事;而按客观规律办企业的最大学问,就是"对别人有利的,才是对自己有利的"。有了诚信,资源不请自来,这是无管理的管理,无策划的策划。

——牛根生

甘肃马拉松事件调查情况公布①

甘肃官方11日通报白银景泰"5·22"黄河石林百公里越野赛公共安全责任事件调查情况称,这是一起由于极限运动项目百公里越野赛在强度最高、难度最大赛段遭遇大风、降水、降温的高影响天气,赛事组织管理不规范、运营执行不专业,导致重大人员伤亡的公共安全责任事件。

5月22日,2021年(第四届)黄河石林山地马拉松百公里越野赛暨乡村振兴健康跑在白银市景泰县黄河石林大景区内举行,在百公里越野赛进行中,遭遇大风、降水、降温的高影响天气,造成21名参赛选手死亡,8人受伤。

截至6月4日,21名遇难者遗体全部得到妥善安置,8名受伤人员中7名已于5月25日前出院,1名重伤人员继续在白银市第一人民医院接受治疗。

甘肃官方成立由多部门组成的联合调查组,并邀请中国气象局、国家体育总局和甘肃省气象、赛事组织、运动医学、预案管理等方面的专家参与。联合调查组先后10余批次进行现场勘查和技术取证,谈话问询有关人员360余人,重点谈话笔录90人次,查阅各类文件资料800多份。

---

①中国新闻网,2021-06-11,http://www.mnw.cn/news/tiyu/2448948.html。

调查认定,造成这起事件的天气方面的直接原因是:百公里越野赛参赛选手在强度最高、难度最大赛段,遭遇当日最大风力、降水、降温以及由此造成的最低体感温度,导致部分参赛选手因急性失温死亡。

据通报,5月22日上午9时赛事开始后,大多数参赛选手穿着短袖短裤,未随身携带冲锋衣等保暖装备。12时左右,131名参赛选手通过2号打卡点,进入2号打卡点至4号打卡点之间赛段,该赛段全长14公里,海拔高度最高为2230米。13时前后,3号打卡点附近气温降至4℃左右,平均风力可达6~7级,最大阵风8~9级,伴有累计降水量3~5毫米,受大风、降水影响,体感温度下降到-5℃~-3℃,至15时大部分时段体感温度低于0℃。参赛选手经历了持续最低体感温度时段,加之野外高原环境和衣着单薄多种因素,部分参赛选手因急性失温死亡。

工作方面的直接原因是:赛事举办机构风险防范意识不强,赛前收到气象部门气象信息专报和大风蓝色预警后,未采取有效应对措施,未按照高海拔赛事要求将防风保暖装备列入强制装备清单;百公里越野赛赛道补给点设置不合理,在最难、最险的高海拔赛段(2230米)未设置医疗救助和补给点;未采取加强和改善通信条件的措施,导致最危险时刻通信联络不畅;赛事承办单位和执行运营单位组织、管理、运营水平低,未按照规定标准制定针对赛事的专项应急预案和安全保障措施,应急救援力量准备严重不足;在收到请求救援、大范围退赛信息后,前期救援统筹不够、组织不力。

事件发生还有以下几方面的间接原因:

一是赛事组织管理不规范。白银市、景泰县对此次重大活动,未专题研究决策,未认真安排部署,仓促下发工作方案,致使相关部门单位准备不足,未能针对赛事活动采取有效安全措施。赛事执行单位、运营单位未制定专项安保方案和应急预案,赛事具体运行机构专业人员力量和专业能力严重不足。

二是安全监管措施不落实。白银市、景泰县体育赛事管理部门未认真落实行业安全监管责任,未严格落实事中事后监管措施。市县两级相关职能部门未按照大型群众性活动要求,对赛事执行运营单位制定的安保方案、采取的安保措施等实施有效监管。

三是救援力量准备不到位。赛事相关单位在工作方案和相关预案中,没有做出应急救援力量部署,应急救援人员、物资装备准备不足。

四是安全保障条件不充分。赛事相关单位未落实通信保障措施,在赛事区域内无线通信信号覆盖不全的情况下,未在3号打卡点架设对讲机中级信号站,造成事发初期救援指挥通信不畅,影响救援效率。2号打卡点至4号打卡点区域内的医疗、安保力量明显不足。

调查认定,甘肃晟景体育文化发展有限公司对事件的发生负有直接责任,公司负责人张小燕等5人已正式批准逮捕,由司法机关依法追究其刑事责任。赛事主办方、承办方、协办方、执行运营方16家单位及其27名相关人员对事件的发生负有责任,应依法依纪追究责任。

▶ 思考

1.查阅有关资料,了解甘肃白银马拉松事件始末,分析其惨痛教训给休闲活动策划与管理带来的启示。

2.查阅有关资料,了解近些年来我国成功举办的各类休闲活动,选择其中一个做全面分析,从中总结出如何成功策划和运营一次休闲活动。

学习目标

1.了解常见休闲活动策划的有关知识。
2.能管理和运作常见的休闲活动。

核心概念

文化休闲活动策划 节事庆典活动策划 体育赛事活动策划

第一节 文化休闲活动策划

文化休闲活动种类繁多、形式多样,既有大量民众自觉发起和参与的文化休闲活动,也有大量经过专门组织、专业策划和精心运作的文化休闲活动。前者如看电视、听音乐、喝茶聊天、棋牌活动、图书阅读、诗歌朗诵、跳广场舞、打太极拳等,通常是在流行、习俗等历史文化熏陶下由群众自发参与,有着自动形成的规范和程序,一般不需要进行特别组织和策划,只要在法律、道德允许的范围内开展即可;后者如演出活动、艺术活动、趣味活动、知识讲座等,通常需要有专门机构发起、策划和运作,要根据活动的举办目的制定特别规则、设定相应程序,做好前期筹备、现场控制、后期维护等专业性经营管理活动。本节主要针对后者进行简单介绍。

一、文化休闲活动的种类

这里主要分析需要专门策划和精心运作的文化休闲活动。

（一）根据文化休闲活动的开展形式分类

根据文化休闲活动的开展形式,可以将文化休闲活动分为演出活动、艺术活动、趣味活动、知识讲座等类型。演出活动既包括了专业性演出,如专业歌手的演唱会;也包括业余演出,如民间歌手的登台献艺;当然也包括混合型演出。演出活动的目的既可能是商业性的,也可能是公益性的。艺术活动如书法、绘画、文学、戏曲、古董、艺术品等鉴赏或创作活动,可以举办得非常专业,但为了保证群众参与性,休闲性的艺术活动通常要照顾到普通大众的鉴赏和创作水平,避免"曲高和寡"的情况发生。趣味活动形式繁多,通常以凝聚人心、激发士气、活跃氛围、增强文化向心力等为主要举办目的,如趣味智力活动、趣味体育运动、趣味科普活动等。知识讲座如文化讲座、科普讲座等也是重要的文化休闲活动,如养生宣讲、教育宣讲、生态宣讲等活动往往广受欢迎。

(二)根据文化休闲活动的开展场所分类

根据文化休闲活动的开展场所,可以将文化休闲活动分为广场文化休闲活动、场馆文化休闲活动、专门场所文化休闲活动等类型。广场文化休闲活动是指利用公共广场开展的各类文化休闲活动,如广场舞、武术等群众健身类活动,吹拉弹唱、歌唱比赛等群众表演类活动,诗歌朗诵、书法展示等艺术类活动,健康、普法知识宣讲活动,等等。这类活动多面向普通大众开放,重视活动的正面社会效益。场馆文化休闲活动是指在场内开展的文化休闲类活动,如科技馆、美术馆、体育馆、图书馆等,这类活动通常与举办场地的专业性质相关,旨在吸引某个专业领域内的群众爱好者广泛参与其中,并获得良好社会效益。专门场所文化休闲活动是指在"专门场所"内开展的文化休闲活动,这里的"专门场所"既可能是指本身存在的场所,如在工厂的车间里举行趣味技能大赛,也可能是指专门划定区域并临时修建的活动场所,如龙舟比赛、钓鱼大赛等,通常需要在划定的某个区域内临时安装设施设备方可开展。

(三)根据文化休闲活动的商业属性分类

根据文化休闲活动的商业属性,可以将文化休闲活动分为商业性的文化休闲活动和非商业性的文化休闲活动。商业性的文化休闲活动通常是经营性单位为了商业性目的而开展的文化休闲活动,其目的可能是推介新产品、开展促销活动、宣传企业文化、提升企业形象等,这类活动有很强的经济动机,追求以较低成本实现最大宣传效果。非商业性的文化休闲活动举办主体较多,既可能是政府及其有关机构,也可能是学校、医院、红十字会等非经济类组织,还可能是一些协会类组织和民间组织,它们举办活动的目的多样,举办的活动形式也多样,如政策宣讲、知识普及,以追求社会效益、生态效益、文化效益为主。

二、文化休闲活动策划要点

文化休闲活动的策划应围绕着目的、主题、时间与地点、流程、内容、营销与宣传,以及安全、预算与效益等多方面开展。

(一)活动目的

文化休闲活动的目的是活动要达到的最终目标,是策划的出发点;活动目的不同,活动开展的形式和规模也会不同。活动目的众多,既可能是公益性的目的,也可能是商业性的目的;前者如丰富市民文化生活、加强精神文明建设,后者如宣传文化产品、提升本企业品牌形象。活动目的一般由活动举办方提出,既可能是举办方经过集体会议讨论的结果,也可能是举办方管理者个人意志的体现。在活动策划前,首先应当明确活动举办的目的,再依据活动目的来展开具体策划。

(二) 活动主题

活动主题是策划者依据举办目的,对活动将要体现的中心思想和主要内容进行的概括。主题既受到活动举办目的的约束,又同时决定了活动举办的规模、形式、特色等具体呈现样式,是本活动区别于同类活动的最根本体现,也是本届活动与上一届活动相比的新突破。活动主题通常需要用一句简短而精练的语言来体现,那些有号召力的语言可以称为"主题口号"。主题口号也通常体现在活动名称中。一些大型活动的主题之下,可能还有亚主题、分主题等多种分类。

(三) 活动时间与地点

活动时间有时候不需要专门策划,比如与一些特殊时间有关的活动,如以"七夕"为背景的相亲活动,那肯定是在"七夕"前后举行,只需要关注天气,参与者的参会时间等要素即可确定。活动地点也有一些习惯性的地点,如某活动经常性地在广场上举行,那么此次仍然在广场上举行等。但一些商业性较强的休闲活动,在时间与地点策划时需要考虑宣传效果,对目标受众的时间和交通便捷性等要求需要予以关注。

(四) 活动流程

在策划活动流程时,首先要确定活动有多少个环节,并对每个环节的顺序进行合理安排。在活动流程设计时,要考虑活动的开头应吸引人,中途有多个小高潮,结尾要能让人留念和回味。一个环节与另一个环节之间应有合理过渡,自然衔接,这样才有利于活动开展的紧凑性,防止给人拖沓的感觉。

(五) 活动内容

这是活动策划的核心之一,是对在活动过程中到底要推出哪些项目、以怎样的形式开展这些项目所做的安排。活动内容必须与主题匹配,受活动目的与主题的约束,也受到活动时间与地点的影响。比如,在室内场地中进行诗歌朗诵一般可行,而在广场上举行诗歌朗诵活动通常效果不好。活动内容应当多样化,既可能包括致辞、颁奖等常规性内容,更应当包括与主题匹配的多样化项目,如歌舞表演、与群众互动、团体和个体小游戏等。

(六) 活动营销与宣传

绝大多数文化休闲活动都希望能有群众的广泛参与,并追求多方面的正向效益,因此活动的营销与宣传策划就是一项重要内容。这种策划包括了活动的事前造势与营销、事中宣传与推广、事后总结与媒体公关等多个环节和多个方面。营销与宣传策划既包括针对目标受众的策划,也包括针对媒体及有关各方的策划;既包括传统营销方式的使用,也要重视对新媒体工具的使用。在政策及预算许可的情况下,文化休闲活动的营销与宣传方案应当是一个立体式的综合营销体系。

(七) 安全、预算与效益

活动安全是策划必须考虑的一个方面。它既包括人身安全也包括物质安全,既包括活动参与者的安全也包括活动举办者的安全,更包括了社会公共安全。策划者应当对各种可能出现的意外情况进行预估,成立意外事故处理领导小组,设计好意外应对机制,对各种可能出现的情况做好周密考虑和安排。

预算至少包括两个方面:一是"钱"方面的预算,二是"人"方面的预算。"钱"方面的预算也包括了物资安排。

效益是对活动将能达成哪些效益进行预估,并采取有效应对措施去扩大正面效益、防止负面效益。效益一般有经济效益、社会效益、生态效益等。文化休闲活动通常可能更强调社会效益和生态效益。

当然,除了上述要素外,文化休闲活动的策划可能还涉及一些其他要点。针对不同活动,策划时这些要点的重要性可能有所不同,策划者应根据实际情况予以关注。

三、代表性文化休闲活动策划——演出活动

(一) 演出活动概述

演出活动是一种通过氛围营造和演员的演技将要表达的内容以一定艺术形式呈现给观众的文艺表演活动。氛围营造可通过场地整体氛围打造、舞台设计、灯光音响布置等渠道实现,演员的演技需要借助服装、道具、化妆等,呈现的艺术形式有戏曲、舞蹈、相声、杂技等多种形式。

演出活动既可能是独立的活动,如剧目公演、文艺汇演、明星演唱会、文艺下乡演出等;也可能是依附于其他大型活动的暖场、主题烘托性活动,如一些活动的开(闭)幕式演出、活动期间的主题演出等。依据不同的分类标准,演出活动可以有不同的分类。根据演出内容的丰富程度,可以分为综合性演出和专场演出。前者如联欢晚会,通常有歌舞、相声、小品、戏曲、杂技、魔术等多种艺术表现形式;后者如话剧演出、川剧演出、相声专场、音乐会等,以某种艺术形式作为某场演出的主要呈现形式。根据演出的性质,可以分为营业性演出和公益性演出两类。前者以某种营业目的的实现为目标;后者追求公益目的。

各种演出活动并不完全是为了休闲目的而开展的,但绝大多数演出活动都能为民众提供丰富的休闲资源,成为休闲供给端的重要组成部分。因此,策划好一次演出活动,不仅有助于活动本身目的的实现,也有助于在供给侧提供丰富的休闲产品。

(二) 演出活动的策划要点

不同的演出活动有不同的流程,其策划要点也各有差异。一般而言,多数演出活动均包括演出目的、演出名称与主题、演出时间与场地、演出组织、演出节目、演出宣传、演出现场、演出安全、演出预算与效益等多个要素;其策划要点也可以围绕这些要素展开。

1. 演出目的

这是所有演出活动均需要考虑的首要问题,演出目的决定了活动的演出主题、演出性质、演出对象等其他要素。通常来说,为什么要举行一次演出活动在演出决策做出时已经明确了,不需要由策划人员进行专门策划。演出目的可能是公益性的,比如为了丰富民众精神文化生活、宣讲党和国家的有关政策等;也可能是直接营利性的,比如歌星举行的演唱会、曲

艺团队为了商业收益而举行的专场演出等;还可能是非直接营利性的,比如商场开业庆典上的演出活动、企业公关活动中的演出活动等。演出目的可能来源于举办方经营需要、文化市场需要、有关管理者的提议等多个方面。演出目的一旦确定,演出性质也通常随之确定。

2. 演出名称与主题的确定

演出活动的名称要高度概括演出宗旨和演出内容,尽可能简短精练,以利于民众记忆和传播。比如"印象武隆""泉城夜宴·明湖秀"等活动名称。演出主题是演出目的和意图的具体体现,受到演出名称的约束,也同时是对演出名称的升华。有时候,演出主题直接体现在演出名称中,如2022年"我和祖国一起成长"主题演出活动;又比如2023年"我们永远这样亲"泰州市庆祝人民海军成立74周年群众文艺演出,"我们永远这样亲"为演出主题。另一些时候,演出主题在名称之外单独提炼,如2023年九三学社河北省委员会举办的纪念中共中央发布"五一口号"75周年文艺演出活动中,单独提炼了活动主题"重温团结奋斗史、聚力共赴新征程"。

3. 演出时间与场地

演出时间的策划不仅包括演出什么时间开始、延续多长时间,也包括对整个演出活动的筹备、宣传、彩排、实施、后续评估等环节的时间安排。可用甘特图来对相关时间段及其工作内容进行安排。对于演出筹备、宣传等环节的时间安排,精确到日、小时即可,而对于演出现场的时间策划,就要求精确到分甚至是秒,否则可能导致演出现场各环节拖沓、衔接不畅,影响演出效果。

演出场地的策划最主要的是确定演出活动在何种场地进行,可根据演出规模、性质、节目、预算等方面的情况,并充分考虑演出场地的硬件条件和软件设施的匹配情况来确定。剧场、广场、体育馆、大会堂、酒店宾馆等都可以作为演出场地的选择。此外,场地策划时还需要考虑节目排练场地、演员休息场地等有关方面。

4. 演出组织

与普通会展活动一样,演出活动也可能有主办方、承办方、协办方、赞助方等多方面参与主体,这多个主体之间的事务协调以及演出各项活动的具体运作均需要有一个具体的组织负责。为此,大型演出活动一般要成立组委会,其成员单位通常由与演出活动紧密相关的单位或部门组成,具体成员由这些单位派出的具体负责人组成。一些小规模演出也可不专门成立组委会,而是成立临时领导小组负责。组委会的工作职责一般包括确定演出活动的宗旨主题及原则、对演出进行总体设计、编制相关计划、直接指导和监督演出活动的全过程等。组委会下边通常设立的部门有办公室、公关部、会务部、节目部、安全部等,负责日常事务、营销宣传、有关会务、节目编排、安全防范等相关事务。

5. 演出节目

节目是演出活动最主要的内容,要根据观众的需要特征、活动目的与主题来策划节目内容。综合性演出活动要考虑不同类型观众的需要,策划多种类型的节目表演形式,如相声、小品、幽默剧、戏曲、歌舞、杂技等,确保每种类型的节目均能占一定比例;同种类型的节目要在内容、表演风格等方面加以区分,避免节目雷同给观众留下单一无聊的感觉。专场类的演出活动要考虑节目的专业性,同时也应关注节目在表演形式、表演风格等方面的区别,从不同的感知角度提升观众的体验感。无论是哪种类型的演出活动,均需要注意合理安排各个节目的顺序,重视开场、压轴节目的效果,规划好各个节目之间的连贯性,避免冷场,注意营造符合演出效果的现场氛围。

在节目策划中,演职人员的确定十分关键。演职人员包括演员和职员,演员是舞台节目的主角和配角,如主持人、表演者、伴奏、伴舞等,职员如导演、副导演、舞台监督、灯光师、音响师、舞美、剧务等。在处理演员与节目的关系时,既可以邀请一些知名演员,让他们带着自己的成熟节目前来表演;也可以根据演出活动的需要,召集演员临时排练有关节目。对于知名演员和名家,要注意提前预约,以防其档期冲突。

6. 演出宣传

演出宣传策划包括事前宣传、事中宣传和事后宣传等多个环节。事前宣传的目的通常是吸引观众和有关各方对演出的关注,希望他们能前来观看和参与,要在演出正式开始前一段时间内就开展宣传,要尽可能确保宣传范围能覆盖到最广的目标群体,并产生良好的吸引作用。事中宣传是在演出活动开展的过程中开展的宣传活动,旨在向社会各界及时传递活动的进展情况,提升活动影响力。事后宣传是在活动结束后开展的宣传,多数是向公众展示活动取得的成效,对存在的不足向公众表达歉意,并期望公众对下届活动的持续关注。

演出宣传的具体形式可以有:广告宣传,如通过海报、报纸、杂志、官网、公众号等新旧媒体展开的宣传;演出现场氛围的营造,如标语、口号、宣传物的悬挂等;运用宣传品和纪念物宣传,如节目单、纪念章、手提袋、文化衫等。策划中应当根据需要选择灵活的宣传方式,当然也可以考虑多种形式共同使用,但应当依据宣传的目标、范围、经费预算等因素具体决定。

7. 演出现场

不同类型的演出活动有不同的演出环节和要求,但大致均可以分为演出前、演出中、演出结束三个环节。演出前主要是要求各种准备工作到位、演职人员到场,对这个环节的策划没有特别难点,关键要做到细致和分工明确。所谓细致,是要把演出前的各种工作内容考虑到位,并预测可能出现的疏漏并准备相关弥补方案;所谓分工明确,是对各种工作岗位的人员分工予以明确,确保演出活动能按时顺利开始。演出以何种形式开始是策划中应当考虑的一项重要内容,比如是否以主持人登场亮相为标志,是否准备特别的开场活动,等等。演出过程策划中,要预计可能会出现如下几种情况并做好应对预案:一是到了演出时间但还有大批观众未到场或重要嘉宾及其他重要人物未到场,可以考虑延迟开始时间,但必须做好现场观众的安抚;二是演员原因导致节目不能按计划出演,可以考虑通过调换节目顺序提前或推后特定节目,或安排替代性节目,并考虑是否有必要向观众进行解释或安抚;三是出现意外事件,如停电、设备故障、火灾等,要准备好替代方案,对紧急情况下的群众疏散方案要做好预案,并确保其能有效执行。演出活动以何种方式结束也需要进行策划,是否安排演职人员与观众的合影互动等都需要根据实际情况予以考虑。

8. 演出安全

演出安全包括的范围比较广泛,主要应关注由物引起的安全问题和由人引起的安全问题两个方面。前者如舞台垮塌、电路短路、座椅问题、零食中毒等各

课内拓展

最危险演唱会:7.2万观众晕倒5000人、死亡23人

种物资设备原因引起的安全问题,多由设施设备老旧、工作人员粗心大意或专业性不足所导致,也可能是策划中的疏漏或活动进行中的操作不当所导致。后者如观众激动或骚乱、不法分子活动、演职人员的不当行为等引起的安全问题,多由策划疏漏、防范和处置工作不力等原因导致。两者综合来看,所有安全问题及其不良结果均可以通过周密策划和现场有效执行来避免,策划人员应对演出过程中的安全问题进行详细分析、预计并提出有关安全预案,同时要建立一支专业性的现场秩序、医疗队伍并配备相关条件。

9. 演出预算与效益

演出活动的预算与效益策划与其他活动的预算与效益策划大同小异,这里不再赘述。

▶ 动动手

1.请查阅有关资料,查找一次成功或失败的演出活动案例,分析其成功或失败的原因是什么。

2.演出活动策划要点对其他文化休闲活动有何借鉴意义?如果由你来策划一次校园艺术节活动,你将从哪些方面着手策划?

第二节 节事庆典活动策划

在本书前边章节中已经介绍了节事活动的有关概念、类型和特征,本节介绍如何对节事庆典活动进行策划。在表述上,本节在概念上加入了"庆典"二字,意在指明本节所探讨的对象是经过专门组织的、精心策划的活动,不包括民众自发举行的如春节拜年、清明节扫祭、中秋节赏月等民俗活动。

一、节事庆典活动策划的步骤

总体来看,节事庆典活动策划的步骤与多数休闲活动的策划步骤大同小异,主要包括目的策划、主题策划、形式与内容策划、程序策划、人员与物资策划、应急方案策划、预算与效果策划等几个步骤。

节事庆典活动的目的多种多样。一般来说,政府、协会等有关组织举办的节事庆典活动多包括促进当地文化、经济、社会等全面发展的多重目的,如洛阳牡丹花节、南宁民歌节等节庆活动,不仅宣扬了城市文化、塑造了城市品牌,也带动了就业、拉动了经济,为当地老百姓带来了丰厚的收益,对于举办地的全面发展起着很好的推动作用。企业等有关机构举办的节事庆典活动主要基于销售商品、塑造形象、维护客户关系等商业性目的,如开业庆典、周年庆典、"双十一"促销等均伴随着十分明显的商业性目的。家庭、个人举办的庆典活动则通常基于家庭、个人事务庆祝,如婚礼、寿诞、乔迁等庆典,主要追求吉祥、喜庆、祥和等寓意。

与其他休闲活动策划一样,节事庆典活动的主题也十分关键。只有有了明确的主题,其形式、内容、程序,以及要邀请的嘉宾、开展的各种小活动才能得到有效的策划。在确定了主题后,要提炼出主题口号、确定活动名称。前文已谈到了较多活动的主题策划,节事庆典活动的主题策划可以借鉴与参考,这里不再赘述。

节事庆典活动的主题确定后,就要围绕着主题,来确定活动将以怎样的形式开展,并确定具体的活动内容。节事庆典活动的形式很多,主要有节、展、会、演、赛等形式,或以这几种形式的综合形式出现;在确定了大概的活动形式后,还需要进一步确定活动的具体形式,比如,如果要举行企业周年庆典,是采取员工大会的形式,还是采取纪念酒会、联欢会、文艺汇演、回顾展等形式。确定了活动形式后,应进一步确定活动将呈现哪些具体内容,如开展哪些事务、表演哪些节目、展示何种产品等。在此基础上,要进一步确定活动的标志、吉祥物、主题歌、宣传画,如有必要,还需要考虑是否能形成核心IP,并围绕IP开发活动配套商品。

活动程序策划能确保活动各项内容有条不紊地进行。各种不同形式、内容的节事庆典活动,其程序也会有所不同,但通常可从以下几个方面考虑:一是主持人或安排特定人员宣布活动开始;二是介绍重要来宾并安排重要人物致辞;三是考虑是否需要安排剪彩或揭牌等礼节性活动;四是举行参观活动(表演活动、庆祝活动、娱乐活动等);五是举行座谈会、交流会或宴会、答谢会等;六是做好新闻工作;七是活动结束时的礼品赠送、来宾送别以及各种善后工作;八是客户关系维护。在策划时,要重点考虑前七项内容;在顺序安排上,可以灵活处理,根据目标群体的需要来进行合理安排。

人员与物资策划是对节事庆典活动涉及的人员、物资进行安排。人员策划包括目标受众确定与分析、嘉宾邀请、工作人员确定与分工安排等工作,物资策划包括设施设备预计和安排。在这些工作中,目标受众的确定与安排非常关键,它决定着策划出来的休闲活动是否能得到公众的认可,这要求活动的市场定位必须准确,对目标受众的消费特征和行为特征能有全面把握。

应急方案策划、预算与效果策划等环节,与其他活动大同小异,此处不再赘述。

二、节事庆典活动策划的要点

决定和影响节事庆典活动成败的关键因素很多,不同节事庆典活动的策划要点各有不同,本节从节事庆典活动的时机策划、场地与氛围策划、吸引力策划、营销策划等方面予以分析和探讨。

(一)节事庆典活动的时机策划

所谓时机策划,是指在什么样的情况下应该考虑举办节事庆典活动,或者策划的节事庆典活动在什么时机举办更能达到预期目标。就前者而言,是指由于客观条件发生了变化,所以要策划和举办一次节事庆典活动,含有"被动迎合环境"的意味;在面临这种情况时,策划者要善于捕捉客观环境中那些与节事庆典活动有关的要素,并策划和实施与这些要素相匹配的活动。就后者而言,是指已经有了比较成熟的节事庆典活动,要考虑和分析将这个活动在何时投放市场予以举办,才能收获更好效益,含有"主动寻求时机"的意味;在面临这种情况时,策划者要着重分析客观环境中来自目标市场和竞争者的各种因素,考虑何时举办活动方能收获最多的客源、最小的竞争。

1. 策划节事庆典活动的常见时机

现代社会发展迅速,我国文化灿烂辉煌,国际交流日益紧密,这一切都为节事庆典活动的策划和举办提供了丰富的时机。当以下情况发生时,通常可以考虑策划和举办特定的节事庆典活动。

1) 传统文化中的特殊时点

传统文化中涉及纪念、庆祝的节日很多,这些时间节点都可以作为节事庆典活动策划的契机。比如,元宵节的灯会、端午节的龙舟比赛、中秋节的赏月活动、重阳节的登高活动等,都是基于传统文化策划的节事活动。一些少数民族地区的独特风俗,更能成为节事活动策划的源头。

策划这类活动时,"继承"和"发扬"是关键。所谓"继承",是指活动必须体现传统文化中的优秀元素,将浓郁的传统精神传递给每个参与者。不能只挂一个传统文化的名字,却没有传统文化的实质和精髓,否则就有"挂羊头、卖狗肉"之嫌,或者给人"五毛钱特效"的鄙夷感,既是对传统文化的亵渎,也很难达到活动举办的目标。所谓"发扬",是指这些活动应当与时代、与世界接轨,将现代社会的最新发展成果和中外文化交流的结果予以呈现。只有与时代融合了,才能获得当今参与者的理解,也才能体现传统文化的当今价值和可持续发展的潜力;只有与世界融合了,才能获得更多人的支持与认同,有助于传统文化在更广群体中的发扬和传播。

2) 大自然的特殊时点

这又有两种情况:一是大自然给予特殊美景的时刻,二是大自然给予的丰收时节。前者如各地的桃花节、枫叶节、冰雪节、观潮节等,后者如各地的丰收节、瓜果节、钓鱼节等。当然还有一些地方,将大自然的特殊时点与当地传统生产生活习俗联合起来策划和举办节庆活动,如剪羊毛大赛、斗牛大赛等。

策划这类活动时,要重视参与者的"收获感"。如果仅仅是让参加者来走一走、看一看,多数参加者都会感觉没有多少收获,从而降低满意度,活动的可持续性就会受到很大影响。要结合资源特征,针对目标市场的消费习惯,设计丰富多彩的参与性活动和体验性活动,既提供有形产品交易,更提供人性化服务,让参与者的视觉、听觉、嗅觉、触觉等多方面感知器官都有所收获。

3) 现代节庆和社会特殊事件

现代节庆也是节事庆典活动策划的好时机,如劳动节、妇女节、国庆节等,均可以借势策划一些庆祝、纪念、销售类的节事活动。社会特殊事件,比如一个地方申奥成功、举办重大比赛、发生了重大的值得纪念或庆祝的事件等,均可以成为节事庆典活动策划的理由。

4) 基于公关和销售目的人造活动

这类活动基本属于商业性的活动,如"520""618""双十一""双十二"等,均是现代企业为了商品销售而人造的节事庆典活动。这些活动已经在全民心中构筑起了"买买买"的习惯,成为全民购物节,在全社会范围内形成了消费氛围,各商家可以结合自身特色,借势策划和举办一些针对性的营销节庆。

5）企业创办、开业,工程奠基、落成之际

几乎所有企业创办或开业、工程奠基和落成时,都要举办特殊庆典活动,以示庆祝、纪念,同时也向有关各方宣告事情的进展,吸引客户或有关各方的注意,这种活动成为重要的公关活动。这些活动有些是由企业、工程方自行策划和组织,也有很多是交给专业庆典公司策划和实施。

6）组织纪念日或特殊时节

在店庆、校庆等纪念性时节举办庆典活动,能有效凝聚人心,树立更好形象,增强企业影响力。在新技术研发成功、新产品面市、上市成功、成功并购、加入特殊行业联盟、取得了里程碑式的销售业绩等特殊时节举办庆典活动,能有效激励士气,传播企业良好形象。

7）个人或家庭事务

这类庆典规模较小,但数量众多,每个家庭或个人都可能面临这些事务,是一些节事庆典策划机构的理想客户群体。新生命诞生,小孩满月、升学,年轻人结婚,老年人寿诞,职场中的升职,家庭中的各种喜事等,都可以成为举办庆典活动的理由。

策划这类活动时,关键是要突出特色。千篇一律的生日宴、结婚庆典让人觉得只是走了个过场,很难留下难忘的体验。如果策划者能策划和运作独具特色的庆典活动,让委托者既收获终生难忘的经历,也在亲朋好友中"十分有面子",他们自然愿意为策划支付更多的费用,也必将使策划企业收获更多的市场份额。

新闻链接

河南西峡:中式婚礼受追捧 传统文化动人心[①]

"一拜天地,二拜高堂,夫妻对拜,送入洞房!"在司仪高声引导下,一对身穿大红礼服的新人,正在行拜堂大礼,现场弥漫着浓浓的中国风。12月19日,河南省西峡县双龙镇的一场中式婚礼引起人们驻足围观,成为人们津津乐道的话题。在该县,像这样的充满文化味的中式婚礼深受广大青年追捧。

西峡县将中式婚礼作为倡导文明新风、传承民族文化的有效载体,成立了婚庆行业协会,采取积极措施,加强对文明新风的宣传教育,注重提升中式婚礼的吸引力和关注度,定期组织举行婚礼司仪培训班,邀请郑州、南阳等地专业人士前来授课,不断提升婚礼司仪的业务水平和文化素养,通过司仪教育引导广大青年了解中式婚礼,感受民族文化,崇尚文明新风。

"中式婚礼喜庆热闹,古朴浪漫,符合大众审美,与西式婚礼相比,还能节省不少钱。"上个月刚刚完婚的姚若飞说,在筹办婚礼时,他也为举行一场什么样的婚礼而犹豫过,但是最终还是选择了中式婚礼。"结婚是人生大事,婚礼一辈子只有一次,一定要给自己留下一个美好的回忆。"姚若飞道出了自己选择中式婚礼的初衷。

[①] 中国农网,2022-12-21,https://www.farmer.com.cn/2022/12/21/wap_99904186.html。

谢英豪是该县一名有着十多年职业经历的婚礼司仪,这些年他见证了很多对新人的幸福时刻,在他看来,选择中式婚礼的新人近年来已远远多于选择西式婚礼。"不管西式婚礼曾经多么风靡,但现在人们对中式婚礼异常热爱和追捧,因为中式婚礼带来的不只是一种仪式,更多的是一种深植在每个人内心的文化情结",谢英豪说。

在该县北派婚庆礼仪公司的门店内,大红的中式婚服和婚礼道具摆放在最显眼的位置。该公司规定,优先向新人推荐中式婚礼,同时在价位上也实行优惠,通过这些措施引导新人传承优秀传统文化。"冬季是中式婚礼的预订高峰期,对每一场中式婚礼,我们都认真策划和筹备,让每对新人都能感受到中华民族文化的浪漫、厚重和美好",公司总经理陈晓珍说。

"老祖宗留下的东西就是好,咱们中式婚礼看着有文化味,等我结婚的时候也选择这样的婚礼!"田关镇青年曹江飞刚参加了一场朋友婚礼,他对中式婚礼有了更加深刻的认识和向往。

陈晓珍介绍,迎亲、过门、拜堂,中式婚礼中的每一个环节都有着很深的寓意,最能体现仪式感,也是展现中华优秀传统文化的有效形式。她们将加大对中式婚礼的宣传引导,不断提升服务质量,适时组织集体婚礼、迎亲表演,通过这些活动来提升中式婚礼的影响力。

如今,在该县"中式婚礼理念"已经深入人心,选择中式婚礼的年轻人逐年增长。

2. 节事庆典活动时机策划的注意事项

尽管可以策划节事庆典活动的时机众多,但并非所有可以利用的时机都可以被用来开展节事庆典活动。在进行时机选择时,应注意以下事项。

1) 节事庆典活动在精不在多

一些地方或策划企业在节庆活动策划中重数量、轻质量,看起来似乎抓住了每一个可以利用的时机,策划和运作了很多活动,但是这些活动要么主题和形式雷同,要么缺乏新意、内容单薄,很难形成吸引力,更难形成竞争力,不仅花费了大量钱财物和精力,也没有收到预期效果,得不偿失。因此,要精选时机,策划和运作精品活动,避免贪多,在大量品质低劣的活动中败坏了名声、丢失了市场。

2) 节事庆典活动忌扎堆赶时尚

扎堆赶时尚,就是看见别的某个节事庆典活动收到了良好效果,自己也立即跟风仿效,推出类似活动。比如,看见别的地方举办钓鱼节获得了成功,于是不顾自身实际、不考虑市场容量和竞争,自己也立即举办钓鱼节且举办的内容和形式都与别人一样。这种做法大多损人不利己,自己没有取得好的效益,还对别人成功的节庆活动形成了恶性冲击。因此,要认真分析自己面临的"时机",在确保其确实能为己所用后,再做出策划决策。

3) 不宜盲目造节

一些地方或策划企业实在找不出可以利用的时机,或不愿意认真分析时机,便盲目造节,为了举办一些活动而开展策划和运作,想当然地推出一些自以为会受到市场追捧的节事活动,但这些活动要么十分小众,要么粗制滥造,要么庸俗低劣,很难形成良性效果。

4) 要关注时事、避免敏感时机

一些活动在平常时机举办似乎没有问题,但在一些国际国内局势的影响下举办就很不合时宜。比如,原计划举办一项重大的庆祝活动,但当地刚发生了重大自然灾害且伤亡甚重,此时如期载歌载舞地举行活动,很显然十分不妥;又比如,两个国家之前关系友好,长期共同举办某个节事庆典活动,但当前国际局势剧变,继续举办这个活动可能已十分困难。

(二) 节事庆典活动的场地与氛围策划

所有活动均需要场地,且同种类型的活动,在不同的场地中举办,策划中需要考虑的要素会有所不同。选择了场地后,就需要对场地的布置进行策划,尤其要重视现场氛围的营造。

1. 节事庆典活动的场地选择

有些庆典活动的场地是不需要特别考虑的,因为这些活动的举办场地是固定的。比如,开业庆典、工程奠基等活动,一般都是在企业所在地、工程所在地举办,不需要单独策划。但是,另一些活动,如婚庆、社会性庆祝活动、群众性表演活动等,场地的选择和考虑就非常重要。

场地选择时要考虑的要素很多,主要可以从这几个方面考虑:一是便利程度,包括从自身角度分析便利与否,也包括从参与者的角度分析便利与否;二是安全因素,节事庆典活动通常参与者众多,民众集聚会涉及大量安全问题;三是成本因素,包括举办方、各方参与者的场地使用成本;四是一些其他因素,如场地与活动的性质是否相符、场地是否有利于活动知名度提升等。

2. 场地布置与氛围设计

场地的布置包括两个方面:一是对场地的各种设施、设备进行装配,更多偏向于"硬件"方面的布置;二是功能分区、装饰打扮,更多偏向于"软件"方面的布置,即氛围营造。

从"硬件"方面的布置来看,一些场地并不需要特别策划,比如在一些礼堂、剧院中举行的活动,其各种电路、舞台、座椅甚至分区都是既定的,不需要做多少改变就可以直接使用;但另一些活动,如广场活动、特色婚礼等,就需要进行舞台搭建、能源路线设计、有关设施设备装配等。

解决了"硬件"策划后,"软件"策划的重点是如下几个方面:一是紧紧围绕主题进行氛围营造,一些人认为突出多样化就是好的策划,但如果现场五花八门,很容易让人眼花缭乱,导致主题丢失;二是形成统一风格和氛围,这其实是前一点的延续,在主题明确后,就要考虑活动的风格,是高贵典雅还是清新活泼,是热情大方还是温婉小资,一旦确定了风格,那么活动现场的氛围就要遵循这一风格;三是要重视视觉效果,人的感知大多来源于人的视觉,现场氛围的营造要让人看着舒服、看着顺眼;四是符合大众现代审美需要,既要保证现场布置与装饰不会太过保守,也要注意不宜太过超前。

绝大多数节事庆典活动都需要一个浓烈的现场氛围,那么,如何营造出这种热烈气氛呢？常见的手段有以下几种：一是充分利用具有喜庆和吉祥意义的装饰物，如充气拱门、漂浮气球、彩带、彩旗、花篮、宣传条幅、灯笼、鞭炮焰火等；二是播放符合节事活动主题和风格的音乐，或邀请乐队等表演团队现场参与演奏；三是邀请知名度较高的社会名流、贤达前来助阵，喜剧演员、笑星等尤为关键；四是设计统一的活动徽标、吉祥物、旗帜、其他标志物等，并在现场大量投放；五是统一节日盛装，演职人员和有关人员要着装整洁，适当化妆，凸显节庆氛围；六是现场举办走秀、cosplay 表演、抽奖等小活动，烘托氛围。

（三）节事庆典活动的吸引力策划

节事庆典活动能否吸引更多人参与和关注、获得民众自觉传播是其策划成败的关键衡量标准之一。如何才能策划出拥有强吸引力的节事庆典活动呢？

1. 影响节事庆典活动吸引力的因素

节事庆典活动的吸引力不仅针对目标客户群体，也包括媒体、投资方、社区等其他参与者。尽管各方关注的角度有所差别，但大多会从以下几个方面考虑是否会被节事活动所吸引。

1）节事庆典活动的主题和独特性

一个拥有鲜明主题和独具特色的节庆活动更容易受到人们的关注。当前各地举办的节事庆典活动非常普遍，令人眼花缭乱；数量太多，人们的关注焦点就分散了。只有那些特色鲜明的活动才更容易对市场产生吸引力。

2）节事庆典活动的利益

这是指民众能从参与这些节庆活动中得到什么。这些利益既有看得见的物质利益，更有看不见的精神追求。比如，参与龙舟赛的选手能获得丰厚奖励，也能获得精神方面的荣誉；参与龙舟赛的观众能感受活动现场的氛围，体会中国传统文化的魅力；参与龙舟赛报道的新闻媒体能收获大量粉丝的点赞和关注；龙舟赛的举办方可以收获政府财政支持、民众的认可，更能销售一些相关产品；等等。

3）节事庆典活动的知名度

节事庆典活动的知名度越高，越能吸引各方参与。当然，有的时候，一些策划和运作公司的品牌影响力很大，由它们策划和运作的节庆活动也能广受欢迎。

4）节事庆典活动的其他参与者

比如，某次开业庆典邀请到了某位知名人士作为嘉宾，这位知名人士的粉丝和其他社会公众都可能会对该次庆典给予更多关注。如果某次庆典活动受众广泛，媒体就会看到更多的报道价值；反之，如果某次庆典活动的报道媒体知名度很高，也会吸引更多民众参与这次活动。

5）节事庆典活动的营销

节庆活动的营销工作做得越成功，越能在更广范围内吸引更多民众参与。

6）节事庆典活动的规模、时间、地点等

除了上述因素外，节庆活动的规模越大，越能吸引公众参与和关注；活动的时间能与公众的闲暇时间契合，不与其他活动的时间冲突，越能获得更多关注；活动举办的地点，如在知名都市或知名场馆,其吸引力越强。

2.节事庆典活动吸引力策划

从上述影响吸引力的因素出发,节事庆典活动策划中可以通过以下方法来提高活动吸引力。

1) 聚焦文化、提炼特色

节庆活动离不开文化,要在活动策划中充分体现文化性。主题从文化中提炼,氛围从文化中营造,各种细节都要体现出文化的底蕴。为了避免活动的千篇一律,必须充分挖掘本土文化内涵,突出和宣扬当地特色文化元素。

2) 邀请名人、提升品牌

名人本身就具有聚光效应,他们自身就能带来流量,因此邀请名人参加活动,能有效提升活动吸引力。一般来说,娱乐圈、时尚界、文化界的名人更受追捧,本土"好人""善人"等也颇受欢迎,特殊领域的专家、学者也可以视情况邀请,有官方背景的活动还可以考虑邀请政府部门人员。节事庆典活动的策划不要仅仅局限于单次活动策划,而要从一开始就考虑如何将活动做出品牌。青岛啤酒节、潍坊风筝节、南宁民歌节等大型节事活动都是知名节事品牌,其品牌价值带来的吸引力远超一般性策划中的努力。

3) 内容丰富、形式新颖

节事庆典活动的内容应当丰富,形式应当新颖,避免给参与者留下单调、无聊、乏味的印象。

4) 紧扣时代、提升服务

节事庆典活动应当紧扣时代旋律,把握时代脉搏,借力时代发展成果,将活动以最受参与者欢迎的姿态呈现出来,反映时代精神、体现时代特色。策划中要重视对现场及相关服务项目、规程进行设计,要明确服务质量考核标准,要考虑对服务人员的选拔、培训,要对保障服务质量的有关后勤工作予以策划。

(四) 节事庆典活动的营销策划

节事庆典活动的营销工作至少有以下几个方面的价值:一是告知民众和有关各方关于节庆活动的有关情况,起到"信息提供"的作用;二是提升节庆活动魅力,吸引有关各方参与或关注本次活动,起到"吸引力增强"的作用;三是维护客户关系,树立良好的举办者形象,提升节庆活动品牌效应,为节庆活动的后续发展提供可持续保障,或为举办者策划和运作的其他节庆活动积累人脉,起到"公共关系"的作用。一些活动本身品质不错,但参与者稀少、举办效果平平,大多都是营销方面出了问题。

从广义营销来讲,节事庆典活动的营销应包括从做出举办节庆活动决策到活动结束后的全过程,策划者可按照"7P"理论、"4R"理论、"4V"理论、"4A"理论、"4I"理论等经典营销组合理论的框架设计具体营销组合方案。以"7P"理论为例,策划者首先要确保自己策划的节事庆典活动有足够魅力,能对市场及有关各方形成足够吸引力,这是基于"产品"的策划;要计算成本、预估收益,采取科学合理的价格确定方法设计合理的定价,并配合以针对性和多样化的价格策略,这是基于"价格"的策划;要通过各类平台、各种渠道散布和推送节庆活

动信息,确保最广泛的目标群体能接触和购买节庆活动的服务,为有关群体的消费或关注提供足够便利,这是基于"渠道"的策划;要设计独特、多样化的推广方式,针对不同目标群体采取恰当的促销策略,最大可能地劝说、吸引各方对节庆活动给予更多关注,这是基于"促销"的策划;为节庆活动选择、培训符合要求的嘉宾、服务人员和后勤保障人员,在人员安排上体现活动的特色和品质,这是基于"人员"的策划;以人为本,为节庆活动设计好每一个细节,增强参与者的体验感和收获感,实现畅爽状态,这是基于"过程"的策划;营造环境、烘托氛围,从视觉、嗅觉、听觉、触觉等多器官对参与者进行刺激,让参与者和有关各方能切实感受到节庆活动的价值,打消他们对"无形服务"的顾虑,这是基于"有形展示"的策划。总之,广义的节庆营销要关注全过程、全环节、全方面,把所有有关人员都设计为营销人员,充分调动他们的营销意识和积极性,实现全员营销。

　　从狭义营销来讲,节事庆典活动的营销设计主要是指"渠道""促销"两个方面。从"渠道"而言,个人与家庭事务方面的庆典活动通常不需要大张旗鼓地宣传,由个人及其家庭成员在其社交圈中有针对性地宣传即可;其他带有公共性质的节事庆典活动均需要考虑分销渠道的问题。多数情况下,节庆活动的分销采取多渠道形式,长短渠道并用、直接和间接渠道并用。活动举办方通过直接向老顾客群体推送活动、发出邀请函是比较常见的办法;通过政府部门人员、行业领袖、社会贤达的推荐来寻找客户群体通常都能取得较好的效果;通过第三方分销企业实现节庆活动的间接销售也常为所用。从"促销"而言,策划者要熟悉人员推销、广告、公共关系、营业推广等各大促销要素的使用技巧,结合实际情况选择有针对性的促销组合,实现营销的低成本、高效率、高效果。关系营销、网络营销、合作营销等是节庆活动营销的常见手段,借势、造势是节庆活动策划者的必备素质。在互联网经济下,借助互联网、移动终端、微信微博、短视频平台等新媒体手段开展的营销活动往往能取得成本低、见效快的效果,基于人工智能和大数据分析的精准营销更是广受追捧。节庆活动的策划者和运作者应当随时关注网络舆情,注意网络公关;要理解病毒式营销的精髓,具备调动广大网民参与营销的方式和策略;要善于运用"线上+线下"的方式,取得节庆活动营销的最大效益。

▶ **动动手**

　　1.请查阅有关资料,查找一次成功或失败的节事庆典活动营销案例,分析其成功或失败的原因是什么。如果由你来做,你将如何改进?

　　2.你的家乡或求学所在地是否有代表性的节事庆典活动?如果有,你认为这些活动下一次的营销工作应当如何做?

三、节事庆典活动的开幕式策划

　　所有节事庆典活动都有开幕,但并非所有节事庆典活动都需要单独的开幕式,比如婚礼、寿诞、成人礼等个人事务或单场次的庆典活动,一般不需要特别正式的开幕式活动。但一些持续时间较长、多场次的节事庆典活动,往往会单独举办开幕式,因而需要对开幕式进行专门策划。

（一）开幕式的作用

开幕式是节事庆典活动正式开始的仪式，它是在节庆活动主题的指导下，在特定时间和区域内开展的具有单独主题和娱乐内涵的活动。开幕式的作用主要表现在以下几个方面。

1. 宣布开局，营造氛围

开幕式的主要作用之一就是宣布节庆活动正式开始。在开幕式上，通过舞台装饰、现场布局、彩旗音乐等各种方式营造欢乐、热烈、喜庆的氛围，通过领导人致辞、嘉宾活动、有关代表讲话、演职人员献艺、主题类趣味活动的开展等方式表达举办方对参与各方的欢迎，营造祥和、友好的气氛。

2. 表现文化，推动活动

每个节事庆典活动都有特定主题，这些主题的呈现方式往往与当地特定的地理、历史、民俗等文化特征紧密相关。即使是同主题的同类活动，在不同地区由于文化背景的差异，也都呈现出不同的风格样式。这些活动的开幕式，以当地文化底蕴为依托，集中将节庆活动所体现的文化特征反映出来。参与者能通过开幕式，对节庆活动有初步的概貌性认识，有助于其对后续活动的理解，也能帮助其更好地参加后续活动。

3. 集聚人气，汇聚财气

无论是何种类型的节事庆典活动，是否能集聚足够人气都是其成败的评判标志。节庆活动的品牌、营销等要素对人气聚集的程度起着主要作用，但开幕式也往往功不可没。成功的开幕式不仅本身能集聚大量人气，也能提升人们对节庆活动的期望，通过到场观众的口口相传和有关开幕式的新闻媒体正面报道，能有效提升民众对节庆活动的期待，吸引更多参与者到访。人气足了，财气也就到了。大量到访的人群不仅能带来门票、吃住行等方面的直接消费，也能提升赞助商等有关各方的兴趣和积极性，为活动增添大量其他渠道的收入。

4. 展示实力，激发士气

节事庆典活动从本质上讲属于无形"服务"，在民众正式参与前并不能实际感受到活动的价值，因而往往可能会对节庆活动抱有犹豫不决的心态；此时，"有形展示"就成为坚定参与各方信心的重要手段。开幕式无疑是极为重要的"有形展示"手段之一。通过开幕式，举办方可以向各方展示自己的实力，增强各方对节庆活动的信心。同时，成功的开幕式也能在内部统一思想，激发士气，检验内部各部门之间的配合与协同程度，是对后续活动正式举办前的一次大练兵。

（二）开幕式的策划要点

开幕式的策划，要围绕主题、风格、时间、地点、流程以及特定仪式等几个方面展开。主题与风格的策划与一般活动策划大同小异，此处不再赘述。

在开幕式的时间方面，要遵循"三不宜"原则，即不宜过早、不宜过晚、不宜太长。很多节庆活动的开幕式都是在活动开始的前一天或者当天举行，过早或过晚都难以起到相应的作用。开幕式的时间不宜过长，不然容易给人造成疲累感；如果后续活动不能保持开幕式的水准，很容易给人造成虎头蛇尾的感觉。

开幕式的地点策划包括了地点选择、场地布置与装饰等几个方面，与前文谈到过的一般活动场地策划类似,这里不再赘述。

开幕式的流程策划十分重要。流程策划的总体要求是简洁明晰、节奏紧凑,切忌拖沓。不同类型、风格的开幕式,其流程多有不同,但基本上都包含宣布开幕、领导致辞、嘉宾讲话、节目表演等常见环节。很多开幕式是由开场舞或类似活动开始,然后由主持人宣布开幕;也有一些活动是安排的特定人士宣布开幕;一些政府举办的活动中,通常由奏唱国歌等严肃仪式开幕。领导致辞的策划要重视两个方面:一是谁来致辞(包括了多少名领导致辞),二是致辞的内容。致辞领导的确定要根据节庆活动的性质进行决策,要提前跟致辞者沟通并准备好发言稿,避免出现尴尬。嘉宾讲话的策划与领导致辞类似。节目表演的策划要根据开幕式的主题、风格决定节目的类型、多少以及演职人员的构成,节目要能被尽可能多的参与者充分理解,避免文化交流方面的障碍。因此,如果是跨文化交流的庆典活动,歌舞、魔术、杂技等节目更加适宜,而语言类的节目视情况避免。

除了上述策划要点外,一些节庆活动的开幕式还会涉及奠基、揭牌、剪彩等特定仪式。这些特定仪式多有固定的流程和规范,策划者按照有关要求进行设计即可。在策划中,各种特定仪式在传承的基础上,也鼓励创新,能结合时代凸显出新的元素、体现新的价值和魅力。但创新中切记不能为了迎合部分群体的需要而出现恶俗文化、异化文化;当然,这一点也是在整个节事庆典活动策划中都要注意的。

媒体评"恶俗年会":展示的是"企业没文化"

第三节 体育赛事活动策划

本书前边章节中,多次提到了体育赛事,它是现代体育产业的重要组成部分,既包含休闲体育业中的诸多内容,也可划归到会展产业中的节事活动中去。体育赛事活动的规模可大可小,大到奥运会、世界杯等世界性知名赛事,小到单位举办的运动会、趣味赛事;基于不同背景和目的,体育赛事可能呈现出不同的形态,也势必会收获不同的效益和产生不同的影响。不同类型的体育赛事活动,其策划所要考虑的问题、策划的精度都有很大差别。本节基于一般性原则对常见体育赛事活动的策划做简要介绍。

一、体育赛事的常见类型

依据不同标准,体育赛事可以有不同的分类。

1. 根据承继和创新程度划分

根据承继和创新程度,体育赛事可以分为传统赛事和新型赛事。前者是人类社会长期举办的、有一整套固定规则和赛制的赛事活动。这些赛事通常有固定的所属和管理组织,有规范的比赛项目和严格的赛事规则,有固定的举办时间和地点(或地点确定方式),以"标准化"为主要特征。当然,随着时间的推移,民众兴趣逐渐发生转移,这些赛事逐渐面临着转型和创新要求,但它们基本不会完全脱离对传统的承继。后者是在新时代、新技术、新背景下产生的新型赛事,如基于互联网、新型体育项目开展的各类比赛。这些赛事大多基于时尚和新技术,较少对传统进行承继,如电竞赛事。

2.根据举办目的划分

根据举办目的,体育赛事可以分为观赏性赛事和参与性赛事。前者通常为专业性竞技,参与赛事项目的为专业运动员,普通人一般只能观赏,如世界杯、奥运会等赛事,当然更包括一些表演性赛事,如龙舟赛、舞龙舞狮等。后者是指面向普通大众举办的体育赛事,参与门槛低,旨在引导普通民众参与体育锻炼,大多出于公益目的,如一些地方举办的全民马拉松赛、环城自行车赛等比赛项目。

3.其他分类标准和结果

除了上述分类外,还可以根据举办规模,将体育赛事分为大型赛事、中型赛事、小型赛事;根据比赛项目和内容,分为单一赛事、综合赛事;根据专业性程度,分为专业比赛、业余比赛;根据影响的范围,分为国际性赛事、国内赛事、地方赛事;等等。

二、体育赛事策划要点

体育赛事与节事庆典活动有很多类似之处,在策划中有很多可以共同遵守的原则、理念、方法和注意点。但典型的体育赛事活动更多偏向于"赛",而节事庆典活动更偏向于"庆",因此在策划中仍存在一些区别。以下从体育赛事的立项、比赛规则与创意、接待系统、赛事体验、收支预算、赛事营销、风险管理七个方面的策划予以简要分析。

(一)赛事立项策划

体育赛事立项策划通常需要考虑如下几个方面的工作:

1.概念、目标与任务策划

所谓概念策划,是需要对体育赛事进行一个整体构想,主要解决的问题是举办一个怎样的比赛。可以使用"5W2H"框架来进行概念策划:为什么要举行这项比赛(why)、举行一个什么样的比赛(what)、有哪些利益相关者(who)、什么时间(when)、什么地点(where)、如何实施(how)、多大规模以及收支(how many 或者 how much)。概念策划的结果可以是比赛名称、主题口号、吉祥物、主题曲等能反映赛事主要特征的要素及其集合。

所谓目标策划,是指对体育赛事要达成何种目的进行策划。通常可以从两个层面来进行目标策划:一个层面是举办者通过赛事举办要达到何种目标,另一个层面是赛事活动本身要达到何种目标。具体而言,可以从投入目标、产出目标、规避目标三个方面予以考虑。投入目标是指要将人财物的投入控制在什么范围以内,产出目标是指通过体育赛事的举办达到怎样的收益(包括经济、文化、社会、环保等多个方面的综合效益),规避目标是指要避免哪些负面结果。

在上述两个要素均已策划完毕的情况下,就需要考虑具体任务有哪些,即要运作此次体育赛事活动,要做好哪些具体工作。在设置任务时,可遵循"SMART"原则:要具体不能笼统(specific),否则难以操作;可度量(measurable),即任务要做到何种程度,最好有明确可量化的指标;可实现(attainable),即任务是可以实现的,这需要充分考虑举办方现有的实力和相关条件,不要设置一些过于高远难以实现的任务;相关性(relevant),即任务是与体育赛事相关的,不相关的任务不仅会导致不必要的成本,还容易导致目标偏向;有时限(time-bound),即各项任务何时完成,应当要有明确的时限。

2. 条件与可行性分析

体育赛事的举办需要进行条件与可行性分析,不然策划得再好的赛事,也可能最终不能真正举办。在策划中,需要对条件与可行性分析的内容、步骤、方法等进行规划。下文主要对分析的内容进行说明。

不同体育赛事的条件分析内容会有不同,比如城市举办的体育赛事和学校举办的体育赛事在条件分析上必然存在差别。一般来讲,可以从宏观环境、微观环境两个方面来分析赛事举办的背景和条件。从宏观环境来讲,可以采用"PEST"分析法,考虑举办地的政治法律、经济、社会文化、技术等方面的条件是否能对赛事举办形成有力支持。诸多条件中,市场条件分析是首要分析要素,如果体育赛事缺乏足够的消费者和关注者,其举办的效果必然不理想;同时,如果竞争过于激烈,比如一个体育赛事举办者众多且难有特色,那么就需要考虑是否有必要继续举办下去。此外,当地群众对体育赛事的态度、是否有足够数量和素质的服务人员和志愿者等问题都需要予以关注。从微观环境来讲,举办地的基础设施、场馆条件、举办者的资金实力和经验、举办地或举办者的接待能力、媒体转播条件、安全保卫能力等各方面条件都是必须分析的项目。

3. 体育赛事申办立项

并非所有体育赛事均需要申办,但越大型、越高水平的体育赛事越需要这个过程。在这个过程中,拟举办体育赛事的组织(可能是国家、地区、城市或其他组织)需要向赛事所有者或管理机构提出申请,然后遵循一定规则进行角逐,最终获得赛事举办资格。在这个过程中,是否要申办赛事以及能否申请成功的影响因素有政治因素及政治风险的大小、相关利益群体的态度、赛事举办的成本效益分析、申请书质量及沟通效果等。

(二)比赛规则与创意策划

1. 比赛规则策划

任何赛事均需要有明确、严格的规则,否则赛事活动难以开展。这些规则类型丰富,既包括参赛规则,如参赛资格、禁用兴奋剂等;也包括项目评判规则,如哪些动作应加分、哪些动作会扣分;还包括争议处理规则、裁判人员及有关后勤保障人员的工作规则等。无论是何种规则,都必须严格明确、考虑周到,避免出现判断或执行标准模糊,给人留下钻漏洞的可乘之机。

一些传统的大型赛事,有着成熟的规则体系,在策划时可以直接借鉴和参考;但随着时代的推移和一些具体情况的出现,传统规则也需要做一些改变,与时俱进。比如,国际赛事中的兴奋剂、踢假球等情况越来越常见,需要有最新的规则对这些情况予以杜绝。对于一些非正式的比赛,如针对一般群众的半程马拉松比赛、公司内部举办的趣味运动会等,可以在项目评分规则方面予以放松和宽限。但只要是规则,就一定要保证"公平、公正、透明"的原则。

规则的制定是一个方面,规则的执行也很关键。如果好的规则不能得到裁判人员和有关工作人员的严格执行,也容易导致比赛混乱。因此,在赛事规则策划时,还需要对规则的执行环节予以专门考虑。

2. 赛事创意策划

无论是传统赛事还是新型赛事,创意策划都是必要环节。对传统赛事而言,如果每届赛事都是上一届赛事的翻版,没有丝毫新意,这个比赛一定会越办越糟;对于新型赛事而言,创新则是其成功的关键。

赛事创意可以从宏观与微观两个层面设计。从宏观层面来看,可以是对赛事定位与功能、赛事运作模式等根本性问题的改变,如城市以前靠举办某个比赛来塑造城市形象、提高知名度,但当前则仅仅是为了给市民提供一次参与休闲体育活动的机会;以前赛事主要由政府成立有关委员会来运作,但当前采用招标的方式交给市场去运作。从微观层面来看,创新的点就比较多,如项目创新、评判规则的创新、开幕式的创新等,如奥运会上的点火炬方式,历届奥运会均使出了浑身解数,充分融合了现代理念和现代科技,既展示了民众的聪明才智,也展示了举办地的文化底蕴和经济实力,极大地吸引了世界人民对奥运会的关注,很好地传承了现代奥运精神。此外,一些比赛中的助兴活动也是创新的重头戏,如NBA比赛中的啦啦队热舞,既很好地活跃了现场氛围,也让比赛形式更加丰富、内容更加精彩,最大程度地吸引了很多人关注,取得了良好效果。

▶ 动动手

1. 请查阅资料,了解2023年贵州榕江村超的举办盛况,分析其中的创新点及其火爆全网的原因。

2. 请查阅有关资料,查找一次你认为在创新创意方面做得很成功的体育赛事策划,分析其创新创意的亮点,与全班同学分享。

(三)体育赛事接待系统策划

体育赛事的接待对象主要有参赛者、参观者、新闻媒体及其他利益相关者。体育赛事的规模越大、等级越高,其接待标准也就越高,接待难度也就越大,其策划方面的要求也就更高。不同的接待对象有不同接待要点和注意事项,不同的赛事活动在接待方面的要求也各不相同。下边以所有赛事活动接待中都会遇到的人员接待、物品管理、时间安排和信息传播为要点予以简单分析。

1. 体育赛事活动的人员接待策划

体育赛事中涉及的人员主要有参赛者、评判者、参观者、工作人员、媒体人员等,对他们的接待主要可分为到场、赛中、离场三个阶段的服务工作。到场服务主要涉及迎接、引导入场、有关查验,赛中服务主要涉及赛场中的比赛、参观、报道等保障和后勤服务,离场阶段主要为引导离场、送别等服务。

1) 人员接待要点

无论是对哪个群体的接待,在人员接待策划中,要着重对以下两个方面做出安排。一是人流量管控,到场人员的多少、到场的时间分布等是其策划要点。到场人员太多或太少,都不利于管理和赛事活动的目标实现,到场人员在时间上太过集中也会大大增加管理的难度。对于一些封闭性赛事而言,可以通过预约、门票、证件等方式对人流或到访时间进行管控;对于一些开放性赛事而言,各类参与者可以自由出入比赛现场,人流量的控制难度较大,可以通过以往的经验或与同类赛事的横向比较来对人流量及其到访时间进行预测。二是人员的分布与流动,这与比赛项目和场地特征有关。一些项目有固定的赛场和观众坐席,如足球比赛,有关人员只需要按规定位置停留即可,这种情况的策划着重关注的是场地分配是否科学,能否防止人群拥挤、越线等带来的秩序混乱;另一些项目,如马拉松赛,赛场空间大,无固定观众坐席,各类人员的流动比较频繁,管理难度也较大,但是由于是开放空间,出现意外事件的可能性较小。此外,对于一些靠出售门票或转播收视率追求经济效益的体育赛事而言,观众的期望管理和满意度管理也非常重要,在策划中也需要加以考虑。

2)人员接待策略

对于各种人员,均需要为他们解决如何到达比赛现场的问题,这就需要为他们策划好交通服务。一些以国家、城市的名义举办的体育赛事,可以基于赛事举办的需要,动用政府等公共力量,为赛事活动的顺利举行解决交通中的关键问题,比如,安排专门的公共交通、征集交通志愿者队伍、在赛事举办期间进行交通管制等。绝大多数体育赛事所要解决的交通问题,主要是在赛场附近的交通问题,如参加者抵离、车辆停泊、交通疏导、内部交通引导与指示等问题,策划者需要在行车路线、停车场管理、交通引导标识、导引人员和设备配备等方面做出安排,具体可能涉及接送车辆安排、通行证与停车证的制作与发放、交通调度与管制方案的制定、交通线路图的绘制、与公共交通部门的对接、紧急情况下的交通管理方案等工作。

所有大型活动均可能涉及排队问题,体育赛事活动策划也需要对之进行关注。从参加者的角度来看,入场时的排队是其抵达赛场的第一个体验,"首因效应"明显,如果参加者能从排队中得到美好体验,那么他可能会将这种美好延续到后边的各种活动中去,有助于其对整个赛事活动做出正向评价;反之,就容易影响其后续感受,降低其满意度。参加者在排队时是否能获得积极体验,主要取决于其在排队中感受到的时间长短,而这种感受往往非常主观。如在烈日下排队3分钟,可能比在空调环境下排队6分钟要难受得多。因此,策划者要通过多种办法,在事实上缩短参加者的排队时间,或在主观上降低其对排队时长的感觉。可以采取的办法有:错峰抵离,让不同类型或不同项目的参加者在不同的时间进出赛场,避免扎堆;通过票务、预约系统和扫码入场等技术减少出入口的查验程序;增加出入通道;设计和安排一些参观、娱乐项目来减少排队的枯燥感;安排残疾人、特殊人员通道;在出入口明示路线、排队注意事项;安排有经验的人员维护排队秩序;等等。

无论是哪个环节的接待,在服务中重视礼仪和彰显文化均可以为体育赛事增彩;规范化和程序化的接待服务是赛事接待的基本保障,而个性化、人性化的服务往往更有魅力。如在一些国际性赛事中,为来自世界各种文化中的客人送上中国传统文化的交通、住宿服务,在餐饮等环节照顾其自身饮食习惯,往往能赢得参加者的广泛好感。

2. 体育赛事的物品管理

体育赛事中离不开各种设施、设备、用品等物品,它们组成了赛事接待的基本物质条件,如何对其进行科学管理是体育赛事策划中的重要一环。物品的供应、流通、保管、使用、维修、保养等均是物品管理的要点,一些专业性很强的物品管理需要制定专门的策划方案,或建立专门机构对物品进行管理,如对体育场馆的保养与维护。由于涉及的情况太多,此处省略不再赘述,有兴趣的读者可以自行查阅有关文献。对于物品管理中的物流问题,如重要设施设备的空间位移、装卸、搬运等问题,可以参照有关大型活动中的物流问题予以筹划。

3. 时间安排

体育赛事的时间管理不仅仅与接待有关,整个赛事的运作都需要严格的时间安排和管理;仅从接待来看,时间要素会影响接待质量的高低。比如,前文提到的排队问题,从某种角度来讲其实就是时间管理的问题;又比如,体育赛事的流程安排和项目顺序问题,也属于时间安排问题。如果体育赛事中的各种时间安排合乎情理,紧凑有序、张弛有度,能提高各方参与者的满意度和收获感;反之,如果拖沓松散或过度紧凑,参加者会感觉要么无聊、要么疲累,赛事活动的良性效果就难以实现。在时间策划方面,可以借用赛事日程表、甘特图、关键路径图等方法和工具予以安排。

4. 信息传播

与时间安排一样,信息传播也不仅仅是接待工作的内容,整个活动都需要良好的信息传播。在体育赛事中,存在大量信息需要传播,如赛前的活动营销、赛事的各项安排、赛中各种动态、赛后的各种公关等。在接待环节中,如果信息能被及时、精准地传递到有关受众那里,能协助他们增加对赛事的了解,做好与赛事有关的各项准备,更好地参与到赛事活动中去,从而提升相关方对赛事活动的满意度,提高有关各方对赛事活动的关注兴趣,扩大赛事活动的影响面,确保赛事活动取得更好的效益。

(四)赛事体验策划

在体验经济时代,消费者非常关注自己在消费活动中的体验价值。在体育赛事活动中,运动员、普通观众、体育粉丝、媒体及其受众,都会非常关注自己在赛事活动中的体验收获。因此,赛事体验策划必然是一个策划要点。

1. 体育赛事体验的概念及特点

体育赛事体验是指体育赛事活动的参加者在参与活动的过程中所获得的一种身心感受,是参加者心理活动对体育赛事活动的客观呈现所做出的主观反应。它是人们在工作、生活中众多体验中的一种,既具有人们对普通事物一般体验的特性,也具有体育赛事体验中的独特特性。

就人们体验的一般特性而言,参与者在体育赛事中能获得与他们在多数其他体验中都能获得的相同体验,主要有以下几种:首先是娱乐与消遣,这是人们在绝大多数的体验中都会拥有的感受,体验经济也正是基于此而能获得蓬勃发展;其次是暂时逃避性,比如在体验中能暂时忘却生活中的不快,只沉浸在当前短暂的美好中;最后是新鲜感和刺激感,比如参与者能从体育赛事的参与或观赏中感到兴奋和激动,获得归属感和共享感,比如自己与众多粉丝一样能成为某球星的追随者而感到自豪。

但人们在体育赛事活动中的体验不仅局限于此,他们往往还能从中获得难以在其他体验领域所获得的独特感受,这些感受主要有以下几种:一是参与感,比如,在比赛现场为某支球队呐喊助威,会感觉为他们的进球自己也尽了一份力;二是鉴赏感,比如,作为观众,会对某个运动员的某个动作进行详细分析,从美学角度、力学角度及其他多个角度对之进行点评和鉴赏,并往往得意于自己的独到眼光和犀利评语;三是皈依感,这类似于宗教上的情感皈依,人们对一种运动的喜爱或对该种运动中出色的运动员的喜爱,会达到接近宗教的高度;四是朝圣感,就如虔诚的宗教徒要到圣地去朝圣一样,体育运动的狂热爱好者也往往会前往赛事现场去为自己的体育明星助威,并获得一种类似教徒朝圣的感情;五是节庆与嘉年华氛围,多数体育赛事现场参与者众多,现场仪式感十足,氛围浓烈,到场参与能获得类似节庆活动和嘉年华的感觉。此外,还能感受到浓厚的文化底蕴、拼搏奋斗的体育精神等。

2. 基于体验的体育赛事策划要点

为了增强体育赛事参与者的体验,体育赛事首先要有科学而又高水平的比赛项目,如果一场赛事中运动员水平很低、裁判胡乱判决、各种后勤保障缺失或混乱,参与者怎能获得良好的体验呢?除了项目设计外,对参与者体验产生重要影响的另一个要素,就是情境设计,下文予以介绍。

情境设计是为参与者打造有利于其体验的情境,其工作可分为三个步骤:场地选择、空间功能打造、情境要素设计。

与所有活动策划一样,场地选择是体育赛事活动的重要工作。从宏观层面考虑,场地选择涉及在哪个城市举办或者在城市的哪个区域举办;从微观而言,场地选择涉及具体场馆或运动空间的选择。体育运动场地有开放式的,也有封闭式的,应根据体育赛事的举办目标以及自身特点来进行决策。在选择依据方面,策划者可从以下几个方面进行考虑:一是场地可见性,即场地是否容易识别、是否具有较高的可见度,保证场地可见能提高人们对赛事活动的关注度,也能给参与者的各项活动提供便利;二是场地可达性,这方面主要考虑场地的交通条件,是否有便利的公共交通、停车设施以及能否便利地进行场地交通控制等;三是场地适宜性,即场地是否适合开展体育赛事活动,这需要根据体育赛事的性质、举办目标和项目特征来决定;四是场地容量与设施设备条件;五是场地的使用成本。

有了场地后,应对赛事活动参与者的活动空间进行功能打造与设计,满足他们参与赛事活动的各种基本需求。如果用赫茨伯格的双因素理论来分析,这种打造和设计多属于"保健"类要素设计,主要是为参与者参与各种项目的比赛、参观提供基本条件,并满足可能伴随产生的饮水、厕所、指示、信息等一般性需要。比如,赛场通道是否通畅、指示是否明确、观众坐席与项目场地的界限是否清晰、座椅是否舒适、影音设备是否高清等,都属于策划时应当考虑的要素。可以借用第二章中的有关理论来进行这方面的设计,如用系统思维来对空间功能进行全方面设计,用畅爽理论来指导功能设计的结果,等等。

情境设计除了要打造功能齐备的空间环境,更需要通过一系列情境要素来营造特定氛围。这类要素属于双因素理论的"激励"因素,它们的缺失会让赛事活动反响平平,它们的具备会大大提升参与者的体验效果。可以借用第二章中的有关理论来进行情境要素设计,如符号互动论。根据这个理论,赛事活动策划者要设计大量具有特殊意义的符号,并通过这些符号实现与参与者的良性互动,并增加他们的美好体验。在实际工作中,感官刺激物和赛事标记物的设计与应用是通常使用的手段。常见的感官刺激物就是通过色彩、形状、声音、气味等多种要素的设计,来刺激人们的视觉、听觉、味觉、嗅觉和触觉,使人们形成高水平的"感官快乐";赛事标记物,比如赛事口号、赛事吉祥物、赛事歌曲、徽标、纪念物等,前文其他活动策划中已有介绍,这里不再赘述。

(五)收支预算

尽管有很多体育赛事的举办并不主要追求商业目的,但活动举办越来越商业化已成为不争的事实;即使完全不考虑赛事营收,赛事的举办也需要很多开支,其成本管理也不容忽视。因此,体育赛事的财务管理常常成为重要的工作,一些赛事会成立专门的机构来对财务活动进行管理。下文从赛事活动的收、支两个方面来对这方面的工作进行简单介绍。

1. 体育赛事的收入预计

体育赛事的资金来源主要有两个:一是基于自身资产的资金,二是以各种方式从外部获取。就收入而言,体育赛事的收入主要有拨款、募集、捐赠以及销售四个方面,不同体育赛事活动的收入结构各有差异。拨款可能是政府等公共机构拨款、举办方投入自有资金等,如城市举办运动会,当地政府通常会有拨款,学校举办运动会的资金通常都在学校的年度开支预算中。募集资金的方式很多,如发行彩票、赛事基金、股市运作等。国家、有关组织、个人对体育赛事的捐赠也是常见的收入来源,且这种捐赠通常不计回报,但目前这种捐赠在体育赛事活动收入中的比例越来越小。销售是主要的收入来源之一。体育赛事可以销售获取收入的事物有很多,常见的有冠名权、转播权、门票、餐饮住宿等配套服务、纪念物及有关周边商品;其中,赞助收入和媒体转播等工作如果做得好,会大大提高体育赛事活动的收益。

2. 体育赛事的支出预计

体育赛事活动的支出主要有人力支出、租金支出、建设(采购)支出、能源支出、营销支出、委托支出、意外费用等。人力支出主要是发放给工作人员的报酬;租金支出可能涉及场地租赁、设施租赁、设备租赁等,如果场馆及各种设施设备为自己建设、采购,那么这些支出就成为建设、采购支出;能源支出为赛事举办期间的水、电、气等能源性支出;营销支出是为了赛事活动的营销而进行的广告、宣传费用;委托支出是将一些生产、服务委托给第三方企业而支付的材料、劳务费用,如餐饮外包、物流外包、安保外包等;意外费用是不在上述预计范围内发生的费用,如风险事故方面的支出、通货膨胀带来的超支以及遗漏的各项费用。

课内拓展

北京冬奥组委公布财务收支报告

在预计支出时,常用的方法有趋势延伸法、类比法、自下而上法等。所谓趋势延伸法,是根据体育赛事支出的历史数据,结合本届比赛成本影响的各类因素,采用数理统计和模型进行推算。所谓类比法,是根据同类活动的支出估算本活动的支出额,但这种方法通常只适合于粗略估算,精确估算仍需借鉴其他方法。自下而上的方法是对体育赛事活动进行层层要素分解,由最基层的要素首先估算自己的成本,再逐层汇总,最终得到赛事总支出。

(六)赛事营销

赛事营销主要包括了向有关各方介绍和推送赛事活动信息、吸引人们参与或关注赛事活动、提高赛事影响力等活动,目的是更好达成体育赛事的举办目的。从本质上来讲,体育赛事营销属于节事营销的范畴,与其他一般活动的营销工作大同小异,其市场定位、目标市场选择、营销组合的应用等是其成败关键,这在本书前边章节中已多有提及和论述,此处不再赘述。

（七）风险管理

风险管理是所有大型活动的必要管理工作之一,体育赛事活动的策划也必须对此予以关注。根据风险产生的原因,体育赛事活动常见的致险因素有政治法律风险、社会文化风险、市场与经济风险、自然风险、生态风险等,它们对赛事活动能否顺利举办、对各方人身和财产安全产生深刻影响,这些风险事件的发生会使活动举办效果大打折扣。

1. 体育赛事风险管理的主要任务

体育赛事风险管理到底要执行哪些任务或者说要从哪些方面开展管理活动呢?一般来讲,主要有以下四项任务。

一是突发事件管理。突发事件是指在意料和预计之外发生的、会对体育赛事活动产生负面影响的各类事件和因素,可能是自然原因导致,比如突发天灾导致损失;也可能是人为因素导致,比如破坏活动导致损失;还可能是两种因素共同导致损失。对于这些事件,要提前识别各类风险因子,评估损失概率和影响,预防为主,在发生后要迅速启动应急方案,迅速处置,将损失降至最低。

二是健康与人身安全管理。很多体育赛事都具有较强的竞技性,且人流汇聚、赛场氛围热烈,容易发生比赛中身体受伤、拥挤踩踏受伤甚至致死、粉丝越轨行为引致的骚乱等不良后果,也容易引发食品中毒、流行病与传染病等方面的公共健康问题,医疗、卫生保障及垃圾处理都是这方面的策划要点。

三是责任规避。即赛事策划方要通过授权获取、合同签订、法律许可证书等手段,确保有关事项在合法、合理的条件下开展,最大可能为风险事件的结果承担最小责任。比如,不要将赛事活动的餐饮服务委托给没有资质的企业,从正规的厂商那里购买体育用品,等等。在这个方面,知识产权、隐私、伦理问题是需要关注的策划要点。知识产权包括商标权、专利权、著作权等,体育赛事活动策划中如果要使用有关元素,应当获得有关方的授权,同时要保证合理使用;隐私主要是指个人基本信息和行为信息的不被泄露和挪用,赛事活动的举办者应当为此提供保障;伦理问题涉及赛事活动中的道德与伦理问题,如公平是否得到保证、透明是否得到执行、平等是否得到贯彻等。

四是损失防范。风险管理应当将更多精力用于损失的防范上,即在损失发生之前采取足够措施,尽可能减少不良结果的发生。防范可从两个方面着手:一是降低发生损失的概率,二是降低风险导致的损失结果。

2. 体育赛事风险管理的常见方法

体育赛事风险管理可以借鉴一般风险管理的常用步骤和方法,从风险识别、风险分析、风险应对等环节展开。风险识别的常用方法有风险清单、头脑风暴、德尔菲法、情景分析法、测试事件法、影响图分析法、档案分析法、财务报表分析、设备设施自检等;风险分析的方法有鱼骨分析法、故障树分析法、层次分析法、决策树法等;风险应对可采用风险回避、风险转移、风险自留、风险预防、风险抑制等方法。各种方法均是风险管理中的常见方法,详细介绍会占用较多篇幅,本书不在此处赘述,有兴趣的读者可以自行查阅和学习风险管理课程中的有关内容。

▶ 动动手

1.请查阅有关资料,搜集体育赛事风险管理成功或失败的案例各一个,分析其成败的原因,并总结启示。

2.如果让你负责校园运动会的风险管理问题,你将如何做?

本章小结

文化休闲活动种类繁多、形式多样。根据开展形式,可以将文化休闲活动分为演出活动、艺术活动、趣味活动、知识讲座等类型;根据开展场所,可以将文化休闲活动分为广场文化休闲活动、场馆文化休闲活动、专门场所文化休闲活动等类型;根据商业属性,可以将文化休闲活动分为商业性的文化休闲活动和非商业性的文化休闲活动。文化休闲活动的策划应围绕着目的、主题、时间、地点、流程、内容、营销、预算、安全、效益等多方面开展。

演出活动是一种通过氛围营造和演员的演技将要表达的内容以一定艺术形式呈现给观众的文艺表演活动。不同的演出活动有不同的流程,其策划要点也各有差异。一般而言,多数演出活动均包括演出目的、演出名称、演出主题、演出时间与场地、演出组织、演出节目、演出宣传、演出现场、演出安全、演出预算、演出效益等多个要素;其策划要点也可以围绕这些要素展开。

节事庆典活动策划的步骤与多数休闲活动的策划步骤大同小异,主要包括目的策划、主题策划、形式与内容策划、程序策划、人员与物资策划、应急方案策划、预算与效果预测等几个步骤。策划节事庆典活动的常见时机有:传统文化中的特殊时点,大自然的特殊时点,现代节庆和社会特殊事件,基于公关和销售目的而人造活动,企业创办、开业,工程奠基、落成之际,组织纪念日或特殊时节,个人或家庭事务。节事庆典活动在精不在多,忌扎堆赶时尚,不宜盲目造节,要关注时事、避免敏感时机。场地选择时要考虑便利程度、安全因素和成本因素等。需要单独举办开幕式的节事庆典活动,应当对开幕式进行专门策划。

体育赛事立项策划通常需要考虑如下几个方面的工作:概念、目标与任务策划,条件与可行性分析,申办立项。体育赛事中涉及的人员主要有参赛者、评判者、参观者、工作人员、媒体人员等,对他们的接待主要可分为到场、赛中、离场三个阶段的服务工作。体育赛事中各种物品的供应、流通、保管、使用、维修、保养等均是物品管理的要点。在体育赛事中,存在大量信息需要传播,因此信息传播策划十分重要。赛事项目设计和情境策划是体育赛事体验的两个策划要点。体育赛事的资金来源可以是自身资产的资金,也可以用各种方式从外

部获取。体育赛事活动的支出主要有人力支出、租金支出、建设(采购)支出、能源支出、营销支出、委托支出、意外费用等。体育赛事风险管理可以借鉴一般风险管理的常用步骤和方法,从风险识别、风险分析、风险应对等环节展开。

课后习题

本章实训

【实训目的】掌握休闲活动策划的有关知识。
【实训成果】制作报告或PPT等演示文稿、录制视频或教师要求的其他形式。
【实训形式】个人/小组形式(教师可以根据实际教学需要安排)。
【实训内容】从下述内容中选择一个,搜集资料,完成教师要求的成果。

1.结合当前热点,选择你所在的地区/学校,策划一次文化休闲活动,并制作成汇报文本成果,将成果与全班同学分享。

2.结合当前热点,选择你所在的地区/学校,策划一次节事庆典活动,并制作成汇报文本,成果成果需与全班同学分享。

3.结合当前热点,选择你所在的地区/学校,策划一次体育赛事活动,并制作成汇报文本成果,成果需与全班同学分享。

【实训步骤】本次实训可按照如下步骤或任课教师要求的其他步骤展开。

1.教师对学生下达实训任务,分配角色,落实责任到人。

2.学生领取任务后,独立或在本小组负责人的统领下准备本次实训所需资料和成果。具体搜集资料和完成最终成果的手段,可以是查阅资料、组内讨论、向老师或其他知情者请教等形式,由学生自行决定和选择。

3.教师安排专门的实训时间,由学生对实训成果予以展示和呈现。展示和呈现的形式与具体要求,教师根据实际需要确定。

4.教师应对各个小组的实训成果予以点评,依据相应标准公平评分并予以记录,作为学生本门课程平时成绩的重要依据。

【实训要求】本次实训应遵循以下基本要求。

1.除教师特别要求外,所有学生均应参加本次实训活动。

2.学生在完成作业时首先应明确选题,并紧密围绕所选题目完成作业,不得偏题;若学生有其他选题,应先获得教师的同意,经批准方可按照新选题完成实训。

3.若实训成果由小组完成,所有组员必须在本组负责人的统领下共同完成作业,不应推卸工作,推卸或拒绝承担相应工作的同学本次实训不合格。实训成果中应标明各位成员的分工及对最终成果所做的贡献比例,贡献比例之和应为100%。

4.若依据教师事前公布的标准,实训成果不合格的小组,将重新开展本次实训,否则该小组所有成员本次实训的分数为零。

5.学生实训成果及展示和呈现形式必须符合课程思政要求,教师应对实训环节的课程思政进行总体把关,学生个人(独立完成实训时)或小组负责人(分组完成实训时)应对自己实训成果中的课程思政负责。

6.应遵循学校和教师的其他要求。

参考文献

[1] 李仲广,卢昌崇.基础休闲学[M].北京:社会科学文献出版社,2004.
[2] 诗经[M].武振玉,注.长春:吉林文史出版社,2007.
[3] 张莉.《魏书》研究[M].北京:华文出版社,2009.
[4] 马端临.文献通考(全二册)[M].杭州:浙江古籍出版社,2000.
[5] 王笛.街头文化:成都公共空间、下层民众与地方政治(1870—1930)[M].北京:中国人民大学出版社,2006.
[6] 张媛.休闲概论[M].上海:上海交通大学出版社,2012.
[7] 杨梅,牟红.休闲活动策划与服务[M].北京:北京大学出版社,2013.
[8] 李仲广.休闲学[M].北京:中国旅游出版社,2011.
[9] 陈来成.休闲学[M].广州:中山大学出版社,2009.
[10] 肯·罗伯茨.休闲产业[M].李昕,译.重庆:重庆大学出版社,2008.
[11] 克里斯多弗·R.埃廷顿,德波若·乔顿,多纳德·G.道格拉夫.休闲与生活满意度[M].杜永明,译.北京:中国经济出版社,2009.
[12] 苏珊·霍纳,约翰·斯瓦布鲁克.全球视角下的休闲市场营销[M].罗兹柏,译.重庆:重庆大学出版社,2012.
[13] 李天元.旅游学概论[M].天津:南开大学出版社,2015.
[14] 张廷兴,董佳兰,丛曙光.中国文化产业史[M].北京:经济日报出版社,2017.
[15] 马勇.休闲产业概论[M].武汉:华中科技大学出版社,2018.
[16] 邓福康.新时代美丽乡村与人居环境[M].长春:吉林大学出版社,2020.
[17] 方法林.旅游景区概论[M].北京:中国旅游出版社,2021.
[18] 江金波,舒伯阳.旅游策划原理与实务[M].重庆:重庆大学出版社,2023.
[19] 李丽梅.中国休闲产业研究[M].上海:上海交通大学出版社,2021.
[20] 楼嘉军,刘松,徐爱萍,等.中国城市休闲方式研究[M].上海:上海交通大学出版社,2019.
[21] 刘嘉龙.休闲活动策划与管理[M].上海:格致出版社,2016.

教学支持说明

高等院校应用型人才培养"十四五"规划旅游管理类系列教材系华中科技大学出版社"十四五"期间重点教材。

为了改善教学效果,提高教材的使用效率,满足高校授课教师的教学需求,本套教材备有与纸质教材配套的教学课件(PPT电子教案)和拓展资源(案例库、习题库视频等)。

为保证本教学课件及相关教学资料仅为教材使用者所得,我们将向使用本套教材的高校授课教师免费赠送教学课件或者相关教学资料,烦请授课教师通过电话、邮件或加入旅游专家俱乐部QQ群等方式与我们联系,获取"教学课件资源申请表"文档并认真准确填写后发给我们,我们的联系方式如下:

地址:湖北省武汉市东湖新技术开发区华工科技园华工园六路

邮编:430223

电话:027-81321911

传真:027-81321917

E-mail:lyzjjlb@163.com

旅游专家俱乐部QQ群号:306110199

旅游专家俱乐部QQ群二维码:

群名称:旅游专家俱乐部
群　号:306110199

电子资源申请表

填表时间：_____年___月___日

1. 以下内容请教师按实际情况写，★为必填项。
2. 根据个人情况如实填写，相关内容可以酌情调整提交。

★姓名		★性别	□男 □女	出生年月		★职务	
						★职称	□教授 □副教授 □讲师 □助教

★学校		★院/系	
★教研室		★专业	
★办公电话		家庭电话		★移动电话	
★E-mail（请填写清晰）				★QQ号/微信号	
★联系地址				★邮编	

★现在主授课程情况	学生人数	教材所属出版社	教材满意度
课程一			□满意 □一般 □不满意
课程二			□满意 □一般 □不满意
课程三			□满意 □一般 □不满意
其 他			□满意 □一般 □不满意

教 材 出 版 信 息						
方向一		□准备写	□写作中	□已成稿	□已出版待修订	□有讲义
方向二		□准备写	□写作中	□已成稿	□已出版待修订	□有讲义
方向三		□准备写	□写作中	□已成稿	□已出版待修订	□有讲义

　　请教师认真填写表格下列内容，提供索取课件配套教材的相关信息，我社根据每位教师填表信息的完整性、授课情况与索取课件的相关性，以及教材使用的情况赠送教材的配套课件及相关教学资源。

ISBN（书号）	书名	作者	索取课件简要说明	学生人数（如选作教材）
			□教学　□参考	
			□教学　□参考	

★您对与课件配套的纸质教材的意见和建议，希望提供哪些配套教学资源：